Klausurtraining Steuerrecht

Zehn Examensklausuren aus dem Steuerrecht

von

Dr. Matthias Gehm

Oldenbourg Verlag München

Bibliografische Information der Deutschen Nationalbibliothek

Die Deutsche Nationalbibliothek verzeichnet diese Publikation in der Deutschen
Nationalbibliografie; detaillierte bibliografische Daten sind im Internet über
http://dnb.d-nb.de abrufbar.

© 2013 Oldenbourg Wissenschaftsverlag GmbH
Rosenheimer Straße 143, D-81671 München
Telefon: (089) 45051-0
www.oldenbourg-verlag.de

Lektorat: Thomas Ammon
Herstellung: Tina Bonertz
Titelbild: www.thinkstockphotos.de
Einbandgestaltung: hauser lacour
Gesamtherstellung: Grafik + Druck GmbH, München

Dieses Papier ist alterungsbeständig nach DIN/ISO 9706.

ISBN   978-3-486-72653-4
eISBN   978-3-486-74435-4

Vorwort

Der vorliegende Band möchte all denjenigen eine Hilfestellung bieten, die damit konfrontiert sind, im Bereich Steuerrecht Prüfungsklausuren zu schreiben. Der Verfasser konnte in den Jahren seiner Lehrtätigkeit an der Deutschen Universität für Verwaltungswissenschaften Speyer feststellen, dass selbst bei den angehenden Juristen/innen, die von ihrer Ausbildung her in anderen Rechtsgebieten eine große Erfahrung im Klausurenschreiben mitbringen, allerdings eine große Unsicherheit auf dem Gebiet der Steuerrechtsklausur besteht. Aber auch als Prüfer im Steuerberaterexamen und als Lehrkraft im Zuge der Ausbildung des gehobenen Dienstes der Finanzverwaltung konnten ähnliche Probleme festgestellt werden. Mit dem Klausurenkurs soll vermittelt werden, wie das theoretische steuerliche Wissen in die Lösung von Klausuren umgesetzt wird. Dabei muss man sich aber als Prüfling auch bewusst sein, dass ein gewisses klausurtaktisches Denken mit zum erfolgreichen Bestehen einer Prüfung gehört. Auch insofern möchte das Buch Anregungen geben.

Von der Thematik her gehören die Klausuren dem Bereich Einkommensteuerrecht (inklusive Bilanzsteuerrecht), Verfahrens-, aber auch dem Umsatz-, Körperschaft-, Gewerbe- und Erbschaftsteuerrecht sowie Steuerstrafrecht an. Insbesondere wurde sich auch an den Bedürfnissen der Prüflinge im der Zweiten Juristischen Staatsprüfung in Bayern orientiert, die verpflichtend eine Steuerrechtsklausur zu bewältigen haben. Die Sichtung der Klausurinhalte der letzten Jahre bot insofern eine reichhaltige Erkenntnisquelle.

Das Klausurentraining wendet sich aber nicht nur an Rechtsreferendare/innen bzw. Studierende der Rechtswissenschaft, sondern auch an Kandidaten/innen der Steuerberaterprüfung bzw. den Nachwuchs des gehobenen Dienstes der Finanzverwaltung.

Die Klausuren enthalten jeweils zusätzlich zu der konkreten Falllösung integrierte Hinweise zu allgemein relevanten steuerrechtlichen Problemfeldern, so dass neben dem speziellen Lösungsansatz gleichzeitig das Verständnis für die dahinterstehende steuerliche Grundthematik geweckt wird.

Am meisten profitiert der/die Leser/in, wenn er/sie erst einmal nach Studium des Sachverhalts sich an einer Klausurlösung selbst versucht und sodann erst einen Abgleich mit dem vorgestellten Lösungsansatz vornimmt.

Bei dieser Gelegenheit danke ich all meinen Hörer/innen an der Deutschen Universität für Verwaltungswissenschaften der vergangenen Jahre, die durch ihre rege Mitarbeit und ihre fachlichen Fragen sowie Anregungen mit dazu beigetragen haben, diesen Klausurenkurs zu entwickeln.

Matthias H. Gehm   Speyer, im Wintersemester 2012/2013

Inhaltsverzeichnis

Klausur aus dem Verfahrensrecht inklusive Steuerstrafrecht, sowie Einkommen- und Umsatzsteuerrecht

Ehegattenveranlagung, Ehegatten-Mitunternehmerschaft, Abgeltungssteuer, Sparer-Pauschbetrag, objektives und subjektives Nettoprinzip, Kleinunternehmer, Steuerverkürzung auf Zeit, Selbstanzeige, Strafverfolgungsverjährung, Festsetzungsverjährung, Hinterziehungszinsen, Änderung wegen neuer Tatsachen, Vorbehalt der Nachprüfung, Haftung des Steuerhinterziehers, Schätzung, Zufluss-, Abflussprinzip.

Klausur aus dem Einkommensteuer- und Verfahrensrecht

Mischaufwendungen, Steuerbarkeit, Steuerbefreiung, Berufskleidung, Aufwandsentschädigungen, bürgerliche Kleidung, Kosten des Strafverfahrens als Werbungskosten bzw. Betriebsausgaben respektive außergewöhnliche Belastungen, beruflich bedingter Verlust von Privateigentum, Steuerbarkeit von Zufallserfindungen, Absetzung für Abnutzung, Widerruf von Steuerbescheiden.

Abkürzungsverzeichnis

a.a.O.	am angegebenen Ort
a.A.	andere Ansicht
Abs.	Absatz
Abschn.	Abschnitt
AdV	Aussetzung der Vollziehung
AEAO	Anwendungserlass zur Abgabenordnung
AEUV	Vertrag über die Arbeitsweise der Europäischen Union
a.F.	alte Fassung
AfA	Absetzung für Abnutzung
AG	Amtsgericht
AktG	Aktiengesetz
Alt.	Alternative
Anm./Anmerk.	Anmerkung
AO	Abgabenordnung
AO-StB	AO-Steuer-Berater
Art.	Artikel
AStBV (St)	Anweisung für das Straf- und Bußgeldverfahren (Steuer)
AT	Allgemeiner Teil
Aufl.	Auflage
BA	Betriebsausgabe
BayObLG	Bayerisches Oberstes Landesgericht
BB	Betriebs-Berater
Bd.	Band
BE	Betriebseinnahme
BeamtStG	Beamtenstatusgesetz
BeckRS	Beck-Rechtsprechung
Beschl.	Beschluss
BFH	Bundesfinanzhof
BFH/NV	Sammlung aller nichtveröffentlichten Entscheidungen des BFH
BGB	Bürgerliches Gesetzbuch

BGBl	Bundesgesetzblatt (Teil I)
BGH	Bundesgerichtshof
BGHSt	Entscheidungen des Bundesgerichtshof in Strafsachen
BMF	Bundesministerium der Finanzen
BpO	Betriebsprüfungsordnung
BR	Bundesrat
BR-Drs.	Bundesratsdrucksache
BStBl	Bundesteuerblatt (Teil I bzw. II)
BT	Bundestag
BT-Drs.	Bundestagsdrucksache
BuKG	Bundesumzugskostengesetz
BuStra	Bußgeld- und Strafsachenstelle
BuW	Betrieb und Wirtschaft
BV	Betriebsvermögen
BVerfG	Bundesverfassungsgericht
BVerfGE	Entscheidungen des Bundesverfassungerichts
BVerwG	Bundesverwaltungsgericht
BZR	Bundeszentralregister
BZRG	Bundeszentralregistergesetz
BZSt	Bundeszentralamt für Steuern
bzw.	beziehungsweise
DA-FamBuStra	Dienstanweisung zur Durchführung von Steuerstraf- und Ordnungswidrigkeitenverfahren im Zusammenhang mit dem steuerlichen Familienleistungsausgleich nach dem X. Abschnitt des Einkommensteuergesetzes
DB	Der Betrieb
DBA	Doppelbesteuerungsabkommen
ders.	derselbe
d.h.	das heißt
DHV	Deutsche Hochschule für Verwaltungswissenschaften
DÖV	die öffentliche Verwaltung (Zeitschrift)
D-spezial	Deutschland Spezial Ost
DStR	Deutsches Steuerecht
DStRE	DStR Entscheidungsdienst
DStZ	Deutsche Steuerzeitung
DVBl	Deutsches Verwaltungsblatt

EFG	Entscheidungen der Finanzgerichte
EG	Europäische Gemeinschaft
EGAO	Einführungsgesetz zur AO
EGGVG	Einführungsgesetz zum GVG
EGMR	Europäischer Gerichtshof für Menschenrechte
EMRK	Europäische Konvention zum Schutz der Menschenrechte und Grundfreiheiten
EiGZulG	Eigenheimzulagengesetz
ErbStG	Erbschaftsteuergesetz
ErbStDV	Erbschaftsteuerdurchführungsverordnung
ESt	Einkommensteuer
EStDV	Einkommensteuerdurchführungsverordnung
EStG	Einkommensteuergesetz
EStH	Einkommensteuerhinweise/Einkommensteuerhandbuch
EStR	Einkommenssteuerrichtlinien
EU	Europäische Union
EuGH	Europäischer Gerichtshof
EUV	Vertrag über die Europäische Union
f., ff.	fortfolgende(-r), fortfolgende
FA	Finanzamt
FG	Finanzgericht
FGO	Finanzgerichtsordnung
Fn.	Fußnote
FR	Finanzrundschau
FS	Festschrift
FVG	Gesetz über die Finanzverwaltung
GbR	Gesellschaft bürgerlichen Rechts
gem.	gemäß
GewSt	Gewerbesteuer
GewStG	Gewerbesteuergesetz
GG	Grundgesetz
GmbHG	Gesetz betreffend die Gesellschaften mit beschränkter Haftung
GKG	Gerichtskostengesetz
GKG-Kostenverz.	Kostenverzeichnis zum Gerichtskostengesetz
GrS	Großer Senat

GSSt	Großer Senat für Strafsachen
GVG	Gerichtsverfassungsgesetz
H	Hinweis
HS.	Halbsatz
HFR	Höchstrichterliche Finanzrechtsprechung
HGB	Handelsgesetzbuch
h.M.	herrschender Meinung
Hrsg./Hg.	Herausgeber/herausgegeben
i.d.F.	in der Fassung
InSO	Insolvenzordnung
InvZulG	Investitionszulagengesetz
i.S.v.	im Sinne von
i.V.m.	in Verbindung mit
IZA	Bundeszentralamt für Steuern Informationszentrale Ausland
JA	Juristische Arbeitsblätter
JR	Juristische Rundschau
Jura	Juristische Ausbildung
JuS	Juristische Schulung
JZ	Juristenzeitung
KG	Kommanditgesellschaft/Kammergericht
KiSt	Kirchensteuer
KiStG	Kirchensteuergesetz
Komm.	Kommentar
KSt	Körperschaftsteuer
KStG	Körpersteuergesetz
LG	Landgericht
Losebl.	Loseblatt
LSt	Lohnsteuer
LStDV	Lohnsteuer-Durchführungsverordnung
LStH	Lohnsteuerhinweise
LStR	Lohnsteuerrichtlinien
LuF	Land- und Forstwirtschaft

m.E.	meines Erachtens
MDR	Monatsschrift für Deutsches Recht
MiStra	Anordnung über Mitteilungen in Strafsachen
Mitt	Mitteilungen der Deutschen Patentanwälte
m.w.N.	mit weiteren Nachweisen
n.F.	neue Fassung
NJW	Neue Juristische Wochenschrift
NJW-aktuell	Neue Juristische Wochenschrift aktuell
NJW-Spezial	Neue Juristische Wochenschrift Spezial
NJW-RR	NJW Rechtsprechungs-Report
Nr.	Nummer/n
NStZ	Neue Zeitschrift für Strafrecht
NWB	Neue Wirtschaftsbriefe
n.v.	nicht veröffentlicht
NZWiSt	Neue Zeitschrift für Wirtschafts-, Steuer- und Unternehmensstrafrecht
OECD	Organization for Economic Cooperation and Development
OFD	Oberfinanzdirektion
oHG	offene Handelsgesellschaft
OLG	Oberlandesgericht
OVG	Oberverwaltungsgericht
OWiG	Gesetz über Ordnungswidrigkeiten
PStR	Praxis des Steuerstrafrechts
PV	(notwendiges) Privatvermögen
PZU	Postzustellungsurkunde
R	Richtlinie
RAP	Rechnungsabgrenzungsposten
RAO	Reichsabgabenordnung
Rev.	Revision
RFH	Reichsfinanzhof
RG	Reichsgericht
RGBl.	Reichsgesetzblatt
RiStBV	Richtlinien für das Strafverfahren und das Bußgeldverfahren
Rn.	Randnummer/n

Rspr.	Rechtsprechung
RVG	Rechtsanwaltsvergütungsgesetz
S.	Seite
sog.	sogenannt
SIS	Online Nachrichten Steuerrecht
StA	Staatsanwalt
StB	Der Steuerberater
StBerG	Steuerberatungsgesetz
Stbg	Die Steuerberatung
StBGebV	Steuerberatergebührenverordnung
StBp	Die Steuerliche Betriebsprüfung
StBVV	Steuerberatergebührenverordnung
StBW	Steuerberaterwoche
Steufa	Steuerfahndung
SteuerStud	Steuer und Studium
StGB	Strafgesetzbuch
StPO	Strafprozessordnung
StraBEG	Strafbefreiungserklärungsgesetz
str.	strittig
StRR	Strafrechtsreport
StuW	Steuer und Wirtschaft
StV	Strafverteidigung
u.a.	und andere/unter anderem
UR	Umsatzsteuerrundschau
Urt.	Urteil
USt	Umsatzsteuer
UStAE	Umsatzsteuer-Anwendungserlass
UStDV	Umsatzsteuerdurchführungsverordnung
UStG	Umsatzsteuergesetz
UStR	Umsatzsteuerrichtlinien
u.U.	unter Umständen
UWG	Gesetz gegen den unlauteren Wettbewerb
v.	von/vom
VG	Verwaltungsgericht
vGA	verdeckte Gewinnausschüttung

VGH	Verwaltungsgerichtshof
vgl.	vergleiche
VO	Verordnung
Vorlagebeschl.	Vorlagebeschluss
VStG	Vermögensteuergesetz
VuV	Vermietung und Verpachtung
VwGO	Verwaltungsgerichtsordnung
VZ	Veranlagungszeitraum
WBK	Werbungskosten
wistra	Zeitschrift für Wirtschafts- und Steuerstrafrecht
z.B.	zum Beispiel
ZK	Zollkodex
ZPO	Zivilprozessordnung
ZollVG	Zollverwaltungsgesetz
ZRP	Zeitschrift für Rechtspolitik
ZStW	Zeitschrift für die gesamte Strafrechtswissenschaft

Schrifttumsverzeichnis

Alvermann/Beckert u.a., Formularbuch Recht und Steuern, 7. Aufl. 2011

Ax/Große/Melchior/Lotz/Ziegler, Abgabenordnung und Finanzgerichtsordnung, 20. Aufl. 2010

Birk, Steuerrecht, 15. Aufl. 2012

Demuth, Anwaltsstrategien Steuern und Bilanzen, Teil I, 2007

Dellner/Gross/Ramb/Weinfurtner, Steuerrecht für Anwälte, 2004

Dillberger/Fest, Einkommensteuer und Abgabenordnung, 2009

Drysch/Weber, Einkommensteuerrecht, 2003

Eisgruber/Schallmoser, Einkommensteuerrecht, 2008

Fetzer/Arndt, Einführung in das Steuerrecht, 4. Aufl. 2012

Fischer/Jüptner/Pahlke/Wachter, ErbStG, Komm., Losebl.

Franzen/Gast/Joecks, Steuerstrafrecht, 7. Aufl. 2009

Förschle/Scheffels, Buchführung, 2. Aufl. 1993

Frotscher, EStG Komm., Losebl.

Frotscher, GewStG Komm., Losebl.

Frotscher/Maas, KStG Komm., Losebl.

Gehm, Kompendium Steuerstrafrecht, 2012

Giloy/König, Kirchensteuerrecht in der Praxis, 1993

Graf/Jäger/Wittig, Wirtschafts- und Steuerstrafrecht, 2011

Halaczinsky, Die Haftung im Steuerrecht, 3. Aufl. 2004

Hartmann/Metzenmacher, UStG Komm., Losebl.

Herrmann/Heuer/Raupach, EStG und KStG Komm., Losebl.

Horschitz/Groß/Weidner, Bilanzsteuerrecht und Buchführung, 9. Aufl. 2002

Jakob/Kobor/Zugmaier, Die Examensklausur im Steuerrecht, 2. Aufl. 2005

Jochum, Steuerrecht I, 2010

Kanitz, Bilanzkunde für Juristen, 2006

Klein, AO Komm., 11. Aufl. 2012

Klörgmann, Ratgeber zur Einkommensteuer 2011, 2012

Klörgmann, Einkommen- und Lohnsteuer-ABC

Köllen/Vogl/Wagner, Lehrbuch der Körperschaftsteuer, 2. Aufl. 2010

Korn/Carlé/Stahl/Strahl, EStG Komm., Losebl.

Kreft, Einkommensteuerrecht, 11. Aufl. 2009

Kirchhof, EStG Komm., 11. Aufl. 2012

Köllen/Vogl/Wagner, Lehrbuch Körperschaftsteuer, 2. Aufl. 2010

Martina/Valta, Fallsammlung zum Steuerrecht, 2011

Morgenthaler/Frizen/Trottmann, Klausuren aus dem Steuerrecht, 2008

Mosena/Roberts/Winter, Gabler Wirtschaftslexikon, 17. Aufl. 2010

Müller, Die Selbstanzeige im Steuerstrafverfahren, 2012

Nacke, Die Haftung für Steuerschulden, 3. Aufl. 2012

Peter/Kramer, Steuerstrafrecht, 2009

Quedenfeld/Füllsack, Verteidigung in Steuerstrafsachen, 4. Aufl. 2012

Ramb/Schneider, Die Einnahme-Überschussrechnung von A-Z, 2. Aufl. 2003

Ramb/Schneider, Steuerrecht in Übungsfällen/Klausurentraining, 10. Aufl. 2011

Rolletschke, Steuerstrafrecht, 3. Aufl. 2009

Sauer/Schwarz, Wie führe ich einen Finanzgerichtsprozess? 6. Aufl. 2006

Schmidt, EStG Komm., 31. Aufl. 2012

Schwarz, AO Komm., Losebl

Sikorski/Wüstenhöfer, Rechnungswesen, 6. Aufl. 2002

Stahl, Selbstanzeige, 3. Aufl. 2011

Tipke/Kruse, Abgabenordnung und Finanzgerichtsordnung, Komm. Losebl.

Tipke/Lang, Steuerrecht, 21. Aufl. 2013

Vogel/Schwarz, UStG Komm., Losebl.

Weber-Grellet, Bilanzsteuerrecht, 11. Aufl. 2011

Wenzig, Außenprüfung/Betriebsprüfung, 9. Aufl. 2004

Zenthöfer/Leben, Körperschaftsteuer und Gewerbesteuer, 15. Aufl. 2010

Einleitung

1 Allgemeine Hinweise

Die Klausurensammlung baut auf den Erfahrungen des Verfassers als Lehrbeauftragter an der Deutschen Universität für Verwaltungswissen Speyer im Fach Steuer- und Steuerstrafrecht sowie Tätigkeit als Prüfer im Steuerberaterexamen und Dozent für die Ausbildung der Angehörigen des gehobenen Dienstes der Finanzverwaltung auf.

Insbesondere orientiert sich der Band an den Examensklausuren im Bereich Steuern der Zweiten Juristischen Staatsprüfung im Bundesland Bayern der letzten Jahre. In Bayern ist Steuerrecht im schriftlichen Teil des Zweiten Juristischen Staatsexamen Pflichtstoff.

Von der Thematik her behandeln die Klausuren Fragen des Einkommensteuerrechts, des Verfahrens-, aber auch des Umsatz-, Körperschaft-, Gewerbe-, Bilanz- und Erbschaftsteuerrechts sowie des Steuerstrafrechts.

Am meisten profitiert der Leser/in, wenn er/sie sich nach dem Lesen des Sachverhalts eigene Gedanken zur Lösung der Klausur macht, bevor sodann die Musterlösung studiert wird.

Selbstverständlich, aber immer noch, wie die Praxis zeigt, erwähnenswert, ist, dass die Aufgabenstellung genau gelesen werden sollte, bevor zur Lösung der Aufgaben geschritten wird. Die Klausuren enthalten insofern einen Bereich „Vorüberlegungen". In der Praxis muss der Prüfling vor der Konzeption einer Lösungsskizze, die sodann in die endgültige Klausurlösung mündet, sich entsprechende Gedanken machen.

Scheuen Sie sich auch nicht, ggf. den Sachverhalt zu visualisieren. Beispielsweise war ein Gegenstand des Sachverhalts der Steuerrechtsklausur des Zweiten Bayerischen Juristischen Staatsexamens im zweiten Prüfungstermin des Jahres 2002 ein dreistöckiges Haus, das in einem Stockwerk fremd, im anderen an die Tochter der Steuerpflichtigen vermietet war und sodann im letzten Stockwerk von der Steuerpflichtigen selbst genutzt wurde. Es erfolgten dann in den verschiedenen Stockwerken Einbauten bzw. Reparaturen. Weiterhin wurde die Miete mit der Tochter während des Veranlagungszeitraums herabgesetzt, so dass sich die Frage nach § 21 Abs. 2 EStG stellte. Nur durch eine Visualisierung mittels Skizze behalten Sie bei komplexen Sachverhalten wie diesem noch den Überblick.

Die Vergangenheit hat gezeigt, dass die Klausuren in der Juristischen Staatsprüfung meistens mehrere steuerlich relevante (durchnummerierte) Vorgänge enthalten, die es der Reihe nach durchzuprüfen gilt.

Es gibt aber auch Klausuren, bei welchen dem Prüfling – gerade im Einkommensteuerrecht – ein konkreter Zahlenwert abverlangt wird. So hier bei Klausur Nr. 3, wo nach dem Gesamtbetrag der Einkünfte gefragt ist. Dieser Wert ergibt sich aus § 2 Abs. 3 EStG. Gleichzeitig vermittelt § 2 EStG als eine zentrale Definitionsnorm des Einkommensteuerrechts auch die Reihenfolge der Rechnungsschritte, die man absolvieren muss, um zu diesem Zahlenwert zu gelangen. R 2 EStR enthält insofern dann für die Finanzverwaltung als Verwaltungsanweisung die entsprechende Berechnungsformel. Wenn Sie noch unsicher mit der Terminologie sind und es tauchen Begriffe in der Aufgabenstellung wie „Summe der Einkünfte" oder „Einkommen" auf, sehen Sie erst einmal in § 2 EStG nach.

Was die Thematik der Prüfungen anbelangt, so ist feststellbar, dass gerne aktuelle Rechtsprechung des BFH bei der Konzeption der Klausuren Verwendung findet. Da die Klausuren regelmäßig einen gewissen zeitlichen Vorlauf benötigen, d.h. sie müssen bei den für die Abnahme der Prüfung zuständigen Stellen erst eingereicht und dort genehmigt werden, kann man davon ausgehen, dass der zeitliche Rahmen mindestens ein halbes Jahr beträgt. D.h. eine neu veröffentliche Entscheidung wird regelmäßig frühestens ein halbes Jahr später in eine Klausur Eingang finden können. Insofern bietet es sich neben dem Studium von BStBl II oder entsprechender Fachzeitschriften auch an, die Internetseite des BFH zu besuchen. Ein Indikator für die Wichtigkeit einer Entscheidung ist insbesondere, ob sie dort von einer Pressemitteilung begleitet wird.

Neben der Vorbereitung in rein fachlicher Hinsicht auf die Prüfung ist es aber auch wichtig, sich ein klausurtaktisches Verständnis zu erarbeiten. Als Beispiel mag ein Fall aus dem Zweiten Juristischen Staatsexamen, zweiter Examenstermin des Jahres 2001 in Bayern dienen. Dort war laut Sachverhalt eine Steuerpflichtige, die einen Marktstand betrieb von ihrer Freundin, die ihr beim Bedienen der Kundschaft half, um insgesamt 150 DM erleichtert worden. Wobei ein Teil der Beträge von der Freundin erst in die Kasse gelegt und sodann wieder entnommen, der andere Teil erst gar nicht in die Kasse kam. Dass der Aufgabensteller nicht zwei Beträge nannte, also wie viel der Gesamtsumme auf die eine und wie viel auf die andere Weise abhandenkam, lässt allein die Sachverhaltsschilderung schon vermuten, dass steuerlich beide Sachverhaltsvarianten gleich zu behandeln sind, zumal die Einkünfte der Steuerpflichtigen als Zahlenwert zu ermitteln waren.

Ebenso ist auf Begrifflichkeiten im Sachverhalt zu achten. Bisweilen kommen hier bereits steuerrechtliche Begrifflichkeiten vor. Dann will der Aufgabensteller den Prüfling in eine gewisse Richtung lenken. Dies zu ignorieren wäre fatal. Heißt es etwa, dass eine Person unbeschränkt einkommensteuerpflichtig ist, soll das Greifen § 1 Abs. 1 EStG nicht mehr in Frage gestellt werden. Bisweilen werden auch schon Paragraphen genannt. Beispielsweise der Steuerpflichtige ermittelt seine Gewinn zulässiger Weise nach § 4 Abs. 3 EStG. Dann ist dieser Umstand nicht mehr in Zweifel zu ziehen. Oder der Steuerpflichtige, wie im ersten Examenstermin 2001 in Bayern, erlangt als Handelsvertreter einen Ausgleich nach § 89b HGB. Insofern wurde gegenüber dem Landesjustizprüfungsamt ausdrücklich beklagt, dass die Prüflinge diesen deutlichen Hinweis bisweilen übersahen und von Einkünften nach § 18 ESG statt § 15 EStG ausgingen. Oft schildern die Personen im Sachverhalt ihre Meinung zur steuerrechtlichen Behandlung des Sachverhalts. Hier wird natürlich erwartet, dass der Prüfling sich mit der Rechtsauffassung auseinandersetzt.

Allein die Schilderung des Sachverhalts lässt sich in gewisse Grundtypen einteilen. Es gibt den Sachverhalt, der so knapp gehalten ist, dass es auf jedes Wort ankommt. Es gibt aber auch den Sachverhalt, der extra so ausladend formuliert ist, um zu sehen, ob der Prüfling in der Lage ist – wie in der Praxis nötig – aus der Fülle der Gegebenheit das herauszufiltern, was von steuerrechtlicher Relevanz ist. So war beispielsweise im zweiten Termin Zweites Juristisches Staatsexamen Bayern 2012 die Frage von Änderbarkeiten von Steuerbescheiden in die Schilderung von einer Verrechnungspreisproblematik eingebunden. Insofern darf sich der Prüfling nicht irritieren lassen, dass er vordergründig mit einer Problematik konfrontiert wird, die nicht Gegenstand des Prüfungsstoffs in Bayern ist.

Da sich die Klausuren aber nicht nur an neuer Rechtsprechung ausrichten, sondern bei der Konzeption auch Verwaltungsanweisungen Eingang finden, sollte sich der Prüfling mit den einschlägigen Richtlinien vertraut machen.

Schließlich kann es hilfreich sein, sich über den in vorhergehenden Prüfungen abgefragten Stoff zu informieren. Man wird schnell feststellen, dass es bestimmte Prüfungsfelder gibt, die so ähnlich immer wieder vorkommen. Der vorliegende Band hat sich insofern, wie erwähnt, am Prüfungsstoff der letzten Zeit im Juristischen Staatsexamen orientiert.

2 Fachliche Hinweise

2.1 Dualismus der Einkunftsarten

Der Band als solches kann natürlich Lehrbücher nicht ersetzen, sondern dient dazu, das Schreiben von Klausuren zu trainieren. Trotzdem sollen einige fachliche Hinweise in aller Kürze gegeben werden.

Besonders wichtig ist es, dass die grundlegenden Fachbegriffe sitzen. Im Juristischen Staatsexamen wird regelmäßig das Einkommensteuerrecht einen Schwerpunkt bilden. Fatal ist es, wenn z.B. Begriffe wie Betriebsausgaben und Werbungskosten nicht den richtigen Einkommensteuerarten zugeordnet werden können.

Daher ist wichtig, sich Folgendes vorab zu vergegenwärtigen:

Aus § 2 Abs. 2 EStG ergibt sich der Dualismus der Einkunftsarten. Dieser lässt sich an folgendem Schaubild zusammenfassend darstellen, gleichzeitig werde die gängigen Abkürzungen vorgestellt:

Einteilung der Einkünfte nach § 2 Abs. 2 EStG
§ 2 Abs. 2 EStG begründet den **Dualismus** der Einkünfteermittlung

Die 7 Einkunftsarten werden somit gemäß § 2 Abs. 2 EStG geteilt in

Gewinneinkünfte:	Überschusseinkünfte:
(§ 2 Abs. 2 Nr. 1 EStG)	(§ 2 Abs. 2 Nr. 2 EStG)
§ 13 EStG: LuF[1]	§19 EStG: nichtselbständige Arbeit
§ 15 EStG: Gewerbebetrieb	§ 20 EStG: Kapitalvermögen
§ 18 EStG: selbständige Arbeit	§ 21 EStG: VuV[2]
	§§ 22, 23 EStG: sonstige Einkünfte

Einkünfte = Gewinn

Die Gewinnermittlung kann erfolgen:

Nach § 4 Abs. 1 EStG (Betriebsvermögensvergleich)

oder

nach § 4 Abs. 3 EStG[4] (Gewinn = Überschuss der BE[5] über den BA[6] nach § 4 Abs. 4 EStG)

oder

nach § 13 a EStG (Durchschnittssätze bei LuF) bzw.

als Tonnagenbesteuerung gemäß § 5 a EStG

Wirtschaftsgüter, die einer solchen Einkunftsart dienen sind Betriebsvermögen[7]

⇨ Verkauf von BV[8] führt ggf. zu steuerpflichtigen Einnahmen[9]

Einkünfte = Überschuss der Einnahmen über WBK[3]

Einnahmen nach § 8 EStG = Zufluss in Geld oder Geldeswert, der im *Zusammenhang* mit Einkunftsart steht.

WBK nach § 9 EStG (mit Pauschbeträgen nach § 9a EStG)

= Aufwendungen zum Erwerb, Sicherung oder Erhalt der Einnahmen; es gibt nachträgliche u. vorweggenommene WBK.

WBK sind nicht final sondern wie bei § 4 Abs. 4 EStG kausal wegen Art. 3 Abs. 1 GG zu verstehen (Veranlassungszusammenhang)

Wirtschaftsgüter, die einer solchen Einkunftsart dienen sind Privatvermögen (Betriebsvermögen gibt es bei diesen Einkunftsarten nicht)

⇨ Verkauf von Privatvermögen ist grundsätzlich nicht steuerpflichtig (Ausnahme §§ 22 Nr. 2, 23 EStG) „Nur was aus der Quelle fließt ist steuerpflichtig, nicht jedoch der Verkauf der Quelle" (**Quellentheorie**)

In der Praxis hat sich insofern bewährt, die Grundbegriffe sich an dem folgenden kurzen Ankreuztest zu vergegenwärtigen:

---

1   Land- und Forstwirtschaft
2   Vermietung und Verpachtung
3   Werbungskosten.
4   Sog. „4-III-Rechner"
5   Betriebseinnahme. Es gibt hierfür keine gesetzliche Definition, somit wird auf die Definition der BA in § 4 Abs. 4 EStG bzw. § 8 EStG zurückgegriffen.
6   Betriebsausgabe.
7   R 4.2 EStR.
8   Betriebsvermögen.
9   Reinvermögenszugangstheorie (auch Reinvermögenszuwachstheorie genannt). Damit unterliegt hier der gesamte periodische Zuwachs an Gütern/Werten der Besteuerung.

Aufgabe: Welche Fachausdrücke gehören zu den jeweiligen Sachverhalten?	Einkünfte	Betriebsvermögen	Betriebseinnahmen	Betriebsausgaben	Gewinn/Verlust	Privatvermögen	Einnahmen	Werbungskosten	Überschuss
1. Behandlungsstuhl eines selbständigen Zahnarztes									
2. Erlös aus dem Verkauf eines gebrauchten Traktors durch einen Landwirt									
3. Provision eines selbständigen Handelsvertreters i.S.v. § 84 HGB									
4. Einkünfte als selbständiger Humanmediziner									
5. Gage eines selbständigen Künstlers (Opernsänger)									
6. Zinsen (Postsparbuch) einer Hausfrau									
7. Mietzinsen für Praxisräume									
7.1. beim Mieter (Zahnarzt)									
7.2. beim Vermieter (Rentner)									
7.3. Hauskosten des Vermieters									
7.4. Mieteinnahmen abzüglich Hauskosten									
8. Fahrtkosten eines selbständigen Arztes anlässlich von Patientenbesuchen									
9. Fahrtkosten eines Rechtsreferendars zur DHV Speyer									
10. Gehalt/ Besoldung eines Referendars									

Aufgabe: Welche Fachausdrücke gehören zu den jeweiligen Sachverhalten?	Einkünfte	Betriebsvermögen	Betriebseinnahmen	Betriebsausgaben	Gewinn/Verlust	Privatvermögen	Einnahmen	Werbungskosten	Überschuss
1. Behandlungsstuhl eines <u>selbständigen</u> Zahnarztes		X							
2. Erlös aus dem Verkauf eines gebrauchten Traktors durch einen Landwirt			X						
3. Provision eines <u>selbständigen</u> Handelsvertreters i.S.v. § 84 HGB			X						
4. Einkünfte als <u>selbständiger</u> Humanmediziner	X				X				
5. Gage eines <u>selbständigen</u> Künstlers (Opernsänger)			X						
6. Zinsen (Postsparbuch) einer Hausfrau							X		
7. Mietzinsen für Praxisräume									
7.1. beim Mieter (Zahnarzt)				X					
7.2. beim Vermieter (Rentner)							X		
7.3. Hauskosten des Vermieters								X	
7.4. Mieteinnahmen abzüglich Hauskosten	X								X
8. Fahrtkosten eines <u>selbständigen</u> Arztes anlässlich von Patientenbesuchen				X					
9. Fahrtkosten eines Rechtsreferendars zur DHV Speyer								X	
10. Gehalt/ Besoldung eines Referendars							X		

2.2   Aufbau des EStG

Von weiterer Wichtigkeit ist es, sich auch über die Gliederung bzw. den Aufbau des EStG einen Überblick zu verschaffen. Dies erleichtert den Zugang zu der Rechtsmaterie. Das EStG ist wie folgt gegliedert, wobei die Gliederungspunkte die angegebene Fragestellung behandeln, dabei sei jedoch klargestellt, dass der Gesetzgeber bei den einzelnen Abschnitten nicht sauber trennt, die Fragestellungen können daher nur als Grundanliegen im benannten Abschnitten verstanden werden:

1. Abschnitt I (§§ 1, 1 a) – persönliche Voraussetzungen – Wer?
2. Abschnitt II (§§ 2–24 c[10]) – sachliche Voraussetzungen
(sachliche Steuerpflicht und Bemessungsgrundlage nebst Jahresbescheinigung über Kapitalanlagen und Veräußerungsgewinne aus Finanzanlagen) – Was?
3. Abschnitt III (§§ 25–28) – Veranlagung (Steuerfestsetzung) – Wie?
4. Abschnitt IV u. V (§§ 31–35 b) – Tarif, Steuerermäßigungen (Höhe der ESt) – Wie viel?
5. Abschnitt VI u. VII. (§§ 36–48 d) – Fälligkeit und Tilgung; Steuerabzug (Erhebung) – Wann?
6. Abschnitt VIII (§§ 49–50 a) – Besteuerung beschränkt Steuerpflichtiger – Was, Wie, Wie viel?
7. Abschnitt IX (§§ 50 b–58) – Ermächtigungs-, Verweisungs-, Übergangs-, Bußgeld- und Schlussvorschriften; – u.a. welche(s) EStG?
Hervorzuheben ist hier die Anwendungsvorschrift des § 52 EStG bzw. § 52 a EStG n.F., letzterer beruht auf dem Unternehmensteuerreformgesetz 2008.
8. Abschnitt X (§§ 62–78) – Kindergeld, Auszahlung durch Arbeitgeber oder Familienkasse
9. Abschnitt XI (§§ 79–99) – Altersvorsorgezulage

2.3   Abziehbarkeit von beruflichen Aufwendungen bei der Einkommensteuer

Bei der Klausurlösung darf die Frage, welcher Einkunftsart die Einnahmen bzw. Betriebseinnahmen zuzuordnen sind, nicht nach der Abziehbarkeit von Betriebsausgaben resp. Werbungskosten behandelt werden bzw. dahingestellt bleiben. Dies ist auch deshalb von Relevanz, weil jede Einkunftsart neben der Art der Gewinn- bzw. Überschussermittlung Besonderheiten wie z.B. bei den Kapitaleinkünften der Beschränkung des Werbungskostenabzugs nach § 20 Abs. 9 EStG unterliegt, aber auch, weil der Veranlassungszusammenhang gemäß § 4 Abs. 4 bzw. § 9 Abs. 1 S. 1 und 2 EStG gerade verlangt, dass die entsprechenden Aufwendungen in einen Zusammenhang mit einer Einkunftsart entstanden sind.

Bei dem Werbungskostenbegriff hat man zu beachten, dass § 9 Abs. 1 S. 1 und 2 EStG die allgemeine Definition enthalten und § 9 Abs. 1 S. 3 Nr. 1 bis 7 EStG eine nicht abschließende Aufzählung, wird man also bei den speziell dort erwähnten Werbungskosten nicht fündig, ist wiederum auf die allgemeine Definition von § 9 Abs. 1 S. 1 und 2 EStG zurückzugreifen. Hinsichtlich der Beeinflussung der vom Gesetzeswortlaut final definierten Werbungskosten

---

10   § 24c EStG ist nunmehr gemäß Unternehmensteuerreformgesetz 2008 weggefallen.

durch die in § 4 Abs. 4 EStG kausal definierten Betriebsausgaben, sei auf Klausur 2 verwiesen.

Da insbesondere einer der Prüfungsschwerpunkte im Einkommensteuerrecht die Frage ist, was beruflicher und was privat veranlasster Aufwand ist, werden die Eckpunkte der Rechtsprechung und Verwaltungsmeinung aufgrund der Entscheidung des BFH GrS, Beschl. v. 21.9.2009 – GrS 1/06[11] – zur Abziehbarkeit von Mischaufwendungen i.S.v. § 12 Nr. 1 S. 2 EStG dargelegt. Hierzu hat das BMF[12] auch eine Verwaltungsanweisung verfasst:

Anlässlich der Abziehbarkeit von Reisekosten als Werbungskosten bzw. Betriebsausgaben hat der BFH eine grundsätzliche Entscheidung zu der steuerlichen Geltendmachung von Mischaufwendungen i.S.v. § 12 Nr. 1 S. 2 EStG getroffen. Insgesamt betrachtet der BFH die bisherigen Rechtsprechung zu dieser Problematik als sehr uneinheitlich und stellt die historische Entwicklung der diesbezüglichen Gesetzeslage und Rspr. heraus, wobei insbesondere auf die Rechtsauffassung zur Regelung im preußischen Einkommensteuergesetz v. 1891/1906 abgestellt wird (Rz. 33, 50 ff., 124 der Entscheidung – gemeint ist hiermit jeweils die des GrS v. 21.9.2009 – GrS 1/06).

In das Zentrum seiner Entscheidung rückt der BFH nunmehr die h.M. in der Literatur, die davon ausgeht, dass dem § 12 Nr. 1 S. 2 EStG kein allgemeines Aufteilungs- und Abzugsverbot entnommen werden könne (Rz. 89 der Entscheidung). Dieser Meinung schließt sich der BFH auch unter Berücksichtigung des Grundsatzes der Steuergerechtigkeit ausdrücklich an (Rz. 100, 108 der Entscheidung), wobei er vom Wortlaut des § 12 Nr. 1 S. 2 EStG ausgeht, der ja nicht alle Kosten vom Abzug ausschließt, die Berührung zur Lebensführung des Steuerpflichtigen haben, sondern nur solche *„die die wirtschaftliche oder gesellschaftliche Stellung des Steuerpflichtigen mit sich bringt"*, weshalb die Norm sich auf Repräsentationsaufwendungen beziehe (Rz. 101 ff.). Der Rechtsauffassung der Finanzverwaltung, dass ein Abzug voraussetze, dass eine nach objektiven und einfach nachprüfbaren Kriterien unmittelbare Zuordnung zum beruflichen bzw. betrieblichen Bereich möglich sei (vgl. R 117 EStR 2004, R 12.1 EStR 2005, R 33 LStR 2007, R 9.1 LStR 2008), erteilt der BFH demgegenüber jetzt ausdrücklich eine Absage (Rz. 117 der Entscheidung). Allerdings stellt der BFH auch klar, dass den Steuerpflichtigen die Darlegungslast trifft, dass überhaupt eine entsprechende betriebliche bzw. berufliche Veranlassung besteht. Ist dies nicht klärbar, kommt eine steuerliche Berücksichtigung nicht in Betracht (Rz. 114, 119 der Entscheidung). *„Bestehen hingegen keine Zweifel daran, dass ein abgrenzbarer Teil der Aufwendungen beruflich veranlasst ist, bereitet seine Quantifizierung aber Schwierigkeiten, so ist dieser Anteil unter Berücksichtigung aller maßgeblichen Umstände zu schätzen (§ 162 der Abgabenordnung, § 96 Abs. 1 Satz 1 FGO)"* – Rz. 115 der Entscheidung.

Bei seiner Entscheidung spricht der BFH dem objektiven Nettoprinzip verfassungsrechtliche Bedeutung[13] insbesondere hinsichtlich der Anforderungen an die hinreichende Folgerichtigkeit der Ausgestaltung gesetzgeberischer Grundentscheidungen zu. Der BFH sieht weiterhin generell das objektive Nettoprinzip als *„Auslegungsrichtschnur"* bei der Rechtsanwendung an (Rz. 94 der Entscheidung).

---

11 BFH/NV 2010, S. 285 = NJW 2010, S. 891 = BStBl II 2010, S. 672.
12 BStBl I 2010, S. 614.
13 Das BVerfG hat bisher aber noch nicht dieses Prinzip als solches in Art. 3 Abs. 1 GG (Steuergerechtigkeit) verankert – vgl. BVerfG, NJW 2009, S. 48 bzw. BVerfG, BStBl II 2011, S. 318.

Ob aufgrund des objektiven Nettoprinzips Aufwendungen zu berücksichtigen sind, richtet sich danach, ob sie *„in wirtschaftlichem Zusammenhang mit einer Einkunftsart stehen"*. Dabei bilden die Gründe das auslösende Moment, die den Steuerpflichtigen insoweit für die Verausgabung bewogen haben (Rz. 95 der Entscheidung)[14].

Demnach teilen Prozesskosten grundsätzlich die einkommensteuerliche Qualifikation der Aufwendungen, die Gegenstand des Prozesses waren, denn insofern liegt nicht nur ein lediglich abstrakter Kausalzusammenhang (conditio sine qua non) mit der beruflichen Sphäre vor, sondern ein steuerlich anzuerkennender wirtschaftlicher Zusammenhang. Abzustellen ist insofern auf das auslösende Moment[15].

> *„Enthält eine Reise **abgrenzbare** berufliche und private Veranlassungsbeiträge, die jeweils nicht von völlig untergeordneter Bedeutung sind (z.B. einer beruflich veranlassten Reise wird ein Urlaub hinzugefügt), so erfordert es das Nettoprinzip, den beruflich veranlassten Teil der Reisekosten zum Abzug zuzulassen. Der Umfang des beruflichen Kostenanteils ist notfalls zu schätzen (...) Reisekosten, die sowohl den beruflichen als auch den privaten Reiseteil betreffen (z.B. Kosten der Hin- und Rückreise zu einem Auslandsaufenthalt, der berufliche und private Teile umfasst), sind zur Umsetzung des Nettoprinzips ebenfalls aufzuteilen. Insoweit gelten die Grundsätze sinngemäß, die die Rechtsprechung bereits zum Abzug fixer PKW-Kosten und der Telefongrundgebühr entwickelt hat (BFH-Urteile in BFHE 58, 120, BStBl III 1953, 337; in BFHE 132, 63, BStBl II 1981, 131)"* – (Rz. 98, 99, 127 und 128 der Entscheidung).

Hinsichtlich speziell der Abziehbarkeit von Reisekosten kommt der BFH damit zu folgendem Ergebnis:

> *„Der Große Senat folgt (...) der Auffassung (...),. Aufwendungen für die Hin- und Rückreise bei gemischt beruflich (betrieblich) und privat veranlassten Reisen können grundsätzlich in abziehbare Werbungskosten oder Betriebsausgaben und nicht abziehbare Aufwendungen für die private Lebensführung nach Maßgabe der beruflich und privat veranlassten Zeitanteile der Reise aufgeteilt werden, wenn die beruflich veranlassten Zeitanteile feststehen und nicht von untergeordneter Bedeutung sind. Das unterschiedliche Gewicht der verschiedenen Veranlassungsbeiträge kann es jedoch im Einzelfall erfordern, einen anderen Aufteilungsmaßstab heranzuziehen oder ganz von einer Aufteilung abzusehen (...). Nimmt der Steuerpflichtige zum Beispiel aufgrund einer Weisung seines Arbeitgebers einen beruflichen Termin wahr, so können die Kosten der Hin- und Rückreise auch dann in vollem Umfang beruflich veranlasst sein, wenn der Steuerpflichtige den beruflichen Pflichttermin mit einem vorangehenden oder nachfolgenden Privataufenthalt verbindet (...). Dabei kommt es nicht notwendig darauf an, ob der private Teil der Reise kürzer oder länger ist als der berufliche Teil"* (Rz. 92, 119 und 128 f. der Entscheidung).

Der BFH stellt aber klar, dass seine Grundsätze zu Reisekosten nicht auf jegliche Aufwendungen übertragbar seien. Vielmehr seien bestimme Aufwendungen nur im Zuge des subjektiven Nettoprinzips insbesondere durch Freistellung des steuerlichen Existenzminimums gemäß §§ 32a Abs. 1 Nr. 1, 32 Abs. 6 EStG berücksichtigungsfähig und fielen somit gar

14 BFH/NV 2010, S. 1805 speziell bei Auslandsreise eines Steuerberaters.
15 BFH/NV 2010, S. 2035; BFH/NV 2010, S. 2038; BFH, NJW 2010, S. 3391 für ein Statusfeststellungsverfahren nach § 7a SGB IV; ein bloß rechtlicher Zusammenhang reicht nicht aus – vgl. BFH/NV 2013, S. 522.

nicht in den Anwendungsbereich des § 4 Abs. 4 bzw. § 9 EStG. Letzteres gelte beispielsweise auch bei Finden eines zeitlichen Aufteilungsmaßstabes für:

- Brillen,
- Bürgerliche Kleidung,
- Armbanduhren,
- Gesundheitsaufwendungen (Rz. 122 f. der Entscheidung)[16].

Eine Aufteilung wird unter Bezugnahme auf die Rspr. des BFH beispielsweise in folgenden Fällen aber für zulässig erachtet[17]:

- Kfz-Kosten,
- Telefonkosten,
- Kosten für einen Computer,
- Kosten für eine Haushaltshilfe,
- Kosten für Wachmaschine und Heimbügler,
- Kosten für einen Kühlschrank,
- Prämien für eine Reisegepäckversicherung,
- Prämien für eine kombinierte Familien- und Verkehrs-Rechtsschutzversicherung,
- Verpflegungsmehraufwendungen,
- abgrenzbare, zusätzliche Aufwendungen für eine Gruppenreise,
- Kontokorrentzinsen sowie
- Aufwendungen für eine teils selbst genutzte und teils an wechselnde Feriengäste vermietete Ferienwohnung.

Gleichzeitig stellt der BFH aber auch eine Kontinuität zur bisherigen Rspr. und Verwaltungsmeinung dar, indem er unter Rz. 124 und 125 seiner Entscheidung ausführt:

„Der Große Senat geht nach wie vor von dem (...) die Rechtsprechung prägenden Grundsatz aus, dass eine unbedeutende private Mitveranlassung dem vollständigen Abzug von Betriebsausgaben oder Werbungskosten nicht entgegensteht und dass umgekehrt eine unbedeutende berufliche Mitveranlassung von Aufwendungen für die Lebensführung keinen Betriebsausgaben- oder Werbungskostenabzug eröffnet.

Greifen die – für sich gesehen jeweils nicht unbedeutenden – beruflichen und privaten Veranlassungsbeiträge (z.B. bei einer beruflich/privaten Doppelmotivation für eine Reise) so ineinander, dass eine Trennung nicht möglich ist, fehlt es also an objektivierbaren Kriterien für eine Aufteilung, so kommt ein Abzug der Aufwendungen insgesamt nicht in Betracht(...)“.

Den Steuerpflichtigen trifft die Darlegungslast, die zumindest teilweise berufliche Veranlassung zu belegen (Rz. 126 der Entscheidung)[18].

Klargestellt sei aber, dass allein mit dem Argument, dass es sich um Aufwendungen handle, die bei anderen Steuerpflichtigen (herkömmlich) Privataufwendungen sind, nicht die berufliche Veranlassung verneint werden kann[19]. Weiter spricht nicht allein der Umstand, dass bei Fortbildungsmaßnahmen die entsprechenden erworbenen Kenntnisse auch privat genutzt

---

16   Vgl. auch BMF, BStBl I 2010, S. 614, Rn. 1 und 4; Geserich, NWB 2011, S. 1247, 1251.
17   Vgl. Hilbertz, NWB 2010, S. 2694, 2695.
18   Vgl. Schneider, BFH/PR 3/2010, S. 85; BMF, BStBl I 2010, S. 614, Rn. 2.
19   BFH, Urt. v. 21.4.2010 – VI R 66/04 – NWB 2010, S. 1800 mit Anmerk. Kanzler = BFH/NV 2010, S. 1346 = BStBl II 2010, S. 685.

werden können, gegen eine berufliche Veranlassung[20]. In diesem Zusammenhang hat der BFH mit Urt. v. 20.5.2010 – VI R 53/09[21] – entschieden, dass bei einem Lehrer hinsichtlich Bücher und Zeitschriften ein großzügiger Maßstab anzulegen sei. Insbesondere könne der Werbungskostenabzug nicht versagt werden, wenn sich dieser auch in der Freizeit mit entsprechenden Themen hobbymäßig befasse, wenn nur ein gewisser Zusammenhang mit der Unterrichtstätigkeit gegeben sei. Dass das konkrete Thema tatsächlich im Unterricht Eingang gefunden habe, sei nicht erforderlich. D.h. auch die Vorbereitung letztlich gestrichener Lehrinhalte mit der Literatur ist ausreichend.

Der BFH vertritt insbesondere bei Delegationsreisen die Auffassung, dass die Anbahnung von Kontakten zu Politikern und Unternehmern in den besuchten Ländern durchaus eine betriebliche bzw. berufliche Veranlassung haben kann[22].

Danach lässt sich nunmehr unter Zugrundelegung der neuesten Rspr. des BFH folgende Formel für Mischaufwendungen aufstellen:

Grundsatz

Mischkosten sind grundsätzlich bei vom Steuerpflichtigen nachgewiesener zumindest teilweiser beruflicher/betrieblicher Veranlassung aufzuteilen in einen privaten und beruflich bzw. betrieblich veranlassten Teil. Als Aufteilungsmaßstab kann hier das Verhältnis des beruflichen und privaten Zeitanteils in Betracht kommen. Objektivierbare Kriterien sind weiterhin Mengen- oder Flächenanteile aber auch Aufteilung nach Köpfen[23]. Die Aufteilung hat ggf. im Zuge einer sachgerechten Schätzung nach § 162 AO zu erfolgen, wenn entsprechende objektive Ansatzpunkte für diese Schätzung gegeben sind, d.h. wenn eine Abgrenzbarkeit zwischen beruflicher und privater Sphäre darstellbar ist[24].

Ausnahmen

1. Die private Mitveranlassung ist von ganz untergeordneter Bedeutung – private Mitbenutzung weniger als 10 %.
    → Abzug der gesamten Aufwendung! (umgekehrt können Aufwendungen, die ganz überwiegend privat veranlasst sind, auch bei möglicher Aufteilung insgesamt nicht abgezogen werden, wenn die berufliche bzw. betriebliche Mitveranlassung/Mitbenutzung weniger als 10 % beträgt).

2. Die berufliche Veranlassung lässt als überlagerndes Moment bzw. „**auslösendes Moment**" jegliche private Mitveranlassung in den Hintergrund treten, dann sind die gesamten Aufwendungen abziehbar (Entsprechendes gilt, zwar nicht ausdrücklich vom BFH erwähnt, auch für den umgekehrten Fall, so dass eine private Veranlassung den beruflichen Teil außerhalb der 10-%-Regelung zurücktreten lässt und folglich auch eine teilweise Geltendmachung als Werbungskosten bzw. Betriebsausgaben ausscheidet)[25]. Insofern sind die Aufwendungen eines Polizisten für die Haltung seines Diensthundes zur Gänze als beruflich veranlasst zu betrachten, auch wenn mit dem Hund Freizeitaktivitä-

---

20 BFH, Urt. v. 21.4.2010 – VI R 5/07 – NWB 2010, S. 1800 = BStBl II 2010, S. 687.
21 BStBl II 2011, S. 723 = NWB 2010, S. 3152 mit Anmerk. Geserich.
22 BFH, NJW 2010, S. 2687.
23 BMF, BStBl I 2010, S. 614, Rn. 15.
24 Fischer, NWB 2010, S. 412; BMF, BStBl I 2010, S. 614, Rn. 3, 16.
25 BFH/NV 2010, S. 1248; Hilberts, NWB 2010, S. 2694, 2695.

ten unternommen werden könnten bzw. er fest in dem Familienleben des Polizeibeamten integriert ist[26]. Insofern können auch bei Auslandseinsätzen der Bundeswehr Telefonkosten, die durch Kontaktaufnahme mit Familienangehörigen entstehen, der beruflichen Sphäre zugeordnet werden, da das auslösende Moment im beruflichen Bereich liegt (BFH/NV 2013, S. 293).

3. Es lässt sich kein geeigneter an objektivierbaren Kriterien ausgerichteter Aufteilungsmaßstab finden bei weder beruflich/betrieblich noch privat von vornherein vernachlässigbarer Veranlassungszusammenhängen. D.h. es mangelt am bereits benannten Kriterium der **Abgrenzbarkeit**[27]. Dann kommt auch ein teilweiser Abzug als Werbungskosten bzw. Betriebsausgaben nicht in Betracht[28]. Aus dem Kriterium der Abgrenzbarkeit leitet das BMF aber ab, dass innerhalb eines schwerpunktmäßig privat veranlassten Komplexes dennoch einzelne Aufwendungen beruflich veranlasst sein können (z.B. Seminargebühren innerhalb einer sonst als Urlaubsreise zu qualifizierenden Veranstaltung)[29]. Wegen mangelnder Abgrenzbarkeit sind aber Mitgliedsbeiträge für einen Golfclub nicht als Betriebsausgaben abziehbar[30].

4. Es liegen Aufwendungen vor, die von Vornherein den Sonderausgaben bzw. außergewöhnlichen Belastungen zuzuordnen bzw. durch die Freistellung des Existenzminimums abgedeckt sind (Gesundheitskosten, bürgerliche Kleidung etc.)[31]. Diese fallen nicht in den Anwendungsbereich des objektiven sondern des subjektiven Nettoprinzips und sind daher nach diesen speziellen Regeln zu berücksichtigen bzw. ganz vom Abzug ausgeschlossen.

Beachte: Als berufliche Aufwendungen kommen nicht nur solche für Sachen i.S.v. § 90 BGB, sondern auch für nichtkörperliche Gegenstände in Betracht[32].

Unerheblich ist, ob die entsprechenden Gegenstände tatsächlich beruflich verwendet werden bzw. im entsprechenden Veranlagungszeitraum der Anschaffung beruflich eingesetzt werden, wenn sie nur mit dem entsprechenden Verwendungswillen angeschafft wurden[33].

Angemerkt sei auch, dass der BFH mit Urt. v. 13.7.2011 – VI R 2/11[34] – bei einem Familiennachzug eines Arbeitnehmers entschieden hat, dass zusätzliche Mietaufwendungen Werbungskosten sein können. Hierbei können für die bisherige Familienwohnung die Mietzahlungen als Werbungskosten ab dem Zeitpunkt des Umzugs geltend gemacht werden – beschränkt bis zum frühestmöglichen Zeitpunkt der ordentlichen Kündigung und die Kosten für die neue Wohnung bis zum Zeitpunkt des Familienumzugs[35].

---

26 BGH, BStBl II 2011, S. 45.
27 Teilweise wird auch formuliert, dass „objektivierbare Aufteilungskriterien" vorhanden sein müssen – Vgl. Martini/Valta, Fallsammlung zum Steuerrecht, 2011, S. 12 f.
28 Schneider, BFH/PR 3/2010, S. 85; BFH/NV 2010, S. 880; BFH, Beschl. v. 2.7.2012 – III B 243/11 – NWB 2012, S. 2898; BMF, BStBl I 2010, S. 614, Rn. 17 – „Veranlassungsbeiträge so ineinander greifen, dass eine Trennung nicht möglich und eine Grundlage für die Schätzung nicht erkennbar ist"; ebenso BFH/NV 2012, S. 1956; eine allgemeine Aufteilungsregel von 50 % gibt es nicht – vgl. BFH/NV 2012, S. 1973.Obgleich der BFH vereinzelt hiernach verfahren ist, wie z.B. bei der Geltendmachung von Kosten für eine PC – vgl. BFH, BStBl II 2004, S. 958.
29 vgl. BMF, BStBl I 2010, S. 614, Rn. 11 und 9.
30 FG Köln, Urt. v. 16.6.2011 – 10 K 3761/08 – NWB 2011, S. 2683.
31 Vgl. auch BMF, BStBl I 2010, S. 614, Rn. 1.
32 Geserich, NWB 2011, S. 1247, 1248.
33 Geserich, NWB 2011, S. 1247, 1249.
34 BFH/NV 2011, S. 1956.
35 Vgl. hierzu auch Hilbert, NWB 2011, S. 3676.

Der BFH geht davon aus, dass weiterhin der Steuerpflichtige nachzuweisen hat, dass die Aufwendungen in einem **objektiven Zusammenhang** mit der **beruflichen Tätigkeit** stehen und **subjektiv zu dessen Förderung getätigt** werden. Wenn gemäß § 12 Nr. 1 S. 2 EStG die Aufwendungen im Rahmen der allgemeinen Lebensführung genutzt werden können – z.B. Pferdehaltung – so ist der tatsächliche Verwendungszweck ausschlaggebend[36]. Aufwendungen im Zusammenhang mit der Ausübung eines Hobbys sind nicht abziehbar[37]. Fahrtkosten eines Musiklehrers zu Orchesterproben können grundsätzlich Kosten der privaten Lebensführung sein[38]. Hinsichtlich der Kosten für die Erstellung von Steuererklärungen vgl. BMF, BStBl I 2007, S. 256.

Allein die Befreiung vom Dienst, um eine Maßnahme durchzuführen, spricht noch nicht für deren berufliche Verortung – vgl. Kosten, die ein Finanzbeamter anlässlich einer Teilnahme an einem Fußballturnier der Finanzämter geltend gemacht hat[39].

Ansonsten verweise ich, um sich einen schnellen Überblick über das Einkommensteuerrecht zu verschaffen auf den Beitrag des Verfassers in der JA 2007, 640–643, 718–728, 890–895 und JA 2008, S. 220–226. Was das Verfahrensrecht anbelangt, zu dem Juristen ohnedies wegen vieler Ähnlichkeiten zu VwVfG, VwGO etc. schnell Zugang gewinnen, sei auf den Überblick in JA 2006, S. 725–732 und JA 2006, S. 884–893 verwiesen. Für das Umsatzsteuerrecht sei Jura 2007, S. 40–51 und für die Erbschaftsteuer JuS 2007, S. 630–634 bzw. JuS 2007, S. 721–723 genannt. Entsprechende gesetzliche Neuregelungen sind sodann zu berücksichtigen.

---

36 BFH/NV 2012, S. 782.
37 BFH/NV 2012, S. 784 Ausgaben für die Ablegung der Jägerprüfung.
38 FG Rheinland-Pfalz, Urt. v. 23.4.2012 – 5 K 2514/10 – NWB 2012, S. 1956.
39 BFH/NV 2012, S. 946.

Klausurenteil

1. KLAUSUR

Klausur aus dem Verfahrensrecht inklusive Steuerstrafrecht, sowie Einkommen- und Umsatz-steuerrecht

Ehegattenveranlagung, Ehegatten-Mitunternehmerschaft, Abgeltungssteuer, Sparer-Pauschbetrag, objektives und subjektives Nettoprinzip, Kleinunternehmer, Steuerverkür-zung auf Zeit, Selbstanzeige, Strafverfolgungsverjährung, Festsetzungsverjährung, Hin-terziehungszinsen, Änderung wegen neuer Tatsachen, Vorbehalt der Nachprüfung, Haf-tung des Steuerhinterziehers, Schätzung, Zufluss- , Abflussprinzip.

I   Sachverhalt

Alfons Adler (in Folgendem A) hat einen kleinen Maler- bzw. Anstreichermeisterbetrieb in Ingolstadt. Es handelt sich um keine künstlerische, sondern handwerkliche Tätigkeit. Im Jahr 2008 meldet er sein Gewerbe ab und setzt sich zur Ruhe. Aufgrund der Finanzkrise werden seine Ersparnisse für die Altersversorgung weitgehend aufgezehrt, so dass er sich entschließt, ab Januar 2010 wieder seiner beruflichen Tätigkeit nachzugehen. Da A verärgert ist, dass der Staat ihm nicht hinreichend geholfen habe, seine Ersparnisse zu retten, beschließt er, keine Steuern mehr hinsichtlich seiner Einkünfte aus dem Malereibetrieb zu zahlen. Im Jahr 2010 hat er aus dieser Tätigkeit einen Gewinn vor Steuern von 30.000 €, sowie im Jahr 2011 von 40.000 € bzw. im Jahr 2012 von 45.000 €. Seine Ausgangsumsätze betragen im Jahr 2010 50.000 €, im Jahr 2011 70.000 € und im Jahr 2012 80.000 €. Die Umsatzentwicklung ent-spricht dem, was A vor Wiederaufnahme seiner Tätigkeit erwartet hatte. A gibt weder eine Umsatzsteuerjahreserklärung für die Jahre 2010 bis 2012 ab noch reicht er Voranmeldungen im gesamten Zeitraum ein. Den Ausgangsumsätzen des A stehen im Jahr 2010 Vorsteuerbe-träge von 2.500 €, im Jahr 2011 von 4.700 € und im Jahr 2012 solche in Höhe von 5.600 € gegenüber, die A insofern auch nicht geltend macht. Ansonsten liegen aber die Vorausset-zungen für den Vorsteuerabzug gemäß § 15 UStG vor. A unterliegt mit seinen Ausgangsumsät-zen dem Regelsteuersatz von 19 % gemäß § 12 Abs. 1 UStG. A führt nur inländische Umsät-ze i.S.v. § 1 Abs. 1 Nr. 1 UStG aus.

Mit seiner Ehefrau Berta (in folgendem B) war A die ganzen Jahre zuvor zusammen zur Einkommensteuer veranlagt worden. Die Eheleute A und B leben in der Zugewinngemein-schaft gemäß § 1363 BGB. Dabei ist die Ehe rechtsgültig und beide Ehegatten leben auch weiterhin zusammen in Ingolstadt. Hinsichtlich der Jahre 2010 bis 2012 geben sie wiederum

Einkommensteuererklärungen jeweils zum 31. Mai des Folgejahres ab, in welchen sie bei Beantragung der Zusammenveranlagung nur Mieteinkünfte ordnungsgemäß angeben. Hinsichtlich inländischer Zinseinkünfte, die in den Jahren 2010 bis 2012 jeweils 2.000 € betragen, füllen sie die Anlage KAP nicht aus. Die inländischen Zinseinkünfte werden einem Oder-Konto der Eheleute gutgeschrieben. Freistellungsaufträge waren bei den Banken im zulässigen Umfang gestellt. In den Einkommensteuererklärungen 2010 bis 2012 werden, wie von A geplant, die Einkünfte aus dem Malereibetrieb gänzlich verschwiegen und A macht folglich auch die Betriebsausgaben im Zusammenhang mit seiner Malertätigkeit nicht gegenüber der Finanzverwaltung geltend. B, die nicht berufstätig ist, sondern nur den gemeinsamen Haushalt führt und sich ganz aus den Geschäften des A heraushält, partizipiert von dem Einkommen des A. Ansonsten nimmt sie aber auf ihn keinen Einfluss, der Tätigkeit als Maler schwarz nachzugehen. Da A noch sehr patriarchalische Anwandlungen hat, zahlt er B monatlich ein Taschengeld von 200 €. Gehen Sie dabei davon aus, dass dies durch den Unterhaltsanspruch des B gedeckt ist.

Beim Kunden Clemens Clever (in Folgendem C) erledigt A einen größeren Auftrag im Jahr 2012 im Umfang von 15.000 €. C hat selbst einen kleineren Betrieb und A streicht die Betriebsgebäude. Dabei hatte C dem A mitgeteilt, dass er keine Rechnung brauche und auch sonst seine Arbeiten nicht in seiner Buchführung auftauchen, wenn A ihm ein besonders günstiges Angebot mache, was auch abredegemäß geschah. Allein aus diesem Auftrag werden Umsatzsteuer in Höhe von 2.395,50 € und Einkommensteuer in Höhe von 3.000 € bei A verkürzt. A sind keine Aufwendungen bei diesem Auftrag entstanden, da C sämtliche Materialien gestellt hat.

Da A seinen Gewinn aus seiner Malertätigkeit zukünftig sicher angelegt wissen will, transferiert er im Januar 2012 40.000 € auf ein Konto bei einer Bank im Land X. Das Konto wird nur auf dem Namen des A geführt und auch nur er allein hat entsprechende Zugriffsrechte. Die dort erzielten Zinsen unterliegen keiner Steuer in X. Gleichzeitig existiert zwischen der Bundesrepublik Deutschland und X kein Doppelbesteuerungs- und auch kein Auskunftsabkommen, so dass sich A sicher ist, dass seine ausländischen Zinseinkünfte dem deutschen Fiskus verborgen bleiben. Am 15. Januar 2013 erfolgt die Eintragung der Zinsen auf dem Sparkonto in X in Höhe von 2.000 €. Fällig waren die Zinsen am 31. Dezember 2012.

Im Juli 2012 berichten die Tageszeitungen, dass die deutschen Steuerbehörden eine Daten-CD mit Informationen hinsichtlich deutscher Kapitalanleger in X erworben hätten. Um welche Bank es sich handelt, wird nicht berichtet. A bekommt Bedenken, dass er mit seinen Kapitaleinkünften auffliegen könnte. Den Einkommensteuerbescheid für 2012 hat er bereits vom Finanzamt erhalten, wobei die Veranlagung antragsgemäß erfolgt ist. Tatsächlich haben die deutschen Behörden aber gar keine Daten-CD erworben, insofern handelt es sich um eine Falschmeldung, was A aber nicht weiß. Jedenfalls will er erreichen, dass er einer Strafbarkeit entgeht und bittet seinen Steuerberater Detlef Dreist (in Folgendem D) alles Erforderliche zu unternehmen, dass er in Zukunft nicht befürchten muss, einer Strafverfolgung ausgesetzt zu sein. Dies gilt auch hinsichtlich der Schwarzeinkünfte aus dem Malerbetrieb, da A befürchtet, dass die Finanzverwaltung, wenn seine Zinseinkünfte aus X bekannt werden, der Frage nachgeht, woher das angelegte Kapital stamme. Dabei soll D einen Weg wählen, der A in die steuerliche Legalität zurückführt. A möchte wissen, inwieweit die Finanzverwaltung auch in zeitlicher Hinsicht die Sache steuerlich und steuerstrafrechtlich aufrollen kann. A möchte von D weiter wissen, ob auch B die Einkünfte bzw. Umsätze steuerlich zuzuordnen sind und inwiefern B eine strafrechtliche Verantwortung trifft.

Seinen Gewinn aus der Tätigkeit als Maler hatte A in den Vorjahren zulässiger Weise nach § 4 Abs. 3 EStG ermittelt. Auch in den Jahren 2010 bis 2012 hätte er gemäß § 4 Abs. 3 EStG den Gewinn ermitteln können.

A und B gehören keiner Kirchensteuer erhebenden Religionsgemeinschaft an.

Bearbeiterhinweis

Bitte erörtern Sie gutachterlich alle aufgeworfen Fragen, soweit sie das Steuerstrafrecht, das Einkommen- und Umsatzsteuerrecht sowie die Abgabenordnung betreffen. Dabei ist sowohl auf die Person des A, der B als auch des C einzugehen. Bei der steuerstrafrechtlichen Prüfung sind auch allgemein Fragen der Strafzumessung zu erörtern.

Auf Fragen der Betriebsaufgabebilanz[40] ist nicht einzugehen. Auf den Solidaritätszuschlag und die Gewerbesteuer sowie § 35 EStG ist ebenso wie die Erbschaft- bzw. Schenkungsteuer nicht einzugehen. Zu unterstellen sei, dass sich aufgrund sofortiger Barbezahlungen keine zeitlichen Unterschiede zwischen Ist- und Soll-Versteuerung gemäß §§ 16, 20 UStG ergeben. Auch soll sich im Fall kein Unterscheid ergeben, ob A seinen Gewinn bei seiner Malertätigkeit nach § 4 Abs. 3 EStG oder durch Betriebsvermögensvergleich berechnet.

Ebenfalls ist auf Fragen der Sozialabgaben sowie gewerberechtliche Probleme nicht einzugehen.

Bitte unterstellen Sie, dass bei A und B die unbeschränkte Einkommensteuerpflicht besteht. Hinsichtlich der Einkommensteuerhöhe als Verkürzungserfolg rechnen Sie bitte vereinfacht damit, dass die Steuer 20 % des Gewinns vor Steuern ausmacht. Dabei ist nicht darauf einzugehen, inwiefern bzw. wann nachzuentrichtende Umsatzsteuer im Hinblick auf eine Gewinnermittlung nach § 4 Abs. 3 EStG und eine solche nach Betriebsvermögensvergleich zu berücksichtigen ist. Ansonsten ist die Einkommensteuerzahllast aber nicht abschließend zu berechnen.

Bitte gehen Sie auch auf die Höhe der Umsatzsteuer ein.

Auf Fragen, die mit dem Alter des A zusammenhängen wie die des Altersentlastungsbetrags gemäß § 24a EStG ist nicht einzugehen.

Mit was hat C zu rechnen, wenn A in Insolvenz geraten würde, bevor die Steuern von ihm nachentrichtet würden?

Abwandlung

Wie sähe es aus, wenn A im Jahr 2010 bis 2012 nur Einkünfte aus seinem Malerbetrieb, wie dargelegt, erzielt hätte. Er hätte sodann für 2010 keine Einkommen- und Umsatzsteuerjahreserklärung bzw. Umsatzsteuervoranmeldung abgegeben. Daraufhin wäre er vom Finanzamt geschätzt worden, weil er für 2011 und 2012 entsprechende Erklärungen abgab. Dabei liegen die Schätzungen jeweils der Höhe nach bei 50 % des tatsächlich von A erzielten Gewinns bzw. getätigten Umsätzen, was A auch bewusst gewesen ist. Die Steuerbescheide das Jahr 2010 betreffend gehen dem A am 8. Juli 2013 zu. Im für A zuständigen Finanzamt waren die Veranlagungsarbeiten für die Einkommensteuer 2010 am 1. Oktober 2012 zu 95 % erledigt. A akzeptiert diese Schätzungen.

---

40   Vgl. R 4.5 (6) EStR.

II   Vorüberlegungen

Da der Tatbestand der Steuerhinterziehung gemäß § 370 AO als Blankettatbestand auf steuererhebliche Tatsachen abstellt, über die der Täter unrichtige oder unvollständige Angaben macht (§ 370 Abs. 1 Nr. 1 AO) bzw. im Fall des § 370 Abs. 1 Nr. 2 AO die Finanzbehörde über solche pflichtwidrig in Unkenntnis lässt, ist von Aufbau der Prüfungsreihenfolge her es angezeigt, zuerst die rein steuerlichen Fragen zu erörtern und sodann sich der steuerstrafrechtlichen Seite zuzuwenden.

Bei der steuerstrafrechtlichen Seite sind die Verhaltensweise des Haupttäters, also A, vor der möglicher Gehilfen zu erörtern, denn es besteht das Prinzip der limitierten Akzessorietät der Teilnahme. Sodann ist der Tatbestand der Steuerhinterziehung nach Steuerarten getrennt zu prüfen, schon weil es sich bei der Umsatzsteuer um eine Fälligkeits- und der Einkommensteuer einer Veranlagungssteuer[41] handelt, die unterschiedlichen Gesetzmäßigkeiten etwa bei der Frage, wann Tatvollendung eingetreten ist, folgen.

Sofern Fragen der steuerlichen Haftung zu erörtern sind, ist, da Haftung das Einstehenmüssen für fremde Steuerschulden bedeutet, sowie das Prinzip der Akzessorität der Haftung gilt, zuerst zu prüfen, ob eine Steuerschuld besteht und wer Steuerschuldner ist. Sodann ist auch die Frage der Höhe der Haftung zu erörtern, wenn die Haftung dem Grunde nach gegeben ist.

Was die steuerliche Seite anbelangt, sollte grundsätzlich nach Steuerarten getrennt die Prüfung vorgenommen werden, hier sind somit Fragen der Einkommen- und Umsatzsteuer getrennt zu prüfen. Da es vornehmlich um Fragen der steuerlichen Relevanz von der Tätigkeit des A geht, kann man zuerst ihn prüfen und sodann seine Ehefrau. Da die Rolle der Ehefrau B aber untergeordnet ist, bietet es sich an, an geeigneter Stelle bei den Ausführungen zu A auf die steuerlichen Konsequenzen für B einzugehen.

Soweit der Sachverhalt Umstände als unstrittig darstellt, sollen diese nicht problematisiert werden. Insofern wäre es etwa verfehlt, wenn die Gewinnermittlung nach § 4 Abs. 3 EStG als zulässig laut Sachverhalt gilt, Ausführungen zur originären oder derivativen Buchführungspflicht gemäß § 141 AO bzw. § 140 AO i.V.m. §§ 238 ff. HGB, insbesondere zur Kaufmannseigenschaft des A gemäß § 1 HGB zu machen.

Wenn im Zusammenhang mit einkommensteuerlichen Vorgängen Daten im Sachverhalt auftauchen, möchte der Aufgabensteller auch wissen, in welchem Veranlagungszeitraum diese Vorgänge zu erfassen sind. Insofern ist bei den Kapitaleinkünften, die in X erzielt wurden, auch der Frage des steuerlichen Zuflusses i.S.v. § 11 Abs. 1 EStG nachzugehen.

Der strenge Gutachtenstil ist nur dort erforderlich, wo tatsächlich verschiedene Rechtsansichten gegeneinander abzuwägen sind, wo hingegen die rechtliche Würdigung unproblematisch ist, kann durchaus der Urteilsstil angewandt werden.

---

41   Fälligkeits- oder auch Anmeldesteuern genannt, sind Steuern, bei denen nicht die Finanzbehörde durch Steuerbescheid wie bei den Veranlagungssteuern die Steuer festsetzt, sondern die Anmeldung der Steuer, d.h. der Steuerpflichtige die Steuer selbst berechnet, einer Festsetzung unter Vorbehalt der Nachprüfung gemäß §§ 168 S. 1, 150 Abs. 1 S. 3 AO gleichsteht und das Stichtagsprinzip gilt.

III   Lösung

1   Einkommensteuer

1.1   Malertätigkeit

Da A als Einzelgewerbetreibender seiner Malertätigkeit nachgeht, handelt es sich bei dem hieraus erzielten Gewinn i.S.v. § 2 Abs. 1 Nr. 2, Abs. 2 S. 1 Nr. 1 i.V.m. § 4 Abs. 3 EStG um solchen aus Gewerbebetrieb nach § 15 Abs. 1 Nr. 1 EStG.

Fraglich ist, ob B, da sie die Zusammenveranlagung gemäß §§ 26, 26b EStG mit beantragt hat, Mitunternehmerin i.S.v. § 15 Abs. 1 Nr. 2 EStG geworden ist. Mitunternehmer ist nur derjenige, der zusammen mit den anderen im Gemeinschaftsverhältnis stehenden Personen Mitunternehmerinitiative entfalten kann und Mitunternehmerrisiko trägt[42]. Dabei bedeutet die Mitunternehmerinitiative insbesondere die Teilhabe an den unternehmerischen Entscheidungen, wobei die Möglichkeit hierzu schon ausreichend ist[43]. Solch eine Entscheidungsbefugnis kommt der B nicht zu. Mitunternehmerrisiko bedeutet, dass eine Beteiligung am Gewinn und Verlust des Unternehmens und an den stillen Reserven besteht[44]. Diese Beteiligung muss in der Regel gesellschaftsrechtlich bedingt sein[45]. Dabei gibt es allerdings auch eine Ehegatten-Mitunternehmerschaft, bei der ggf. ein konkludent geschlossener Gesellschaftsvertrag angenommen wird. Allein das Partizipieren der B am Gewinn des A aus dem Gewerbebetrieb begründet jedoch bei Vorliegen einer Zugewinngemeinschaft auch unter Berücksichtigung des Instituts der Ehegatten-Mitunternehmerschaft keine Mitunternehmerinitiative bzw. Mitunternehmerrisiko der B, zumal beim Gewerbebetrieb des A als Maler dessen Arbeitsleistung im Vordergrund steht. Insbesondere stellt eine lediglich indirekte Möglichkeit Zugriff auf den Gewinn des Unternehmens zu nehmen mithin noch keine Gewinnbeteiligung dar, wenn nicht in irgendeiner Form der Gewinn Ausfluss einer gemeinsamen beruflichen Tätigkeit ist[46]. Daher begründet allein die Wahl der Zusammenveranlagung gemäß §§ 26, 26b EStG noch keine Ehegatten-Mitunternehmerschaft[47].

---

42   Mitunternehmer ist zwar, wer zivilrechtlich Gesellschafter einer Personengesellschaft ist und eine gewisse unternehmerische Initiative entfalten kann sowie unternehmerisches Risiko trägt. Beide Merkmale können jedoch im Einzelfall mehr oder weniger ausgeprägt sein (H 15.8 (1) EStH; BFH, DB 2007, S. 2456). Sie müssen jedoch beide vorliegen – BFH/NV 2008, S. 1984.

43   H 15.8 (1) – Mitunternehmerinitiative – EStH.

44   H 15.8 (1) – Mitunternehmerrisiko – EStH.

45   BFH/NV 2006, S. 1839.

46   BFH, BStBl II 2004, S. 500; BFH/NV 2003, S. 1469; Heinicke in Schmidt, EStG Komm., 31. Aufl. 2012, § 4, Rn. 131; Wacker in Schmidt, EStG Komm., 31. Aufl. 2012, § 15, Rn. 375.

47   Heinicke in Schmidt, EStG Komm., 31. Aufl. 2012, § 4, Rn. 131; Bode in Kirchhof, EStG Komm., 11. Aufl. 2012, § 4, Rn. 80.

1.2   Zinseinkünfte

1.2.1   Inländische Zinseinkünfte

Bei den inländischen Zinsen handelt es sich um Kapitaleinkünfte gemäß § 20 Abs. 1 Nr. 7 EStG. Aufgrund der Unternehmenssteuerreform 2008 (BGBl. I 2007, S. 1912) gilt ab 1.1.2009 hinsichtlich Zinseinkünften die Abgeltungsteuer. Bei der Abgeltungsteuer werden die Kapitaleinkünfte nicht in die Bemessungsgrundlage für die Einkommensteuer einbezogen (§ 2 Abs. 5b EStG), zusätzlich werden dann die Kapitaleinkünfte gemäß § 32d EStG einem Steuersatz von 25 % unterworfen, wobei der Steuerpflichtige jedoch beantragen kann (Antragsveranlagung), dass diese Kapitaleinkünfte beim Gesamtbetrag der Einkünfte i.S.v. § 2 Abs. 3 EStG einbezogen und dem individuellen Einkommensteuersatz unterworfen werden. Das Finanzamt führt dann eine Günstigerprüfung gemäß § 32d Abs. 6 EStG durch[48]. D.h. nur wenn die Anwendung des individuellen Einkommensteuersatzes für den Steuerpflichtigen günstiger ist, wird die Antragsveranlagung statt der Abgeltungsteuer vorgenommen. Sowohl bei Greifen der Abgeltungsteuer wie bei Durchführung der Antragsveranlagung erfährt gemäß § 2 Abs. 2 S. 2 EStG aber das objektive Nettoprinzip[49] eine Ausnahme, als statt der tatsächlichen Werbungskosten nur der Sparer-Pauschbetrag nach § 20 Abs. 9 EStG zum Abzug gebracht werden kann. Dies gilt also unabhängig davon, ob dem Steuerpflichtigen höhere oder geringere Aufwendungen im Zusammenhang mit den Kapitaleinkünften entstanden sind[50]. Der Sparer-Pauschbetrag beträgt, da A und B Zusammenveranlagung nach §§ 26, 26b EStG gewählt haben, 1.602 € pro Veranlagungsjahr gemäß § 20 Abs. 9 S. 2 EStG. Unerheblich ist hierbei, wem der Ehegatten der Kapitalstamm gehört, wie sich aus § 20 Abs. 9 S. 2 letzter HS. EStG ergibt[51]. Der Sparer-Pauschbetrag kann maximal bis zur Höhe der Kapitaleinnahmen gemäß § 20 Abs. 6 EStG abgezogen werden, d.h. hierdurch können sich nach § 20 Abs. 9 S. 4 EStG keine negativen Einkünfte ergeben[52].

Die Zinseinkünfte unterliegen beim Oder-Konto der Disposition beider Eheleute, so dass diese A und B zu je 50 % zuzuordnen sind[53].

---

48   BMF, BStBl I 2010, S. 94, Rn. 149ff.
49   Das objektive Nettoprinzip besagt, dass mit der Einkünfteerzielung zusammenhängende Aufwendungen (Betriebsausgaben respektive Werbungskosten) sind mit den Einnahmen bzw. Betriebseinnahmen zu saldieren
50   Weber-Grellet in Schmidt, EStG Komm., 31. Aufl. 2012, § 20, Rn. 206 – die Norm sei insofern auch verfassungskonform; Moritz/Strohm in Frotscher, EStG Komm., Losebl., § 20, Rn. 43ff. Das FG Baden-Württemberg – Urt. v. 17.12.2012 9 K 1637/10 – NWB 2013, S. 578 vertritt die Meinung, dass im Zuge einer verfassungskonformen Auslegung die tatsächlichen WBK abziehbar seien, wenn bereits bei Anwendung des Sparer-Pauschbeitrags der tatsächliche Steuersatz unter 25 % liegt.
51   BMF, BStBl I 2010, S. 94, Rn. 261; Von Beckerrath in Kirchhof, EStG Komm., 11. Aufl. 2012, § 20, Rn. 187.
52   Von Beckerrath in Kirchhof, EStG Komm., 11. Aufl. 2012, § 20, Rn. 188.
53   FG München, Urt. v. 20.4.1998 – 13 K 2593/95 – Haufe-Index 1113368 – gleiches würde bei einem Und-Konto gelten.

1.2.2 Ausländische Zinseinkünfte

Aufgrund dessen, dass nur A Zugriff auf die Zinsen hat bzw. Gläubiger der Zinsforderung ist, sind diese ihm im Unterschied zu denjenigen beim Oder-Konto allein zuzuordnen[54].

Da zwischen der Bundesrepublik Deutschland und X kein Doppelbesteuerungsabkommen besteht, das gegebenenfalls X das alleinige Besteuerungsrecht hinsichtlich der in X erzielten Zinseinkünften zuweist und somit den Regeln des deutschen Einkommensteuerrechts nach § 2 Abs. 1 AO vorgeht, verbleibt es dabei, dass aufgrund der unbeschränkten persönlichen Einkommensteuerpflicht des A gemäß § 1 Abs. 1 EStG das Welteinkommensprinzip gilt, wonach A auch mit seinen Einkünften, die in X erzielt werden, der deutschen Einkommensteuer unterworfen wird. Von der sachlichen Steuerpflicht her handelt es sich bei den Zinsen wiederum um solche aus Kapitalvermögen nach § 20 Abs. 1 Nr. 7 EStG.

Fraglich könnte sein, ob diese erst im Jahr 2013 zu versteuern sind, denn grundsätzlich ist die Einkommensteuer nach § 2 Abs. 7 EStG eine Jahressteuer, wobei gemäß § 25 Abs. 1 EStG Veranlagungszeitraum das Kalenderjahr ist.

Da es sich bei Kapitaleinkünften um Überschusseinkünfte i.S.v. § 2 Abs. 2 Nr. 2 EStG handelt, gilt hier das Zuflussprinzip des § 11 Abs. 1 EStG. Nun sind die Zinsen dem A aber tatsächlich erst am 15.1.2013 formell auf seinem Sparkonto eingetragen worden. Es könnte aber sein, dass hier die Regelung des § 11 Abs. 1 S. 2 EStG gilt, wobei regelmäßig wiederkehrende Einnahmen dem Jahr zuzurechnen sind, dem sie wirtschaftlich zuzuordnen sind, wenn der Zufluss eine kurze Zeit nach der Jahreswende erfolgt.

Bei der Frage, ob eine regelmäßig zufließende Einnahme vorliegt, ist nur auf die Gleichartigkeit nicht aber die Gleichmäßigkeit der Zahlung in der Höhe abzustellen[55]. Diese Gleichmäßigkeit ist aber bei Zinsen grundsätzlich gegeben.

Wirtschaftlich gehören die Zinsen dem Jahr an, für das sie gezahlt werden, d.h. für welchen Zeitraum der Kapitalüberlassung die Verzinsung erfolgt. Dies wäre hier das Jahr 2012.

Eine kurze Zeit ist dabei in der Regel ein Zeitraum von zehn Tagen, wobei innerhalb dieses Zeitraums die Zahlung fällig und geleistet worden sein muss, unerheblich ist, ob die Zinsen auch im Jahr der wirtschaftlichen Zugehörigkeit fällig sind[56]. Dieser Zeitraum ist im Fall aber nicht eingehalten, wenn man auf die formelle Eintragung der Zinserträge auf dem Sparkonto des A abstellt. Jedoch gilt für Sparzinsen die Besonderheit, dass hier allein auf den Zeitpunkt der Fälligkeit abzustellen ist, unabhängig auch von dem Zeitraum, für den die Zinsen gezahlt werden. Weiterhin ist für den Zeitpunkt des Zuflusses darauf abzustellen, wann der Gläubiger der Zinsen über diese verfügen kann. Hier hätte der A bereits mit Fälligkeit am 31.12.2012 diese abheben können, so dass es unerheblich ist, dass die Zinseintragung

---

54 Von Beckerrath in Kirchhof, EStG Komm., 11. Aufl. 2012, § 20, Rn. 17.

55 Die Zahlungen bzw. Leistungen müssen des Weiteren regelmäßig wiederkehrend sein. Diesem Kriterium steht jedoch nicht entgegen, wenn sich zu einem Termin gelegentlich gar kein Anspruch ergibt – so im Hinblick auf Umsatzsteuervorauszahlungen bei Einnahmeüberschussrechnung betreffend regelmäßig wiederkehrende Ausgaben i.S.v. § 11 Abs. 2 S. 2 EStG – BFH, DB 2007, S. 2289. Danach sind wiederkehrend Einnahmen bzw. Ausgaben, deren Wiederholung in bestimmten Zeitabständen aufgrund eines Rechtsverhältnisses von Anfang an feststeht. Die Regelmäßigkeit ergibt sich daraus, dass sie grundsätzlich am Beginn oder Ende des Kalenderjahres zahlbar sind – vgl. Krüger in Schmidt, EStG Komm., 31. Aufl. 2012, § 11, Rn. 25.

56 H 11 – Allgemeines – EStH.

erst am 15.1.2013 erfolgte, denn mit dem Zeitpunkt der Fälligkeit liegt der Zuflusszeitpunkt vor[57]. Mithin sind die Zinsen dem Jahr 2012 zuzuordnen und dort steuerlich zu erfassen.

Da der Sparer-Pauschbetrag bereits bei den inländischen Kapitalerträgen vollumfänglich in Anspruch genommen wurde, unterliegen die gesamten 2.000 € der deutschen Einkommensteuer. Mangels Einbehalts der Abgeltungsteuer ist A entweder noch die Steuer von 25 % oder je nach Verlaufs der Günstigerprüfung die nach seinem individuellen Einkommensteuersatz berechnete Einkommensteuer schuldig, mithin also maximal 500 €.

1.3   Taschengeldzahlung an B

Aufwendungen für den nicht dauernd getrennt lebenden und unbeschränkt steuerpflichtigen Ehegatten, die in Erfüllung der gesetzlichen Unterhaltspflicht gemacht werden, fallen nicht unter die außergewöhnlichen Belastungen in besonderen Fällen gemäß § 33a Abs. 1 EStG[58], denn § 33a Abs. 1 EStG wird als allgemeine Vorschrift über den Abzug von Unterhaltsleistungen zwischen nicht dauernd getrennt lebenden, unbeschränkt steuerpflichtigen Ehegatten durch die Sondervorschriften über die Ehegattenbesteuerung (§§ 26 bis 26 b, 32 a Abs. 5 EStG) verdrängt[59].

Eine Ehegattenveranlagung setzt gemäß § 26 Abs. 1 EStG (grundsätzlich) voraus, dass zumindest zu einem Zeitpunkt während des Veranlagungszeitraums[60] – gemäß §§ 2 Abs. 7, 25 Abs. 1 EStG das Kalenderjahr – folgende drei Voraussetzungen vorliegen:

- Unbeschränkte Steuerpflicht nach § 1 Abs. 1 oder 2 oder § 1 a EStG[61],
- kein dauerndes Getrenntleben[62] und
- das Bestehen einer zivilrechtsgültigen Ehe gegeben ist.

Da diese Voraussetzungen laut Sachverhalt zeitgleich vorliegen, geht die Zusammenveranlagung mit Gewährung des Splittingtarifs dem Abzug der Unterhaltszahlungen gemäß § 33a Abs. 1 EStG vor.

---

57   Dürr in Frotscher, EStG Komm., Stand 15.7.2008, § 11, Rn. 70 – Zinsen aus Sparguthaben; BMF, BStBl I 2010, S. 94, Rn. 241.
58   Ausfluss des subjektiven Nettoprinzips gemäß § 2 Abs. 4 EStG (auch subjektive Leistungsfähigkeit genannt), wonach gewisse existenzsichernde Aufwendungen des Steuerpflichtigen, die ihm nicht für die Zahlung von Einkommensteuer zur Verfügung stehen, Berücksichtigung finden. Das subjektive Nettoprinzip selbst ergibt sich aus dem u.a. in Art. 3 Abs. 1 GG verortetem Leistungsfähigkeitsprinzip.
59   Klörgmann, Ratgeber zur Einkommensteuer 2010, Rn. 443; BFH/NV 2012, S. 1452. Zur Änderurg des Ehegattenveranlagung ab 2013 vgl. auch Egner/Quinten/Kohl, NWB 2013, S. 273.
60   BFH/NV 2008, S. 351.
61   Der BFH, BStBl II 2011, S. 269 – vertritt entgegen der Vorinstanz (FG Rheinland-Pfalz, EFG 2010, S. 854) die Meinung, dass nach In-Kraft-Treten des Jahressteuergesetzes 2008 die Regelung des § 1a Abs. 1 Nr. 2 S. 3 EStG nur in den Fällen des § 1 Abs. 3 EStG greift. In den Fällen des § 1 Abs. 1 EStG ist somit nicht mehr ausschlaggebend, ob die gemeinsamen Einkünfte der Eheleute zu weniger als 90 % der deutschen Einkommensteuer unterliegen bzw. die ausländischen Einkünfte der Eheleute den doppelten Grundfreibetrag übersteigen.
62   Allein eine Trennungsankündigung eines Ehegatten reicht nicht aus, um dieses Tatbestandsmerkmal zu verneinen – vgl. BFH, Urt. v. 28.4.2010 – III R 71/07 – NWB 2010, S. 3090.

2 Umsatzsteuer

Fraglich ist, ob A der Umsatzsteuer unterliegt, denn auch wenn die Unternehmereigenschaft nach § 2 Abs. 1 UStG zu bejahen ist, was bei A der Fall ist, kann eine Besteuerung daran scheitern, dass A unter die Kleinunternehmerregelung des § 19 UStG fällt. Die Kleinunternehmerbesteuerung greift ein, wenn neben der Voraussetzung, dass der Unternehmer im Inland oder in den in § 1 Abs. 3 UStG bezeichneten Gebieten ansässig ist, der Vorjahresumsatz 17.500 € – inklusive Umsatzsteuer – nicht überstiegen hat und der Umsatz des laufenden Kalenderjahres 50.000 € voraussichtlich nicht übersteigen wird. Im Jahr des Beginns der Tätigkeit ist allein auf den voraussichtlichen Erstjahresumsatz abzustellen. Für diesen ist die 17.500 €-Grenze maßgeblich[63]. Der Gesamtumsatz richtet sich nach § 19 Abs. 1 S. 2 u. Abs. 3 UStG[64]. Dabei ist der Gesamtumsatz stets nach vereinnahmten Entgelten und als Bruttobetrag zu bemessen[65]. Eine fehlerhafte Annahme der Einhaltung der Umsatzgrenze nach Ablauf des Vorjahres aufgrund falscher Umsatzermittlungen geht zu Lasten des Steuerpflichtigen. D.h. es erfolgt eine Berichtigung derart, dass eine USt-Zahllast für den vermeintlichen Kleinunternehmer aus den Bruttopreisen herausgerechnet wird. Im Gegenzug kann er aber Vorsteuer nachträglich ziehen. Nimmt der Unternehmer aber im laufenden Jahr seine Tätigkeit erst auf, ist auf den voraussichtlichen Jahresumsatz abzustellen, der nach § 19 Abs. 3 UStG hochzurechnen ist, wobei auch hier die Grenze von 17.500 € gilt. Die Grenze von 50.000 € ist demgegenüber nicht für das Gründungsjahr heranzuziehen. Ist die Grenze von 17.500 € erst einmal überschritten und wird diese im folgenden Jahr jedoch wieder unterschritten, verbleibt es dabei, dass die Kleinunternehmerregelung ausgeschlossen ist[66]. Wird diese Grenze unvorhersehbar überschritten, ist dies unschädlich[67]. Da A jedenfalls die Umsatz-Grenze von 17.500 € bereits seinen Erwartungen gemäß im Jahr 2010 überschritten hat, kann er sich nicht auf die Kleinunternehmerregelung berufen, so dass seine Umsätze Umsatzsteuer auslösen.

Steuerschuldner ist gemäß § 13 Abs. 1 Nr. 1 i.V.m. § 2 Abs. 1 UStG allein der A als Unternehmer. Die B führt insofern keine berufliche Tätigkeit im Zusammenhang mit dem Malerbetrieb aus, auch besteht keine diesbezügliche Gesellschaft bzw. Gemeinschaft zwischen A und B[68].

Was die Höhe der Umsatzsteuer anbelangt, so gilt folgendes, bei dem ab 1.1.2007 geltenden Regelsteuersatz von 19 % ist der von A vereinnahmte Betrag mit dem Faktor 15,97 % zu multiplizieren[69], es ergibt sich mithin die Formel:

Bruttopreis × 15,97 % = abzuführende Umsatzsteuer

Bei den Ausgangsumsätzen im Jahr 2010 von 50.000 € ergibt dies eine Umsatzsteuer von 7.985 €, im Jahr 2011 bei Ausgangsumsätzen von 70.000 € eine Umsatzsteuer von 11.179 €

---

63 Gehm, Jura 2007, S. 40, 43.
64 Vgl. Abschn. 19.3 UStAE.
65 Abschn. 19.1 Abs. 2 S. 2 und 3 UStAE.
66 BStBl II 2008, S. 263.
67 Abschn. 19.1 Abs. 4 UStAE.
68 Abschn. 2.1 UStAE.
69 BMF, BStBl I 2006, S. 477, Tz. 16 = DB 2006, S. 1755 mit Anmerk. Langer; Huschens, NWB, F. 7, S. 6735, 6736 f.; Abschn. 15.4 (3) UStAE bzw. Abschn. 10.5 (4) Beispiel 2 UStAE.

sowie im Jahr 2012 bei Ausgangsumsätzen von 80.000 € eine Umsatzsteuer von 12.776 €. Aufgrund der gegenüberstehenden Vorsteuerbeträge von im Jahr 2010 Vorsteuerbeträge von 2.500 € (2010), 4.700 € (2011) und von 5.600 € (2012) ergibt sich für 2010 eine Umsatzsteuerzahllast von 5.485 €, 2011 von 6.479 € und im Jahr 2012 schließlich von 7.176 €.

3   Steuerstrafrecht

3.1   Strafbarkeit des A

3.1.1   Hinterziehung von Einkommensteuer

Bei der Einkommensteuer wird hinsichtlich der Hinterziehung nicht nach Einkunftsarten differenziert, d.h. es gibt keine Hinterziehung der Zinseinkünften oder gewerblichen Einkünften als solches, sondern nur eine Hinterziehung von Einkommensteuer[70]. Insofern hat A, da er seine Mieteinkünfte ordnungsgemäß, aber die Zinseinkünfte nur teilweise bzw. die gewerblichen Einkünfte gar nicht in seinen Einkommensteuererklärungen erklärt hat, insofern unvollständige Angaben gegenüber der Finanzbehörde über steuerlich erhebliche Tatsachen gemäß § 370 Abs. 1 Nr. 1 Alt. 2 AO gemacht.

Der Taterfolg ist auch eingetreten, da Steuern verkürzt wurden, denn die Steuern wurden nicht in der vollen Höhe festgesetzt (§ 370 Abs. 4 S. 1 AO). Hinsichtlich der Einkünfte aus Gewerbebetrieb greift das Kompensationsverbot nach § 370 Abs. 4 S. 3 AO in Bezug auf die nicht geltend gemachten Betriebsausgaben nicht[71], so dass der Taterfolg durch eine Gegenüberstellung der Soll- zu den Ist-Steuern gemäß dem Gewinn gemäß § 4 Abs. 3 EStG zu berechnen ist[72]. Dabei ist zu bedenken, dass der Steuerpflichtige die gegenüber dem Finanzamt getroffene Entscheidung, den Gewinn gemäß § 4 Abs. 3 EStG zu ermitteln, nicht jährlich wiederholen muss[73], so dass die bis 2008 gewählte Methode auch für die Jahre 2010 bis 2012 zu Grunde gelegt werden kann. Sollte ggf. der Betriebsvermögensvergleich nach § 4 Abs. 1, § 5 Abs. 1 EStG für den Steuerpflichtigen günstiger sein, ist dieser zu Grunde zu legen, weil diese Art der Gewinnermittlung den Grundsatz bei den verschiedenen Gewinnermittlungsarten darstellt[74]. Laut Aufgabenstellung kann dies hier aber dahingestellt bleiben, da beide Methoden der Gewinnermittlung im jeweiligen Veranlagungszeitraum zum gleichen Ergebnis führen.

Hinweis: Das Kompensationsverbot gemäß § 370 Abs. 4 S. 3 AO greift nicht hinsichtlich verkürzter Umsatzsteuer und der Berechnung des für die Einkommensteuer zu Grunde zu legenden Gewinns. D.h. die Umsatzsteuerzahllast, die A bei ordnungsgemäßer Versteuerung

---

70   NStZ-RR 2009, S. 340.
71   Peter/Kramer, Steuerstrafrecht, 2009, S. 26.
72   BGH, Urt. v. 12.5.2009 – 1 StR 718/08 – mit Anmerk. Leipold/Beukelmann, NJW-Spezial 2009, S. 522 = wistra 2009, S. 398; OLG Brandenburg, wistra 2010, S. 197; Webel, SteuerStud, Beilage 3/2006, S. 7.
73   H 4.5 (1) – Wahl der Gewinnermittlungsart EStH; BFH, BStBl II 2009, S. 368.
74   BFH/NV 2009, S. 1979; BFH/NV 2010, S. 186.

an das Finanzamt abzuführen gehabt hätte, mindert die Höhe des Verkürzungserfolges hinsichtlich der Einkommensteuer[75]. Mithin ist es unerheblich, dass bei der Gewinnermittlung gemäß § 4 Abs. 3 EStG streng das Abflussprinzip des § 11 Abs. 1 EStG bzw. bei Vorsteuererstattung das Zuflussprinzip des § 11 Abs. 2 EStG gilt, wobei die vereinnahmte Umsatzsteuer kein durchlaufender Posten i.S.v. § 4 Abs. 3 S. 2 EStG ist, da der Unternehmer im eigenen Namen und auf eigene Rechnung als Steuerschuldner – §§ 13 a Abs. 1 Nr. 1, 1 Abs. 1 Nr. 1 UStG – die Umsatzsteuer ans Finanzamt abzuführen hat. Abzustellen ist mithin bei der Gewinnermittlung gemäß § 4 Abs. 3 EStG auf den Zeitpunkt, indem das Finanzamt die Umsatzsteuerzahllast festsetzt bzw. diese beglichen wird[76]. Beim bilanzierenden Unternehmer gilt hingegen, dass mit Entstehung der Steuerschuld bzw. des Vorsteuererstattungsanspruchs die Auswirkung auf das Betriebsergebnis gegeben ist[77].

A handelte auch vorsätzlich, Rechtswidrigkeit und Schuld sind auch gegeben.

Die Einkommensteuerhinterziehungen die Jahre 2010, 2011 und 2012 betreffend stehen in Tatmehrheit gemäß § 369 Abs. 2 AO i.V.m. § 53 StGB zueinander.

3.1.2   Hinterziehung von Umsatzsteuer

Hinweis: Die Versteuerung nach vereinbarten Entgelten (Soll-Versteuerung) gemäß § 16 Abs. 1 UStG ist gegenüber der Besteuerung nach vereinnahmten Entgelten (Ist-Versteuerung) nach § 20 UStG der Regelfall. Letztere Form der Besteuerung ist zudem von einem entsprechenden Antrag des Steuerpflichtigen abhängig. Zwar gilt im Steuerstrafrecht der Grundsatz in dubio pro reo, so dass grundsätzlich auch ggf. von einer niedrigeren eingetretenen Steuerverkürzung im strafrechtlich relevanten Zeitraum auszugehen ist, jedoch kann nicht hypothetisch ein Antrag als gestellt unterstellt werden[78].

3.1.2.1   Umsatzsteuervoranmeldungen

A hat gar keine Umsatzsteuervoranmeldungen gemäß § 18 Abs. 1 bis 3 UStG abgegeben. Insofern hat er gemäß § 370 Abs. 1 Nr. 2 AO pflichtwidrig die Finanzbehörde über steuererhebliche Tatsachen in Unkenntnis gelassen.

Im Hinblick auf den Taterfolg der Steuerverkürzung genügt eine zeitliche Verkürzung (§ 370 Abs. 1, 1. Alt. und Abs. 4 S. 1 AO). Hier ist nach h.M. auf die Vorstellung des Täters abzustellen. Wollte er etwa auch von vornherein die Umsatzsteuerjahreserklärung entsprechende falsch oder gar nicht abgeben, so ist bereits mit den Umsatzsteuervoranmeldungen eine Steuerverkürzung auf Dauer zu bejahen[79]. So verhält es sich gerade bei A, da es ihm nicht

---

75   Jäger in Klein, AO Komm., 11. Aufl. 2012, § 370, Rn. 135; Gehm, Kompendium Steuerstrafrecht, 2012, S. 51; a.A. Simon/Vogelberg, Steuerstrafrecht, 3. Aufl. 2011, S. 71 dies sei nur bei einer Gewinnermittlung nach §§ 4 Abs. 1, 5 Abs. 1 EStG der Fall, weil bei der Gewinnermittlung gemäß § 4 Abs. 3 EStG § 11 EStG gelte, die Diskrepanz sei aber bei der Strafzumessung zumindest teilweise zu berücksichtigen. Letztere Differenzierung vermag nicht zu überzeugen und ist bereits wegen Wahrung des Gleichbehandlungsprinzips gemäß Art. 3 Abs. 1 GG abzulehnen.
76   Dürr in Frotscher, EStG Komm., Losebl., § 11, Rn. 70 – Umsatzsteuer; Klörgmann, Ratgeber zur Einkommensteuer 2011, Rn. 245; BFH, BStBl II 1982, S. 755.
77   BFH, BStBl II 1993, S. 786; BFH, Urt. v. 15.3.2012 – III R 6/07 – Haufe-Index 3193349.
78   BGH, Beschl. v. 26.6.2012 – 1 StR 289/12 – BeckRS 2012, 17295.
79   Gehm, Kompendium Steuerstrafrecht, 2012, S, 43f.

lediglich um einen Liquiditätsvorteil ging, sondern er von vornherein vorhatte, auch die Umsatzsteuerjahreserklärung gemäß § 18 Abs. 4 UStG nicht abzugeben.

Der BGH[80] vertritt hinsichtlich der Umsatzsteuer die Meinung, dass auch in Bezug auf die Steuerhinterziehung die Voranmeldungen betreffend bezüglich des Taterfolges (= Verkürzungs- bzw. Schadensberechnung der Umsatzsteuerhinterziehung) grundsätzlich auf den Nominalbetrag beim Schuldspruch und nicht entsprechend §§ 235, 238 AO lediglich auf einen Zinsnachteil abzustellen ist (Frage des Erfolgsunrecht). Lediglich wenn der Täter vorhatte, in der Jahreserklärung die Sache richtig zu stellen, so kommt für den Fall, dass ausnahmsweise eine Strafbefreiung gemäß § 371 AO scheitert, bei der Strafzumessung zum tragen, dass er nur eine Verkürzung auf Zeit beabsichtigte (Frage des Handlungsunrechts). Der BGH stellt in diesem Zusammenhang klar, dass § 370 AO ein Gefährdungsdelikt ist. Geht der Täter von seinem ursprünglichen Plan ab, in der Jahreserklärung den Sachverhalt richtig zu stellen, geht bezüglich der Voranmeldung die Verkürzung auf Zeit in eine solche auf Dauer über, was das Handlungsunrecht betrifft. Das Erfolgsunrecht bleibt nach dem zuvor Ausgeführten hiervon unberührt. Es findet lediglich keine beim Handlungsunrecht zu berücksichtigende Schadenswiedergutmachung statt und mit der falschen Jahreserklärung wird neues Erfolgsunrecht geschaffen. Grundsätzlich handelt es sich bei der Steuerhinterziehung, die Voranmeldungen und die entsprechende Jahreserklärung betreffend – beides Steueranmeldungen i.S.v. § 150 Abs. 1 S. 3 AO – um jeweils selbständiges Unrecht, so dass diesbezüglich von Tatmehrheit gemäß § 53 StGB auszugehen ist. Da die Abgabe einer falschen Umsatzsteuerjahreserklärung ein neues Erfolgsunrecht darstellt, steht letztere Tat auch nicht im Verhältnis einer mitbestraften Nachtat zu den entsprechenden Voranmeldungen. Wohl bilden aber die Geschehnisse eine Tat im prozessualen Sinn nach § 264 StPO. Die entsprechenden Taten, die Steueranmeldungen betreffend, sind vollendet, wenn die jeweilige Anmeldung die Wirkung einer Steuerfestsetzung unter dem Vorbehalt der Nachprüfung hat. Dies ist in den Fällen des § 168 S. 1 AO bereits bei Einreichung der Steuererklärung, sonst mit Zustimmung der Finanzverwaltung gemäß § 168 S. 2 AO der Fall. Hinsichtlich der für den Beginn der Strafverfolgungsverjährung maßgeblichen Beendigung der Tat ist auf den endgültigen Abschluss des Tatgeschehens abzustellen. Damit sind die Steuerhinterziehungen, die Voranmeldungen betreffend, erst beendet, wenn die Steuerverkürzung beendet ist, die die Jahreserklärung betrifft. Nur letztere Tat im materiellen Sinn ist mit der Vollendung auch beendet. Vom Verfahrensablauf her kann bei den Voranmeldungen oder bei der Jahreserklärung gemäß § 154a Abs. 2 StPO von der Verfolgung der entsprechenden Tat im materiellen Sinne abgesehen werden. Letztlich lässt sich somit feststellen, dass bei der Strafzumessung nach Ansicht des BGH durchaus die Verkürzung auf Zeit entsprechend einem Zinsnachteil des Fiskus gemäß §§ 235, 238 AO strafmildernd Berücksichtigung finden kann[81].

Für den Eintritt des Verkürzungserfolges ist es gemäß § 370 Abs. 4 S. 1 letzte Alt. AO unerheblich, dass die Umsatzsteuervoranmeldungen wie auch die Umsatzsteuerjahreserklärung als Steueranmeldungen von Gesetzes wegen nach § 168 S. 1 AO einer Steuerfestsetzung unter dem Vorbehalt der Nachprüfung (§ 164 AO) entsprechen.

Fraglich ist, ob A sich gegenüber den Strafverfolgungsbehörden hinsichtlich des Taterfolges darauf berufen kann, dass er keine Vorsteuer in den Jahren 2010 bis 2012 geltend gemacht

---

80   NJW 2009, S. 1979.
81   Gehm, Kompendium Steuerstrafrecht, 2012, S. 44, Fn. 125; Wessing/Biesgen, NJW 2010, S. 2689, 2690, Jäger in Klein, AO Komm, 11. Aufl. 2012, § 370, Rn. 111, 386.

hat. Hier ist aber das Kompensationsverbot gemäß § 370 Abs. 4 S. 3 AO zu beachten, so dass die Vorsteuerbeträge nicht die Höhe des Verkürzungsvolumens mindern[82]. Dieser Umstand hat aber bei der Strafzumessung gemäß § 369 Abs. 2 AO i.V.m. § 46 Abs. 2 StGB – Auswirkungen der Tat – strafmildernde Wirkung[83].

Da es sich bei der Umsatzsteuer um eine Fälligkeitssteuer handelt, ist auch hinsichtlich der Voranmeldungen Tatbeendigung, wie vom BGH ausgeführt, mit Ablauf des 31. Mai des Folgejahres – dem Abgabetermin für die Umsatzsteuerjahreserklärung gemäß § 149 Abs. 2 AO – eingetreten, Tatvollendung war mit Verstreichenlassen der jeweiligen Voranmeldungsfrist eingetreten[84].

A handelte auch insofern vorsätzlich, rechtwidrig und mit Schuld.

Somit hat sich A in mehreren Fällen in Bezug auf die Umsatzsteuervoranmeldungen tatmehrheitlicher vollendeter Steuerhinterziehung schuldig gemacht.

3.1.2.2 Umsatzsteuerjahreserklärungen

A hat sich auch in Bezug auf die Umsatzsteuerjahreserklärungen gemäß § 370 Abs. 1 Nr. 2 AO in drei in Tatmehrheit gemäß § 53 StGB zueinander stehenden Fällen – die Jahre 2010, 2011 und 2012 betreffend – der vorsätzlichen vollendeten Steuerhinterziehung schuldig gemacht.

Die Tatvollendung und -beendigung ist jeweils mit Ablauf des 31. Mai des Folgejahres eingetreten.

3.1.3 Konkurrenz zwischen der Einkommen- und Umsatzsteuerhinterziehung

„Die Abgabe jeder einzelnen unrichtigen Steuererklärung ist grundsätzlich als selbständige Tat i.S.v. § 53 StGB zu werten. Von Tatmehrheit gemäß § 53 StGB ist dann auszugehen, wenn die abgegebene Steuererklärungen verschiedene Steuerarten, verschiedene Steuerzeiträume oder verschiedene Steuerpflichtige betreffen[85]. Ausnahmsweise kann Tateinheit nach § 52 StGB vorliegen, wenn die Hinterziehungen durch dieselbe Erklärung bewirkt werden oder wenn mehrere Steuererklärungen durch eine körperliche Handlung gleichzeitig abgegeben werden. Entscheidend ist, dass die Abgabe der Steuererklärungen im äußeren Vorgang zusammenfällt und überdies in den Erklärungen übereinstimmende unrichtige Angaben über die Besteuerungsgrundlagen enthalten sind. Auch bei Steuerhinterziehung durch Unterlassen (§ 370 Abs. 1 Nr. 2 AO) ist grundsätzlich im Hinblick auf jede Steuerart, jeden Besteuerungszeitraum und jeden Steuerpflichtigen von selbständigen Taten i.S.d. § 53 StGB auszugehen. Allein ein einheitlicher Tatentschluss, seinen steuerlichen Pflichten für mehrere Steuerarten und mehrere Besteuerungszeiträume künftig nicht nachzukommen, begründet noch keine Tateinheit zwischen den einzelnen Steuerhinterziehungen durch Unterlassen.

82 Peter/Kramer, Steuerstrafrecht, 2009, S. 26.
83 BGH, StRR 2012, S. 310 mit Anmerk. Gehm = BGH, NZWiSt 2012, S. 299 mit Anmerk. Ochs/Wargowske; Gehm, Kompendium Steuerstrafrecht, 2012, S. 50f.
84 Gehm, Kompendium Steuerstrafrecht, 2012, S. 259.
85 Dies gilt auch bei Steuerhinterziehung durch Unterlassen – BGH, Urt. v. 27.4.2010 – 1 StR 454/09 – BFH/NV 2010, S. 1596.

Tateinheit ist nur dann ausnahmsweise anzunehmen, wenn die erforderlichen Angaben, die der Täter pflichtwidrig unterlassen hat, durch ein und dieselbe Handlung zu erbringen gewesen wäre"[86].

Bei der Hinterziehung von Einkommensteuer liegt hinsichtlich eines Veranlagungszeitraums materiellrechtlich und somit prozessual eine einheitliche Tat vor, daran ändert sich auch nichts, wenn im Rahmen der Steuerverkürzung verschiedene Einkunftsarten betroffen sind[87].

Somit steht hier die Hinterziehung der Umsatzsteuer in den verschiedenen Voranmeldungszeiträumen bzw. die Nichtabgabe der Umsatzsteuerjahreserklärung in Tatmehrheit zu den jeweiligen Einkommensteuerhinterziehungen.

3.1.4 Selbstanzeige

Bei der Selbstanzeige i.S.v. § 371 AO handelt es sich um einen persönlichen Strafaufhebungsgrund. Insofern würde, wenn A eine wirksame Selbstanzeige abgibt, diese keine Straffreiheit für C herbeiführen, es sei denn, C hätte zuvor den A dazu bevollmächtigt, auch für ihn eine solche zu erstatten[88].

Aufgrund der Übergangsregelung des Art. 97 § 24 EGAO ergibt sich, dass bei Eingang der Selbstanzeige bei der zuständigen Finanzbehörde ab dem 3.5.2011 die Neuregelung aufgrund des Schwarzgeldbekämpfungsgesetzes (BGBl. I 2011, S. 676) gilt, so dass u.a. eine Teilselbstanzeige der Form ausgeschlossen ist, dass auch innerhalb einer Steuerart stückweise Straffreiheit erlangt werden kann, indem man nur so viel den Steuerbehörden preisgibt, als man befürchtet, diese könnten den Sachverhalt sowieso über Kurz oder Lang erfahren.

Es ist zwar keine besondere Form vorgeschrieben[89], grundsätzlich sollte aber aus Dokumentationsgründen die Selbstanzeige schriftlich abgefasst sein. Dabei muss die Selbstanzeige gegenüber der zuständigen Finanzbehörde erstattet werden, nicht ausreichen ist, eine solche bei der Staatsanwaltschaft oder dem Strafgericht zu erstatten, jedoch wird die Selbstanzeige dann wirksam, wenn sie aufgrund der Weiterleitung gemäß § 116 AO bei der Finanzbehörde eingeht[90].

Die Selbstanzeige setzt nicht voraus, dass A freiwillig handelt, es ist mithin unschädlich, dass er nur zur Steuerehrlichkeit zurückkehren möchte, weil er befürchtet, dass insbesondere seine ausländischen Zinseinkünfte ohnehin bald offenbar würden[91]. Unerheblich ist auch, ob A vielleicht bereits irrtümlich von einer Tatentdeckung ausgeht[92].

Erforderlich ist, dass A innerhalb einer Steuerart alle strafrechtlich noch nicht verfolgungsverjährten Taten derart offenbart, dass der Finanzbehörde eine Festsetzung der Steuer ohne größere weitere Ermittlungen möglich ist. Wenn A also nur die Verkürzung der Umsatzsteuer von 2010 bis 2012 offen legen würde, würde er diesbezüglich Straffreiheit erlangen, die

86 BGH, NJW 2005, S. 374 = wistra 2005, S. 30; BGH, Urt. v. 29.5.2008 – IX ZR 222/06 – Beilage zu BFH/NV 10/2008, S. 317; BGH, wistra 2009, S. 398; BGH, Beschl. v. 6.9.2012 – 1 StR 140/12 – BeckRS 2012, 20990; Franzen/Gast/Joecks, Steuerstrafrecht, 7. Aufl. 2009, § 370, Rn. 307.
87 BGH, Beschl. v. 27.5.2009 – 1 StR 665/08 – BFH/NV 2009, S. 1950.
88 Stahl, Selbstanzeige, 3. Aufl. 2011, Rn. 91ff.
89 Nr. 5.2 S. 2 und 7 DA-FamBuStra.
90 Stahl, Selbstanzeige, 3. Aufl. 2011, Rn. 117.
91 Nr. 5.2 S. 3 DA-FamBuStra; Stahl, Selbstanzeige, 3. Aufl. 2011, Rn. 39; Quedenfeld/Füllsack, Verteidigung in Steuerstrafsachen, 4. Aufl. 2012, Rn. 442
92 Nr. 5.3 Abs. 3 S. 9 DA-FamBuStra; Müller, Die Selbstanzeige im Steuerstrafverfahren, 2012, Rn. 932.

Einkommensteuerverkürzung wäre aber weiterhin strafbar. Würde er nur die Verkürzung für 2012 die Einkommen- sowie die Umsatzsteuer betreffend offen legen, wäre noch vollumfänglich die Strafbarkeit gegeben[93].

Weiterhin dürfte aber kein Ausschlussgrund für die Selbstanzeige gemäß § 371 Abs. 2 AO vorliegen. Eine Tatentdeckung gemäß § 371 Abs. 2 Nr. 2 AO liegt insbesondere hinsichtlich der ausländischen Zinseinkünfte nicht vor, hierzu hätte sich A auf der Daten-CD tatsächlich befinden müssen und aufgrund eines entsprechenden Abgleichs mit seiner Einkommensteuererklärung der Finanzbehörde offenbaren müssen, dass diese Einkünfte von ihm verschwiegen wurden[94].

Da keiner der Verkürzungsbeträge bei einer der Taten im materiellen Sinn über 50.000 € liegt, greift auch der Ausschlussgrund des § 371 Abs. 2 Nr. 3 i.V.m. § 398a AO nicht[95].

Zusätzlich müsste A, da er die Steuern zum eigenen Vorteil verkürzte, gemäß § 371 Abs. 3 AO den Verkürzungsbetrag innerhalb einer angemessen Frist, die ihm die Finanzverwaltung hierfür setzt, nachentrichten, um Straffreiheit zu erlangen. Die Straffreiheit hängt aber nicht davon ab, ob er die Hinterziehungszinsen gemäß § 235 AO entrichtet.

Wenn C auch Selbstanzeige erstatten sollte, bräuchte er die auf seiner Beihilfe beruhende Steuerverkürzung nicht zu begleichen, weil die Steuer nicht zu seinen Gunsten verkürzt wurde. Dass er indirekte Vorteile durch die Absprache mit A hatte – preiswertere Malerarbeit – ist unerheblich, weil rein formal auf die steuerliche Rechtsposition abzustellen ist, so dass allein ein rein mittelbarer wirtschaftlicher Vorteil nicht ausreichend ist[96].

3.1.5 Strafverfolgungsverjährung

In steuerstrafrechtlicher Sicht gilt nach § 369 Abs. 2 AO i.V.m. § 78 Abs. 3 Nr. 4 StGB grundsätzlich eine fünfjährige Strafverfolgungsverjährung für die Steuerhinterziehung nach § 370 AO. Zu beachten ist nunmehr aber aufgrund des Jahressteuergesetzes 2009 (BGBl. I 2008, S. 2794) zusätzlich die zehnjährige Strafverfolgungsverjährungsfrist gemäß § 376 Abs. 1 AO. Sie greift nur in den Fällen der besonders schweren Steuerhinterziehung bei Vorliegen eines Regelbeispieles nach § 370 Abs. 3 S. 2 Nr. 1-5 AO. Im Fall der unbenannten Strafschärfung des § 370 Abs. 3 S. 1 AO gilt weiterhin die Frist von 5 Jahren. Die Neuregelung soll auf alle Fälle Anwendung finden, die bei In-Kraft-Treten des Jahressteuergesetzes 2009 – 25.12.2008 – noch nicht verjährt sind[97].

Hier käme höchsten ein Regelbeispiel des § 370 Abs. 3 S. 2 Nr. 1 AO in Betracht. Das große Ausmaß der Steuerhinterziehung wird jedenfalls bei einem Verkürzungsbetrag bis zu 50.000 €[98] pro Tat im materiellen Sinn regelmäßig nicht angenommen, wenn nicht das Ge-

93 Gehm, Jura 2012, S. 531.
94 Beyer, NWB 2012, S. 3445; Mückenberger/Iannone, NJW 2012, S. 3481.
95 Mack, Stbg 2011, S. 162, 165; Obenhaus, Stbg 2011, S. 166; Rolletschke in Graf/Jäger/Wittig, Wirtschafts- und Steuerstrafrecht, 2011, § 371 AO, Rn. 186f; Füllsack/Bürger, BB 2011, S. 1239, 1241; Prowatke/Felten, DStR 2011, S. 899, 902; Zanzinger, DStR 2011, S. 1397, 1402.
96 Stahl, Selbstanzeige, 3. Aufl. 2011, Rn. 205.
97 Kritisch zur Neuregelung: Pelz, NJW 2009, S. 470; Leipold/Beukelmann, NJW-Spezial 2008, S. 408.
98 Bei einem „Griff in die Kasse", wie dies bei der ungerechtfertigten Erlangung von Vorsteuerbeträgen im Umsatzsteuerkarussell der Fall ist, liegt die Grenze bei 50.000 €, sonst bei 100.000 € pro Tat im materiellen Sinne – vgl. BGH, NJW 2012, S. 1015, vgl. Leipold/Beuklaman, NJW-Spezial 2012, S. 152.

samtverkürzungsvolumen aller Taten über 1 Mio. € liegt[99]. Da diese Grenzen nicht überschritten sind, greift hier § 370 Abs. 3 S. 2 Nr. 1 AO nicht und folglich gilt die fünfjährige Strafverfolgungsverjährung ab Tatbeendigung.

3.1.6 Außerstrafrechtliche Folgen der Steuerhinterziehung von A

3.1.6.1 Hinterziehungszinsen

Unabhängig davon, ob A eine wirksame Selbstanzeige erstattet, fallen für ihn Hinterziehungszinsen gemäß § 235 AO an. Sofern sich Zinsen gemäß § 233a AO vom Zeitraum her mit denjenigen gemäß § 235 AO überschneiden, sind erstere auf die Hinterziehungszinsen nach § 235 Abs. 4 AO anzurechnen.

Die Hinterziehungszinsen beginnen gemäß § 235 Abs. 2 AO zu laufen mit Beendigung der jeweiligen Steuerstraftat. Dies ist bei der Einkommensteuerhinterziehung gemäß § 370 Abs. 1 Nr. 1 AO der Moment, in dem A die Steuerbescheide zugehen, in welchen die Steuer zu niedrig festgesetzt wurde, bei der Umsatzsteuerhinterziehung nach § 370 Abs. 1 Nr. 2 AO ist dies der Zeitpunkt, zu dem die Umsatzsteuerjahrerklärung abzugeben war[100].

3.1.6.2 Verlängerte Festsetzungsfrist

Nach § 169 Abs. 2 S. 2 AO beträgt die Festsetzungsfrist im Fall der Steuerhinterziehung zehn Jahre. Der Beginn dieser Frist richtet sich nach § 170 Abs. 2 Nr. 1 AO (Anlaufhemmung). Danach beginnt die Festsetzungsverjährung mit dem Ablauf des Jahres, in dem A die jeweilige Einkommensteuererklärung abgegeben hat. Hinsichtlich der Umsatzsteuer, für die A weder Voranmeldungen noch Jahreserklärungen abgegeben hat, beginnt die Festsetzungsverjährung mit Ablauf des dritten Kalenderjahres, das auf das Jahr der Entstehung folgt. D.h. für die Umsatzsteuer 2010 wäre dies der Ablauf des 31. Dezember 2013, wenn die Steuer gemäß § 13 Abs. 1 Nr. 1 lit. a und b UStG im Jahr 2010 entstanden ist. Des Weiteren ist die Ablaufhemmung des § 171 Abs. 5 AO zu beachten.

3.1.6.3 Änderung der Einkommensteuerbescheide

Gemäß § 172 Abs. 1 S. 1 Nr. 2 lit. d AO ist für Steuerbescheide die Änderung grundsätzlich nach § 173 AO möglich. Hinsichtlich der verschwiegenen Einkünfte könnte es damit sein, dass das Finanzamt die Einkommensteuerbescheide innerhalb der verlängerten Festsetzungsfrist gemäß § 173 Abs. 1 Nr. 1 AO ändern kann. Nachträglich i.S.v. § 173 Abs. 1 Nr. 1 AO wird eine Tatsache bzw. Beweismittel bekannt, wenn sie dem bearbeitenden bzw. zeichnungsbefugten Beamten (Vorsteher, Sachgebietsleiter bzw. Sachbearbeiter oder Mitarbeiter)

---

99 Gehm, Kompendium Steuerstrafrecht, 2012, S. 243ff; Jäger in Klein, AO Komm., 11. Aufl. 2012, § 370, Rn. 280 BGH, StRR 2012, S. 232 mit Anmerk. Gehm; BGH, StRR 2012, S. 310 mit Anmerk. Gehm = BGH, NZWiSt 2012, S. 299 mit Anmerk. Ochs/Wargowske, wobei der BGH in dieser Entscheidung wohl in die Richtung tendiert, bei gleichgelagerten Taten stets eine Addition der Verkürzungsbeträge vorzunehmen. Im Fall wäre aber bei der Einkommensteuer ein Gesamtverkürzungsvolumen von 23.000 € und bei der Umsatzsteuer bei Berücksichtigung der Vorsteuer gemäß § 46 Abs. 2 StGB ein solches von 19.140 € gegeben, so dass auch insoweit in der Summe die Grenze von 50.000 € nicht überschritten wäre. Überdies wäre hier, da kein „Griff in die Kasse" vorliegt, letztlich sowieso eher von der Grenze von 100.000 € auszugehen.
100 Rüsken in Klein, AO Komm., 11. Aufl. 2012, § 235, Rn. 22.

bei abschließender Zeichnung nicht bekannt war[101]. Dabei könnte es sich bei den Betriebs-einnahmen aus Gewerbebetrieb um Tatsachen gemäß § 173 Abs. 1 Nr. 1 AO handeln, da diese zu einer höheren Steuer führen. Die Betriebsausgaben bei den gewerblichen Einkünften könnten demgegenüber § 173 Abs. 1 Nr. 2 S. 2 AO unterfallen. Nach § 173 Abs. 1 Nr. 2 S. 2 AO ist das Verschulden des Steuerpflichtigen unbeachtlich, wenn die Tatsachen/Beweismittel in einem unmittelbaren oder mittelbaren ursächlichen Zusammenhang mit Tatsa-chen/Beweismitteln i.S.v. § 173 Abs. 1 Nr. 1 AO stehen. Ein solcher Zusammenhang ist nur gegeben, wenn der steuererhöhende Vorgang nicht ohne den steuermindernden Vorgang denkbar ist[102]. Eine Gesamtaufrollung des Falles sieht § 173 AO im Unterschied zu § 164 AO bzw. § 367 Abs. 2 S. 1 AO grundsätzlich nicht vor. Anders als bei § 177 Abs. 1 AO sieht die Regelung des § 173 Abs. 1 Nr. 2 S. 2 AO keine Deckelung vor[103]. Allerdings hat A in seinen Einkommensteuererklärungen hinsichtlich der gewerblichen Einkünfte eine Einkunftsart vollkommen weggelassen. Damit ist nicht gemäß § 173 Abs. 1 Nr. 2 S. 2 AO vorzugehen, sondern es ist darauf abzustellen, dass mit dem Betriebseinnahmenüberhang eine Tatsache i.S.v. § 173 Abs. 1 Nr. 1 AO vorliegt[104], so dass eine Änderung zu Lasten des A insofern möglich ist.

Da es sich bei den Zinseinkünften so verhält, dass A nur die in X erzielten nicht erklärte, gilt das zuvor ausgeführte, so dass § 173 Abs. 1 Nr. 2 S. 2 AO zur Anwendung käme, da jedoch der Werbungskostenabzug durch den Sparer-Pauschbetrag beschränkt ist und dieser bereits voll bei den inländischen Kapitaleinkünften Verwendung fand, verbleibt es dabei, dass allein nach § 173 Abs. 1 Nr. 1 AO insofern eine Änderung möglich ist.

3.1.6.4   Festsetzung der Umsatzsteuer

Bei der Umsatzsteuer ist grundsätzlich auch entsprechend eine Änderung gemäß § 173 AO möglich, jedoch sind gar keine Anmeldungen erfolgt, so dass keine Änderung, sondern eine erstmalige Steuerfestsetzung innerhalb der zehnjährigen Festsetzungsfrist gemäß § 167 Abs. 1 S. 1 i.V.m. § 155 AO durchzuführen ist[105]. Da keine Steueranmeldungen erfolgten, ist ebenso gemäß § 168 i.V.m. § 164 AO auch keine Änderung vorzunehmen.

Hervorzuheben ist, dass § 172 Abs. 1 S. 1 AO nur klarstellende Bedeutung dahingehend hat, dass die Einschränkungen der §§ 172 ff. AO nicht für die Änderungsmöglichkeiten nach §§ 164, 165 AO gelten. Damit ist jedoch nicht gesagt, dass die §§ 164, 165 AO die Anwendung der Änderungsvorschriften nach §§ 172 ff. AO ausschließen[106].

In diesem Zusammenhang ist zu erwähnen, dass bei § 164 AO nicht die verlängerte Festset-zungsfrist gemäß § 169 Abs. 2 S. 2 AO gilt, wie sich aus § 164 Abs. 4 S. 2 AO ergibt.

---

101   BFH, BStBl II 2011, S. 479.
102   BFH/NV 2010, S. 169.
103   BFH, BStBl II 1984, S. 4.
104   BFH, BStBl II 1994, S. 346.
105   Rüsken in Klein, AO Komm., 11. Aufl. 2012, § 167, Rn. 9.
106   BFH, DB 2007, S. 1623.

3.2   Strafbarkeit der B

3.2.1   Einkommensteuer

Ein Ehegatte, der lediglich bei der Zusammenveranlagung die gemeinsame Steuererklärung mitunterschreibt, wird allein deshalb noch nicht zum Beteiligten an der Steuerhinterziehung seines Ehepartners, der bezüglich seiner Einkünfte falsche Angaben macht, denn er gibt mit seinem Antrag die Zusammenveranlagung durchzuführen nur die konkludente Erklärung ab, dass die Voraussetzungen für die Ehegattenveranlagung bzw. die Zusammenveranlagung gemäß §§ 26, 26b EStG vorliegen, er erklärt aber nicht, dass die Einkünfte seines Ehepartners wahrheitsgemäß von diesem erklärt wurden[107]. Auch ein Eigeninteresse des mitunterzeichnenden Ehegatten an der Steuerhinterziehung macht ihn allein noch nicht zum Mittäter oder Teilnehmer[108]. Somit hat sich B keiner Tatbeteiligung hinsichtlich der Einkommensteuerhiterziehung des A, sei es die gewerblichen oder dessen Zinseinkünfte aus X betreffend schuldig gemacht.

B ist auch nicht über § 153 AO zur Berichtigung falscher Angaben, die der A hinsichtlich seines Einkommens gemacht hat, verpflichtet[109]. Anders würde es sich nur verhalten, wenn B mit der Wahrnehmung der steuerlichen Pflichten des A von diesem betraut worden wäre, wie z.B. wenn sie dessen steuerlichen Aufzeichnungen geführt hätte[110]. Da B aber nur als Hausfrau tätig ist, ist eine solche Verantwortlichkeit nicht gegeben.

B hat sich somit nicht strafbar gemacht im Hinblick auf die Steuerhinterziehung von Einkommensteuer des A.

3.2.2   Umsatzsteuer

Da nur A Unternehmer i.S.v. § 2 Abs. 1 UStG ist, trifft auch nur ihn die Anmelde- bzw. Erklärungspflichten gemäß § 18 UStG.

In den Fällen des § 370 Abs. 1 Nr. 2 AO kann nur derjenige Täter sein, den die Erklärungspflichten gemäß § 149 AO in Verbindung mit den Einzelsteuergesetzen in Person treffen[111].

Insofern könnte B höchstens Teilnehmerin sein. Da sie aber auf A bzw. dessen Taten keinerlei Einfluss ausübt, ist sie auch hinsichtlich der Umsatzsteuerhinterziehung nicht strafbar.

---

107 BFH, BStBl II 2002, S. 501; BFH, Beschluss v. 30.3.2005 – IV B 161/03, Haufe-Index 1382799 demzufolge scheitert auch eine Haftung nach § 71 AO.
108 OLG Karlsruhe, NJW 2008, S. 162; BGH, NStZ 2009, S. 157; BFH/NV 2008, S. 1158; BFH, BStBl II 2002, S. 501, Leipold/Beukelmann, NJW-Spezial 2008, S. 56; BFH/NV 2010, S. 2239 wobei aber für den straflosen Ehegatten trotzdem die verlängerte Festsetzungsfrist des § 169 Abs. 2 S. 2 AO gilt; im Hinblick auf die Haftung gemäß § 71 AO für hinterzogene Gewerbesteuer geht der VGH München – NJW 2012, S. 2293 hierzu Gehm, AO-StB 2012, S. 260 – davon aus, dass der subjektive Tatbestand nicht einfach unterstellt werden könne, wenn die Ehefrau dem Ehemann Konten zur Abwicklung der Schwarzeinnahmen aus Gewerbebetrieb zur Verfügung gestellt habe.
109 Müller, StBp 2005, S. 195, 196.
110 FG Münster, EFG 2006, S. 1799.
111 BGH, Urt. v. 22.05.2003 – 5 StR 520/02, Beilage zu BFH/NV 4/2004, S. 163; BGH, Urt. v. 7.11.2006 – 5 StR 164/06 – Beilage zu BFH/NV 10/2007, S. 461; BGH, NStZ 2010, S. 644.

3.3 Strafbarkeit des C

3.3.1 Beihilfe zur Einkommen- und Umsatzsteuerhinterziehung des A

C ist als Gehilfe hinsichtlich der Steuerhinterziehung des A nach § 369 Abs. 2 AO i.V.m. § 27 StGB zu betrachten, wobei er die Taten des A hinreichend gefördert hat[112]. Eine Mittäterschaft hinsichtlich der Umsatzsteuer scheitert bereits daran, dass im Hinblick auf § 370 Abs. 1 Nr. 2 AO es dem C an einer eigenen Erklärungspflicht fehlt. Aber auch ansonsten hat er das Tatgeschehen nicht derart in der Hand, dass er hinsichtlich der Einkommensteuer des A als Mittäter zu betrachten ist[113].

Der doppelte Gehilfenvorsatz liegt bei C auch vor[114].

C hat sich damit der Beihilfe zur Steuerhinterziehung des A schuldig gemacht, wobei nur eine einzige Beihilfehandlung vorliegt, auch wenn A zwei Steuerarten verkürzt hat[115].

3.3.2 Außerstrafrechtliche Folgen der Beihilfe des C zur Steuerhinterziehung des A

Da C Gehilfe bei der Steuerhinterziehung des A war, hat er für die kausal durch seine Tat herbeigeführte Steuerhinterziehung gemäß § 71 AO zu haften. Da es sich bei § 71 AO um eine Schadensersatznorm handelt, gilt das Kompensationsverbot des § 371 Abs. 4 S. 3 AO hier nicht, was aber insofern im Fall ohne weitere Folgen ist, da dem A sowieso in Bezug auf den von C geförderten Teil der Verkürzung keine Betriebsausgaben und Vorsteuern entstanden sind.

Weiterhin gilt bei § 71 AO vom Grundsatz her das Prinzip der anteiligen Tilgung, d.h. A hat nur insoweit für die Steuerschuld des A einzustehen, als der Fiskus gegenüber anderen Gläubigern schlechter hinsichtlich seiner Steuerforderungen bedient wurde[116].

Für Zinsen gemäß § 235 AO, die C keine direkte Zahlungsverpflichtung trifft, da die Steuern des A nicht zu seinen Gunsten verkürzt wurden, wird gehaftet, nicht aber für solche gemäß § 233a AO[117]. Die Haftung reicht soweit, wie der Vorsatz des C gereicht hat[118], wobei C aber keine detaillierte Vorstellung von der Höhe der Steuerverkürzung bei A haben muss.

Die Frage, ob C in Haftung genommen wird, ist zwar eine Ermessensfrage, jedoch ist bei Steuerhinterziehung regelmäßig die Inanspruchnahme des Gehilfen zulässig[119].

Gemäß dem Grundsatz der Subsidiarität der Haftung gemäß § 219 S. 1 AO darf C jedoch nur von der Finanzverwaltung beansprucht werden, wenn die Vollstreckung in das bewegliche

---

112 BFH, BStBl II 2004, S. 919.
113 Vgl. Gehm, Kompendium Steuerstrafrecht, 2012, S. 134f.
114 Vgl. Gehm, Kompendium Steuerstrafrecht, 2012, S. 137f.
115 Gehm, Kompendium Steuerstrafrecht, 2012, S. 143; BGH, wistra 2000, S. 340, 343; BGH, wistra 2009, S. 156.
116 BFH/NV 2010, S. 170.
117 Nacke, Die Haftung für Steuerschulden, 3. Aufl. 2012, Rn. 495; a.A. siehe BFH/NV 2013, S. 337 – hierzu Gehm, StBW 2013, S. 221.
118 Nacke, Die Haftung für Steuerschulden, 3. Aufl. 2012, Rn. 496.
119 Rüsken in Klein, AO komm., 11. Aufl. 2012, § 71, Rn. 16.

Vermögen des A erfolglos verlief, die Einschränkung des § 219 S. 2 AO greift nach h.M. bei Gehilfen nicht[120].

Die Haftung wird mittels Haftungsbescheides gemäß § 191 AO durchgesetzt. Für die Haftung nach § 71 AO ist es unerheblich, ob die Steuerschuld noch festgesetzt werden kann (§ 191 Abs. 4 S. 2 AO). Ansonsten beträgt die Frist, in der der Haftungsbescheid erlassen werden kann, zehn Jahre, sie beginnt mit Ablauf des Jahres zu laufen, in welchem der Tatbestand verwirklicht wurde, der die Haftung auslöst (§ 191 Abs. 3 S. 1 bis 3 AO). Insofern müssen zwar alle Tatbestandsmerkmale erfüllt sein, der Eintritt des Steuerausfalls selbst ist jedoch unerheblich[121]. Da für A die verlängerte Festsetzungsfrist von 10 Jahren gilt (§ 169 Abs. 2, S. 2 Alt. 1 AO), kann die Ablaufhemmung gemäß § 191 Abs. 3 S. 4 AO von Relevanz sein.

Eine Selbstanzeige gemäß § 371 AO würde nichts an der Haftung des C gemäß § 71 AO ändern[122].

4   Abwandlung

Bei der Einkommensteuer als Veranlagungsteuer ist bei der Unterlassenstat gemäß § 370 Abs. 1 Nr. 2 AO insofern erst Tatvollendung und -beendigung gegeben, als die Schätzung hinter der tatsächlichen Steuer zurückbleibt. Dies gilt aber nur, wenn nicht zuvor bereits eine Tatvollendung gegeben war[123]. Teilweise wird vertreten, dass dann nur der Differenzbetrag zwischen der korrekten Steuer und der sich aus der Schätzung ergebenden, den Verkürzungsbetrag darstellen würde[124]. Im Hinblick auf Veranlagungssteuern gilt, dass Tatvollendung und -beendigung bei der Unterlassensalternative des § 370 Abs. 1 Nr. 2 AO dann eingetreten ist, wenn die Veranlagungstätigkeit im Hinblick auf die konkrete Steuerart und den konkreten Veranlagungszeitraum zu 95 % im zuständigen Veranlagungsfinanzamt bereits abgeschlossen war[125]. Damit trat bereits am 1. Oktober 2012 Tatvollendung und -beendigung ein. Auf die Frage, ob nur der Differenzbetrag den Verkürzungserfolg darstellt, ist insofern im Fall nicht einzugehen, da in dieser Konstellation stets der volle Steuerbetrag die Verkürzung ausmacht, weil die Tatvollendung schon vor Erlass des Schätzungsbescheides eingetreten war. Der BGH tendiert allerdings dazu, von einer Bearbeitungszeit von längstens einem Jahr auszugehen, so dass ggf. bereits mit Ablauf des 31. Mai 2012 Tatvollendung eingetreten wäre[126]. Bei der Umsatzsteuer als Fälligkeitsteuer bleibt es dabei, dass Tatvollendung und Tatbeendigung

---

120 Rüsken in Klein, AO Komm., 11. Aufl. 2012, § 219, Rn. 8; a.A. Gehm, Kompendium Steuerstrafrecht, 2012, S. 445, da der Wortlaut des § 219 S. 2 AO keine solche Einschränkung zu erkennen gibt und letztlich der Verweis auf den Wortlaut des § 71 S. 2 AO – „oder an einer solchen Tat teilgenommen hat" – nicht stringent ist.
121 BFH, BStBl II 2003, S. 223.
122 Nacke, Die Haftung für Steuerschulden, 3. Aufl. 2012, Rn. 494.
123 Gehm, Kompendium Steuerstrafrecht, 2012, S. 132, 258; BGH, Beschl. v. 22.8.2012 – 1 StR 317/12 – BeckRS 2012, 338496.
124 Rolletschke, Steuerstrafrecht, 3. Aufl. 2009, Rn. 145; Peter/Kramer, Steuerstrafrecht, 2009, S. 35.
125 Jäger in Klein, AO Komm., 11. Aufl. 2012, § 370, Rn. 92, teilweise wird auch von 90 % ausgegangen – vgl. Peter/Kramer, Steuerstrafrecht, 2009, S. 35.
126 BGH, Beschl. v. 19.1.2011 – 1 StR 640/10 – BeckRS 2011, 04341.

mit dem Ablauf des 31. Mai des Folgejahres eintrat[127]. Auch hier kommt es wegen Eintritts der Tatvollendung vor Erlass des Schätzungsbescheides nicht mehr darauf an, ob nur der jeweilige Differenzbetrag die Verkürzung ausmacht.

---

127 Gehm, Kompendium Steuerstrafrecht, 2012, S. 132.

2. KLAUSUR

Klausur aus dem Einkommensteuer- und Verfahrensrecht

**Mischaufwendungen, Steuerbarkeit, Steuerbefreiung, Berufskleidung, Aufwands-
entschädigungen, bürgerliche Kleidung, Kosten des Strafverfahrens als Werbungskosten
bzw. Betriebsausgaben respektive außergewöhnliche Belastungen, beruflich bedingter
Verlust von Privateigentum, Steuerbarkeit von Zufallserfindungen, Absetzung für Abnutzung, Widerruf von Steuerbescheiden.**

I   Sachverhalt

Teil I

Albrecht Angler (in Folgendem A) ist als Polizeibeamter im Dienst des Bundeslandes Y tätig,
wo er auch seinen Wohnsitz hat. Er verdient im Jahr 2012 30.000 € brutto. A ist alleinstehend
und dreißig Jahre alt.

1. Da er einen Polizeihund – Rex – führt, hat er diesen laut Weisung seines Dienstherrn mit
   nach Hause zu nehmen und dort zu verköstigen. Hierfür erhält er eine Aufwandspauschale für das Futter von 40 € pro Monat vom Land Y, mithin im Jahr 2012 insgesamt
   480 €. Dem stehen tatsächliche Futteraufwendungen für Rex in Höhe von 700 € im Jahr
   2012 gegenüber. Eine private Nutzung von Rex ist A durch den Dienstherren Y untersagt
   und geschieht auch nicht. Dabei beruht die Aufwandspauschale von 40 € monatlich auf
   einer landesrechtlichen Bestimmung und ist im Landeshaushaltsplan von Y entsprechend
   ausgewiesen.
2. Gleichzeitig besucht A, da er sich für seinen Dienst fit halten will, ein Fitnessstudio. Im
   Jahr 2012 entstehen ihm hierdurch Kosten von 300 €.
3. Da die vom Land X gestellte Uniformierung nur eine Garnitur Dienstjacke und Hose
   ausmacht, aber As Uniform oftmals verschmutz ist, entschließt er sich, auf eigene Kosten eine zusätzliche Garnitur anzuschaffen, um somit dem Zeitdruck bei der Reinigung
   zu entgehen. Die Kosten betragen im Jahr 2012 hierfür 1.200 €.
4. Ebenfalls kauft sich A bequemere Halbschuhe, die er nur im Dienst trägt. Diese unterscheiden sich in nichts von solchen, die auch Privatleute tragen. Die Kosten hierfür betragen im Jahr 2012 120 €.

5. Während seines Streifendienstes nimmt A am 2. Mai 2012 eine Ausweiskontrolle bei Felix Frisch (in Folgendem F) vor. Weil Rex den F bedrohlich anknurrt, fährt F den A an, er solle seine „blöde Beißmaschine" im Zaun halten. Daraufhin tituliert A den F als „Idioten". F zeigt den A deswegen wegen Beleidigung an. Vor dem Amtsgericht Z wird das Verfahren gegen A gemäß § 153a StPO gegen Zahlung einer Auflage, die A an das Rote Kreuz zu entrichten hat, in Höhe von 100 € eingestellt. Die Zahlung nimmt A noch im Jahr 2012 vor. Gleichzeitig hat A Gerichtskosten in Höhe von 300 € sowie die Gebühren seines Strafverteidigers Stefan Schlau (in Folgendem S) in Höhe von 400 € zu begleichen. Denn S hatte A auch deshalb zugezogen, weil er befürchtete, dass eine strafrechtliche Verurteilung zu seiner Entfernung aus dem Dienst führen könnte. Die Bezahlung dieser Kosten erfolgt auch noch im Jahr 2012. Auch entstehen A Kosten in Höhe von 4 € für die Fahrt zum Amtsgericht mit öffentlichen Verkehrsmitteln und weitere solche Aufwendungen in Höhe von 5 € für Fahrten zu einem vorherigen Besprechungstermin mit S.

6. Der Dienstherr leitet wegen des Vorkommnisses gegen A ein Disziplinarverfahren ein, das mit einem Verweis endet. Auch in diesem Verfahren lässt sich A von S anwaltlich vertreten. Ihm entstehen hierdurch weitere Rechtsanwaltskosten in Höhe von 400 €, die er auch im Jahr 2012 begleicht. A hatte sich des S bedient, da er schon in früheren Jahren wegen seines aufbrausenden Temperaments Probleme im Dienst bekommen hatte und wiederum befürchtete, dass er aus dem Dienst entfernt werden könnte.

7. A parkt seinen privaten PKW im Jahr 2012 nicht in seiner Garage, wie im Versicherungsvertrag angegeben, sondern vor seiner Wohnung auf der Straße. Zacharias Zornig (in folgendem Z) war von A im Jahr 2010 wegen eines Einbruchdiebstahls verhaftet worden. Nach Verbüßen seiner Freiheitsstrafe durchsticht er aus Rache die Reifen am PKW des A und zerkratz mit seinem Taschenmesser auch den Lack des Fahrzeuges. Die Versicherung des A weigert sich, die Reparatur- bzw. Wiederbeschaffungskosten für den Lack respektive für die Reifen in Höhe von 2.500 € zu ersetzen. Da Z mittellos ist, kann A von ihm auch keinen Schadensersatz erlangen. Weiterhin lehnt auch das Land Y die Übernahme der Kosten ab. Die benannten Kosten verausgabt A im Jahr 2012.

8. Zum Ausgleich für seinen anstrengenden Dienst geht A gerne angeln. Als er eines Tages im Jahr 2012 beim Angeln sitzt, kommt ihm die Idee für eine besondere neue Form des Angelhackens. Zuhause angekommen zeichnet er seine Vorstellungen von diesem neuen Angelhacken auf. Sein zeitlicher Aufwand ist dabei rund eine halbe Stunde. Mit Hilfe des Patentanwalts Bertold Bieder (in folgendem B) meldet er seine Erfindung beim Deutschen Patentamt an. Insgesamt entstehen ihm hierbei im Jahr 2013 Kosten in Höhe von 10.000 € (Gebühren des Patentamts sowie von B).

Alsbald meldet sich bei A ein namhafter Hersteller von Angelsportartikeln (X), mit dem A in Verhandlungen tritt. Dabei ergibt sich für A die Frage, ob es steuerlich günstiger wäre, seine Erfindung ganz an X zu verkaufen oder nur eine entsprechende Lizenz zu erteilen. Hierzu geht er zu Steuerberater Clemens Clever (in Folgendem C) und bittet ihn um seinen Rat. Das Geschäft soll 2013 abgeschlossen werden. Für eine Lizenz bezogen auf den staatlichen Geltungsbereich des Patents würde er über sieben Jahre gleichmäßig verteilt insgesamt 70.000 € erhalten. Würde er das Patent ganz veräußern, so erhielte er einen Einmalbetrag von 80.000 €.

Es ist davon auszugehen, dass die gewöhnliche Verwertbarkeit des Patents sieben Jahre beträgt, danach ist es durch den technischen Fortschritt aufgrund von Konkurrenzanbietern überholt. Bei der Absetzung für Abnutzung (AfA) ist von gleichen Jahresbeträgen auszugehen.

Auf Probleme des Nebentätigkeitsrechts für Beamte ist nicht einzugehen.

Teil II

Dr. med. Gustav Gierig (in folgendem G) ist niedergelassener selbständiger Arzt für Allgemeinmedizin mit Kassenzulassung. Wegen Abrechnungsbetruges gegenüber den Krankenkassen wurde gegen G das Strafverfahren geführt. Ihm entstanden hierbei im Jahr 2012 Strafverteidigungskosten in Höhe von 3.000 € – d.h. die Zahlung der Rechtsanwaltsrechnung erfolgte im Jahr 2012. Diese Kosten machte er gegenüber seinem Finanzamt als Betriebsausgaben bei seiner ärztlichen Tätigkeit geltend. G berechnet seinen Gewinn zulässiger Weise nach § 4 Abs. 3 EStG. Der G wurde wegen Abrechnungsbetruges im Jahr 2012 rechtskräftig verurteilt. Den Sachverhalt hatte er in seiner Einkommensteuererklärung vollumfänglich gegenüber dem Finanzamt dargelegt. G ist alleinstehend und unbeschränkt einkommensteuerpflichtig.

Am 1. Juli 2013 gab das Finanzamt mit einfachem Brief den Einkommensteuerbescheid zur Post. Der Steuerbescheid datiert vom gleichen Tag. Dabei wurden die Rechtsanwaltskosten vollumfänglich als Betriebsausgaben anerkannt. Der Steuerbescheid enthielt eine zutreffende Rechtsbehelfsbelehrung. Der Bescheid geht G am 5. Juli 2013 zu.

Am 3. Juli 2013 gab das Finanzamt ebenfalls mit einfachem Brief ein Schreiben zur Post, in welchem es G mitteilt, dass es nicht mehr an seinen Steuerbescheid vom 1. Juli 2013 gebunden sein wolle. Dieses Schreiben ging beim G am 8. Juli 2013 ein.

Am 9. Juli 2013 gab sodann das Finanzamt wiederum mit einfachem Brief einen Einkommensteuerbescheid für 2012 zur Post, in welchem die Rechtsanwaltskosten nicht mehr als Betriebsausgaben berücksichtigt wurden. Der Bescheid datiert vom gleichen Tag. Auch dieser Bescheid enthält eine entsprechende Rechtsbehelfsbelehrung. Das Finanzamt vertritt insofern nunmehr die Rechtsauffassung, dass die Rechtsanwaltskosten keine Betriebsausgaben seien, weil G sich einer vorsätzlich begangenen Straftat schuldig gemacht habe. Der Bescheid geht dem G am 12. Juli 2013 zu. Einen Hinweis, in welchem Verhältnis der Steuerbescheid vom 9. Juli 2013 zu dem Bescheid vom 1. Juli 2013 steht, enthält der Bescheid v. 9. Juli 2013 nicht.

G hat sich gegen den ursprünglichen Steuerbescheid nicht zur Wehr gesetzt. Da er sehr viel in seiner Praxis zu tun hat, geht er erst am 29. August 2013 wiederum zu seinem Rechtsanwalt und bittet ihn um Rat, was er unternehmen müsse, um zu erreichen, dass die Strafverteidigungskosten als Betriebsausgaben Berücksichtigung finden könnten. Bitte fertigen Sie das entsprechende Rechtsgutachten des Rechtsanwalts.

Auf Fragen der Umsatzsteuer ist im Hinblick auf die Rechtsanwaltsrechnung nicht einzugehen.

Bearbeiterhinweis

Es ist zu allen aufgeworfenen Fragen des Einkommensteuerrechts sowie Fragen der Abgabenordnung gutachterlich einzugehen.

Fragen des Umsatzsteuerrechts sind nicht zu bearbeiten.

Teil I. und Teil II. sind hierbei in beliebiger Reihenfolge zu lösen.

II   Vorüberlegungen

Bei der Klausur handelt es sich um eine solche, wie sie typisch für das Zweite Juristische Staatsexamen in Bayern ist. Dabei ist Teil I. schwerpunktmäßig der Einkommensteuer und Teil II. Fragen der Abgabenordnung gewidmet. Das Problem der Abziehbarkeit von Kosten des Strafverfahrens bzw. der Strafverteidigung wird variiert. Rein klausurtaktisch betrachtet, sollte dem Prüfling klar sein, dass bei wiederholtem Aufgreifen eines Themas sich wahrscheinlich unterschiedliche Lösungsergebnisse ergeben werden.

Das Thema Verwertung eines Patents für eine Zufallserfindung prüft den Themenbereich numerus clausus der Einkunftsarten ab[128].

Sofern berufliche Aufwendungen Gegenstand der Prüfung sind, muss der Prüfling sich als erstes überlegen, ob diese im Zusammenhang mit einer der sieben Einkunftsarten gemäß § 2 Abs. 1 Nr. 1 bis 7 EStG angefallen sind. Es wäre also verfehlt, quasi im freien Raum Ausführungen zu Werbungskosten bzw. Betriebsausgaben zu machen, bevor nicht die Einkunftsart feststeht, mit der diese Aufwendungen in Verbindung stehen. Denn bei nicht steuerbaren Vorgängen können auch keine Betriebsausgaben bzw. Werbungskosten anfallen. Steuerbarkeit heißt, dass ein Vorgang auf der Einnahmen- bzw. Betriebseinnahmenseite einer der sieben Einkunftsarten grundsätzlich zuzuordnen ist.

Sind hingegen Einnahmen bzw. Betriebseinnahmen von der Steuer befreit – vgl. etwa § 3 EStG – so können, wie sich aus § 3c EStG ergibt, spiegelbildlich auch die hiermit im Zusammenhang stehenden Aufwendungen nicht geltend gemacht werden. Diese Aufwendungen können, wie sich aus § 33 Abs. 2 S. 2 EStG ergibt, auch nicht als außergewöhnliche Belastungen geltend gemacht werden[129]. Steuerbefreit bedeutet, dass der Vorgang zwar steuerbar ist, aber der Gesetzgeber auf die Besteuerung ausdrücklich verzichtet.

Bei Teil I. bietet es sich an, Nummer für Nummer des Sachverhalts zu prüfen. Wie oftmals im bayerischen Staatsexamen orientiert sich der Sachverhalt an Rechtsprechung bzw. Verwaltungsmeinung, wie sie in den entsprechenden Richtlinien niedergelegt ist.

Bei Teil II. sollte man sich zuvor eine Skizze zu der zeitlichen Abfolge der verschiedenen Bescheide bzw. Schreiben der Finanzverwaltung fertigen, um den Überblick zu behalten. Letztlich kann, da ohnehin alle aufgeworfenen Fragen des EStG und der AO beantwortet

---

128 Gehm, JA 2007, S. 718.
129 BFH, BStBl II 1970, S. 210.

werden müssen, entweder mit der materiellrechtlichen Frage gemäß EStG (Betriebsausgabenabzug) oder den verfahrensrechtlichen Fragen nach AO begonnen werden.

III   Lösung

Teil I

A erzielt als Beamter Einkünfte aus nichtselbständiger Arbeit gemäß § 19 Abs. 1 Nr. 1 EStG. Grundsätzlich könnte er unabhängig von der Höhe seiner Aufwendungen der Arbeitnehmer-Werbungskostenpauschbetrag gemäß § 9a S. 1 Nr. 1 lit. a EStG in Höhe von jährlich 1.000 € geltend machen. Dieser Pauschbetrag kann aber nicht zu einem Werbungskostenüberhang führen, wie sich aus § 9a S. 2 EStG ergibt. Da A´s Einnahmen aber über 1.000 € – nämlich 30.000 € – im Jahr liegen, könnte der Pauschbetrag voll ausgeschöpft werden. Insofern ist es aber fraglich, ob ihm im Zuge des objektiven Nettoprinzips gemäß § 2 Abs. 2 S. 1 Nr. 2 EStG nicht Aufwendungen entstanden sind, die über diesen Betrag liegen. Werbungskosten liegen bei den Überschusseinkunftsarten gemäß § 2 Abs. 2 S. 1 Nr. 2 EStG nur bei beruflicher respektive mit der Einnahmenerzielung zusammenhängender Veranlassung nach § 9 Abs. 1 S. 1 EStG vor. Der *Veranlassungszusammenhang* muss grundsätzlich sowohl in *objektiver* wie *subjektiver* Hinsicht erfüllt sein. Eine Freiwilligkeit der Aufwendung ist jedoch nicht erforderlich für den Werbungskostenabzug (wie auch für den Betriebsausgabenabzug), so dass die subjektive Absicht mit der Ausgabe den Beruf zu fördern, kein in jedem Fall notwendiges Merkmal ist, d.h. der Werbungskostenbegriff ist nicht stets *final* zu betrachten, ein *kausaler Veranlassungszusammenhang* genügt mithin[130] – Stichwort Schäden die mit der Einkunftserzielung im Zusammenhang stehen. § 9 Abs. 1 S. 3 EStG enthält eine nicht abschließende Aufzählung von einzelnen Werbungskosten. Sofern hier eine Einordnung nicht möglich ist, ist die Zuordnung zu der allgemeinen Definition des Werbungskostenbegriffs gemäß § 9 Abs. 1 S. 1 und 2 EStG zu prüfen. Bei den Gewinneinkunftsarten nach § 2 Abs. 2 Nr. 1 EStG ergibt sich das Erfordernis der betrieblichen Veranlassung für die Betriebsausgaben entsprechend aus dem insofern *kausal* formulierten § 4 Abs. 4 EStG. Insofern werden im dualistischen System schon aus Art. 3 Abs. 1 GG heraus die Einkunftsarten gleich behandelt.

---

130 BFH, BStBl II 1986, S. 771.

1 Verpflegung von Rex

1.1 Aufwandsentschädigung für Rex

Die monatlich 40 € als Entschädigung für das Futter sind gemäß § 3 Nr. 12 S. 1 EStG steuerbefreit, denn hier liegt nach § 3 Nr. 12 S. 1 EStG der Ausweis im Landeshaushaltsplan und die entsprechende landesrechtliche Bestimmung für die Gewährung als Aufwandsentschädigung an eine im öffentlichen Dienst beschäftigte Person vor[131]. Auch wäre unabhängig hiervon die Steuerfreiheit nach § 3 Nr. 12 S. 2 EStG gegeben. Die Beschränkung des § 3 Nr. 12 S. 2 EStG, dass Entschädigungen für Zeitverlust nicht steuerfrei sind, greift hier nicht, da nur die Futterkosten abgedeckt werden sollen. Auch würde diese Beschränkung im Fall des § 3 Nr. 12 S. 1 EStG nicht gelten[132].

1.2 Aufwendungen für Rex

Bei den zusätzlichen Aufwendungen für Rex handelt es sich um Werbungskosten bei den Einkünften des A gemäß § 19 Abs. 1 Nr. 1 EStG, denn Rex stellt für A ein Arbeitsmittel i.S.v. § 9 Abs. 1 S. 3 Nr. 6 EStG dar. Rex dient unmittelbar der Erledigung der dienstlichen Aufgaben von A. Dass Rex auch zu privaten Zwecken genutzt werden könnte[133] bzw. in den Haushalt von A integriert ist und somit die Aufwendungen zumindest z.T. der allgemeinen Lebensführung gemäß § 12 Nr. 1 S. 2 EStG zuzuordnen wären, ist hier zu verneinen, da nach der tatsächlichen Zweckbestimmung von Rex bzw. dem *„einkommensteuerlich erheblichen Veranlassungszusammenhang"* sich das Zusammenleben zwischen Hundeführer und Hund aus einer dienstlichen Weisung und der Notwendigkeit des Funktionieren des Teams Hund und Hundeführer ergibt. Insofern überlagert das berufliche Auslösungsmoment jegliche private Veranlassung. Dass Rex im Eigentum vom Land Y steht ist für die Geltendmachung der Werbungskosten unerheblich, da grundsätzlich berufliche Aufwendungen auf fremdes Eigentum dem Werbungskostenabzug nach § 9 Abs. 1 EStG zugänglich sind. Gemäß § 3c Abs. 1 EStG können die Aufwendungen nur berücksichtigt werden, sofern sie den steuerfrei ersetzten Betrag gemäß § 3 Nr. 12 EStG übersteigen[134]. Somit sind 220 € als Werbungskosten bei A´s Einkünften aus nicht selbständiger Arbeit anzuerkennen und keine Quotelung nach privat und beruflich veranlassten Zeitanteilen des Umgangs von A mit Rex vorzunehmen[135].

---

131 FG Niedersachsen, Urt. v. 8.2.2012 – 9 K 399/10 – NWB 2012, S. 2603.
132 BFH, BStBl II 1992, S. 140; Wissenewert in Frotscher, EStG Komm., Losebl. § 3 Nr. 12, Rn. 3, 6f, 18.
133 Die bloß theoretische Möglichkeit einer privaten Nutzung schließt die Berücksichtigung als Arbeitsmittel nicht aus, vgl. BFH, BStBl II 2004, S. 872.
134 Wissenewert in Frotscher, EStG Komm., Losebl., § 3 Nr. 12, Rn. 4.
135 BFH, BStBl II 2011, S. 45.

2   Aufwendungen für das Fitnessstudio

Da durch die sportliche Aktivität des A auch im Allgemeinen seine körperliche Verfassung verbessert wird und keine diesbezügliche Aufteilung im Sinne der Rechtsprechung des GrS des BFH[136] zu Mischaufwendungen in einen privaten und beruflich veranlassten Teil anhand objektiver Kriterien möglich ist (keine Abgrenzbarkeit gegeben), kann er insgesamt die Kosten nicht als Werbungskosten geltend machen (§ 12 Nr. 1 EStG)[137].

3   Aufwendungen für die zweite Uniform

Nach § 9 Abs. 1 S. 3 Nr. 6 S. 1 EStG kann auch typische Berufskleidung steuerlich geltend gemacht werden. Dies gilt jedoch grundsätzlich nicht für solche Kleidungsstücke, welche sich nicht von normaler bürgerlicher Kleidung[138] unterscheiden, so dass die private Mitveranlassung gemäß § 12 Nr. 1 EStG nicht auszuschließen ist. Hieran würde auch der Umstand nichts ändern, wenn A die Kleidungsstücke wirklich nur im Dienst bei der Polizei tragen würde[139]. Da hier aber Uniformstücke vorliegen, sind diese gemäß § 9 Abs. 1 S. 3 Nr. 6 S. 1 EStG als Berufskleidung abziehbar[140].

---

136 BStBl II 2010, S. 672.

137 FG Sachsen-Anhalt, EFG 2007, S. 29 – bestätigt von BFH, Beschl. v. 22.5.2007 –VI B 107/06 – Haufe-Index 1770499.

138 Für solche bürgerliche Kleidungsstücke können auch die Reinigungskosten nicht geltend gemacht werden – vgl. FG Saarland, Urt. v. 28.1.2008 – 2 K 1497/07 – NWB, F. 1, S. 63.

139 M.E. recht inkonsequent hält die Rspr. jedoch wiederum als Ausnahme eine typische Berufskleidung auch bei bürgerlicher Kleidung für gegeben, wenn aufgrund berufsspezifischer Eigenschaften die Verwendung zu Zwecken der privaten Lebensführung ausgeschlossen ist. So wurde Berufskleidung bejaht beim schwarzen Anzug eines Kellners, beim schwarzen Anzug eines kath. Geistlichen bzw. eines Leichenbestatters und mithin die steuerliche Geltendmachung als Werbungskosten respektive Betriebsausgaben gestattet – vgl. Loschelder in Schmidt, EStG Komm., 31. Aufl. 2012, § 9, Rn. 172. Auch sei darauf hingewiesen, dass der BFH mit Urt. v. 22.6.2006 – VI R 21/05 – NWB, F. 1, S. 324 entschieden hat, dass die Gestellung einheitlicher bürgerlicher Kleidung nicht zwangsläufig Arbeitslohn sein muss. Zur Kleidung von Ärzten hat der BFH (BStBl II 1991, S. 348) folgendermaßen Stellung bezogen: „Grundsätzlich handelt es sich bei der typischen Berufskleidung um solche, die ihrer Beschaffenheit nach objektiv nahezu ausschließlich für die berufliche Verwendung bestimmt und wegen der Eigenart des Berufs nötig ist. Erforderlich für die Annahme typischer Berufskleidung ist allerdings nicht, daß ein anderer Gebrauch, nämlich eine Verwendung als sog. bürgerliche Kleidung in jedem Fall ausgeschlossen sein muß, sie also als bürgerliche Kleidung überhaupt nicht getragen werden kann. Liegt dagegen die Benutzung eines Kleidungsstücks als normale bürgerliche Kleidung im Rahmen des Möglichen und Üblichen, so sind die Aufwendungen für diese Kleidung wegen des Abzugsverbots des § 12 Nr. 1 Satz 2 EStG ebensowenig als Werbungskosten (Betriebsausgaben) absetzbar wie die für jede andere bürgerliche Kleidung, die überwiegend oder auch so gut wie ausschließlich im Beruf getragen wird (vgl. BFH-Rechtsprechung)". Beim Arztkittel ist die Berufskleidung zu bejahen, bei weißen T-Shirts kann man sich streiten (vgl. FG Saarland, EFG 2010, S. 2012 stellt auf Hygienegründe ab; FG Hamburg, EFG 2002, 963 lässt aber Anordnung durch Arbeitgeber nicht genügen, anders ist es bei uniformartiger Kleidung im Pflegebereich). Zur Sportkleidung bei Sportlehrern vgl. BFH/NV 2007, S. 1869 sowie zur Anschaffung von Skier durch einen Sportlehrer FG Saarland, Urt. v. 9.7.2008 – 2 K 2326/05 – NWB, F. 1, S. 319

140 BFH/NV 2005, S. 1792.

4   Aufwendungen für die Halbschuhe

Nach H 12.1 – Kleidung und Schuhe – EStH, R 3.31 LStR sind nur solche Kleidungsstücke als typische Berufskleidung anzusehen und damit die Aufwendung für ihre Anschaffung als Betriebsausgabe absetzbar, bei denen die private Nutzung quasi ausgeschlossen ist. Bei normaler bürgerlicher Kleidung, wie Halbschuhen, ist es unerheblich, dass diese auch oder nur bei der beruflichen Tätigkeit getragen werden. Diese ist vielmehr Ausdruck der normalen Kosten für die allgemeine Lebensführung nach § 12 Nr. 1 EStG, zu denen es gehört, sich zu kleiden[141]. Eine Aufteilung nach der Tragezeit während und nach Feierabend verbietet sich schon aus dem Aufteilungsverbot nach § 12 Nr. 1 EStG bzw. aus der gesetzgeberischen Grundentscheidung, dass nur typische Berufskleidung insofern steuerlich berücksichtigungsfähig ist, als auch aus der neuen Rspr. des GrS des BFH[142] heraus. Damit können die Kosten für die Halbschuhe nicht als Werbungskosten geltend gemacht werden.

5   Kosten im Zusammenhang mit dem Strafverfahren wegen Beleidigung

5.1   Auflage

Da A aufgrund eines zwar zustimmungsbedürftigen Beschluss des Gerichts gemäß § 153a Abs. 2 StPO die Zahlung an das Rote Kreuz erbringt, handelt er nicht zur Förderung steuerbegünstigter Zwecke, sondern zur Erreichung eines (straf-)verfahrensrechtlichen Vorteils. Damit scheidet eine Spende und damit die Geltendmachung als Sonderausgabe gemäß § 10b EStG aus[143].

Der steuerlichen Berücksichtigung steht aber auch bereits §§ 9 Abs. 5 i. V. m. 4 Abs. 5 Nr. 8, 12 Nr. 4 EStG (bzw. bei Betriebsausgaben §§ 4 Abs. 5 Nr. 8, 12 Nr. 4 EStG) entgegen. Dabei bezieht sich vom Wortlaut her § 4 Abs. 5 Nr. 8 EStG auf Geldbußen, Ordnungsgelder und Verwarnungsgelder, § 12 Nr. 4 EStG auf Geldstrafen etc. im eigentlichen Sinn[144]. Nach der Rspr. des BFH bezieht sich das Abzugsverbot des § 12 Nr. 4 EStG auch auf Auflagen gemäß

---

141 BFH/NV 2005, S. 1792; BFH, BStBl III 1958, S. 117; BFH, BStBl II 1980, S. 75; BFH GrS, BStBl II 2010, S. 672M BMF, BStBl I 2010, S. 614, Rn. 4.

142 BStBl II 2010, S. 672.

143 H 10b.1 – Auflagen – EStH; BFH, BStBl II 1991, S. 234; Heinicke in Schmidt, EStG Komm., 31. Aufl. 2012, § 10b, Rn. 18 – wirtschaftlicher Vorteil durch Einstellung des Strafverfahrens steht der Unentgeltlichkeit entgegen.

144 Nach Loschelder in Schmidt, EStG Komm., 31. Aufl. 2012, § 12, Rn. 55 gehört § 12 Nr. 4 EStG zu § 4 Abs. 5 Nr. 8 bzw. §§ 9 Abs. 5 i.V.m. 4 Abs. 5 Nr. 8 EStG und bildet quasi eine Einheit mit letzteren Vorschriften; R 4.13 EStR.

§ 153 a StPO, sofern kein Fall des § 153a Abs. 1 Nr. 1 StPO vorliegt[145], was hier aber nicht gegeben ist, da A kein Schmerzensgeld an den Beleidigten zahlen musste.

Als außergewöhnliche Belastung nach § 33 EStG[146] kann die Strafe oder Auflage auch nicht berücksichtigt werden, weil strafbares Verhalten nicht zwangsläufig ist, d.h. jedem Bürger ist Rechtstreue abzuverlangen[147].

5.2   Aufwendungen für die Strafverteidigung

Kosten der Strafverteidigung können im Unterschied zur Strafe selbst – §§ 4 Abs. 5 Nr. 8, 12 Nr. 4 EStG – auch bei vorsätzlich begangenen Straftaten und auch bei einer Verurteilung ausnahmsweise Werbungskosten bzw. Betriebsausgaben sein[148]. Dies ergibt sich bereits aus § 40 AO. Die Geltendmachung von Werbungskosten bzw. Betriebsausgaben setzt aber nach § 9 EStG bzw. § 4 Abs. 4 EStG voraus, dass eine berufliche Veranlassung besteht. Damit reicht es nicht aus, dass die Kosten und damit die Straftat gelegentlich der Berufsausübung verursacht wurden, bzw. dass die Ausübung des Berufes nicht hinweg gedacht werden kann[149], sondern es können nur die Strafverteidigungskosten, welche aus solchen Handlungen, die noch im Rahmen der beruflichen Zielvorstellung vorgenommen wurden, herrühren, anerkannt werden[150]. Das soeben Ausgeführte gilt entsprechend für die angefallenen Gerichtskosten[151]. Eine solche berufliche Veranlassung ist jedoch bei der Beleidigung, die A begangen hat, nicht gegeben, da ein Polizeibeamter die von der Rechtsordnung garantierten Güter – wie das Recht auf Wahrung der persönlichen Ehre gemäß Art. 2 Abs. 1 i.V.m. Art. 1 Abs. 1 GG – zu wahren und nicht gezielt zu verletzen hat. Somit kann A weder seine Rechtsanwaltskosten noch die Gerichtskosten als Werbungskosten geltend machen.

Sofern A befürchtet, dass gemäß § 24 Abs. 1 Nr. 1 BeamtStG für ihn eine Verurteilung die Entfernung aus dem Dienst nach sich zieht, ist dies wegen des vorgeworfenen Delikts – Be-

---

145 BFH/NV 2009, S. 60; vgl. auch H 120 – Leistungen zur Erfüllung von ... – EStH 2004, H 12.3 – Leistungen zur Erfüllung von ... – EStH 2005. Eine Geldauflage nach § 56b Abs. 2 S. 1 Nr. 1 StGB fällt allerdings nicht unter § 12 Nr. 4 EStG – BFH, Urt. v. 15.1.2009 – VI R 37/06 – NWB 2009, S. 1136 = BStBl II 2010, S. 111; Seiler in Kirchhof, EStG Komm., 11. Aufl. 2012, § 12 Rn. 11 – gleiches soll für den Zuschlag nach § 398a AO gelten.

146 Zum Verhältnis von § 12 Nr. 5 EStG zu § 33 EStG ist zu beachten, dass § 12 EStG ausdrücklich regelt, „soweit in ... den §§ 33 bis 33 c nichts anderes bestimmt ist, dürfen ...“. Damit ist grundsätzlich auch noch § 33 EStG zu prüfen.

147 Loschelder in Schmidt, EStG Komm., 31. Aufl. 2012, § 33, Rn. 20; FG Münster, Urt. v. 5.12.2012 – 1 K 4517/10 E- NWB 2013, S. 419. Ansonsten siehe auch die Ausführungen zu den Aufwendungen für die Verteidigung!

148 H 12.3 – Kosten des Strafverfahrens/der Strafverteidigung EStH; H 9.1 – Strafverteidigungskosten – LStH; BFH, BStBl II 1995, S. 457, wobei allerdings der Grundsatz bestünde, dass diese Kosten nicht abziehbar seien und die Abziehbarkeit die Ausnahme darstelle; BFH/NV 2011, S. 2040. Dies gilt auch für das Bußgeldverfahren – vgl. BFH/NV 2011, S. 2047.

149 BFH/NV 1988, S. 353; BFH, Urt. v. 18.10.2007 – VI R 42/04 – NWB, F. 1, S. 381.

150 FG Köln, EFG 1985, S. 342; BFH/NV 2003, S. 1054; Hessisches FG, EFG 1994, S, 1043; BFH/NV 2002, S. 1441; Vorinstanz: FG Köln, EFG 2001, S. 1107; BFH/NV 2004, S. 1639; BFH, BStBl II 1990, S. 20; FG Rheinland-Pfalz, EFG 1989, S. 562; BFH, Urt. v. 18.10.2007 – VI R 42/04 – NWB, F. 1, S. 381. Im Fall einer Honorarvereinbarung könnte grundsätzlich auch das über den RVG-Sätzen liegende Honorar als Werbungskosten bzw. Betriebsausgaben geltend gemacht werden. Bei außergewöhnlichen Belastungen nach § 33 EStG würde es hinsichtlich der Differenz zwischen den RVG-Sätzen und dem vereinbarten Honorar aber an der Zwangsläufigkeit fehlen.

151 Seiler in Kirchhof/, EStG Komm., 11. Aufl. 2012, § 12, Rn. 11.

leidigung – und der Strafandrohung des § 185 StGB von maximal einem Jahr Freiheitsstrafe bzw. Geldstrafe sehr unwahrscheinlich, denn § 24 Abs. 1 Nr. 1 BeamtenStG greift erst ab einer Strafe von einem Jahr. Sofern keine Berührung zur privaten Lebensführung besteht, können jedoch nicht allein deshalb Werbungskosten verneint werden, weil sie unüblich, unangemessen, nicht zweckmäßig oder gar notwendig respektive zwangsläufig sind (Umkehrschluss aus § 9 Abs. 5 i.V.m. § 4 Abs. 5 S. 1 Nr. 7 EStG)[152]. Die disziplinarrechtlichen bzw. statusrechtlichen Folgen sind jedoch als nur mittelbar anzusehen, so dass die möglichen strafrechtlichen Sanktionen als solches im Vordergrund stehen. Insofern ist allein auf die schon ausgeführte Beurteilung abzustellen. Es verbleibt damit bei der Versagung des Werbungskostenabzugs[153].

Außergewöhnliche Belastungen nach § 33 EStG können auf Antrag nur berücksichtigt werden, wenn sie zwangsläufig sind (§ 33 Abs. 2 EStG). Erfolgt eine Verurteilung oder Einstellung nach § 153a StPO, so ist auch im Hinblick auf die Gerichts- und Rechtsanwaltskosten keine Zwangsläufigkeit gegeben, da grundsätzlich wiederum die Rechtstreue jedem Bürger zuzumuten ist[154]. Der BFH[155] stellt zusätzlich darauf ab, dass eine Einstellung nach § 153a StPO von der Zustimmung des Beschuldigten abhängt, weshalb keine Zwangsläufigkeit nach § 33 EStG gegeben sei. Die Kosten für die Erfüllung der Auflage selbst als auch die Strafverteidigungskosten seien demzufolge nicht als außergewöhnliche Belastungen einzustufen. Mithin können die Aufwendungen im vorliegenden Fall auch nicht nach § 33 EStG zum Ansatz gebracht werden.

Die Fahrtkosten zum S und zum Gericht teilen das Schicksal der Strafverteidigungskosten[156].

6   Aufwendungen für das Disziplinarverfahren

Rechtsanwaltskosten, die mit dem Disziplinarverfahren selbst in unmittelbarem Zusammenhang stehen, können im Gegensatz zu denjenigen für das Strafverfahren als Werbungskosten geltend gemacht werden, da insofern ein direkter Veranlassungszusammenhang mit der beruflichen Sphäre gegeben ist[157]. In diesem Zusammenhang lässt es das FG Düsseldorf für den Werbungskostenabzug genügen, dass es dem Steuerpflichtigen um die Rettung seines guten Rufes in der Öffentlichkeit ging, auf den er zur Ausübung seines Berufes angewiesen sei[158].

---

152 BFH, BStBl II 1981, S. 735; Lochte in Frotscher, EStG Komm., Losebl., § 9, Rn. 24.
153 BFH, BStBl II 1995, S. 457; BFH/NV 2004, S. 42; BFH/NV 2005, S. 2205; FG Münster, Urt. v. 19.8.2011 –
      14 K 2610/10 E – Haufe-Index 2756851.
154 FG Stuttgart, EFG 1995, S. 246 Verurteilung wegen Untreue zum Nachteil des Arbeitgebers; BFH/NV 1988,
      S. 353; BFH, BStBl II 1995, S. 457; BFH, BStBl II 1989, S. 831 mit ausführlicher Begründung; die Aufwendungen sind quasi bei der Verurteilung nach § 465 StPO als Nebenstrafe zu tragen, das gilt auch gemäß § 467
      Abs. 5 StPO im Fall der endgültigen Einstellung nach § 153a StPO. Daran hat die Rspr. des BFH zu Kosten
      eines Zivilprozesses nicht geändert – FG Münster, Urt. v. 5.12.2012, 1 K 4517/10 E – NWB 2013, S. 419.
155 BStBl II 1996, S. 197.
156 Zum Ganzen vgl. Gehm, D-spezial 11/2004, S. 1 und Degel/Haase, DStR 2005, S. 1260.
157 FG des Saarlandes, EFG 1993, S. 648.
158 EFG 1980, S. 400 – zweifelhaft und kaum mit der neueren BFH Rspr. noch zu vereinbaren.

7   Reparatur- bzw. Wiederbeschaffungskosten hinsichtlich des PKW

Bei den Kosten könnte es sich um Werbungskosten im Zusammenhang mit der beruflichen Tätigkeit des A als Polizist – mithin den Einkünften gemäß § 19 Abs. 1 Nr. 1 EStG – handeln. Zwar ist der Werbungskostenbegriff in § 9 Abs. 1 S. 1 EStG vom Wortlaut her eigentlich final insofern definiert, als die Aufwendung willentlich erfolgen muss – *„Aufwendungen zur Erwerbung ... der Einnahmen"*. Demgegenüber sind in § 4 Abs. 4 EStG die Betriebsausgaben rein kausal definiert – *„durch den Betrieb veranlasst"*. Über Art. 3 Abs. 1 GG ergibt sich somit, wie erwähnt, dass das subjektive Element auch bei Werbungskosten derart zurücktreten kann, dass auch nicht willentlich erduldete Vermögenseinbußen bei beruflicher Verursachung Werbungskosten darstellen können[159]. Grundsätzlich kann damit der Verlust von Arbeitsmitteln oder sonstigen Wirtschaftsgütern zu Werbungskosten führen, wenn der Verlust bei der beruflichen Verwendung eintritt, d.h. das den Verlust auslösende Moment muss im Bereich der Einkünfteerzielung liegen und nicht nur gelegentlich einer Handlung, die womöglich nur im weitesten Sinne Berührung zu einer Einkunftsart hat – Vorhandensein eines engen Veranlassungszusammenhangs mit der beruflichen Tätigkeit. Weiterhin kann ein solcher Zusammenhang sich auch daraus ergeben, dass eine mutwillige Zerstörung von Gütern des Privatvermögens aus der beruflichen Tätigkeit herrührt[160]. Da das Fahrzeug des A nur beschädigt wurde, weil er zuvor eine entsprechende berufliche Tätigkeit ausgeübt hat, können die hieraus resultierenden Kosten als Werbungskosten geltend gemacht werden. Dass A ggf. die Beschädigung hätte vermeiden können, ist demgegenüber unerheblich, weil der Werbungskostenbegriff im Unterschied zu den außergewöhnlichen Belastungen gemäß § 33 EStG keine Zwangsläufigkeit verlangt – wurde bereits unter Punkt 5.2. der Prüfung ausgeführt.

---

159 Klörgmann, Einkommen- und Lohnsteuer-ABC 2012 für Arbeitnehmer, – Diebstahl, hier kann dann außergewöhnliche AfA geltend gemacht werden, wurden die Anschaffungskosten schon gänzlich als Werbungskosten geltend gemacht, können natürlich nur entsprechende Wiederbeschaffungskosten berücksichtigt werden.

160 Ein Gegenstand, der nicht beruflich genutzt wird, jedoch aus (eindeutig) in der Berufssphäre des Arbeitnehmers liegenden Gründen zerstört oder entzogen wird, kann zu Werbungskosten führen – vgl. BFH, BStBl II 1982, S. 442 Zerstörung des Privatwagens eines Polizeibeamten aus Rache wegen einer von diesem vorgenommenen Diensthandlung; ebenso BFH, BStBl II 1986, S. 771; FG Baden-Württemberg, EFG 2006, S. 1318 mit Anmerk. Wüllenkemper; BFH/NV 2008, S. 958; FG Hamburg, EFG 2006, S. 1822. Würde das Fahrzeug in nicht repariertem Zustand veräußert, können als WBK nur die Differenz zwischen dem rechnerisch ermittelten fiktiven Buchwert vor dem Schadenseintritt und dem Veräußerungserlös geltend gemacht werden – BFH NJW 2013, S. 639.

8 Steuerliche Behandlung der Erfindung

Im Einkommensteuerecht gilt der numerus clausus der Einkunftsarten (§ 2 Abs. 1 Nr. 1 bis 7 EStG). D.h. das EStG enthält einen abschließenden Katalog von sieben Einkunftsarten mit einem jeweils eigenen Steuertatbestand. Kann ein Vorgang nicht unter einer dieser Einkunftsarten subsumiert werden, so ist er nicht einkommensteuerbar, d.h. er unterfällt nicht der Einkommensteuer.

Umgekehrt können aber auch Aufwendungen im Zusammenhang mit diesem Vorgang nicht steuerlich als Betriebsausgaben bzw. Werbungskosten geltend gemacht werden. Dies ergibt sich zwar nicht aus § 3c Abs. 1 EStG, da diese Regelung steuerbare, aber von der Steuer befreite Vorgänge erfasst[161]. Jedoch ergibt sich dies für Werbungskosten aus dem Wortlaut des § 9 Abs. 1 S. 2 EStG, wonach ein Abzug nur bei der jeweiligen Einkunftsart zulässig ist. Ist aber eine solche gar nicht gegeben, entfällt der Abzug. Entsprechendes ergibt sich auch unter Berücksichtigung von Art. 3 Abs. 1 GG bei den Betriebsausgaben, wobei diese Regelung eine Kausalität zwischen den Betrieb als berufliche und somit steuerbare Sphäre verlangt.

8.1 Veräußerung des Patents

8.1.1 Einkünfte aus Gewerbebetrieb bzw. freiberuflicher Einkünfte

Da A keinen größeren Aufwand hatte, seine Erfindung zu entwickeln bzw. zur Verwertungsreife zu treiben, liegt eine sogenannte Zufallserfindung vor[162].

Der BFH lässt es dahingestellt, ob die Einkünfte aus der Veräußerung des Patents grundsätzlich dem gewerblichen Bereich gemäß § 15 EStG oder dem freiberuflich, wissenschaftlichen Bereich nach § 18 Abs. 1 Nr. 1 EStG zuzuordnen seien. Im Regelfall ist die Tätigkeit eines Erfinders als wissenschaftliche Betätigung gemäß § 18 Abs. 1 Nr. 1 EStG anzusehen[163].

Eine Steuerbarkeit ist allerdings weder nach § 15 noch nach § 18 EStG gegeben, denn es ermangelt der für beide Einkunftsarten – insofern ist § 15 EStG lex generalis gegenüber § 18 EStG bei den Gewinneinkunftsarten i.S.v. § 2 Abs. 2 Nr. 1 EStG – erforderlichen nachhaltige Tätigkeit i.S.v. § 15 Abs. 2 EStG. Dabei bedeutet Nachhaltigkeit eine Tätigkeit, die von der Absicht ihrer Wiederholung getragen ist, wobei es gemäß § 18 Abs. 2 EStG unerheblich sei, ob dieser nur vorübergehend nachgegangen werde. Vorübergehend i.S.d. Norm ist eine Tätigkeit, wenn sie planmäßig nur einmalig oder wenige Male, jedoch mit der Absicht ausgeübt wird, sie bei sich bietender Gelegenheit zu wiederholen. Mangels Wiederholungsabsicht ist eine solche Nachhaltigkeit bei Zufallserfindungen jedoch regelmäßig nicht gegeben[164].

---

161 Heinicke in Schmidt, EStG Komm., 31. Aufl. 2012, § 3 c, Rn. 11.
162 FG Hamburg, EFG 2002, S. 1522 – das FG Hamburg spricht insofern von einer „Blitz-Idee"; FG Hamburg, EFG 2006, S. 661; vgl. hierzu auch List, DB 2006, S. 1291; H 18.1 – Nachhaltige Erfindertätigkeit – EStH; FG Rheinland-Pfalz, Urt. v. 31.10.2007 – 1 K 1941/05 – Haufe-Index 1849899.
163 Hessisches FG, Urt. v. 13.6.2003 – 11 K 2907/02 – Haufe-Index 1458296.
164 BFH, BStBl II 2004, S. 218; Gehm, Mitt 2011, S. 410, 411.

Muss der Erfinder mehrmals tätig werden, um die technische Verwertungsreife herbeizuführen, kann sich aber auch bei nur einer Erfindung eine Nachhaltigkeit ergeben[165]. Unerheblich ist, ob X im Rahmen seines Gewerbebetriebes entsprechend tätig werden muss, um die Erfindung zur Ausführung zu bringen, denn es kommt bei der Einkommensteuer als Personensteuer hier allein auf den A als Erfinder und Steuersubjekt an (Prinzip der Individualbesteuerung). Auch die Tätigkeit des Patentanwalts B führt nicht beim Erfinder zu der erforderlichen Nachhaltigkeit, da sich diese Tätigkeit nicht auf die Herbeiführung der technischen Verwertungsreife bezieht, sondern nur auf das Patentanmeldeverfahren[166].

8.1.2   Vorliegen sonstiger Einkünfte

Ein Veräußerungsgewinn nach §§ 22 Nr. 2, 23 EStG ist nicht gegeben, da das Patent zuvor vom A als Veräußerer nicht entgeltlich von einem Dritten herrührend angeschafft worden ist[167]. Private Veräußerungsgeschäfte fallen auch nicht unter § 22 Nr. 3 EStG, so dass das sich im Privatvermögen des A befindliche Patent bei Veräußerung nicht von diesem Besteuerungstatbestand erfasst wird[168].

8.1.3   Überführung in den betrieblichen Bereich

Da A keinen Betrieb innehat, kann er auch nicht durch eine eindeutige Einlagehandlung das Patent von seinem Privatvermögen in seinen Betrieb überführt haben[169]. Wäre letzteres der Fall, so wäre der entsprechende Veräußerungsgewinn den betrieblichen Einkünften – § 15 bzw. § 18 EStG zuzuordnen[170].

In diesem Zusammenhang sei auch erwähnt, dass bei Zuordnung zum Betriebsvermögen entsprechende Lizenzzahlungen aus der Überlassung des Patents den betrieblichen Einkünften zuzuordnen sind[171].

Somit ist die Veräußerung des Patents keiner der sieben Einkunftsarten zuzuordnen und folglich der Vorgang nicht einkommensteuerbar[172]. Umgekehrt sind aber dann die Aufwendungen für die Herbeiführung der Patentreife auch nicht steuerlich abziehbar.

---

165 Vergibt der Erfinder die nötige Entwicklungsarbeit an einen Dritten, der in seinem Auftrag die Verwertungsreife herbeiführt, so kann eine sonstige selbständige Tätigkeit i.S.v. § 18 Abs. 1 Nr. 3 EStG vorliegen – BFH, BStBl II 1998, S. 567.
166 So auch H 18.1 – Nachhaltige Erfindertätigkeit – EStH (Hinweis des amtlichen Einkommensteuerhandbuchs); FG Rheinland-Pfalz, Urt. v. 31.10.2007 – 1 K 1941/05 – Haufe-Index 1849899.
167 Jakob, DStZ 2000, 317, 324; Gehm, Mit 2011, S. 410, 411 – eigene Herstellung ist dabei eben keine Anschaffung.
168 BFH, BStBl II 1998, S. 567. FG Köln, EFG 2010, S. 1216, Für Lizenzgebühren gilt dies aber nicht – vgl. R 50a.1 S. 3 EStR mit dem Verweis auf § 49 Nr. 9 EStG, der sich auf § 22 Nr. 3 EStG bezieht; Fischer in Kirchhof, EStG Komm., 11. Aufl. 2012, § 22, Rn. 72.
169 Vgl. auch H 4.2 Abs. 1 – Gewillkürtes Betriebsvermögen – EStH.
170 Gehm, Mitt 2011, S. 410, 411f.
171 FG Hamburg, EFG 2002, S. 1522.
172 FG Hamburg, EFG 2006, S. 661.

8.2 Lizenzvergabe

Anders könnte es sich aber verhalten, wenn keine Vollveräußerung des Patents vorliegt, sondern nur eine Lizenzvergabe[173]. Diese fällt auch bei der Zufallserfindung außerhalb der Tätigkeit gemäß § 18 Abs. 1 Nr. 1 bzw. § 15 EStG in den Anwendungsbereich von § 21 Abs. 1 Nr. 3 EStG (Einkünfte aus Vermietung und Verpachtung)[174]. Lizenzeinnahmen sind daher in jedem Fall einkommensteuerpflichtig[175].

Mithin stellt sich die Frage nach der Geltendmachung der Kosten, die im Zusammenhang mit der Erreichung der Patentreife dem A entstanden sind. Das steuerliche Aktivierungsverbot gemäß § 5 Abs. 2 EStG für selbst geschaffene Patente gilt nicht für solche, die im Privatvermögen gehalten werden[176]. Insofern sind die Kosten für die Herbeiführung der Patentreife – Patentanwaltsgebühren und Patentgebühren – als Anschaffungskosten anzusehen. Diese sind sodann über die gewöhnliche Nutzungsdauer des Patents von sieben Jahren gemäß § 9 Abs. 1 S. 3 Nr. 7 i.V.m. § 7 Abs. 1 EStG abzuschreiben[177].

Da hier eine Einkünfteerzielungsabsicht vorliegt, erübrigt sich eine Ausführung zur Liebhaberei[178].

Im Fall ist A eine Vollveräußerung des Patentrechts anzuraten, da er dann auch unter Berücksichtigung, dass er seine Aufwendungen nicht geltend machen unter dem Strich 70.000 € steuerfrei hat, während über die Dauer von sieben Jahren er per saldo 60.000 € versteuern muss, wobei er wegen seines Gehalts als Polizeibeamter, das sich eher die nächsten Jahre noch steigern wird, nicht davon ausgehen kann, dass wegen der Verteilung über mehrere Jahre letztlich die Einkommensteuer für die Patentlizenz unerheblich sein wird.

---

173 Zur Abgrenzung zwischen Verkauf des Patents und Lizenzerteilung vgl. FG Münster, DStRE 2011, S. 1309.
174 BFH/NV 2003, S. 1311; FG Baden-Württemberg, EFG 2000, S. 364; Gehm, D-Spezial 2003, S. 1, 2; Gehm, Mit 2011, S. 410, 412 .
175 Mellinghoff in Kirchhof, EStG Komm., 11. Aufl. 2012, § 21, Rn. 46.
176 Frotscher in Frotscher, EStG Komm, Losebl. § 5, Rn. 172; R 5.5. Abs. 2 S. 1 EStR.
177 Gehm, Mitt 2011, S. 410, 413; Mellinghoff in Kirchhof, EStG Komm., 11. Aufl. 2012, § 21, Rn. 46 sowie Lambrecht in Kirchhof, EStG Komm., 11. Aufl. 2012, § 7, Rn. 35; Kulosa in Schmidt, EStG Komm, 31. Aufl. 2012, § 7, Rn. 107 – Patente und Erfindungen – die gewöhnliche Nutzungsdauer ist gewöhnlich kürzer wie die gesetzliche Schutzfrist. Im Regelfall beträgt diese 3 bis 5 Jahre, wird jedoch eine Lizenz über diesen Zeitraum vergeben, ist der Zeitraum der Lizenzvergabe maßgeblich; so auch BFH/NV 2011, S. 1147. BFH, BStBl II 1970, S. 484 sowie BFH, BStBl II 1970, S. 594 gehen von durchschnittlich 8 Jahren aus.
178 Vgl. hierzu Gehm, Mitt 2011, S. 410, 412f.

Teil II

1 Einkommensteuerliche Geltendmachung der Strafverteidigungskosten

Als selbständiger Arzt erzielt der G Einkünfte aus selbständiger Arbeit gemäß § 18 Abs. 1 Nr. 1 EStG, da der Humanmediziner ein Katalogberuf i.S.d. Norm ist. Hierbei handelt es sich um eine Gewinneinkunftsart nach § 2 Abs. 2 Nr. 1 EStG. Insofern stellt sich die Frage, ob die Strafverteidigungskosten Betriebsausgaben gemäß § 4 Abs. 4 EStG sind.

Hinsichtlich der Strafverteidigungskosten ist es unerheblich, ob G vorsätzlich eine Straftat begangen hat. Dies ergibt sich bereits aus § 40 AO[179]. Voraussetzung für einen Betriebsausgabenabzug nach § 4 Abs. 4 EStG ist, dass diese Tat nur aus der beruflichen Tätigkeit heraus erklärbar ist. D.h. die Tat muss ausschließlich und unmittelbar aus der betrieblichen oder beruflichen Tätigkeit des Steuerpflichtigen heraus erklärbar sein. Da sich der strafrechtliche Vorwurf auf die von ihm im Rahmen seiner Praxis erzielten und versteuerten betrieblichen Einnahmen bezieht, ist der für § 4 Abs. 4 EStG erforderliche Zusammenhang gegeben[180]. Neben dem beruflichen Verhalten als Veranlassungsgrund kommt es mithin auch darauf an, ob die Aufwendung durch die Erzielung von steuerlichen Einnahmen veranlasst ist[181], was hier aber gegeben ist. Im Fall einer Honorarvereinbarung könnte auch das über den RVG-Sätzen liegende Honorar als Betriebsausgaben geltend gemacht werden.

2 Einkommensteuerbescheid 2012 v. 1.7.2013

G hätte grundsätzlich innerhalb der Einspruchsfrist des § 355 Abs. 1 S. 1 AO von einem Monat Einspruch einlegen müssen – laut Sachverhalt war die Rechtsbehelfsbelehrung zutreffend (§ 356 Abs. 1 AO). Abgesehen davon, dass G den Bescheid für zutreffend erachtete (§ 350 AO), liegen auch keine Wiedereinsetzungsgründe gemäß § 110 AO vor. Problematisch ist hier allerdings, ob überhaupt eine wirksame Bekanntgabe des Bescheides mit Ablauf des 3.4.2004 (§§ 122 Abs. 2 Nr. 1 vorletzter HS., 124 Abs. 1 AO) erfolgte[182]. Zur Wirksamkeit

---

179 Bode, NWB. F. 6, S. 4885, 4888.
180 FG Münster, EFG 1994, S. 88.
181 Gehrmann, PStR 2012, S. 3.
182 Die Feststellung der Bekanntgabe des Verwaltungsakts kann auch durch Indizienbeweis erfolgen. Insofern verhindert allein das Leugnen des Empfängers, diesen erhalten zu haben, nicht die Annahme des Zugangs – vgl. BFH/NV 2012, S. 5.

der Bekanntgabe gehört der Bekanntgabewille der erlassenden Behörde. Ursprünglich lag dieser vor. Er kann aber noch aufgegeben werden, bevor der Bescheid den Herrschaftsbereich der Finanzbehörde verlässt. Dies hat die Behörde entsprechend zu dokumentieren. Jedoch kann er nicht mehr in der Zeit nach Verlassen des Herrschaftsbereiches bis zum Zugang beim Steuerpflichtigen bzw. nach dem Zugang beim Steuerpflichtigen aufgegeben werden, denn ab Verlassen des Herrschaftsbereichs treten schon gewisse Rechtsfolgen ein, wie sich im Hinblick auf die Wahrung der Festsetzungsfrist aus § 169 Abs. 1 S. 3 Nr. 1 AO ergibt[183].

Der Einkommensteuerbescheid 2012 v. 1.7.2013 hat den Herrschaftsbereich des Finanzamtes am gleichen Tag verlassen. Mithin konnte durch das Schreiben v. 3.7.2013, das am 8.7.2013 in den Machtbereich des G gelangte und aus dem hervorgeht, dass am 3.7.2012 das Finanzamt seinen Bekanntgabewille aufgegeben hatte, der Bekanntgabewille nicht mehr wirksam widerrufen werden. Anhaltspunkte, dass die Behörde zu einem früheren Zeitpunkt diesen Willen aufgegeben hatte, lassen sich dem Sachverhalt nicht entnehmen[184].

Der Einkommensteuerbescheid 2012 v. 1.7..2013 ist daher gegenüber G wirksam ergangen.

3   Einkommensteuerbescheid 2012 v. 9.7.2013

Grundsätzlich sind steuerliche Verwaltungsakte der Auslegung zugänglich. Dabei kommt es darauf an, wie der Steuerpflichtige nach den ihm bekannten Umständen den materiellen Gehalt der Erklärung unter Berücksichtigung von Treu und Glauben verstehen kann[185]. Dieser Bescheid stellt jedoch nicht klar, in welchem Verhältnis er zum Bescheid v. 1.7.2013 steht. Weder nimmt er auf diesen Bezug, noch enthält er eine entsprechende Änderungsvorschrift. Auch greift keine Änderungsvorschrift. § 173 Abs. 1 Nr. 1 AO kommt nicht in Betracht, da keine neue Tatsache vorliegt, sondern das Finanzamt nur seine Rechtsansicht bezüglich der Abzugsfähigkeit von Strafverteidigungskosten als Betriebsausgaben geändert hat[186]. Dem Bescheid v. 7.4.2003, der selbständig und beziehungslos neben dem v. 1.7.2013 steht, fehlt die Bestimmtheit (§ 119 AO), weil nur einer der beiden Steuerbescheide Rechtsgrundlage für die Einkommensteuerfestsetzung 2012 sein kann[187]. Hierbei handelt es sich um einen derart offenkundigen und schwerwiegenden Mangel, der nach § 125 Abs. 1 AO zur

---

183 BFH, BStBl II 2000, S. 662.
184 Da ein Verwaltungsakt eine Willenserklärung der Behörde ist, könnte diese unter Beachtung von § 130 Abs. 1 S. 2 BGB diesen widerrufen. Dies scheitert aber im Fall daran, dass der Widerruf nach Zugang des entsprechenden Bescheides dem Steuerpflichtigen zugegangen ist – vgl. BFH, BStBl II 2009, S. 949.
185 BFH/NV 2007, S. 5; BFH/NV 2011, S. 2010; BFH/NV 2011, S. 1835 im Zweifelsfall ist das den Betroffenen weniger belastende Auslegungsergebnis maßgebend – vgl. auch BFH/NV 2012, S. 1644.
186 AEAO zu § 173 Nr. 1.1.2.; BFH, BStBl II 2001, S. 662.
187 Allerdings ist, wie gesagt, eine Nichtigkeit nicht gegeben, wenn der Verwaltungsakt ausgelegt werden kann. Dabei ist darauf abzustellen, wie ein Dritter bzw. der Empfänger nach dem ihm bekannten Umständen die Erklärung der Behörde unter Berücksichtigung von Treu und Glauben (§§ 133, 157 BGB) verstehen konnte – BFH, BStBl II 2009, S. 699; BFH, NJW 2010, S. 1552.

Nichtigkeit führt, weil von niemandem erwartet werden kann, diesen neben dem Bescheid v. 1.7.2013 als rechtsverbindlich zu betrachten[188]. Somit entfaltet der Bescheid v. 9.7.2013 nach § 124 Abs. 3 AO keine Rechtswirksamkeit. Die Nichtigkeit kann gemäß § 125 Abs. 5 AO auch auf Antrag festgestellt werden. Eine Einspruchsfrist ist diesbezüglich nicht zu wahren[189].

Mithin ist der Einkommensteuerbescheid v. 1.7.2013, der die Rechtsanwaltskosten als Betriebsausgaben berücksichtigt, wegen Verstreichenlassens der Einspruchsfrist bestandskräftig.

---

188 BFH, BStBl II 2001, S. 662; BFH, DStRE 2011, S. 1326.
189 BFH, BStBl II 1986, S. 834. Ein Bescheid, der in der unzutreffenden Annahme der Nichtigkeit eines vorangegangenen nach § 165 AO vorläufigen Bescheides ergeht, kann aber gemäß § 128 AO noch in einen Änderungsbescheid i.S.d. § 165 Abs. 2 AO umgedeutet werden – BFH, BStBl II 2009, S. 754.

3. KLAUSUR

Klausur aus der Einkommensteuer

Witwensplitting, derivative und originäre Buchführungspflicht, Totalgewinnidentität, Bewirtungsaufwendungen, gewillkürtes Betriebsvermögen, Sparer-Pauschbetrag, Teileinkünfteverfahren, Kosten der privaten Lebensführung, Mischaufwendungen, Krankheitskosten, außergewöhnliche Belastungen, Verträge zwischen nahen Angehörigen, Entlastungsbetrag für Alleinerziehende, Kosten einer Geschäftsreise, häusliches Arbeitszimmer, Gesamtbetrag der Einkünfte.

I   Sachverhalt

Arnulf Advokat (in Folgendem A) ist selbständiger Rechtsanwalt. Er ist 54 Jahre alt und seit 2011 verwitwet. Mit seiner Frau wurde er in den Ehejahren stets zusammen zur Einkommensteuer veranlagt. Sein Spezialgebiet ist Wirtschafts- bzw. Steuerstrafrecht. Im Zuge des Ankaufs von mehreren Steuerdaten-CDs mit Informationen über deutsche Kapitalanleger in der Schweiz und anderen Staaten durch die deutschen Steuerbehörden läuft seine Kanzlei sehr gut.

Im Jahr 2012 hat er seine betrieblichen Einnahmen und Ausgaben entsprechend § 4 Abs. 3 EStG aufgezeichnet. Als er seine Einkommensteuererklärung für 2012 im Jahr 2013 macht und sich den Vordruck EÜR durchließt, kommt ihm der Gedanke, ob es nicht günstiger für ihn wäre, durch Betriebsvermögensvergleich seinen Gewinn zu ermitteln. Folgende steuerliche Sachverhalte liegen bei A vor:

1. Um hochkarätige Mandaten zu gewinnen bzw. sich gewogen zu halten, lädt er diese in Restaurants zum Mittagessen ein, bei dem er die nähere Vorgehensweise in den jeweiligen Fällen bespricht bzw. diese versucht zu überzeugen, dass sie ihm das Mandat erteilen. Ihm entstehen hierdurch Aufwendungen im Jahr 2012 in Höhe von 10.000 €. Die Einladung umfasst jeweils Speisen und Getränke. Unterstellen Sie, dass die Bewirtungen im Einzelfall als angemessen anzusehen sind. Es handelt sich um keine Bestechung bei diesen Aufwendungen.

   Bodo Brummer (in Folgendem B) lädt A, da er weiß, dass dieser sich nur auf eine solche Weise als Mandant gewinnen lässt, in ein Bordell ein. Die Kosten betragen im Jahr 2012 1.000 € (Kosten allein für die Zuführung der Damen). Auch hierin liegt keine Bestechungstat.

Hinsichtlich der Aufwendungen für die Bewirtung sowie für den Bordellbesuch möchte A verhindern, dass er die Namen seiner Mandanten bzw. den genauen Anlass des Mandats benennen muss. Seines Erachtens ist das mit seiner anwaltlichen Schweigepflicht nicht vereinbar. Auch befürchtet er, dass die Finanzverwaltung entsprechende Informationen gegen seine Mandanten benutzt, die sich teilweise nur über die Möglichkeiten einer Selbstanzeige informiert haben im Vorfeld von einer Tatentdeckung durch die Behörden. Daher steht auf dem ansonsten formell ordnungsgemäßen Bewirtungsbelegen als Anlass nur „Geschäftsbesprechung", „Akquisebesprechung" bzw. „Mandantenbesprechung".

Es ist nicht darauf einzugehen, wie diese Annehmlichkeiten bei den Empfängern steuerlich zu behandeln sind. Insbesondere ist auch nicht auf § 37a und § 37b EStG bezüglich der Person des A einzugehen.

2. Um bei seinen Mandanten auch rein äußerlich einen guten Eindruck zu hinterlassen, kauft sich A, der auf beiden Augen eine Lesesehschwäche hat, eine Designerbrille. Diese trägt er nur bei seiner anwaltlichen Tätigkeit. Zu Hause hat er eine preiswertere Brille. Die Designerbrille kostet A im Jahr 2012 insgesamt 2.000 €. Von einem Arzt war ihm eine Brille nicht verschrieben worden. Weiterhin hat er die Kosten auch nicht bei seiner privaten Krankenversicherung geltend gemacht, um die jährliche Beitragserstattung nicht zu gefährden.

3. A hat die Zeitung „Handelsblatt" zur eigenen Lektüre abonniert. Hierfür zahlt er 570 € im Jahr 2012.

4. A hat einen Sohn Tobias (in Folgendem T), der 32 Jahre alt ist. T lebt zwar noch in der elterlichen Wohnung (Einfamilienwohnhaus) des A im Jahr 2012, ist aber als Gymnasiallehrer berufstätig und A ist ihm gegenüber nicht mehr unterhaltspflichtig. Auch in dieser Wohnung lebt noch A´s Sohn Stefan (in Folgendem S). Er ist 16 Jahre alt und geht als Schüler auf´s Gymnasium. T erledigt noch gemeinsame Einkäufe für die Familie, hat einen Fernseher, Hifi-Anlage sowie eine Waschmaschine angeschafft. Diese Gegenstände werden auch durch A und S mitbenutzt. T kümmert sich um die Schulaufgaben seines Bruders S und fegt wöchentlich die Straße vor dem Anwesen. Der Freibetrag nach § 32 Abs. 6 EStG oder Kindergeld gemäß §§ 62 ff EStG steht dem A für T nicht zu. Sowohl A, T als auch S sind in der gemeinsamen Wohnung mit Hauptwohnsitz gemeldet.

5. S holt gelegentlich Post für A aus dem Gerichtsfach beim Amtsgericht X, das direkt neben seinem Gymnasium liegt. Zum Ende des Jahres 2012 zahlt ihm A hierfür 100 €. A möchte diesen Betrag gerne als Betriebsausgaben bei seiner Anwaltskanzlei geltend machen. Zuvor hatte er mit S einen schriftlichen als Arbeitsvertrag titulierte Übereinkunft getroffen, in der der Jahreslohn von 100 € festgelegt worden war. Im Jahr 2012 war S insgesamt zwanzig Mal für A auf diese Weise tätig geworden.

6. Im Jahr 2012 macht A drei Wochen zu seiner Entspannung Urlaub auf Ibiza. Dort trifft er in der Bar seines Hotels zufällig Karl König (in folgendem K). K war von A bereits vor einiger Zeit beraten worden, da er Schwarzgeld in Liechtenstein angelegt hatte. Damals hatte K durch eine Selbstanzeige, die A für ihn erstattete, Straffreiheit erlangt. Sie unterhalten sich über den Urlaub, die Euro-Krise und nebenbei erwähnt K, dass er der Tagespresse entnommen hätte, dass die deutschen Steuerbehörden eine Daten-CD gekauft hätten, auf der sich womöglich auch er befände. Zwischenzeitlich hatte K nämlich wieder Geld in der Schweiz angelegt, was er bisher wiederum nicht versteuerte. A sagt daraufhin: „Durch das sogenannte Schwarzgeldbekämpfungsgesetz sind die Anforderungen an die Selbstanzeige verschärft worden. Inwiefern sich Ihre frühere Selbstanzei-

ge hier hinderlich erweist, um Straffreiheit für den neuen Vorgang zu erlangen, müsste ich genau prüfen. Aber lassen Sie sich nicht die gute Urlaubslaune verderben. Am Besten vereinbaren Sie mit mir nach meinem Urlaub einen Termin in meiner Kanzlei". Damit hat die Sache dann während des Urlaubs ihr Bewenden. Für den Urlaub zahlt A pauschal 2.000 € inklusive An- und Abreisekosten.

7. A selbst unterhält ein privates Sparkonto in Deutschland. Hier erzielt er im Jahr 2012 Zinsen in Höhe von 500 €.

8. Da seine Kanzlei zukünftig expandieren soll, hat er ein Aktienpaket, das im Jahr 2012 eine Dividende von 3.000 € abwirft. Aufwendungen entstehen ihm in Höhe von 100 €. Bereits im Jahr 2011 hatte er aus Dividenden die Anschaffung von Büroeinrichtung für seine Kanzlei bestritten. Die Aktienanschaffung wurde im Jahr 2010 aus A's Einnahmen als Rechtsanwalt bestritten. Auf die Regelung des § 7g EStG ist nicht einzugehen. Ebenso ist auf die Tarifvergünstigung des § 34a EStG nicht einzugehen.

9. In seinem Einfamilienwohnhaus hat A zusätzlich zu seinen Kanzleiräumen, die sich in der Nachbargemeinde befinden, ein Zimmer eingerichtet, dass er ausschließlich für seine Rechtsanwaltstätigkeit nutzt (Verfassen von Schriftsätzen). Dort steht ein PC, den er ausschließlich für seine Rechtsanwaltsarbeit benutzt. Für seine privaten Erledigungen hat er einen eigenen PC in der Wohnung. Der PC wurde dem A am 16.1.2012 geliefert und am 18.1.2012 montiert, um ihn in einen funktionsgerechten Zustand zu versetzen – insbesondere musste noch ein CD-Brenner eingebaut werden. Bezahlt hat er ihn am 1.3.2012. Die Anschaffungskosten betrugen 1.500 € (ohne gezogene Vorsteuer). Im Jahr 2012 hat A in dem Raum K empfangen, der direkt nach seinem Urlaub ihm vor der Tür stand, um die Möglichkeit für eine Selbstanzeige zu besprechen. Um in den Raum zu gelangen, müssen Mandanten über den Hausgarten durch die Haustür des Wohnhauses und durch das Wohnzimmer des A gehen, das im Erdgeschoss gelegen ist. Direkt auf der gleichen Etage wie das Wohnzimmer befindet sich die für die Tätigkeit als Rechtsanwalt genutzte Räumlichkeit. Personal aus seiner Kanzlei wird nicht in dem Raum tätig. Auf dieses Zimmer entfallen im Jahr 2012 Kosten von 5.000 € (Gebäude-AfA, Heizkosten, Stromkosten, Grundsteuer, etc.).

10. Im Jahr 2012 lässt A auf dem Grab seiner Ehefrau einen Grabstein errichten. Dies ist in der Region die übliche Grabgestaltung. Ihm entstehen hierfür Kosten in Höhe von 5.000 €, die er aus seinem Erbanteil bezahlt.

A ist unbeschränkt einkommensteuerpflichtig.

Bearbeiterhinweis

Alle aufgeworfen Fragen die Einkommensteuer und Abgabenordnung betreffend sind zu erörtern, soweit sie sich auf die Person des A beziehen. Insbesondere ist auch an geeigneter Stelle näher auf die Rechtsprechung des GrS des BFH – Beschl. v. 21.9.2009 – GrS 1/06 – BFH/NV 2010, S. 285 = NJW 2010, S. 891 = BStBl II 2010, S. 672 – zu Mischaufwendungen einzugehen.

Der Gesamtbetrag der Einkünfte des A im Jahr 2012 ist zu ermitteln. Gehen Sie davon aus, dass neben den im Sachverhalt dargelegten Punkten der A mit seiner Rechtsanwaltskanzlei 500.000 € Betriebseinnahmen erzielte, dem weitere Betriebsausgaben in Höhe von 100.000 € gegenüber standen, die unstrittig sind.

Bei der Berechnung des Gesamtbetrag der Einkünfte sind im Jahr 2012 Sonderausgaben mit einer steuerlichen Auswirkung von 5.000 € anzusetzen.

Auf Fragen der Umsatz-, Erbschaft- sowie der Lohnsteuer ist nicht einzugehen. Ebenso sind steuerstrafrechtliche Aspekte nicht zu erörtern.

II   Vorüberlegungen

Hier handelt es sich um eine Klausur, in der nicht nur die einzelnen im Sachverhalt aufgeworfenen einkommensteuerlichen Vorgänge zu erörtern sind, sondern auch ein konkreter Zahlenwert, nämlich der Gesamtbetrag der Einkünfte ermittelt werden soll.

Diese Begriff des Gesamtbetrags der Einkünfte befindet sich in der allgemeinen Definitionsnorm des § 2 EStG und dort speziell in § 2 Abs. 3 EStG. R 2 EStR enthält das konkrete Prüfungsschema, wie man zu diesem Zahlenwert gelangt, letztlich ergeben sich die Rechenschritte aber auch aus dem Aufbau des § 2 EStG selbst.

Gerade in der Terminologie des EStG noch unsicheren Prüflingen ist stets anzuraten, § 2 EStG zu lesen, wenn etwa Begrifflichkeiten wie Einkünfte, Summe der Einkünfte, zu versteuerndes Einkommen etc. einzuordnen sind.

Bei dieser Klausur bietet es sich an, zuerst den Sachverhalt Punkt für Punkt zu prüfen und sodann unter Heranziehung der bei dieser Prüfung erzielten Erkenntnisse den Zahlenwert nach § 2 Abs. 3 EStG zu ermitteln.

Weiterhin muss aber, bevor die einzelnen Vorgänge als Betriebsausgaben bzw. Betriebseinnahmen erörtert werden, als erstes geprüft werden, welcher Einkunftsart A mit seiner Tätigkeit als Rechtsanwalt unterfällt. Wenn die Einkunftsart bestimmt ist, bietet es sich gleich an, zu der Gewinnermittlungsmethode Stellung zu beziehen.

Auch sollte zu Beginn die Frage nach dem Witwensplitting und der Zusammenveranlagung geprüft werden, da der Sachverhalt diese Punkte auch bereits am Anfang anspricht.

III   Lösung

A   Einkunftsart, Gewinnermittlungsmethode, Steuertarif und Altersentlastungsbetrag

1   Einkunftsart

Als Rechtsanwalt geht A einem Katalogberuf i.S.d. § 18 Abs. 1 Nr. 1 EStG nach und erzielt mithin Einkünfte aus selbständiger Arbeit. Dabei handelt es sich um Gewinneinkünfte i.S.v. § 2 Abs. 2 Nr. 1 EStG.

2   Gewinnermittlungsmethode

Da A als Freiberufler nicht Gewerbetreibender ist, fällt er auch nicht unter den Kaufmannsbegriff des § 1 HGB und unterliegt somit nicht der derivativen Buchführungspflicht nach § 140 AO i.V.m. §§ 238ff. HGB.

Weiterhin ist er auch mangels gewerblicher bzw. land- und forstwirtschaftlicher Tätigkeit nicht nach § 141 AO (originäre Buchführungspflicht) verpflichtet, Bücher zu führen und somit seinen Gewinn im Zuge eines Betriebsvermögensvergleichs zu bestimmen.

A kann somit den Gewinn nach § 4 Abs. 3 EStG bestimmen. Es gilt sodann aber das Zuflussbzw. Abflussprinzip des § 11 EStG, was zu einem unterschiedliche Gewinnergebnis im jeweiligen Jahr im Vergleich zum Betriebsvermögensvergleich führt, aber über die Jahre betrachtet zu einem gleichen Totalgewinn (Prinzip der Totalgewinnidentität). Das unter den Voraussetzungen nach § 4 Abs. 3 S. 1 EStG[190] eingeräumte Wahlrecht, den Gewinn durch Einnahme-Überschuss-Rechnung oder Betriebsvermögensvergleich gemäß § 4 Abs. 1 EStG[191] zu ermitteln, wird dadurch ausgeübt, dass der Steuerpflichtige entweder seine Betriebseinnahmen und –ausgaben aufzeichnet oder zeitnah eine Eröffnungsbilanz aufstellt und eine Buchführung einrichtet und aufgrund von Bestandsaufnahmen einen Abschluss macht, allein die Einrichtung einer Buchführung ohne Erstellung des entsprechenden Abschlusses führt jedoch noch

---

190 Auch wenn gemäß § 4 Abs. 3 S. 1 EStG ein Wahlrecht besteht, ist die Gewinnermittlung nach § 4 Abs. 1 EStG durch Betriebsvermögensvergleich die Regel – BFH/NV 2009, S. 1979; BFH/NV 2010, S. 186. D.h. wer nicht verpflichtet ist, Bücher zu führen, kann dies natürlich bei Vorliegen von Gewinneinkünften.

191 § 4 Abs. 1 EStG betrifft Freiberufler oder Land- und Forstwirte, die aufgrund gesetzlicher Vorschriften verpflichtet sind, Bücher zu führen und regelmäßig Abschlüsse zu machen, oder dies freiwillig tun – vgl. Gehm, JA 2008, S. 220.

nicht zum Verlust des Wahlrechtes[192]. Da A von Beginn an eine Belegsammlung und fortlaufende Aufzeichnungen nach § 4 Abs. 3 EStG führt, hat er sich konkludent für die Einnahme-Überschuss-Rechnung entschieden, an welche er sodann auch für das Jahr 2012 gebunden ist[193].

Hinweis: Überdies wären ab dem Veranlagungszeitraum 2012 gemäß § 5b EStG die Bilanz sowie die Gewinn- und Verlustrechnung der Finanzbehörde elektronisch zu übermitteln[194].

Nach § 5 Abs. 1 EStG ist grundsätzlich das Betriebsvermögen anzusetzen, das nach handelsrechtlichen Grundsätzen der ordnungsgemäßen Buchführung auszuweisen ist (Maßgeblichkeitsgrundsatz)[195]. Ausdrücklich gilt der Maßgeblichkeitsgrundsatz nur innerhalb des § 5 EStG. Für die gemäß § 4 Abs. 1 EStG bilanzierenden Steuerpflichtigen gelten jedoch nach § 141 AO viele diesbezügliche Vorschriften des HGB sinngemäß, so dass auch im Rahmen des § 4 Abs. 1 EStG die Regeln kaufmännischer Buchführung zu beachten sind und mithin die Unterschiede zwischen § 4 Abs. 1 und § 5 Abs. 1 EStG weitgehend vernachlässigt werden können[196]. Dieser Grundsatz wird jedoch durch viele speziellere steuerrechtliche Bestimmungen durchbrochen. Insofern ist die Handelsbilanz nur die Grundlage für die Steuerbilanz (§ 60 Abs. 2 EStDV).

3 Splittingtarif

Für 2012 kommt gemäß §§ 26, 26b EStG für A eine Zusammenveranlagung mit seiner verstorbenen Ehefrau nicht in Betracht. Eine Ehegattenveranlagung setzt voraus, dass zumindest zu einem Zeitpunkt während des Veranlagungszeitraums – gemäß §§ 2 Abs. 7, 25 Abs. 1 EStG das Kalenderjahr – folgende drei Voraussetzungen vorliegen:

---

192 BFH/NV 2010, S. 186; BFH/NV 2006, S. 276; BFH, BStBl II 2006, S. 509; BFH/NV 2006, S. 1457; BFH, BStBl II 2009, S. 659.
193 FG Berlin-Brandenburg, EFG 2007, S. 1855. Umgekehrt bindet sich der Steuerpflichtige, wenn er anfängt zu bilanzieren – BFH, BStBl II 2001, S. 102. Nach einem Wechsel der Gewinnermittlungsart ist der Steuerpflichtige hieran grundsätzlich drei Jahre gebunden (H 4.6 – Erneuter Wechsel der Gewinnermittlungsart – EStH; Gunsenheimer, NWB, F. 17, S. 2251, 2253). Wenn sich der Steuerpflichtige für eine Gewinnermittlung nach § 4 Abs. 3 EStG entschieden hat, ist es nicht erforderlich, dass er jedes Jahr neu ausdrücklich dokumentiert, dass er bei dieser Gewinnermittlungsmethode verbleibt. Es kann vielmehr davon ausgegangen werden, dass der Steuerpflichtige, der Gewinneinkünfte erzielt, so lange bei der einmal gewählten Gewinnermittlungsart verbleibt, bis er Gegenteiliges bekundet – BFH, BStBl II 2009, S. 368. Die Aufzeichnung der Einnahmen und Ausgaben aus einer Tätigkeit ohne das Wissen, dass die Tätigkeit steuerlich selbständig i.S.v. § 15 bzw. 18 und 13 EStG zu beurteilen ist, bedeutet keine Ausübung des Wahlrechts nach § 4 Abs. 3 EStG. Dabei ist die Gewinnermittlung durch Betriebsvermögensvergleich, wie erwähnt, die Grundform der Gewinnermittlung. Daher gilt für den Fall, dass der Steuerpflichtige kein Wahl ausgeübt hat, dass der Betriebsvermögensvergleich insbesondere bei einer Gewinnschätzung zu Grunde zu legen ist – BFH/NV 2009, S. 1979.
194 Heinicke in Schmidt, EStG Komm., 31. Aufl. 2012, § 4, Rn. 3.
195 Zu den Änderungen aufgrund des Bilanzrechtsmodernisierungsgesetzes vgl. Dettmeier, NWB 2009, S. 3484. BMF, BStBl I 2010, S. 239 sowie BMF, BStBl I 2010, S. 597.
196 Drysch/Weber, Einkommensteuerrecht, 2003, S. 15 f; Jakob/Kobor/Zugmaier, Die Examensklausur im Steuerrecht, 2. Aufl. 2005, S. 25 mit dem Hinweis, dass insofern auch bei der Gewinnermittlung gemäß § 4 Abs. 1 EStG das Maßgeblichkeitsprinzip entsprechend gelte, mithin auch hier wie ein handelsrechtlicher Kaufmann bilanziert werden muss.

- Unbeschränkte Steuerpflicht nach § 1 Abs. 1 oder 2 oder § 1a EStG,
- kein dauerndes Getrenntleben[197] und
- das Bestehen einer zivilrechtsgültigen Ehe gegeben ist.

Da die Ehe jedoch durch den Tod der Frau des A im Jahr 2011 aufgelöst wurde (§ 1353 Abs. 1 S. 1 BGB), kann er in 2012 keine Zusammenveranlagung mehr geltend machen. Allerdings kommt bei ihm das Witwensplitting nach § 32 a Abs. 6 S. 1 Nr. 1 EStG zur Anwendung. Dies bedingt aber nicht die Gewährung von zusammenveranlagungsbedingten Verdoppelungsbeträgen wie § 20 Abs. 9 S. 2 EStG. Regelmäßig ist bei Nichterfüllung der bezeichneten drei Voraussetzungen für die Ehegattenveranlagung bzw. der Voraussetzungen des § 32 a Abs. 6 EStG auch nicht im Billigkeitsweg der Splittingtarif zu gewähren[198].

4   Altersentlastungsbetrag

Das Lebensalter von A spielt hier keine Rolle, insbesondere ist der Altersentlastungsbetrag gemäß § 24a EStG hier ohne Relevanz.

B   Prüfung des Sachverhalts Nr. 1 bis 10

1   Kosten für die Restaurantbesuche bzw. den Bordellbesuch

1.1   Restaurantbesuche

Wegen des Problems der „Spesenunwesen" sind bestimmte Betriebsausgaben nach § 4 Abs. 5 EStG vom Abzug ganz oder teilweise ausgeschlossen bzw. auch von gewissen gesetzlich näher definierten Vorgaben abhängig. In gewisser Weise erfährt das objektive Nettoprinzip hierdurch eine Einschränkung bzw. eine nähere Ausgestaltung[199]. So können nach § 4 Abs. 5 S. 1 Nr. 2 EStG nur 70 v.H. der Aufwendungen für die Bewirtung von Geschäftsfreunden – sofern sie nicht den angemessenen Rahmen verlassen – unter strengen Anforderungen an die

---

197 Das Ende der ehelichen Lebensgemeinschaft muss aufgrund äußerer Umstände erkennbar sein – vgl. BFH/NV 2010, S. 2042.
198 BFH/NV 2011, S. 1874. Die zeitliche Begrenzung ist verfassungsgemäß BFH/NV 2013, S. 362.
199 Heinicke in Schmidt, EStG Komm., 31. Aufl. 2012, § 4, Rn. 521

Nachweispflicht als Betriebsausgaben abgezogen werden. D.h. Bewirtungsaufwendungen sind nur abziehbar, sofern sie sich in den nach der Verkehrsauffassung angemessenen Rahmen bewegen, übersteigen sie diesen, so ist nur noch der als angemessen zu betrachtende Betrag abzugsfähig[200]. Bordellbesuche fallen nicht unter § 4 Abs. 5 S. 1 Nr. 2 EStG, da nur die Gestellung von Speisen und Getränken inklusive Trinkgeld, Garderobengebühr bzw. auch Taxikosten für die Anreise zur Gaststätte als solche Aufwendungen gelten[201]. Laut Sachverhalt sollen die Bewirtungskosten auch angemessen sein. Des Weiteren muss ein betrieblicher bzw. geschäftlicher Anlass gegeben sein. Dabei besteht ein solcher Anlass, wenn Personen verköstigt werden, zu denen bereits eine geschäftliche Verbindung besteht oder eine solche gerade angebahnt wird[202]. Mithin fallen allein die Aufwendungen für die Bewirtung der Mandanten in den Anwendungsbereich des § 4 Abs. 5 S. 2 Nr. 2 EStG.

Die so abziehbaren Kosten beziehen sich auch auf die anlässlich einer solchen Bewirtung von Dritten entstandenen Aufwendungen für die Verköstigung des Unternehmers A selbst. D.h. es ist nicht zuvor aus dem Rechnungsbetrag der Anteil zu eliminieren, der auf den Verzehr durch A entfällt. Demgegenüber würde die bloße Eigenbewirtungskosten des A außerhalb eines solchen Anlasses nach § 12 Nr. 1 EStG grundsätzlich nicht abziehbar sein[203]. Des Weiteren darf die Bewirtung nicht in der Wohnung des Steuerpflichtigen stattgefunden habe, denn dann steht regelmäßig die private Veranlassung i.S.v. § 12 Nr. 1 EStG im Vordergrund[204]. Dies ist aber laut Sachverhalt hier gerade nicht der Fall.

Der Nachweis des geschäftlichen Anlasses hat jedoch nach den formellen Vorgaben des § 4 Abs. 5 S. 1 Nr. 2 S. 2 bzw. 3 EStG zu erfolgen. Diese Form des Nachweises ist materiellrechtliche Tatbestandsvoraussetzung für den Abzug der Bewirtungsaufwendungen als Betriebsausgaben. Dabei ist bei Bewirtungen in Gaststätten § 4 Abs. 5 Nr. 2 S. 3 EStG lex specialis gegenüber § 4 Abs. 5 Nr. 2 S. 2 EStG. Demnach muss gemäß § 4 Abs. 5 Nr. 2 S. 2 EStG der geschäftliche Anlass, sowie Ort, Datum, Teilnehmer sowie Höhe der Aufwendungen hinreichend dokumentiert sein. Findet die Bewirtung in einer Gaststätte statt, genügen hingegen gemäß § 4 Abs. 5 Nr. 2 S. 3 EStG Angaben zu dem Anlass und den Teilnehmern der Bewirtung, wobei die Rechnung über die Bewirtung beizufügen ist. Jedoch muss aus der Rechnung der Name des Bewirtenden hervorgehen, es sei denn es handelt sich um Kleinbeträge i.S.v. § 33 UStDV. Gleichzeitig ist klar, dass auch die in § 4 Abs. 5 Nr. 2 S. 2 EStG enthaltenen Informationen aus der Rechnung hervorgehen müssen. Eigenbelege sind insofern ausgeschlossen[205]. Der BFH[206] hat in vorliegendem Fall entschieden, dass A auch bei der Bewirtung von Mandaten in einem bestehenden Mandatsverhältnis trotz seiner Verschwiegenheitspflicht, die strafrechtlich durch § 203 Abs. 1 Nr. 3 StGB und berufsrechtlich durch § 43 a Abs. 2 BRAO geschützt ist, Angaben zur bewirteten Person und zum Anlass der Bewirtung machen muss. Dies sei erforderlich, da der Finanzverwaltung ermöglicht sein muss, die betriebliche Veranlassung der Bewirtung zu überprüfen. Der Mandant, der sich einladen

200 H 4.10 (5-9) – Bewirtung – EStH; Heinicke in Schmidt, EStG Komm., 31. Aufl. 2012, § 4, Rn. 550.
201 Heinicke in Schmidt, EStG Komm., 31. Aufl. 2012, § 4, Rn. 545; H 4.10 (5-9) – Bewirtung – EStH.
202 R 4.10 (6) S. 2 EStR. Kosten für eine Geburtstagsfeier eines Selbständigen unterliegen grundsätzlich dem Abzugsverbot nach § 12 Nr. 1 S. 2 EStG – vgl. Hessisches FG, EFG 2007, S. 109 – siehe aber BFH, BStBl II 2007, S. 317.
203 Heinicke in Schmidt, EStG Komm., 31. Aufl. 2012, § 4, Rn. 542.
204 Heinicke in Schmidt, EStG Komm., 31. Aufl. 2012, § 4, Rn. 546; R 4.10 Abs. 6 S. 8 EStR.
205 BFH, Urt. v. 18.4.2012 – X R 57/09 – NWB 2012, S. 3066 = BFH/NV 2012, S. 1688 = BStBl II 2012, S. 770; BFH/NV 2012, S. 1768.
206 BStBl II 2004, S. 502; H 4.10 (5-9) – Anlass der Bewirtung – EStH; H 4.10 (5-9) – Schweigepflicht – EStH.

lasse, muss damit rechnen, dass seine Person gegenüber dem Finanzamt benannt wird, so dass im Zuge einer konkludenten Einwilligung in die Offenbarung gegenüber den Finanzbehörden keine Verletzung der anwaltlichen Verschwiegenheitspflicht und somit auch kein Eingriff in das anwaltliche Schweigerecht bzw. Auskunftsverweigerungsrecht nach § 102 Abs. 1 Nr. 3 AO vorliege. Allerdings brauchen keine tiefergehenden Einzelheiten über eine mit dem Geschäftsessen zusammenhängende Besprechung angegeben zu werden. Der Rechtsanwalt braucht den Anlass der Bewirtung nur insoweit zu spezifizieren, als dies für eine Nachprüfung der betrieblichen Veranlassung erforderlich ist. Mithin braucht z.B. nicht offenbart zu werden, wenn Hintergrund des Mandats der Vorwurf einer Steuerhinterziehung ist. Hier langt eine weniger konkrete Angaben, wie etwa „strafrechtliches Mandat"[207]. A kann folglich die Bewirtungskosten nicht als Betriebsausgaben geltend machen. Die zum Nachweis von Bewirtungsaufwendungen erforderlichen schriftlichen Angaben müssen des Weiteren zeitnah gemacht werden[208]. Ein späteres Nachholen der Angaben soll nach verbreiteter Ansicht nicht möglich sein[209].

Schmiergelder können gemäß § 4 Abs. 5 S. 1 Nr. 10 EStG gar nicht mehr abgesetzt werden, solche sind im Fall aber sowohl bei den Restaurants- wie dem Bordellbesuch(en) nicht gegeben.

1.2   Bordellbesuch

Da der Bordellbesuch nicht unter § 4 Abs. 5 S. 1 Nr. 2 EStG fällt, stellt sich die Frage, ob er dann als Betriebsausgabe abziehbar ist. Hier stellt sich jedoch das Problem, ob dem Abzug nicht § 4 Abs. 5 S. 1 Nr. 7 EStG entgegensteht. Durch diese Vorschrift sollen unangemessene Aufwendung, sofern sie Bezug zur Lebensführung des Steuerpflichtigen bzw. anderer Personen haben, vom Abzug ausgeschlossen sein[210]. Grundsätzlich wird als Rechtsfolge des § 4 Abs. 5 S. 1 Nr. 7 EStG die Abziehbarkeit auf den angemessenen Teil beschränkt[211]. Anders ist dies, wenn die Aufwendung bereits dem Grunde nach unangemessen ist[212]. Bei Bordellbesuchen ist eine Unangemessenheit dem Grunde nach gegeben, so dass jeglicher Abzug als Betriebsausgabe ausscheidet[213].

1.3   Aufzeichnungspflicht

Die abziehbaren Aufwendungen wären ansonsten gemäß § 4 Abs. 7 EStG gesondert aufzuzeichnen[214]. Dabei ist diese Aufzeichnungspflicht unabhängig von der Gewinnermittlungsart[215]. Ein Verstoß gegen diese Aufzeichnungspflicht führt auch zu einer Nichtabziehbarkeit

---

207 Hentschel, NJW 2009, S. 810, 811 ff; Gehm, NWB 2012, S. 2866, 2870.
208 H 4.10 (5–9) – Nachholung von Angaben – EStH.
209 Heinicke in Schmidt, EStG Komm., 31. Aufl. 2012, § 4, Rn. 554.
210 Heinicke in Schmidt, EStG Komm., 31. Aufl. 2012, § 4, Rn. 601.
211 Heinicke in Schmidt, EStG Komm., 31. Aufl. 2012, § 4, Rn. 601.
212 Heinicke in Schmidt, EStG Komm., 31. Aufl. 2012, § 4, Rn. 601.
213 BFH, BStBl II 1990, S. 575; kritisch Heinicke in Schmidt, EStG Komm., 31. Aufl. 2012, § 4, Rn. 601.
214 Heinicke in Schmidt, EStG Komm., 31. Aufl. 2012, § 4, Rn. 599, 622.
215 Heinicke in Schmidt, EStG Komm., 31. Aufl. 2012, § 4, Rn. 620

(materiell-rechtliche Voraussetzung für die steuerliche Geltendmachung)[216]. Da eine Abziehbarkeit aber bereits ausscheidet, erübrigt sich diese Bestimmung im Fall[217].

Hinweis: In umsatzsteuerlicher Hinsicht ist hinsichtlich des Vorsteuerabzugs § 15 Abs. 1a S.
1 und 2 UStG zu beachten. Soweit die Bewirtungsaufwendungen angemessen und nachge-
wiesen sind, kann die Vorsteuer nicht versagt werden. Dies gilt auch, wenn Formvorschriften
nicht eingehalten wurden[218].

2   Kosten für die Designerbrille

Der Begriff des Arbeitsmittel ist explizit in § 9 Abs. 1 S. 3 Nr. 6 EStG hinsichtlich der Werbungskosten für die Überschusseinkunftsarten gemäß § 2 Abs. 2 Nr. 2 EStG definiert. Für die
Gewinneinkunftsarten ist aber diese Begrifflichkeit bei der Prüfung, ob Betriebsausgaben
vorliegen, gleichermaßen heranzuziehen[219]. Allerdings liegen Arbeitsmittel nur bei solchen
Gegenständen vor, die unmittelbar zur Erledigung der beruflichen Aufgaben dienen. Bei
Gegenständen die grundsätzlich auch für die allgemeine Lebensführung (§ 12 Nr. 1 EStG)
genutzt werden können, ist die tatsächliche Verwendung ausschlaggebend. Etwas anderes gilt
jedoch für medizinische Hilfsmittel wie Brillen[220], die der Korrektur einer Sehschwäche
dienen. Diese werden stets der privaten Lebenssphäre zugeordnet, auch wenn sie nur am
Arbeitsplatz getragen werden[221]. Dies gilt auch nach der neuen Rspr. des GrS des BFH zu
Mischaufwendung[222]. Damit kann A die Kosten für die Brille nicht als Betriebsausgaben
steuerlich geltend machen[223].

Jedoch könnte es sein, dass A diese Kosten auf Antrag als außergewöhnliche Belastung nach
§ 33 EStG geltend machen kann.

Für die Geltendmachung als außergewöhnliche Belastung ist jedoch nach bisheriger Rechtsprechung grundsätzlich das Vorliegen eines vor dem Beginn der Therapie bzw. Anschaffung
des medizinischen Geräts erstellten (amts-)ärztlichen Gutachtens erforderlich, aus welchem
die medizinische Indikation hervorgeht, um die Zwangsläufigkeit dieser Maßnahme zu bele-

---

216 H 4.11 – Verstoß gegen die besondere Aufzeichnungspflicht – EStH.
217 BFH/NV 2007, S. 1305; Heinicke in Schmidt, EStG Komm., 31. Aufl. 2012, § 4, Rn. 620.
218 Abschn. 15.6 (6) UStAE; Widmann in Vogel/Schwarz, UStG Komm., Losebl. § 15, Rn. 293f. Hinsichtlich der
      umsatzsteuerlichen Folgen bei Nichtbeachtung der formellen Vorgaben des § 4 Abs. 5 Nr. 2 EStG vgl. auch
      BFH, BStBl II 2004, S. 1090.
219 Heinicke in Schmidt, EStG Komm., 31. Aufl. 2012, § 4, Rn. 520 – Arbeitsmittel.
220 Sofern sich aus den Arbeitsschutzbestimmungen gewisse Verpflichtungen zum Tragen von Brillen ergeben,
      vgl. R 19.3 Abs. 2 Nr. 2 LStR und SenFin Berlin, Erlass v. 28.9.2009 – III B – S 2332 – 10/2008 – NWB
      2009, S. 3164 f; Geserich, NWB 2011, S. 1247, 1251.
221 H 12.1 – Brille / Medizinisch-technische Hilfsmittel und Geräte – EStH; H 9.12 – Medizinische Hilfsmittel –
      LStH.
222 BFH/NV 2010, S. 285; BMF, BStBl I 2010, S. 614, Rn. 4; a.A. Streck, NJW 2010, S. 896.
223 BFH/NV 2005, S. 2185.

gen[224]. Bei Brillen, Hörgeräten, Schuheinlagen oder Rollstühlen wurde jedoch typisierend die Notwendigkeit unterstellt, so dass kein besonderer Nachweis erforderlich war[225].

Der BFH[226] hatte jedoch hinsichtlich des ärztlichen Attests eine Kehrtwende vollzogen. Der BFH sah im Gesetz in seiner früheren Fassung keine Stütze für die bisherige Rechtsprechung und Verwaltungsauffassung. Vielmehr sei es eine Frage der Beweiswürdigung, ob die Zwangsläufigkeit vorliege. Weiterhin zählten bzw. zählen jedoch nicht zu den gemäß § 33 EStG berücksichtigungsfähigen Kosten Aufwendungen, die nicht auf einer medizinisch indizierten Behandlung beruhen[227]. Insofern erscheint es bereits fraglich, ob wegen der Gründe der Anschaffung der Designerbrille, überhaupt dem Grunde nach außergewöhnliche Belastungen vorliegen.

Diese neue Rechtsprechung des BFH zur Erforderlichkeit eines (amts-)ärztlichen Attests ist aufgrund des Steuervereinfachungsgesetzes 2011 (BGBl. I 2011, S. 2131) mit § 33 Abs. 4 EStG i.V.m. § 64 EStDV vom Gesetzgeber ausgehebelt worden. Darüber hinaus hat diese Regelung auch für Brillen gemäß § 64 Abs. 1 S. 1 Nr. 1 EStDV i.V.m. § 33 Abs. 2 S. 2 SGB V, § 64 Abs. 1 S. 2 EStDV die Erforderlichkeit eines vorherigen ärztlichen Attest gebracht[228]. Dabei gilt die Regelung nach § 84 Abs. 3f EStDV rückwirkend, was der BFH als zulässig erachtet[229]. Insofern kann A mangels vorherigen ärztlicher Verordnung die Kosten für die Brille nicht geltend machen.

Mangels Zwangsläufigkeit sind allerdings Krankheitskosten auch nicht absetzbar, wenn sie gegenüber der privaten Krankenversicherung nicht geltend gemacht wurden, um eine Beitragsrückerstattung nicht zu gefährden[230]. Insofern kann A auch aus diesem Grund die Kosten für die Brille nicht geltend machen.

3   Aufwendungen für das Handelsblatt

Bei den Aufwendungen für das Handelsblatt könnte es sich um Betriebsausgaben handeln, wenn diese i.S.v. § 4 Abs. 4 EStG kausal durch den Betrieb des A veranlasst sind. Aufwendungen für die allgemeine Lebensführung sind jedoch nach bisheriger Rechtsprechung und Verwaltungsmeinung selbst dann nach § 12 Nr. 1 EStG vom Werbungskostenabzug (bzw. Betriebsausgaben) ausgeschlossen, wenn sie die berufliche Tätigkeit mit fördern (sog. Mischaufwendungen).

---

224 BFH/NV 2008, S. 368.
225 BFH/NV 2008, S. 561.
226 Urt. v. 11.11.2010 – VI R 17/09 – NWB 2011, S. 256 mit Anmerk. Kanzler S. 249 sowie Finanztest 3/2011, S. 46 und BFH/NV 2011, S. 599 bzw. BFH, NJW 2011, S. 1101.
227 BFH/NV 2011, S. 588.
228 Hörster, NWB 2011, S. 3350, 3357f; Finanztest 1172011, S. 55; Loschelder in Schmidt, EStG Komm., § 33 Rn. 35 – Krankheitskosten; R 33.4 (1) S. 4 EStR.
229 NJW 2012, S. 3261.
230 FG Rheinland-Pfalz, Beschl. v. 31.1.2012 – 2 V 1883/11 – NWB 2012, S. 626.

Der GrS des BFH[231] behandelt Mischaufwendungen folgendermaßen:

Grundsatz

Mischkosten sind grundsätzlich bei vom Steuerpflichtigen nachgewiesener zumindest teilweiser beruflicher/betrieblicher Veranlassung aufzuteilen in einen privaten und beruflich bzw. betrieblich veranlassten Teil. Als Aufteilungsmaßstab kann hier das Verhältnis des beruflichen und privaten Zeitanteils in Betracht kommen. Weitere Aufteilungsmaßstäbe sind Mengen- oder Flächenmaße aber auch Aufteilung nach Köpfen[232]. Die Aufteilung hat ggf. im Zuge einer sachgerechten Schätzung nach § 162 AO zu erfolgen, wenn entsprechende objektive Ansatzpunkte für diese Schätzung gegeben sind, d.h. wenn eine Abgrenzbarkeit[233] zwischen beruflicher und privater Sphäre darstellbar ist[234].

Ausnahmen

a) Die private Mitveranlassung ist von ganz untergeordneter Bedeutung, d.h. die private Mitbenutzung liegt unter 10 %. Dann erfolgt ein Abzug der gesamten Aufwendung (umgekehrt können Aufwendungen, die ganz überwiegend privat veranlasst sind, auch bei möglicher Aufteilung insgesamt nicht abgezogen werden, wenn die berufliche bzw. betriebliche Mitveranlassung/Mitbenutzung weniger als 10 % beträgt).

b) Die berufliche Veranlassung lässt als überlagerndes Moment jegliche private Mitveranlassung in den Hintergrund treten, dann sind die gesamten Aufwendungen abziehbar (Entsprechendes gilt, zwar nicht ausdrücklich vom GrS des BFH erwähnt, auch für den umgekehrten Fall, so dass eine private Veranlassung den beruflichen Teil außerhalb der 10-%-Regelung zurücktreten lässt und folglich auch eine teilweise Geltendmachung als Werbungskosten bzw. Betriebsausgaben ausscheidet[235]).

c) Es lässt sich kein geeigneter an objektivierbaren Kriterien ausgerichteter Aufteilungsmaßstab finden bei weder beruflich/betrieblich noch privat von vornherein vernachlässigbarer Veranlassungszusammenhängen. D.h. es mangelt am bereits benannten Kriterium der Abgrenzbarkeit. Dann kommt auch ein teilweiser Abzug als Werbungskosten bzw. Betriebsausgaben nicht in Betracht[236]. Aus dem Kriterium der Abgrenzbarkeit leitet das BMF aber ab, dass innerhalb eines schwerpunktmäßig privat veranlassten Komplex dennoch einzelne Aufwendungen beruflich veranlasst sein können (z.B. Seminargebühren innerhalb einer sonst als Urlaubsreise zu qualifizierenden Veranstaltung)[237].

d) Es liegen Aufwendungen vor, die von Vornherein den Sonderausgaben bzw. außergewöhnlichen Belastungen zuzuordnen bzw. durch die Freistellung des Existenzminimums abgedeckt sind (Gesundheitskosten, bürgerliche Kleidung etc.). Diese fallen nicht in den Anwendungsbereich des objektiven sondern des subjektiven Nettoprinzips und sind da-

---

231 NJW 2010, S. 891.
232 BMF, BStBl I 2010, S. 614, Rn. 15.
233 Teilweise wird auch formuliert, dass „objektivierbare Aufteilungskriterien" vorhanden sein müssen – vgl. Martini/Valta, Klausur aus dem Steuerrecht, 2011, S. 12 f.
234 Fischer, NWB 2010, S. 412.
235 BFH/NV 2010, S. 880; Hilbertz, NWB 2010, S. 2694, 2695.
236 Schneider, BFH/PR 3/2010, S. 85; BFH/NV 2010, S. 880; BMF, BStBl I 2010, S. 614, Rn. 17 – „Veranlassungsbeiträge so ineinander greifen, dass eine Trennung nicht möglich und eine Grundlage für die Schätzung nicht erkennbar ist".
237 Vgl. BMF, BStBl I 2010, S. 614, Rn. 11 und 9.

her nach diesen speziellen Regeln zu berücksichtigen bzw. ganz vom Abzug ausgeschlossen.

Da im Fall jedoch keine Abgrenzbarkeit hinsichtlich der privaten und beruflichen Nutzung des Handelsblattes gegeben ist, scheidet eine steuerliche Geltendmachung aus[238]. Insbesondere lässt sich hier auch argumentieren, dass das „Handelsblatt" auch einen Feuilletonteil enthält, so dass es mit einer typischen Tageszeitung wie der „FAZ", „Die Welt", „Süddeutsche Zeitung" etc. vergleichbar und somit in erster Linie der privaten Information des A dient[239].

Es sei aber darauf hingewiesen, dass der BFH[240] entschieden hat, dass bei einem Lehrer hinsichtlich Bücher und Zeitschriften ein großzügiger Maßstab anzulegen sei. Insbesondere könne die berufliche Veranlassung nicht versagt werden, wenn sich dieser auch in der Freizeit mit entsprechenden Themen hobbymäßig befasse, wenn nur ein gewisser Zusammenhang mit der Unterrichtstätigkeit gegeben sei. Dass das konkrete Thema tatsächlich im Unterricht Eingang gefunden habe, sei nicht erforderlich. D.h. auch die Vorbereitung letztlich gestrichener Lehrinhalte mit der Literatur ist ausreichend.

Hinweis: Mit entsprechender Argumentation, dass die Zeitung hauptsächlich wirtschaftliche Fragen behandelt, die für A als Strafverteidiger auch von Relevanz sind, kann man m.E. auch gut die gegenteilige Rechtsauffassung vertreten.

4   Steuerliche Entlastung für S

Fraglich ist, ob dem A der Entlastungsbetrag für Alleinerziehende gemäß § 24b EStG zusteht.

Dieser beträgt im Kalenderjahr 1.308 € und ist gemäß §§ 24 b Abs. 1 S. 1, 2 Abs. 3 von der Summe der Einkünfte abzuziehen. Eine Zwölftelung dieses Betrages nach § 24 b Abs. 3 EStG erfolgt, wenn die Voraussetzungen des § 24 b EStG über das gesamte Jahr nicht vorlagen.

Voraussetzungen des § 24 b EStG sind:

- Der Steuerpflichtige ist unbeschränkt einkommensteuerpflichtig nach § 1 Abs. 1 bis 3 EStG, was bei A der Fall ist.

---

238 BMF, BStBl I 2010, S. 614, Rn. 17; a.A. wohl Streck, NJW 2010, S. 896, der nunmehr bei Literatur mit beruflicher Berührung immer eine schätzungsweise Aufteilung aufgrund der neuen Rspr. des GrS des BFH für möglich hält.

239 FG Hessen, EFG 2002, S. 1289; H 12.2 – Tageszeitung – EStH; BFH/NV 2005, S. 1300; FG Brandenburg, DStRE 2002, S. 1054; FG Berlin-Brandenburg, EFG 2008, S. 1356 für Handelsblatt und FAZ; ebenso in Bezug auf die FAZ, FG Hessen, Urt. v. 8.5.2008 – 13 K 3379/07 – NWB, F. 1, S. 305; a.A. hinsichtlich des Handelsblatts Niedersächsisches FG, NJW 1999, S. 1208. Das FG München – Urt. v. 3.3.2011 – 5 K 3379/08 – NWB 2011, S. 2684 hat entschieden, dass Aufwendungen für die Anschaffung von Börsenzeitungen (im Fall Effekten Spiegel, Depot-Optimierer, Finanztipp, Wahrer Wohlstand und Oxford Club) Werbungskosten sein können.

240 Urt. v. 20.5.2010 – VI R 53/09 – BFH/NV 2010, S. 2316 = NWB 2010, S. 3152 mit Anmerk. Geserich, NWB 2010, S. 3513.

- Der Steuerpflichtige muss mit mindestens einem Kind i.S.v. § 32 Abs. 1 EStG eine Haushaltsgemeinschaft in einer gemeinsamen Wohnung bilden, was schon im Hinblick auf S gemäß § 32 Abs. 1 Nr. 1 EStG der Fall ist.
- Der Steuerpflichtige muss mit seinem Kind in der gemeinsamen Wohnung mit Hauptwohnsitz gemeldet sein (gesetzliche Vermutung für Haushaltsgemeinschaft), was auch gegeben ist.
- Das Kind darf das 18. Lebensjahr noch nicht vollendet haben, was hinsichtlich S ebenfalls vorliegt.
- Der Steuerpflichtige muss allein stehend sein, d.h. nicht die Voraussetzungen einer Ehegattenveranlagung nach § 26 Abs. 1 EStG erfüllen bzw. verwitwet sein und mit keiner anderen Person außer seinem Kind eine Haushaltsgemeinschaft bilden, es sei denn, ihm steht für diese dritte Person der Freibetrag nach § 32 Abs. 6 EStG oder Kindergeld gemäß §§ 62 ff EStG zu. Da der T aber bei der gemeinsamen Erledigung von Hausarbeit, der Kinderbetreuung und den Einkäufen mitwirkt sowie auch gemeinsam genutzte Gegenstände anschafft, befindet sich A mit ihm in einer Hausgemeinschaft, so dass für ihn der Entlastungsbetrag nach § 24b EStG ausscheidet[241].

5   Kosten für die Hilfe von S

Verträge mit nahen Angehörigen (dieser Begriff ist enger als § 15 AO zu verstehen, erfasst aber jedenfalls Ehepartner und Kinder bzw. Eltern) können unter Berücksichtigung von § 41 Abs. 2 AO steuerlich nur anerkannt werden, wenn folgende (zusätzliche) Voraussetzungen erfüllt sind[242]:

- Der Vertrag muss entgegen § 41 Abs. 1 AO (vor dem Leistungsaustausch) zivilrechtlich wirksam abgeschlossen sein[243],
- der Vertrag muss tatsächlich durchgeführt und
- er muss einem Fremdvergleich Stand halten[244].

---

241 BFH/NV 2012, S. 1864, dabei muss keine Kostenbeteiligung vorliegen, durch tatsächliche Hilfe und Zusammenarbeit kann somit auch eine Haushaltsgemeinschaft gebildet werden.
242 R 4.8 EStR; H 4.8 EStH; H 21.4 EStH; BFH/NV 2009, S. 12.
243 BFH, Urt. v. 11.5.2010 – IX R 19/09 – NWB 2010, S. 2515.
244 Maßgebend für die Beurteilung, ob der Vertrag einem Drittvergleich standhält, ist die Gesamtheit der objektiven Gegebenheiten. Nicht jede Abweichung vom Üblichen schließt notwendig die steuerliche Anerkennung aus. Voraussetzung ist aber stets, dass die Hauptpflichten der Vertragsparteien klar und eindeutig vereinbart und entsprechend erledigt werden (vgl. BFH/NV 2006, S. 2236) – letztlich bilden die benannten drei Kriterien nur Indizien bei einer Gesamtwürdigung (vgl. BFH/NV 2011, S. 1367; BFH, BStBl II 2007, S. 294; Nichtanwendungserlass hierzu BMF, BStBl I 2007, S. 441; BFH, DB 2007, S. 1287; Heuermann, BFH, Urt. v. 12.5.2009 – IX R 46/08 – NWB 2009, S. 2122; BFH, DB 2007, S. 1267; FG München, EFG 2007, S. 338). Da den benannten drei Kriterien nur Indizwirkung zukommt, kann auch bei Missachtung zivilrechtlicher Formerfordernisse dennoch ein anzuerkennendes Vertragsverhältnis vorliegen – BFH/NV 2009, S. 1326. Bei der Nichtbeachtung zivilrechtlicher Formerfordernisse soll demnach nicht zwingend stets die steuerliche Anerkennung zu versagen sein, jedoch ist dies ein Indiz für den mangelnden Bindungswillen der vertragsschließenden Parteien (BMF, BStBl I 2011, S. 37; BFH, BStBl II 2011, S. 20; BFH, BStBl II 2011, S. 24).

Die von A mit S getroffene Arbeitsvereinbarung ist zwar vor Beginn[245] schriftlich geschlossen worden[246] und enthält einige, einem Arbeitsverhältnis i.S.v. § 19 EStG bzw. § 1 LStDV entsprechende Regelungen[247]. Auch ist der Arbeitsvertrag zivilrechtlich wirksam zu Stande gekommen, da es der Mitwirkung eines Ergänzungspflegers nach §§ 1629 Abs. 2, 1795 Abs. 2, 181, 1909 BGB nicht bedurfte, weil über § 113 BGB Paul zum Abschluss des Arbeitsvertrages befugt war[248]. Hier ist allerdings das Kriterium der Fremdvergleichbarkeit nicht erfüllt[249]. Die Eltern würden einen fremden Dritten nicht zu dem Zweck beschäftigen, eine derart untergeordnete Tätigkeit auszuüben, vielmehr werden solche Handreichungen von nahen Angehörigen aus rein familiären Gründen – bei Kindern eben aus der Verpflichtung des § 1619 BGB heraus – übernommen[250]. Allerdings sei darauf hingewiesen, dass die EStR keine Mindestlohngrenze für die steuerliche Anerkennung entsprechend R 19 Abs. 3 S. 4 EStR 2003 von 200 DM (100 €) monatlich enthalten. Auch gering entlohnte Arbeitsverhältnisse sind demnach grundsätzlich anzuerkennen, es sei denn, es bestehen Zweifel an der Ernsthaftigkeit des Arbeitsvertrages. Mithin soll der Anerkennung auch nicht entgegenstehen, wenn das Arbeitsentgelt unüblich niedrig ist, es sei denn es ist derart niedrig, dass es nicht mehr als Gegenleistung für die Tätigkeit des Arbeitnehmers angesehen werden kann[251]. Eine Branchenunüblichkeit der Lohnhöhe muss mithin nicht zwingend gegen eine Abziehbarkeit wegen Fremdunüblichkeit sprechen[252]. Vielmehr kann der niedrige Lohn durch sachliche Gründe gerechtfertigt sein wie z.B., dass der Angehörige den Betrieb übernehmen soll oder wegen vorübergehender schlechter wirtschaftlicher Lage die erforderlichen Mittel für eine angemessene Bezahlung fehlen. In vorliegendem Fall wird man allein die Entlohnung von 5 € pro Besorgung noch nicht als Kriterium für eine Unernsthaftigkeit des Arbeitsverhältnisses zu werten haben. Wie gesagt, ist allerdings der Vertrag im Kontext mit § 1619 BGB zu sehen, so dass der Drittvergleich zu verneinen ist. M.E. ist aber durchaus mit entsprechender Argumentation auch ein anderes Ergebnis vertretbar. Wenn man die Anerkennung an einer mangelnden Drittüblichkeit der Lohnhöhe scheitern lässt, so soll gemäß § 12 Abs. 1 Nr. 1 S. 1 und 2 EStG nach herkömmlicher Meinung keine teilweise Anerkennung bzw. Geltendmachung als Betriebsausgaben möglich sein – im Fall bei Zahlung von zu hohen Lohn also zumindest der drittübliche niedrigere Lohn[253]. Dies ist m.E. nach der neueren Rspr. des GrS des BFH v. 21.9.2009 – GrS 1/06[254] – so einfach nicht mehr vertretbar. Hier ist aber die eigentliche Argumentationslinie, dass es nicht um die Höhe des Lohnes geht, son-

---

245 Rückdatierungen sind steuerlich nicht anzuerkennen – vgl. Tipke/Lang, Steuerrecht, 21. Aufl. 2013, § 5, Rn. 104 und § 6, Rn. 25 es fehlt insofern für die Zeit der Rückdatierung die wirtschaftliche Durchführung.

246 Die Schriftform ist kein Wirksamkeitserfordernis, aber dringend zu empfehlen, da hiermit dokumentiert wird, dass die einzelnen Leistungen ausdrücklich vereinbart wurden – Tipke/Lang, Steuerrecht, 13. Aufl. 2013, § 9, Rn. 164; BFH/NV 2008, S. 350.

247 Dies sind: Art der Tätigkeit, Arbeitszeitraum, die Höhe des Entgelts, regelmäßige Zahlung des Entgelts allerdings bemessen nach der Anzahl der konkreten Besorgungen und die Gewährung von Urlaub – vgl. H 19.0 LStH

248 R 4.8 EStR; H 4.8 EStH.

249 Hierdurch werden betriebliche Aufwendungen nach § 4 Abs. 4 EStG vom Privatbereich gemäß § 12 EStG abgegrenzt, d.h. hier dürfen keine üblichen Unterhaltsleistungen vorliegen – Heinicke in Schmidt, EStG Komm., 31. Aufl. 2012, § 4, Rn. 520 – Angehörige, a).

250 BFH, BStBl II 1988, S. 632; BFH/NV 1999, S. 919.

251 H 4.8 – Arbeitsverhältnisse zwischen Ehegatten/Der steuerlichen Anerkennung eines Arbeitsverhältnisses steht nicht entgegen – EStH

252 Heinicke in Schmidt, EStG Komm., 31. Aufl. 2012, § 4, Rn. 520 – Angehörige/Angehörigenverträge b) dd); vgl. aber FG München, EFG 2004, S. 1037.

253 FG Nürnberg, EFG 2008, S. 1013.

254 BFH/NV 2010, S. 285.

dern um die Tätigkeit selbst, die so niemals Gegenstand eines Arbeitsverhältnisses wäre, so dass das private aus der familienrechtlichen Situation bedingte Element jegliche berufliche Qualifizierung ausscheidet[255]. Außerdem mangelt es hier an der tatsächlichen Durchführung, da auch ein geringes Arbeitsentgelt grundsätzlich fortlaufend gezahlt werden müsste[256].

6   Kosten für den Aufenthalt auf Ibiza

Aus dem Gespräch, das nur einem zufälligen Treffen mit dem Mandanten K entsprang, ergibt sich noch keine hinreichende betriebliche Veranlassung für den Aufenthalt am Urlaubsort. Nach herkömmlicher Meinung wurde aus § 12 Nr. 1 S. 2 EStG bei sogenannten Mischaufwendungen grundsätzlich ein steuerliches Abzugsverbot hergeleitet. Nur wenn diese anhand objektiver Merkmale leicht und nachprüfbar in einen betrieblich und privat veranlassten Teil aufteilbar sind, unter der Voraussetzung, dass die betriebliche Veranlassung nicht unbedeutend ist, bzw. die private Mitveranlassung nicht mehr als 10 % ausmacht, sollte eine (teilweise) steuerliche Anerkennung möglich sein. Betrug die private Mitveranlassung nicht mehr als 10 v.H., so erfolgt keine Aufteilung sondern ein Abzug in voller Höhe als Betriebsausgabe[257]. Nach neuerer Rspr. des GrS des BFH – Beschl. v. 21.9.2009[258] — ist demgegenüber grundsätzlich eine Aufteilung ggf. im Schätzungswege vorzunehmen. Allerdings müssen objektive Anhaltspunkte für solch eine Schätzung vorliegen – d.h. es muss dem Kriterium der Abgrenzbarkeit[259] genügt werden – bzw. die berufliche Veranlassung nicht gänzlich zu vernachlässigen sein. Auch muss die zumindest teilweise berufliche/betriebliche Veranlassung feststehen. Weder liegen laut Sachverhalt zumindest Anknüpfungspunkte für die Schätzung des zeitlichen Aufteilungsmaßstabs im Hinblick auf eine wenigsten teilweise steuerliche Berücksichtigung der Reisekosten vor, noch steht fest, dass dieser Zeitanteil nicht unerheblich ist (unter 10 %). M.E. kann man auch darauf abstellen, dass das auslösende alles überlagernde Element der Reise im privaten Bereich liegt, da der Mandant rein zufällig getroffen wird[260]. Somit kann A die Kosten für seinen Urlaub auch nicht teilweise als Betriebsausgaben geltend machen.

Hinweis: Das FG Rheinland-Pfalz[261] hat demgegenüber für den Fall, dass ein Steuerberater einen Mandanten nach Hongkong und Bangkok über den Jahreswechsel hinaus begleitet und

---

255 Zur Problematik vgl. auch BFH, Beschl. v. 28.2.2011 – X B 207/07 – NWB 2011, S. 1424 mit Anmerk. Knüppel.
256 Heinicke in Schmidt, EStG Komm., 31. Aufl. 2012, § 4, Rn. 520 – Angehörige – unter lit. c).
257 Gehm, JA 2007, S. 890, 891. Das BMF geht nunmehr von weniger als 10 % in diesem Zusammenhang aus – vgl. BStBl I 2010, S. 614, Rn. 12
258 NWB 2010, S. 168 mit Anmerk. Kanzler = BFH/NV 2010, S. 285.
259 Fischer, NWB 2010, S. 412.
260 BMF, BStBl I 2010, S. 614, Rn. 17 und 18; so auch BFH/NV 2010, S. 1805 speziell bei Auslandsreise eines Steuerberaters; Geserich, NWB 2011, S. 2452, 2453. BMF, BStBl I 2010, S. 614, Rn. 12 und 15 geht davon aus, wenn das berufliche Element das auslösende war, die Kosten für Hin- und Rückreise voll abziehbar seien, auch wenn anschließend oder zuvor ein Privataufenthalt geschaltet wird. Eine Regel, wonach immer 50 % der Aufwendung anzuerkennen sind, gibt es nicht – vgl. BFH/NV 2012, S. 1973.
261 EFG 2006, S. 95.

ihn dort bei geschäftlichen Verhandlungen beraten hatte, wobei er und sein Mandant jeweils von ihren Ehefrauen – die Ehefrau des Steuerberaters war in dessen Kanzlei beschäftigt – begleitet wurden sowie Gelegenheit zur Besichtigung touristischer Sehenswürdigkeiten bestand, entschieden, dass das Abzugsverbot nach § 12 Nr. 1 S. 2 EStG zumindest einer teilweisen Geltendmachung der Reise- und Unterbringungskosten als Betriebsausgaben nicht entgegenstünde. Vielmehr habe eine schätzungsweise Aufteilung dieser Kosten im Verhältnis zu erfolgen, in welchem die Aufenthaltstage durch Besuche von Geschäftsfreunden und Verhandlungen in Begleitung des Mandanten ausgefüllt waren oder zur freien Verfügung standen[262]. Der BFH hat im Nachgang zu der Entscheidung dargelegt, dass objektive Ansatzpunkte für eine Schätzung gegeben sein müssen[263].

Mit Beschluss v. 20.7.2006 – VI R 94/01 – hatte der VI. Senat des BFH[264] dem Großen Senat die Frage zur Entscheidung vorgelegt, ob Aufwendungen für die Hin- und Rückreise bei gemischt beruflich (betrieblich) und privat veranlassten Reisen in abziehbare Werbungskosten (Betriebsausgaben) und nicht abziehbare Aufwendungen für die private Lebensführung nach Maßgabe der beruflich (betrieblich) und privat veranlassten Zeitanteile der Reise aufgeteilt werden können, wenn die beruflich (betrieblich) veranlassten Zeitanteile feststehen und nicht von untergeordneter Bedeutung sind – auf die dann erfolgte Entscheidung des GrS wurde bereits eingegangen.

7   Sparzinsen

Die privaten Sparzinsen stellen Einkünfte aus Kapitalvermögen gemäß § 20 Abs. 1 Nr. 7 EStG dar. A kann zwar das Witwersplitting im Jahr 2012, wie eingangs erwähnt wurde, in Anspruch nehmen aber mangels Möglichkeit zur Zusammenveranlagung gemäß § 26b EStG nicht den doppelten Sparer-Pauschbetrag gemäß § 20 Abs. 9 S. 2 EStG. Hinsichtlich der Zinsen kann A die 801 € sodann nur in Höhe von 500 € in Anspruch nehmen, wie sich aus § 20 Abs. 9 S. 4 EStG ergibt. Da damit die Kapitalerträge mit 0 € anzusetzen sind, erübrigen sich Ausführungen zur Abgeltungsteuer bzw. Antragsveranlagung (§§ 2 Abs. 5b, 32d EStG). Beim Gesamtbetrag der Einkünfte i.S.v. § 2 Abs. 3 EStG sind mithin die Kapitaleinkünfte nicht ergebnisrelevant.

---

262 Vgl. zur Problematik Morgenthaler/Frizen/Trottmann, Klausuren aus dem Steuerrecht, 2008, S. 117ff.
263 DB 2010, S. 2082.
264 BFH/NV 2006, S. 1968.

8   Dividenden

Fraglich ist, ob mit den Dividenden Kapitaleinkünfte i.S.v. § 20 Abs. 1 Nr. 1 EStG vorliegen. Die Wertpapiere selbst sind jedoch von A seinem Betriebsvermögen zugeführt worden. Sie stellen mithin gewillkürtes Betriebsvermögen dar, was auch bei einer Freiberuflerpraxis möglich ist[265]. Gewillkürtes Betriebsvermögen sind neutrale Gegenstände, die durch unternehmerischen Widmungsakt dazu bestimmt sind, in objektiv erkennbarer Weise nur mittelbar die Zwecke des Betriebes fördern[266]. Da die Bildung gewillkürten BV eine betriebliche Veranlassung voraussetzt, muss der Steuerpflichtige darlegen, welche Beziehung das Wirtschaftsgut zum Betrieb hat und welche vernünftigen wirtschaftlichen Überlegungen ihn veranlasst haben, das Wirtschaftsgut als Betriebsvermögen zu behandeln[267]. Dies ist im Fall wegen der Kapitalbildung für die Finanzierung von unternehmerischen Anschaffungen gegeben.

Da somit die Wertpapiere der betrieblichen Sphäre des A bei seinen Einkünften gemäß § 18 Abs. 1 Nr. 1 EStG zuzuordnen sind, liegen gemäß § 20 Abs. 8 EStG auch keine Kapitaleinkünfte sondern solche gemäß § 18 Abs. 1 Nr. 1 EStG vor[268]. Somit greift hier auch nicht der Sparer-Pauschbetrag nach § 20 Abs. 9 EStG[269]. Auch greift nicht die Abgeltungsteuer, sondern die Höhe der Einkünfte ist grundsätzlich nach den Regeln des § 18 EStG zu ermitteln[270]. Dabei erfährt die Einkünfteermittlung aber Modifikationen aufgrund des hier greifenden Teileinkünfteverfahrens nach § 3 Nr. 40 lit. d, § 3c Abs. 2 EStG[271], da A die Wertpapiere in seinem Betriebsvermögen hält (§ 3 Nr. 40 S. 2 EStG)[272], so dass 60 v.H. der Betriebsausgaben im Zusammenhang mit der Erzielung der Dividenden abzugsfähig sind und die Dividenden selbst nur zu 60 v.H., da 40 v.H. steuerbefreit sind, zur Einkommensteuer herangezogen werden. Mithin werden 60 € als Betriebsausgaben abgezogen und 1.800 € unterliegen als Betriebseinnahmen der Steuer.

---

265 FG Hamburg, EFG 2007, S. 1414; BFH, BStBl II 2011, S. 862; BFH/NV 2011, S. 1847; a.A. für Arztpraxis
     FG Baden-Württemberg, EFG 2008, S. 538 – vgl. auch zur Problematik BFH/NV 2008, S. 1317.
266 R 4.2 Abs. 1 S. 3 EStR.
267 BFH/NV 2009, S. 916.
268 Weber-Grellet in Schmidt, EStG Komm., 31. Aufl., 2012, § 20, Rn. 196.
269 Heinicke in Schmidt, EStG Komm., 31. Aufl. 2012, § 3c, Rn. 31.
270 Weber-Grellet in Schmidt, EStG Komm., 31. Aufl., 2012, § 20, Rn. 196.
271 Heinicke in Schmidt, EStG Komm., 31. Aufl. 2012, § 3, ABC – Halbeinkünfteverfahren/Teileinkünfte-
     verfahren – 4. b) (4).
272 Heinicke in Schmidt, EStG Komm., 31. Aufl. 2012, § 3, ABC – Halbeinkünfteverfahren/ Teileinkünfteverfah-
     ren, 4.b) (7).

9 Kosten für den PC und das Arbeitszimmer

Grundsätzlich können nach § 4 Abs. 5 S. 1 Nr. 6b S. 1 EStG die Kosten für ein häusliches Arbeitszimmer nicht steuerlich geltend gemacht werden. Etwas anderes gilt, wenn kein anderer Arbeitsplatz zur Verfügung steht – hier könnten maximal 1.250 € steuerlich geltend gemacht werden (§ 4 Abs. 5 Nr. 6 b S. 2 u. 3 1. HS. EStG). Des Weiteren ist ein unbeschränkter Abzug nach § 4 Abs. 5 Nr. 6 b S. 3 2. HS. EStG möglich, wenn das Arbeitszimmer den Mittelpunkt der gesamten betrieblichen oder beruflichen Tätigkeit bildet. Es gilt die Aufzeichnungspflicht nach § 4 Abs. 7 EStG.

Ist die Zuordnung der Räumlichkeit als häusliches Arbeitszimmer nicht möglich, so sind die entsprechenden Kosten unbeschränkt als Betriebsausgaben abziehbar[273].

Vom Erscheinungsbild her ist das häusliche Arbeitszimmer ein Raum, der seiner Lage nach in die häusliche Sphäre des Steuerpflichtigen eingebunden ist – wobei die Einbindung in Zubehörräume zum Wohnraum genügt, nicht jedoch fallen Räumlichkeiten, die sich außerhalb des Wohnbereichs z.B. in einem anderen Haus befinden (außerhäusliches Arbeitszimmer)[274], hierunter. Somit sind die Kanzleiräumlichkeiten in der Nachbargemeinde nicht von § 4 Abs. 5 S. 1 Nr. 6b EStG erfasst. Weiterhin ist Voraussetzung, dass dieser Raum nach Ausstattung und Funktion der Erledigung betrieblicher oder beruflicher Arbeiten vorwiegend büromäßiger Art (Erledigung gedanklicher, schriftstellerischer, verwaltungstechnischer oder –organisatorischer Arbeiten) dient[275]. Es muss sich aber nicht zwingend stets um Arbeiten büromäßiger Art handeln, ein häusliches Arbeitszimmer kann auch bei geistiger, künstlerischer[276] oder schriftstellerischer Betätigung gegeben sein[277]. Zumindest sind im Fall büromäßige Arbeiten gegeben. Andererseits muss das Arbeitszimmer aber hinreichend von der restlichen Wohnung abgetrennt sein, d.h. dass ein Arbeitszimmer z.B. nicht vorliegt, wenn nur ein Schreibtisch im Flur einer Wohnung steht mit der Folge, dass jegliche berufliche bzw. betriebliche Veranlassung gemäß § 12 Nr. 1 EStG zu versagen ist[278]. Diese Trennung ist im Fall aber gegeben. Weiterhin muss das Arbeitszimmer nach teilweise vertretener Meinung ausschließlich bzw. nahezu ausschließlich zu betrieblichen bzw. beruflichen Zwecken genutzt werden. D.h. nach dieser Meinung muss die betriebliche bzw. berufliche Nutzung mehr als 90 % gegenüber der sonstigen Benutzung betragen[279]. Dieser Ansicht ist der BFH nicht gefolgt und hat auch bei beruflicher Nutzung von nur 20 % noch das Vorliegen eines häusli-

---

273 BFH, BStBl II 2009, S. 598.
274 BFH/NV 2012, S. 1776.
275 BFH, BStBl II 2004, S. 775; BFH, BStBl II 2004, S. 74; BFH, BStBl II 2003, S. 139.
276 Das FG Köln – Urt. v. 13.10.2010 – 9 K 3882/09, NWB 2010, S. 3860 = NJW-aktuell 50/2010, S. 10 sieht aber das Musizierzimmer eines Berufmusikers nicht als häusliches Arbeitszimmer an, da dies mit einem Tonstudio vergleichbar sei, A.A. BFH/NN 2013, S. 359. Hingegen bei einem Schauspieler bejaht, um dort Texte zu lernen – BFH/NV 2012, S. 200.
277 BMF, BStBl I 2011, S. 195, Rn. 3.
278 BFH/NV 2005, S. 2006; BFH, BStBl II 1992, S. 528; BFH/NV 2010, S. 431 – strittig ist, ob für eine Arbeitsecke anteilige Raumkosten geltend gemacht werden können – Finanztest 1/2012, S. 59 mit Hinweis auf das Verfahren X R 32/11 vor dem BFH.
279 Vfg. OFD Hannover v. 18.5.2004, SIS 4/2004, S. 6 ff.; so unter Berücksichtigung von § 12 Nr. 1 S. 2 EStG auch FG Schleswig-Holstein, EFG 2006, S. 491.

chen Arbeitszimmers bejaht[280]. Allerdings ist eine Mitbenutzung zu eigenen Ausbildungs-zwecken unbeachtlich[281]. Letzteres stellt im Fall kein Problem dar.

Fraglich könnte sein, ob eine Einbindung in die häusliche Sphäre des A vorliegt. Dabei wird bei Praxen von Freiberuflern danach entschieden, ob diese dem Publikumsverkehr leicht zugänglich sind – offensichtliche Widmung für den Publikumsverkehr. D.h. wenn die Mandanten einen Eingang benutzen müssen, der sie durch den privaten Wohnbereich des Freiberuflers führt, so greift § 4 Abs. 5 S. 1 Nr. 6b EStG[282]. Zum privaten Wohnbereich gehört auch der Garten eines Einfamilienhauses[283]. Der BFH hat sogar darüber hinaus entschieden, dass ein Arbeitszimmer in einem selbstgenutzten Einfamilienhaus grundsätzlich „häuslich" ist[284]. Eine solche Einbindung in die häusliche Sphäre wird nur durch einen intensiven und dauerhaften Publikumsverkehr aufgehoben[285]. Jedoch hat der BFH wiederum im Fall eines Rechtsanwalts entschieden, dass allein eine separate Eingangsmöglichkeit noch nicht die Einbindung in die häusliche Sphäre aufheben würde[286]. Insofern geht der BFH davon aus, dass die Einbindung in die häusliche Sphäre bzw. der intensive und dauerhafte Publikumsverkehr bei Kanzleien stets eine Frage des Einzelfalls sei[287]. Allerdings geht der BFH davon aus, dass der häusliche Charakter der Kanzlei dann aufgehoben ist bzw. sein kann, wenn die Räumlichkeit von nicht familienangehörigen Teilzeitkräften mitgenutzt wird[288]. Letzteres ist hier aber gerade nicht der Fall. Vielmehr ist wegen der Lage des Raumes auszugehen, dass keine Widmung für den Publikumsverkehr gegeben ist. Zusätzlich findet ohnehin nur sporadischen Besuch von Mandanten statt. Somit greift grundsätzlich hinsichtlich der Betriebs-ausgaben die Beschränkung des § 4 Abs. 5 S. 1 Nr. 6b EStG.

Ein häusliches Arbeitszimmer ist Mittelpunkt der gesamten betrieblichen und beruflichen Tätigkeit i.S.v. § 4 Abs. 5 Nr. 6 b S. 3 2. HS. EStG, wenn der Steuerpflichtige dort diejenigen

---

280   BFH, NJW 2005, S. 1309; vgl. auch BMF, BStBl I 2011, S. 195, Rn. 19 f. zu gemischter Nutzung.
281   BMF, BStBl I 2011, S. 195, Rn. 24.
282   BFH, BStBl II 2003, S. 139; BFH/NV 2009, S. 1421; BFH, BStBl II 2005, S. 203; BFH, NJW 2005, S. 1309 stellt klar, dass sich aus § 27 BRAO – Residenzpflicht – nicht ergibt, dass § 4 Abs. 5 S. 1 Nr. 6 b EStG auf Kanzleiräume eines Rechtsanwalts grundsätzlich keine Anwendung finden kann; mit Urt. v. 12.4.2005 – 1 K 4/05, NWB, F. 1, S. 192 = Haufe-Index 1366910 – hat das FG des Saarlandes entschieden, dass bei der Kanzlei eines Rechtsanwalts, die im Obergeschoss des selbstgenutzten Einfamilienhauses liegt und aus einem Raum besteht, der nur durch das Treppenhaus und den Flur innerhalb der Wohnung erreichbar ist, es sich um ein häusliches Arbeitszimmer mit der Folge handelt, dass die Raumkosten der Beschränkung des § 4 Abs. 5 S. 1 Nr. 6 b EStG unterliegen, ähnlich hat auch das FG Nürnberg in Bezug auf die Büroräume eines nebenberuflich tätigen Rechtsanwalts geurteilt, EFG 2005, S. 1845 sowie das FG Düsseldorf bei zwei Räumen im Keller des privaten Einfamilienhauses, die als Kanzlei genutzt werden – EFG 2006, S. 1501 Rev. unter IV R 2/06 beim BFH eingelegt, entschieden mit BFH/NV 2007, S. 677.
283   FG Köln, EFG 2008, S. 205; BFH, BStBl II 2003, S. 350.
284   BFH/NV 2007, S. 677.
285   BFH/NV 2006, S. 2243.
286   BFH/NV 2006, S. 43 unter Bezugnahme auf BFH/NV 2004, S. 1387 – regelmäßig sei bei einem in einem Einfamilienhaus gelegenen Büroraum von einer Einbindung in die häusliche Sphäre auch bei separatem Eingang auszugehen, da auch in letzterem Fall das Arbeitszimmer nicht ohne weiteres für den dauerhaften und intensiven Publikumsverkehr als geöffnet betrachtet werden könne – nur letzterer Aspekt stünde der Einbindung in die häusliche Sphäre entgegen; vgl. auch BFH, BStBl II 2003, S. 350 und BFH, BStBl II 2004, S. 43; für Beratungsstellen oder Kanzleien BFH/NV 2006, S. 721 nochmals klargestellt, dass es nicht allein auf einen separaten Eingangsbereich ankommt für die Frage der Bestimmung für den Publikumsverkehr, entscheidend bleibe, ob das Arbeitszimmer insgesamt gesehen in die private Sphäre des Steuerpflichtigen eingebunden und zugleich der Kontrollmöglichkeit der Finanzbehörde entzogen bleibt oder nicht.
287   BFH/NV 2006, S. 268; BFH/NV 2007, S. 1650.
288   BFH/NV 2007, S. 677 und BFH/NV 2007, S. 1650 bzw. BFH, BStBl II 2003, S. 185. FG München, EFG 2007, S. 820; BFH/NV 2011, S. 1146; Plewka/Klümpen-Neusel, NJW 2007, S. 2899, 2900; BFH/NV 2011, S. 1682 im Fall eines Steuerberaterbüros; Korn/Strahl, NWB 2011, S. 4221, 4242f.

Handlungen vornimmt oder Leistungen erbringt, die für den konkret ausgeübten Beruf wesentlich sind. Mithin ist der inhaltlich, qualitative Schwerpunkt der beruflichen Tätigkeit ausschlaggebend. Dem zeitlichen Umfang der Nutzung des Arbeitszimmers kommt nur bei der gebotenen umfassenden Wertung eine indizielle Bedeutung zu. So kann unter Umständen selbst bei Beschäftigten im Außendienst das Arbeitszimmer den Mittelpunkt der beruflichen Tätigkeit ausmachen, etwa wenn dort Betriebsabläufe organisiert werden.

Bei einem Steuerberater oder Rechtsanwalt liegt dieser qualitative Mittelpunkt in den Praxisräumen der Kanzlei, denn dort erfolgt die eigentliche Organisation der Tätigkeit, Kontrolle des Fristenkalenders, Beratung der Mandanten, Sichtung der täglichen Post etc[289]. Die unbeschränkte Abzugsfähigkeit nach § 4 Abs. 5 Nr. 6 b S. 3 2. HS. EStG scheidet mithin aus.

Für einen Freiberufler, der in seiner Praxis bzw. Kanzlei einen eigenen Schreibtischplatz zur Verfügung hat, gilt, dass dieser Umstand indiziert, dass dieser ihm für alle Bereiche seiner Erwerbstätigkeit zur Verfügung steht. D.h. ein selbständiger Rechtsanwalt mit eigener Kanzlei hat wie im Fall des A einen anderen Arbeitsplatz i.S.v. § 4 Abs. 5 Nr. 6 b S. 2 u. 3 1. HS. EStG zur Verfügung[290]. Somit scheidet auch ein teilweiser Abzug als Betriebsausgabe insofern aus.

Folgende Aufwendungen unterfallen dabei – ggf. anteilig – der Regelung des § 4 Abs. 5 S. 1 Nr. 6b EStG:

- Miete,
- Gebäude-AfA,
- Schuldzinsen für Kredite, die der Anschaffung, Herstellung oder Reparatur des Gebäudes dienen,
- Wasser- und Energiekosten,
- Reinigungskosten,
- Grundsteuer, Müllabfuhrgebühren, Schornsteinfegergebühren, Gebäudeversicherung,
- Renovierungskosten,
- Aufwendungen für die Ausstattung des Zimmers wie Tapeten, Teppiche, Fenstervorhänge, Gardinen und Lampen nicht jedoch Luxusgegenstände zur Ausschmückung des Gebäudes[291].

Nicht unter diese Regelung fallen allerdings Arbeitsmittel wie ein PC[292].

Da der PC von den Anschaffungskosten über den Werten der Regelungen des § 6 Abs. 2 und 2a EStG liegt und weil er eine betriebsgewöhnliche Nutzungsdauer von drei Jahren hat, wie sich aus Tz. 6.14.3.2 der momentan gültigen amtlichen AfA-Tabelle[293] ergibt, muss er über seine Nutzungsdauer hinweg abgeschrieben werden. Da der Computer hier unstreitig ausschließlich beruflich genutzt wird, ist keine Aufteilung in einen beruflich und privat genutz-

---

289 FG Düsseldorf, Urt. v. 5.9.2012 – 15 K 682/12 F – NWB 2012, S. 3154. Im Fall eines nebenberuflich tätigen Rechtsanwalts bzw. eines Rechtsanwalts, der neben der Tätigkeit als angestellter Rechtsanwalt ein Arbeitszimmer geltend macht, wurde ein Mittelpunkt der beruflichen Tätigkeit im Arbeitszimmer verneint, wobei aber auf den Einzelfall abzustellen sein wird (BFH/NV 2010, S. 2038; FG Saarland, Urt. v. 12.5.2005 – 1 K 4/05 – Haufe-Index 1366910; FG Düsseldorf, EFG 2006, S. 1501; FG Nürnberg, EFG 2005, S. 1845; FG Düsseldorf, Urt. v. 12.6.2008 – 11 K 3441/06 E/AO – Haufe-Index 2094348).
290 BFH/NV 2005, S. 1541. Der BFH interpretiert insofern in dem Begriff „anderer Arbeitsplatz" das Kriterium der Erforderlichkeit des Arbeitszimmers hinein – vgl. BFH/NV 2013, S. 198.
291 BMF, BStBl I 2011, S. 195, Rn. 6ff.
292 Geserich, NWB 2011, S. 1247, 1248.
293 BMF, BStBl I 2000, S. 1532; BFH, BStBl II 2011, S. 696 – auch die Rechtsprechung verwendet diese Tabelle.

ten Anteil nötig[294]. Für den Beginn der AfA ist der Zeitpunkt der Bezahlung unerheblich, sondern es ist auf den Zeitpunkt der Lieferung abzustellen. Denn ein Wirtschaftsgut ist zum Zeitpunkt seiner Lieferung i.S.v. § 9a EStDV angeschafft[295]. Da der Computer vom Verkäufer montiert werden musste, ist nach auf den Zeitpunkt der Beendigung der Montage als Lieferzeitpunkt für den Beginn der AfA abzustellen[296]. Auch wenn die Anschaffung somit am 18.1.2012 erfolgte ist, wie sich aus § 7 Abs. 1 S. 4 EStG ergibt, der Januar 2012 voll zu berücksichtigen, so dass als AfA 500 €[297] im Jahr 2012 zu berücksichtigen sind.

10   Kosten für den Grabstein

Fraglich ist, ob es sich hier um außergewöhnliche Belastungen i.S.v. § 33 EStG handelt. Vom Grundsatz her können auch die Bestattungskosten bei Tod eines nahen Angehörigen inklusive der Kosten für ein Grabmal außergewöhnliche Belastungen sein[298] – die Kosten müssen dabei unmittelbar mit der Bestattung zusammenhängen[299]. Hier ist aber zu bedenken, dass die Kosten des Grabmals aus der Erbschaft beglichen wurden. Somit fehlt es schon an einer wirtschaftlichen Belastung und § 33 EStG greift nicht[300]. Mithin kann A die Kosten für den Grabstein nicht steuerlich geltend machen.

---

294 BFH, BStBl II 2004, S. 958.
295 R 7.4 (1) EStR.
296 R 7.4 (1) S. 3 EStR.
297 Die gezogene Vorsteuer gehört auch bei den Gewinneinkunftsarten entsprechende § 9 b EStG nicht zu den Anschaffungskosten und geht demzufolge nicht in die AfA-Bemessungsgrundlage ein – vgl. Weber-Grellet, in Schmidt, EStG Komm. 31. Aufl. § 9 b, Rn. 2.
298 Sittliche Zwangsläufigkeit bzw. rechtliche Zwangsläufigkeit i.S.v. § 33 Abs. 2 EStG unter Beachtung von § 1968 BGB wäre gegeben. Eine Zwangsläufigkeit aus sittlichen Gründen besteht nur, wenn die sittliche Verpflichtung so unabdingbar ist, dass sie einer Rechtspflicht gleichkommt – BFH, NJW 2010, S. 3054; Görke in Frotscher, EStG Komm., Losebl., § 33, Rn. 50 und 51.
299 H 33.1–33.4 – Bestattungskosten – EStH
300 Görke in Frotscher, EStG Komm., Losebl., § 33, Rn. 50; BFH, BStBl II 1994, S. 754; BFH/NV 1996, S. 807; Hessisches FG, Urt. v. 13.12.2005 – 3 K 3562/03 – Haufe-Index 1501422; FG München, Urt. v. 14.11.2006 – 6 K 1878/05 – Haufe-Index 1741202

C   Ermittlung des Gesamtbetrags der Einkünfte

Einkünfte aus selbständiger Arbeit gemäß § 18 Abs. 1 Nr. 1   EStG:

Betriebseinnahmen:

unstrittig	500.000 €
Dividenden	1.800 € (§ 3 Nr. 40 lit. d EStG).
Summe:	501.800 €

Betriebsausgaben:

unstrittig	100.000 €
Dividenden betreffend	60 € (§ 3c Abs. 2 EStG)
AfA PC	500 €
Summe:	100.560 €

Überschuss:	401.240 €
Kapitaleinkünfte (§ 20 Abs. 1 Nr. 7 EStG)	0 €
Summe der Einkünfte:	401.240 €
Sonderausgaben	5.000 €
Entlastungsbetrag nach § 24b EStG	0 € (nicht gegeben)
Gesamtbetrag der Einkünfte:	**396.240 €**

4. KLAUSUR

Klausur aus der Einkommensteuer und der Abgabenordnung

**Apothekereinkünfte als gewerbliche Einkünfte, künstlerische Tätigkeit, Zusammen-
veranlagung, Buchführungspflicht, Nichtabziehbarkeit von Bestechungsgeldern,
Bildungsaufwendungen, Pendlerpauschale, Dienstreisekosten, Verlustvortrag, Verluste
und Werbungskosten bei Kapitaleinkünften, ortsübliche Miete i.S.v. § 21 Abs. 2 EStG,
Erhaltungsaufwand und nachträgliche Herstellungskosten, Betriebsprüfung, Steuergeheimnis, Kontrollmitteilung, Auskunftsverweigerungsrecht.**

I   Sachverhalt

1. Adalbert Alchimist (in folgendem A) ist selbständiger Apotheker. Er ist 62 Jahre alt und
    möchte sich mit 65 Jahren zur Ruhe setzen. Seine kleine Apotheke befindet sich in Mün-
    chen im Erdgeschoss eines mehrstöckigen Hauses. In den Stockwerken über seiner Apo-
    theke sind neben der Wohnung des A, in der er mit seiner Ehefrau Ilonka (in Folgendem
    I) zusammen seit 1.1.2012, dem Tag ihrer Eheschließung nach deutschem Recht, wohnt,
    mehrere Arztpraxen untergebracht. A hatte sich um diesen Termin der Eheschließung bei
    einem befreundeten Standesbeamten stark gemacht. Seine Apotheke erfordert nach Art
    und Weise keinen in kaufmännischer Weise eingerichteten Betrieb. Auch ist A mit seiner
    Apotheke nicht ins Handelsregister eingetragen. A hat seit Jahren das Alleinvertriebs-
    recht für ein pflanzliches Heilmittel, das er selbst auf Rezept ansetzt. Mit den Ärzten im
    Haus, die alle Kassenzulassung haben, hat er ein Prämiensystem vereinbart. Danach sol-
    len diese 15 % des Verkaufspreises von diesem Heilmittel als Prämie von A erhalten,
    wenn sie dieses ihren Patienten verschreiben. Im Jahr 2012 hat er Aufwendungen von
    2.000 € für diese Prämien gehabt. A zweifelt, ob diese Aufwendungen steuerlich abzugs-
    fähig sind.
    Ansonsten macht sein Gewinn 25.000 € bei einem Umsatz von 50.000 € im Jahr 2012
    und 2011 sowie 2010 aus. A ermittelt seinen Gewinn nach § 4 Abs. 3 EStG ist sich aber
    zunehmend unsicher, ob dies zulässig ist.
    As Ehefrau I, mit der er gerne im Jahr 2012 zusammen zur Einkommensteuer veranlagt
    werden möchte, ist polnische Staatsangehörige.

2. Da I kaum über deutsche Sprachkenntnisse verfügt, nimmt sie im Jahr 2012 an einem
    von der Volkshochschule organisierten Sprachkurs mit dem Arbeitstitel „Deutsch für den
    Alltag" teil. Hintergrund ist, dass sie sich gerne mit ihrem deutschen Umfeld im Alltag,

etwa beim Einkaufen oder beim Treffen mit Freunden und nicht zuletzt mit A, besser verständigen möchte. Hierfür entstehen den Eheleuten Aufwendungen im Jahr 2012 von 1.200 €.

I ging weder in Polen noch in Deutschland einer Arbeit nach. Vielmehr begann sie in Polen direkt nach dem Abitur eine Ausbildung zur Restauratorin. Das Studium hatte sie aber in Polen noch nicht abgeschlossen gehabt. A stellt sich aber auf den Standpunkt, dass der Deutschkurs für die Berufstätigkeit in Deutschland gerade die Basis bilde, so dass diese Kosten als Werbungskosten bzw. Betriebsausgaben zum Abzug zugelassen werden müssten.

An der deutschen Universität M schloss I sodann ihr Studium im Jahr 2011 ab. Die Veranstaltungen wurden dabei für ausländische Studenten auch in Englisch angeboten, was I beherrscht, so dass für die Beendigung des Studiums ihre mangelnden Deutschkenntnisse nicht hinderlich waren.

3. Ab Januar 2013 arbeitet I dann als selbständige Restauratorin. Dabei restauriert sie schwerbeschädigte Kunstwerke – vorwiegend Plastiken – die sie im Stil der jeweiligen Zeit eigenschöpferisch zu ergänzen hat. Ihre betrieblichen Einnahmen betragen hierbei im Jahr 2013 30.000 €. Für ihre Tätigkeit ist die Beherrschung der deutschen Sprache unerheblich, da sie allein in ihrer Werkstatt arbeitet.

4. I möchte wissen, ob sie die Aufwendungen für das Studium in Deutschland, die sie im Jahr 2011 wie folgt beziffert, mit ihren Einkünften im Jahr 2012 in Verrechnung bringen kann:

Studiengebühren	500 €
Kosten für die Fahrt Wohnung zur Universität mit öffentlichen Verkehrsmitteln	400 €
Verpflegungskosten (Verpflegungsmehraufwand fiel nicht an)	10.400 €
AfA PC (nachweislich nur für Ausbildung genutzt)	500 €
Kosten für Repetitorium Kunstgeschichte	200 €
Kunsthistorische Fachliteratur	240 €
Summe:	**12.240 €**

Hinsichtlich der Fahrten, die I von ihrer Wohnung zur Universität M zurücklegte, verhielt es sich so, dass sie an insgesamt 95 Tagen im Jahr 2011 die Universität aufsuchte und die Entfernung zwischen Wohnung und der Universität 12 km betrug. Mit der Entrichtung der Semestergebühren war nicht der Bezug eines Semestertickets abgedeckt.

5. Im Anschluss an ihren Abschluss als Restauratorin promoviert I im Jahr 2012 während ihrer beruflichen Tätigkeit in Kunstgeschichte, um sich bessere berufliche Perspektiven zu eröffnen. Ihr entstehen dadurch Druckkosten für ihre Promotion in Höhe von 2.000 € und Literaturaufwendungen in Höhe von weiteren 1.000 €.

6. Am 1. August 2012 verstarb As Vater Heinrich (in Folgendem H). Erben sind zu jeweils gleichen Teilen A und sein Bruder Benno (in folgendem B). Das Erbe besteht aus 50.000 Stück Index-Zertifikaten der X Bank und einigen persönlichen Dingen des H ohne Wert. Bei den Index-Zertifikaten handelt es sich um Gläubigerpapiere, die sich hinsichtlich ihres Wertes streng an 20 namhaften DAX-Unternehmen anlehnen.

Im September 2012 teilen A und B die Index-Zertifikate zu gleichen Teilen unter sich auf, nachdem sie sich vorher über die Verteilung der persönlichen Gegenstände des H einig wurden. Sie bestimmen diese Aufteilung mit Rückwirkung auf den Todeszeitpunkt des H.

H hatte die Index-Zertifikate am 1.7.2010 zum Kurs von 10 € pro Stück gezeichnet. Erwerbsaufwendungen entstanden ihm hierbei nicht. Zum Todeszeitpunkt hatten sie einen Wert von 11 € pro Stück. Da sie jedoch sodann auf 9 € pro Stück zurückfielen und ein weiterer Wertverlust zu besorgen war, verkaufte A sie am 5. Dezember 2012 zu diesem Wert. Dabei entstanden A aber Verkaufsspesen von 1.100 €.

Gleichzeitig hat A bei der X Bank, die den Verkauf der Index-Zertifikate für ihn abwickelte, ein Sparbuch. Aufgrund dieses Sparbuchs erzielte A im Jahr 2012 Zinsen in Höhe von 27.702 €. Er stellt sich für A die Frage, ob das Kreditinstitut diese ohne Abzug von Steuern ihm gut schreibt. A hatte zusammen mit I einen Freistellungsauftrag gemäß § 44a EStG in Höhe von 1.602 € bei diesem Kreditinstitut gestellt. Andere Kapitalerträge haben A und I im Jahr 2012 nicht erzielt. Auch wurden keine weiteren Freistellungsaufträge von ihnen erteilt.

7. A legt sehr viel Wert auf einen persönlichen Kontakt zu seinen Kunden in der Apotheke. Da er insofern schwerkranken Kunden immer wieder Zuspruch gibt, entschließt er sich, ein Studium der katholischen Theologie aufzunehmen, um für sich selbst das in seinem Beruf Erlebte besser verarbeiten zu können und einen Sinn des eigenen Seins zu finden. Insofern empfindet er es nunmehr als Defizit, dass er als Schüler dem Religionsunterricht regelmäßig fern geblieben war und stellt sich in seinem Alter zunehmend die Frage, nach dem Jenseits. Die Studiengebühren im Jahr 2012 betragen dabei 300 €, die A gerne als betriebliche Ausgaben bei seiner Apotheke absetzen will.

8. Etwas außerhalb von München gelegen besitzt A ein kleines Wohnhaus, erworben im Jahr 2008, das er an den Bruder von I im Jahr 2012 für 900 € monatliche Miete inklusive umlagefähiger Nebenkosten vermietet. Die ortsübliche Miete für solch ein Objekt liegt in dieser Gemeinde bei 1.300 € inklusive umlagefähiger Nebenkosten. Ansonsten entspricht der Mietvertrag jedoch den üblichen Bedingungen und ist ordnungsgemäß abgeschlossen worden.

    Im Jahr 2012 lässt A, kurz bevor sein Schwager einzieht, das Dach des Wohnhauses erneuern. Ihm entstehen hierfür Kosten in Höhe von 20.000 €. Zusätzlicher Wohnraum wird durch diese Maßnahme nicht geschaffen.

9. Bei A meldet sich die für ihn zuständige Betriebsprüfung an, um in zwei Monaten seine Einkünfte aus der Apotheke in As Geschäftsräumen zu kontrollieren. Da A befürchtet, sein Provisionssystem könnte publik und er mit einem Strafverfahren überzogen werden, möchte er gerne gegen die Prüfungsanordnung vorgehen. Außerdem ist der Betriebsprüfer, wie er von Bekannten gehört hat, sehr genau und A befürchtet, dass er die Prüfung auch noch weiter in die Vergangenheit ausweitet, als die angeordneten drei Jahre (2009 bis 2011). Auch befürchtet A, dass die Ärzte zukünftig nicht mehr an dem Prämiensystem teilnehmen, wenn sie irgendwie deswegen durch die Finanzverwaltung behelligt würden. A ist der Meinung, dass solch ein Eingriff in seinen Geschäftsbetrieb einer eingehenden Begründung bedürfe. Verärgert ist A, dass sein Konkurrent, der Apotheker Clemens Clever (in folgendem C) noch nie einer Betriebsprüfung unterzogen wurde, obgleich C wesentlich mehr Umsatz als A mache.

Was kann A unternehmen, wenn er mit Feststellungen des Betriebsprüfers, die dieser im Betriebsprüfungsbericht getroffen hat, nicht einverstanden ist? Gehen Sie davon aus, dass formell die Prüfungsanordnung ansonsten ordnungsgemäß ist.

Bearbeiterhinweis

Gehen Sie dabei davon aus, dass I im gesamten Jahr 2011 ihren Wohnsitz in Deutschland hatte.

Es sind alle Fragen der Einkommensteuer und der Abgabenordnung betreffend die Person von A und I gutachterlich zu erörtern. Dabei sind die Einkünfte des A und der I nicht zahlenmäßig zu bestimmen. Auf die Behandlung von Alterseinkünften ist nicht einzugehen. Lassen Sie bitte § 37b EStG außen vor.

Ebenso ist auf Fragen der Schenkung- bzw. Erbschaftsteuer, des Bewertungsgesetzes und Umsatzsteuergesetzes nicht einzugehen. Auch sind Fragen des Strafrechts nur soweit zu erörtern, als sie einkommmensteuerliche Relevanz besitzen.

Eine veranlagende Betriebsprüfung ist im Fall nicht gegeben.

II   Vorüberlegungen

Gerade in der juristischen Staatsprüfung in Bayern wurde in den letzten Jahren gerne das Problem der Verpflichtung zur Buchführung abgeprüft. Dabei tauchten im Sachverhalt Formulierungen, wie hier im Fall auf: *„Seine Apotheke erfordert nach Art und Weise keinen in kaufmännischer Weise eingerichteten Betrieb".* Hier sollte der Prüfling sofort hellhörig werden, da insofern der Sachverhalt sich eindeutig an der gesetzlichen Formulierung des § 1 Abs. 2 HGB ausrichtet. Zudem wird die Eigenschaft als Kannkaufmann gemäß § 2 Abs. 1 HGB ausdrücklich laut Sachverhaltsformulierung ausgeschlossen. Angesichts dieser klaren Sachverhaltsgestaltung wäre es verfehlt, zur Kaufmanneigenschaft des A größere Ausführungen zu machen.

Bei der Tätigkeit des A als Apotheker geht es letztlich um die Abgrenzung der Einkünfte gemäß § 18 gegenüber solchen gemäß § 15 EStG. Es wäre verfehlt in Anbetracht der sonst eindeutig vorliegenden Voraussetzungen des § 15 Abs. 2 EStG, bei Verneinung von freiberuflichen Einkünften die Tatbestandsmerkmale der gewerblichen Tätigkeit noch eingehend durchzuprüfen.

Da die Aufgabenstellung sich klar auf A und I von der Person der Steuerpflichtigen her beschränkt, hat der Prüfling keine Ausführungen etwa zu den Ärzten zu machen.

Eine zahlenmäßige Gewinnermittlung ist nicht vorzunehmen, so dass es sich anbietet, den Fall Nummer für Nummer des Sachverhalts abzuarbeiten, wobei aber immer klar dargestellt werden muss, bei welcher Einkunftsart die Betriebsausgaben bzw. Werbungskosten angefallen sind, um den Veranlassungszusammenhang zu belegen. Insofern empfiehlt es sich im Hinblick auf I, die Bestimmung der Einkunftsart hinsichtlich ihrer Tätigkeit als Restauratorin vor die Prüfung des Deutschkurses zu ziehen, also etwas von der Abfolge der Sachverhaltsschilderung abzuweichen.

Die Nr. 9 des Sachverhalts enthält den Schwerpunkt in der Abgabenordnung. Da hier die Frage nach der Rechtslage gestellt ist, ist eine umfangreiche Auseinandersetzung mit den im Sachverhalt aufgeworfenen Fragen erforderlich.

III Lösung

1 Einkunftsart des A als Apotheker, Gewinnermittlungsmethode, Prämiensystem, Ehegattenveranlagung

1.1 Einkunftsart

Bei der Tätigkeit eines Apothekers handelt es sich mangels ausdrücklicher Aufzählung in § 18 Abs. 1 Nr. 1 EStG um keinen Katalogberuf. Auch ist keine dort angesprochen Tätigkeiten gegeben – künstlerisch, erzieherisch, wissenschaftlich[301] etc.

Es liegt auch keine Tätigkeit vor, die einem Katalogberuf ähnlich wäre, wobei Vergleichbarkeit in Ausbildung und beruflicher Tätigkeit mit einem Katalogberuf gegeben sein muss.

Hinweis: Was die Ausbildung anbelangt, so muss ein Autodidakt durch Wissensprüfung nachweisen, dass er sich das notwendige Fachwissen angeeignet hat[302].

Nach z.T. vertretener Meinung soll, sofern der Katalogberuf erlaubnispflichtig ist, nur eine ebenfalls erlaubnispflichtige Tätigkeit als „ähnlicher Beruf" anzusehen sein[303]. Die Einordnung der Tätigkeit ist dabei oftmals individuell auf die konkrete Ausübung des Berufs bezogen bzw. davon abhängig, welche konkrete Tätigkeit vom Steuerpflichtigen selbst ausgeübt wird. Die Vergleichbarkeit muss bei ähnlichen Berufen sich auf einen Katalogberuf beziehen und nicht auf eine Gruppe. D.h. es kann kein „Mixtyp" (sog. Gruppenähnlichkeit) gebildet werden[304]. Der Apothekerberuf ist dem Arztberuf (Katalogberuf) nicht vergleichbar, da hier kaufmännische Tätigkeit in Form der Veräußerung von Medikamenten in den Vordergrund tritt[305]. Damit scheidet eine freiberufliche Tätigkeit des A gemäß § 18 Abs. 1 Nr. 1 EStG aus.

---

301 Es ist eine eigene wissenschaftliche Leistung erforderlich. Der Begriff ist rein steuerlich definiert. Er setzt eine hochstehende, besonders qualifizierte Arbeit voraus, die dazu geeignet ist, schwierige Streit- und Grenzfälle nach streng objektiven und sachlichen Gesichtspunkten zu lösen. Der Begriff ist in besonderem Maße mit Disziplinen verbunden, welche an Hochschulen gelehrt werden. Kenntnisse, die sich der Steuerpflichtige lediglich aufgrund praktischer Erfahrungen angeeignet hat, reichen in der Regel nicht als Grundlage für eine wissenschaftliche Tätigkeit aus. Wissenschaftlich tätig ist nicht nur, wer schöpferische und forschende Tätigkeit ausübt (reine Wissenschaft), sondern auch derjenige, der aus der Forschung hervorgegangene Erkenntnisse auf konkrete Vorgänge anwendet (angewandte Wissenschaft). Eine wissenschaftliche Tätigkeit wird jedoch verneint, wenn sie in einer stärker praxisorientierten Beratung besteht, wie dies regelmäßig bei Rechtsanwälten, Wirtschaftsprüfern oder Ärzten der Fall ist. Dies wird aus der Systematik des § 18 Abs. 1 S. 2 EStG hergeleitet, der letztere Tätigkeiten eigens als Katalogberufe benennt – BFH, BStBl II 2009, S. 238 wissenschaftliche Tätigkeit verneinend im Falle eines Promotionsberaters.

302 BFH, BStBl II 2002, S. 768; BFH, BStBl II 2003, S. 27; BFH/NV 2006, S. 505; BFH/NV 2006, S. 1647; BFH/NV 2007, S. 1495.

303 Kratzsch, NWB, F. 3, S. 13193, 13197; FG Köln, EFG 2006, S. 511.

304 BFH/NV 2005, S. 1289.

305 BFH/NV 1998, S. 706; BFH/NV 2006, S. 2130; Wacker in Schmidt, EStG Komm., 31. Aufl. 2012, § 15, Rn. 150 – Apotheker und § 18, Rn. 155 – Apotheker.

Da § 18 EStG lex specialis gegenüber § 15 EStG ist, liegt bei A mithin eine gewerbliche Tätigkeit vor.

1.2   Gewinnermittlungsmethode

Bei § 15 EStG handelt es sich um eine Gewinneinkunftsart i.S.v. § 2 Abs. 2 Nr. 1 EStG. Es stellt sich nun die Frage, ob A der derivativen Buchführungspflicht nach § 238 HGB i.V.m. 140 AO unterliegt. Dies scheitert aber daran, dass A wie sich aus § 1 Abs. 2 bzw. § 2 Abs. 1 HGB ergibt, kein Kaufmann ist[306]. Zudem ergibt sich, dass A als Einzelgewerbetreibender wegen der Höhe seiner Umsätze bzw. Gewinne der letzten Jahre nach §§ 241a, 242 Abs. 4 HGB von der handelsrechtlichen Buchführungspflicht entbunden ist, so dass auch deswegen § 140 AO nicht greift[307]. Die originäre Buchführungspflicht greift wegen der Nichtüberschreitung der dort bestimmten Umsatz- bzw. Gewinngrenzen auch nicht, wobei nach § 141 Abs. 2 AO die Buchführungspflicht davon abhängt, dass A auf ihren Beginn vorher vom Finanzamt hingewiesen wurde[308]. Damit kann A seinen Gewinn weiterhin gemäß § 4 Abs. 3 EStG ermitteln und es gilt für ihn das Zufluss- bzw. Abflussprinzip des § 11 EStG.

1.3   Nichtabziehbarkeit von Bestechungsgeldern

Fraglich könnte sein, ob der Geltendmachung als Betriebsausgaben § 4 Abs. 4 S. 1 Nr. 10 EStG entgegensteht. Voraussetzung für dieses Abzugsverbot ist, das eine rechtwidrige Bestechungstat vorliegt, wobei es unerheblich ist, ob insofern Verschulden gegeben ist bzw. ein erforderlicher Strafantrag gestellt wurde. D.h. die abstrakte Strafbarkeit muss insofern gegeben sein[309]. Ein Kassenarzt ist jedoch kein Amtsträger i.S.v. § 11 Abs. 1 Nr. 2c StGB, daher liegt in der Gewährung der Prämien an die Kassenärzte kein Bestechungsdelikt nach §§ 333, 334 StGB vor. Auch liegt keine Bestechung im geschäftlichen Verkehr nach § 299 Abs. 2 StGB vor, da der Kassenarzt kein Beauftragter der Krankenkassen ist[310]. Somit scheidet ein Abzugsverbot gemäß § 4 Abs. 5 S. 1 Nr. 10 EStG aus.

Es könnte aber sein, dass hier das Abzugsverbot des § 4 Abs. 5 S. Nr. 1 EStG greift. Dies würde voraussetzen, dass es sich bei den Prämien um Geschenke handelt. Der Begriff des Geschenks erfordert aber, dass die Zuwendung nicht als Gegenleistung für eine bestimmte Leistung der Ärzte zu sehen ist. Hier wird aber gerade die Verschreibungspraxis der Ärzte entsprechend honoriert, so dass das Abzugsverbot gemäß § 4 Abs. 4 S. 1 Nr. 1 EStG nicht greift[311].

Somit sind die 2.000 € im Jahr 2012 gemäß § 11 Abs. 2 EStG als Betriebsausgabe abziehbar.

---

306 Rätke in Klein, AO Komm., 11. Aufl. 2012, § 140, Rn. 4.
307 Rätke in Klein, AO Komm., 11. Aufl. 2012, § 140, Rn. 5.
308 Rätke in Klein, AO Komm., 11. Aufl. 2012, § 141, Rn. 15.
309 Heinicke in Schmidt, EStG Komm., 31. Aufl. 2012, § 4, Rn. 611.
310 GSSt BGH, PStR 2012, S. 215 mit Anmerk. Gehm.
311 Heinicke in Schmidt, EStG Komm., 31. Aufl. 2012,. § 4, Rn. 537; R 4.10 (4) EStR; H 4.10 (2-4) – Geschenk – EStH.

1.4   Zusammenveranlagung

Für die Zusammenveranlagung gemäß §§ 26, 26b EStG ist es unerheblich, dass I polnische Staatsangehörige ist. Denn die Zusammenveranlagung ist davon abhängig, dass einmal die unbeschränkte Steuerpflicht nach § 1 Abs. 1 oder 2 oder § 1a EStG vorliegt, sodann kein dauerndes Getrenntleben gegeben ist und eine zivilrechtsgültige Ehe vorliegt. Diese Voraussetzungen müssen zumindest zu einem Zeitpunkt im Veranlagungszeitraum gleichzeitig vorliegen. Dabei beurteilt sich auch bei Eheschließungen im Ausland bzw. mit Ausländern das Vorliegen einer Ehe danach, ob diese in Deutschland nach den zivilrechtlichen Bestimmungen anerkannt werden[312]. Da die Ehe nach deutschem Recht geschlossen wurde, ist dieses Erfordernis gegeben. Gegen die unbeschränkte Steuerpflicht der I i.S.v. § 1 Abs. 1 EStG im Jahr 2012 spricht auch der Umstand nicht, dass I keine deutsche Staatsangehörigkeit besitzt. Vielmehr ist allein ausschlaggebend, dass sie den Wohnsitz i.S.v. § 8 AO im Jahr 2012 in ihrer ehelichen Wohnung in Deutschland hat. Somit liegen 2012 die Voraussetzungen für die Zusammenveranlagung vor.

2   Is Tätigkeit als Restauratorin

Die Einordnung der Tätigkeit ist dabei oftmals individuell auf die konkrete Ausübung des Berufs bezogen, so ist nach Ansicht des BFH die Tätigkeit eines an einer Hochschule ausgebildeten Restaurators dann wissenschaftlich i.S.v. § 18 Abs. 1 Nr. 1 S. 2 EStG, soweit sie sich auf die Erstellung von Gutachten und Veröffentlichungen beschränkt. Die Tätigkeit ist künstlerisch i.S.v. § 18 Abs. 1 Nr. 1 S. 2 EStG, wenn sie ein Kunstwerk betrifft, dessen Beschädigung ein solches Ausmaß aufweist, dass seine Wiederherstellung eine eigenschöpferische Leistung des Restaurators erfordert[313]. Letzteres ist im Hinblick auf I´s konkrete Tätigkeit der Fall, so dass ihre Einkünfte als Restauratorin unter § 18 Abs. 1 Nr. 1 S. 2 EStG als künstlerische Tätigkeit fallen.

Hinweis: Eine künstlerische Tätigkeit liegt vor, wenn die Arbeiten nach ihrem Gesamtbild eigenschöpferisch sind und über eine hinreichende Beherrschung der Technik hinaus eine bestimmte künstlerische Gestaltungshöhe erreichen. D.h. über die bloße Wiedergabe der Wirklichkeit muss hinausgegangen werden. Dabei ist nicht jedes bzw. ein singuläres Einzelwerk zu würdigen, sondern die gesamte im Veranlagungszeitraum ausgeübte Tätigkeit zu beurteilen[314]. In der Praxis kann die Frage, ob eine künstlerische Tätigkeit vorliegt, im Regelfall nur von fachkundigen Personen beurteilt werden[315]. D.h. es muss hierzu ein Gutachten eingeholt werden, das im Regelfall von einer durch die OFD beauftragte Gutachterkom-

---

312 H 26 – Allgemeines – EStH.
313 BFH/NV 2005, S. 751 = NJW 2005, S. 1454; BFH/NV 2006, S. 2238; Frhr. v. Schönberg, NWB, F. 3, S. 13545.
314 H 15.6 – Künstlerische Tätigkeit – EStH; BFH/NV 1999, S. 465; FG München, EFG 2004, S. 333; FG Düsseldorf, EFG 2007, S. 197 in Bezug auf einen Gebrauchskünstler; BVerfGE 30, S. 173
315 BFH/NV 2006, S. 1955.

mission erstellt wird. Die Ansicht der Finanzbeamten, die insofern als Laien über keine ver-
tieften Kenntnisse verfügen, muss hinter dem Ergebnis der Gutachterkommission zurücktreten und wäre in einer finanzgerichtlichen Auseinandersetzung ohne jegliche Relevanz. Die
Finanzgerichte gehen aber davon aus, dass sie bei besonderer Sachkunde keines solchen
Gutachtens bedürfen[316].

3   Deutschkurs

Da I im Jahr 2012 nicht berufstätig ist, können ihr auch keine Aufwendungen erwachsen, die
mit einer solchen bereits ausgeübten Tätigkeit in einem Veranlassungszusammenhang stehen.
Jedoch ist es anerkannt, dass auch vorweggenommene Werbungskosten bzw. Betriebsausgaben steuerlich zu berücksichtigen sind, wenn sie im Hinblick auf eine ernstlich beabsichtigte
spätere berufliche Tätigkeit erwachsen. Den Steuerpflichtigen trifft hier eine entsprechende
Darlegungslast, wobei jedoch je nach Art der Aufwendungen bzw. des konkreten Lebens-
sachverhalts typisierend ein Veranlassungszusammenhang problemlos bejaht wird – z.B.
Kosten für Bewerbungsfotos[317].

Da jedoch für die Erwerbung von Deutschkenntnissen weniger die Schaffung der Grundlage
für eine Berufstätigkeit in Deutschland eine Rolle spielt, sondern private Gründe – I will sich
hierdurch die Kommunikation im Alltag ermöglicht, was sie auch aus dem Arbeitstitel der
Veranstaltung der Volkshochschule ergibt – greift das Aufteilungsverbot des § 12 Nr. 1 EStG,
so dass die gesamten Kosten für den Deutschkurs nicht als vorweggenommene Betriebsausgaben im Hinblick auf ihre Tätigkeit als Restauratorin (§ 18 Abs. 1 Nr. 1 EStG) absetzbar
sind[318]. M.E. gilt dies auch unter besonderer Berücksichtigung der neuen Rspr. des GrS des
BFH[319], da die zur Bestreitung des privaten Alltags notwendige Beherrschung der deutschen
Sprache jegliche berufliche Veranlassung in den Hintergrund treten lässt, bzw. keine Anknüpfungspunkte für eine schätzungsweise Aufteilung nach beruflicher und privater Veranlassung
ersichtlich sind (Kriterium der Abgrenzbarkeit[320] ist nicht erfüllt)[321]. Klargestellt sei aber,
dass allein mit dem Argument, dass es sich um Aufwendungen handle, die bei anderen
Steuerpflichtigen (herkömmlich) Privataufwendungen sind, nicht die berufliche Veranlassung
verneint werden kann[322]. Weiter spricht nicht allein der Umstand, dass bei Fortbildungsmaßnahmen die entsprechenden erworbenen Kenntnisse auch privat genutzt werden können,

---

316 FG Düsseldorf, EFG 2007, S. 197.
317 BFH, NJW 2012, S. 1615; BFH/NV 2009, S. 68 betraf Kosten bei einer zuvor selbst genutzten Wohnung als
     Werbungskosten bei Einkünften aus Vermietung und Verpachtung.
318 BFH, BStBl II 2007, S. 814 = NJW 2007, S. 2511; Beiser, DB 2007, S. 1720. Sofern entsprechende Fremd-
     sprachenkenntnisse aber berufsbedingt erforderlich sind, können Aufwendungen für einen Sprachkurs bzw.
     eine Sprachreise Werbungskosten sein – vgl. für den Fall einer Reise nach Mexiko eines Chefstewards zur Er-
     lernung der spanischen Sprache FG Rheinland-Pfalz, Urt. v. 23.9.2009 – 2 K 1025/08 – NWB 2009, S. 3700.
319 NJW 2010, S. 891.
320 Fischer, NWB 2010, S. 412. BMF, BStBl I 2010, S. 614, Rn. 4 sieht dies auch für allgemeine Schulausbildung
     so.
321 A.A. wohl Streck, NJW 2010, S. 896 aufgrund der neuen Rspr. des GrS des BFH.
322 BFH, Urt. v. 21.4.2010 – VI R 66/04 – NWB 2010, S. 1800 mit Anmerk. Kanzler

gegen eine berufliche Veranlassung[323]. Im Fall braucht aber I bei ihrer späteren beruflichen Tätigkeit keine Deutschkenntnisse, so dass das auslösende Moment im privaten Bereich liegt.

Durch die Zusammenveranlagung wird die Einheit des Einkommens der Eheleute bewirkt, so dass auch unabhängig von eigenen Einkünften der I ein Sonderausgabenabzug bzw. Abzug von außergewöhnlichen Belastungen möglich wäre[324]. Dies gilt für die Ausbildungskosten i.S.v. § 10 Abs. 1 Nr. 7 EStG jedoch wegen der Regelung des § 10 Abs. 1 Nr. 7 S. 2 EStG auch außerhalb der Zusammenveranlagung, wenn allein die Voraussetzungen des § 26 Abs. 1 S. 1 EStG vorliegen[325].

Ein Abzug als Sonderausgabe nach § 10 Abs. 1 Nr. 7 EStG scheitert allerdings daran, dass hier eine nachhaltige berufsmäßige Ausübung der erlernten Fähigkeiten zur Erzielung von Einkünften angestrebt werden müsste. Der Deutschkurs fällt jedoch bei I unter Allgemeinbildung und erfüllt diese Voraussetzungen mithin nicht[326].

Da die Teilnahme am Kurs auf freier Willensentschließung beruht, liegt auch keine außergewöhnliche Belastung i.S.v. § 33 EStG mangels Zwangsläufigkeit vor[327].

Hinweis: In diesem Zusammenhang sei darauf hingewiesen, dass wenn man vorweggenommene Betriebsausgaben bejahen würde nicht gleichzeitig noch Sonderausgaben bzw. außergewöhnliche Belastungen vorliegen können, wie sich für die außergewöhnlichen Belastungen aus § 33 Abs. 2 S. 2 EStG und für die Sonderausgaben aus § 10 Abs. 1 S. 1 EStG ergibt.

Aufwendungen für den nicht dauernd getrennt lebenden und unbeschränkt steuerpflichtigen Ehegatten, die in Erfüllung der gesetzlichen Unterhaltspflicht gemacht werden, fallen nicht unter § 10 Abs. 1 Nr. 1 EStG bzw. § 33 a Abs. 1 EStG, denn § 33 a Abs. 1 EStG wird als allgemeine Vorschrift über den Abzug von Unterhaltsleistungen zwischen nicht dauernd getrennt lebenden, unbeschränkt steuerpflichtigen Ehegatten durch die Sondervorschriften über die Ehegattenbesteuerung (§§ 26 bis 26 b, 32 a Abs. 5 EStG) verdrängt. Insofern kann auch nicht A unter Beachtung von § 12 Nr. 2 EStG die Aufwendung für den Deutschkurs als Unterhaltsleistung steuermindernd geltend machen[328].

---

323 BFH, Urt. v. 21.4.2010 – VI R 5/07 – NWB 2010, S. 1800 – für den Fall einer Reise einer Englisch- und Religionslehrerin nach Dublin/Irland.
324 Seeger in Schmidt, EStG Komm., 31. Aufl. 2012, § 26b, Rn. 9; Frotscher, EStG Komm., § 26b, Rn. 18. Vgl. aber wegen des Vorwegabzugs gemäß § 10 Abs. 3 Nr. 2 EStG BFH, BStBl II 2010, S. 533.
325 Lindberg in Frotscher, EStG Komm., Losebl. § 10, Rn. 144.
326 BFH, BStBl II 2007, S. 814; Heinicke in Schmidt, EStG Komm., 31. Aufl. 2012, § 10, Rn. 140 – Sprachkurse; Klörgmann, Einkommen- und Lohnsteuer-ABC 2012 für Arbeitnehmer, 2012, Sprachunterricht.
327 Loschelder in Schmidt, EStG Komm., 31. Aufl. 2012, § 33, Rn. 35 – Ausbildung.
328 BFH/NV 2008, S. 792.

4   Kosten des Studiums als Restauratorin von I

Fraglich ist, ob Is Studienkosten als Betriebsausgaben im Zusammenhang mit den Einkünften gemäß § 18 Abs. 1 Nr. 1 EStG zu sehen sind. Dem könnte das Abzugsverbot des § 4 Abs.
9 respektive und § 9 Abs. 6 EStG sowie die Regelung des § 12 Nr. 5 EStG entgegenstehen,
die eine Zuordnung zu den Lebensführungskosten vornimmt.

Hinweis: Diese Regelungen wurden allerdings in ihrer jetzigen Fassung durch das Beitrei-
bungsrichtlinie-Umsetzungsgesetz v. 7.12.2011 (BGBl I 2011, S. 2592) ins EStG aufgenommen. Die Änderungen gelten gemäß § 52 Abs. 12 S. 11, Abs. 23d S. 5 und Abs. 24 S. 5 sowie
Abs. 30a EStG rückwirkend ab 2004, wohingegen die Erhöhung des Sonderausgabenabzugs
erst ab 2012 gilt[329]. Es lässt sich hier die Frage stellen, ob dies hinsichtlich der den Steuerpflichtigen belastenden Teile der Reform eine verbotene Rückwirkung ist[330]. Zu bedenken ist
aber, dass das Gesetzgebungsverfahren in dem Jahr angelaufen und abgeschlossen war, in
dem I die Kosten entstanden sind, mithin vor Entstehung des Einkommensteueranspruchs
gemäß § 38 Abs. 1 AO i.V.m. §§ 36 Abs. 1, 25 Abs. 1 EStG[331]. Andererseits ist zu erwägen,
dass   nach   der   Auslegung   der   Gesetzesfassung   vor   dem   Beitreibungsrichtlinie-
Umsetzungsgesetz durch den BFH Kosten für ein Studium, das direkt nach dem Abitur aufgenommen wurde, als vorweggenommene Werbungskosten bzw. Betriebsausgaben anzusehen waren[332]. Dieser Rechtsprechung ist der Gesetzgeber mit der Neuregelung gerade entgegengetreten[333]. Jedoch ist diese Rechtsprechung – die Entscheidung erging am 28.7.2011 –
eine Abkehr von der h.M.[334] und nie derart gefestigt gewesen, dass die I hierauf sich hätte
einstellen bzw. daraus einen Vertrauenstatbestand hätte herleiten können, so dass für sie auch
im Jahr 2011 die gesetzliche Neuregelung gilt.

I hat ihr Studium als Restauratorin direkt nach ihrer Schulausbildung aufgenommen, ohne
zuvor eine andere Berufsausbildung absolviert zu haben. Insofern vermittelt das Studium ihr
eine Erstausbildung, die auch nicht im Rahmen eines Dienstverhältnisses stattfindet, so dass
gemäß § 12 Nr. 5 EStG der Abzug als vorweggenommene Betriebsausgaben bzw. Werbungskosten ausgeschlossen ist.

Jedoch wird das Abzugsverbot des § 12 Nr. 5 EStG, wie sich aus dem Eingangssatz des § 12
EStG ergibt – *„soweit in § 10 Abssatz1 Nummern (...) 7 (...) nichts anderes bestimmt ist"*,
insofern durchbrochen, als der Sonderausgabenabzug gemäß § 10 Abs. 1 Nr. 7 EStG eröffnet
ist.

Da das Studium der I der Berufsausbildung dient, greift dem Grunde nach § 10 Abs. 1 Nr. 7
EStG.

---

329 Hörster, NWB 2011, S. 4208, 4211f.
330 Plewka/Pott, NJW 2012, S. 661, 662). Zu den entsprechend bereits diesbezüglich anhängigen Verfahren beim
     BFH sei auf Finanztest 8/2012, S. 61 verwiesen.
331 Hey, NJW 2007, S. 408; Hey in Tipke/Lang, Steuerrecht, 21. Aufl. 2013, § 3, Rn. 261ff; Fetzer/Arndt, Einfüh-
     rung in das Steuerrecht, 4. Aufl. 2012, S. 20f. Im konkreten Fall beschloss dies der Finanzausschuss des Bun-
     destags am 26.10.2011 – BT- Aktuelle Meldungen v. 26.10.2011.
332 BFH, NJW 2011, S. 2912.
333 Finanztest 12/2011, S. 45; Hey in Tipke/Lang, Steuerrecht, 21. Aufl. 2013, § 8, Rn. 263ff.
334 Schneider, Haufe-Index 2734504.

Folgende Kosten können als Sonderausgaben (§ 10 Abs. 1 Nr. 7 S. 1, 3 u. 4 EStG) – wobei öffentliche Zuschüsse auf die geltend gemachten Kosten anzurechnen sind – geltend gemacht werden, jedoch erfolgt bis 2011 eine Deckelung auf 4.000 € im Kalenderjahr[335]:

- Studiengebühren[336].
- Arbeitsmittel (z.B. PC, Literatur, etc.).
- Repetitoriumsgebühren.
- Fahrtkosten zwischen Wohnung und Universität, wobei die Beschränkung des § 9 Abs. 1 S. 3 Nr. 4 EStG bzw. § 4 Abs. 1 Nr. 6 S. 2 EStG (Pendlerpauschale) nach früherer Meinung greift – Verpflegungsmehraufwand gemäß § 4 Abs. 5 Nr. 5 bzw. § 9 Abs. 5 EStG war insofern auch ausgeschlossen[337]. Der BFH hat seine Rechtsprechung aber nunmehr geändert und gesteht eine Abrechnung wie bei Dienstreisen zu[338]. Begründet wird dies damit, dass die Beschränkung des (objektiven) Nettoprinzips durch die Pendlerpauschale nur gerechtfertigt sei, weil bei einer längerfristigen Arbeitsstätte sich der Steuerpflichtige durch Bildung von Fahrgemeinschaften oder einer Wohnsitznahme in der Nähe der Arbeitsstätte etc. auf eine Kostenminimierung einstellen könne. Bei einem Studium, das nur auf eine begrenzte Zeit angelegt ist, hat der Steuerpflichtige regelmäßig nicht diese Möglichkeiten. Auch bei Fernstudium können die Kosten für Reisen zur Fernuniversität unbeschränkt als Dienstreisekosten geltend gemacht werden mit Verpflegungsmehraufwand – selbiges gilt generell für Exkursionen/Praktika[339] oder Fahrten zum Repetitorium oder Lerngruppen. Entsprechendes gilt m.E. über den Verweis in § 10 Abs. 1 Nr. 7 S. 4 EStG bei Sonderausgaben. Nun verhält es sich im Fall so, dass bei Anwendung der Entfernungspauschale die I grundsätzlich nur Kosten in Höhe von 342 € (95 x 12 km x 0,30 €/km) absetzen könnte. Jedoch ist zu beachten, dass I öffentliche Verkehrsmittel benutzte, so dass für sie gemäß § 9 Abs. 2. S. 2 bzw. § 4 Abs. 5 Nr. 6 S. 2 EStG die höheren

---

335 Krüger in Schmidt, EStG Komm., 31. Aufl. 2012, § 19, Rn. 60 – Ausbildungskosten c); Heinnicke in Schmidt, § 10, Rn. 131 ff. Lindberg in Frotscher, EStG Komm., Losebl., § 10, Rn. 145ff; BMF BStBl I 2010, S. 721, Rn. 29. Entsprechendes gilt für (vorweggenommene) Werbungskosten (resp. Betriebsausgaben).

336 Diese stellen keine Mischaufwendungen dar, auch wenn damit ein Semesterticket verbunden ist, sondern sind grundsätzlich voll abziehbar, denn das „auslösende Moment" ist der Ausbildung geschuldet. Insofern scheidet auch die Abgeltungswirkung des § 9 Abs. 2 S. 1 EStG – Entfernungspauschale – aus, weil die Gebührenentrichtung „auf einem anderen Veranlassungszusammenhang beruht". Auch sind die Pauschbeträge für die Fahrt zwischen Wohnung und Ausbildungsstätte nicht gemäß § 9 Abs. 1 S. 3 Nr. 4 S. 5 i.V.m. § 8 Abs. 3 EStG, da hier kein Sachbezug im Semesterticket gegeben ist, zu mindern – vgl. BFH, BStBl II 2012, S. 338.

337 Das Hessische FG – Az. 1 K 1313/05 – urteilte am 28.9.2005 (= EFG 2006, S. 101), dass ein Angestellter, der nach der Arbeit mit dem Auto zur Weiterbildung fährt, nur die ersten drei Monate den Hin- und Rückweg mit 30 Cent pro km steuerlich geltend machen kann, danach zählt lediglich die einfache Strecke gemäß § 9 Abs. 1 S. 3 Nr. 4 EStG mit 30 Cent, weil nach diesem Zeitraum keine Dienstreise mehr vorläge, sondern die Weiterbildungsstätte wie eine neue regelmäßige Arbeitsstätte anzusehen sei. Diesbezüglich war ein Verfahren beim BFH anhängig – Az. VI R 66/05 – Finanztest 2006/4, S. 41. Der BFH sah dies anders – BFH, BStBl II 2008, S. 825. Eine Ausbildungsstätte wird teilweise als regelmäßige Arbeits- bzw. Betriebsstätte angesehen – vgl. FG Niedersachsen, Urt. v. 4.1.2012 – 4 K 211/11 – NWB 2012, S. 355. Auch dies sieht der BFH nunmehr anders – vgl. BFH/NV 2012, S. 856.

338 NJW 2012, S. 1615 sowie BFH/PR 2012, S. 179, BFH, NJW 2013, S. 718; Geserich, NWB 2012, S. 1226. Zum Verpflegungsmehraufwand bei Auslandssemester vgl. FG Köln, Urt. v. 20.6.2012 – 4 K 4118/09 – NWB 2012, S. 2748. Dies gilt auch bei Vollzeitschulungen innerhalb eines Dienstverhältnisses. Die Bildungseinrichtung wird nicht zur regelmäßigen Arbeitsstätte – vgl. BFH/NV 2012, S. 856, der Fall betraf einen Zeitsoldaten, der zu einer berufsfördernden Maßnahme entsandt wurde. Hinsichtlich der Neuregelung des steuerlichen Reisekostenrechts ab 1.1.2014 ändert sich dies aufgrund § 9 Abs. 4 S. 7 i.V.m. § 10 Abs. 1 Nr. 7, S. 4 EStG – vgl. Harder - Buschner/Schramm, NWB 2013, S. 28.

339 Gemäß BFH/NV 2007, S. 1291 können bezüglich der alten Rechtslage auch Aufwendungen für studienbegleitende Praktika bei einer erstmaligen Berufsausbildung vorab entstandene Werbungskosten sein.

Aufwendungen für die Benutzung dieser Verkehrsmittel gelten. Insofern ist es auch vor Änderung der Rechtsprechung des BFH in diesem Fall so, dass I 400 € geltend machen kann.

- Kosten der doppelten Haushaltsführung nach den allgemeinen Grundsätzen gemäß § 9 Abs. 1 S. 3 Nr. 5 EStG. Jedoch hat der Steuerpflichtige ggf. seinen Lebensmittelpunkt an den Studienort verlegt (vgl. BFH, NJW 2013, S. 718).

Nicht können jedoch gemäß § 12 Nr. 1 EStG die allgemeinen Lebenshaltungskosten geltend gemacht werden. I kann also nicht ins Feld führen, während ihres gesamten Studiums eine gewisse Summe für ihren Unterhalt verbraucht zu haben.

Damit kann I nur 1.840 € (500 € Studiengebühr + 400 € Fahrtkosten + 500 € AfA[340] PC + 200 € Repetitorium + 240 € Literatur) als Sonderausgaben geltend machen.

Wie sich aus § 10d Abs. 1 S. 1 EStG bzw. § 10d Abs. 4 S. 2 EStG ergibt, bezieht sich die Verlustfeststellung auf den Gesamtbetrag der Einkünfte. Aus § 2 Abs. 3 S. 1 i.V.m. § 2 Abs. 2 EStG geht hervor, dass beim Gesamtbetrag der Einkünfte die Sonderausgaben wie § 10 Abs. 1 Nr. 7 EStG noch nicht abgezogen sind. Mithin kann nach § 10 d Abs. 4 EStG nicht der Sonderausgabenabzug gemäß § 10 Abs. 1 Nr. 7 EStG gesondert festgestellt und auf andere Veranlagungsjahre übertragen werden[341]. Insofern wird § 10d EStG auch als verfassungskonform erachtet[342].

Damit sind für I die Ausbildungskosten, die im Jahr 2011 angefallen sind, letztlich einkommensteuerlich ohne Relevanz.

5   Promotionskosten der I

Promotionskosten sind generell als (vorweggenommene) Werbungskosten bzw. Betriebsausgaben anerkennungsfähig[343]. Allerdings kann eine Promotion auch hobbymäßig betrieben werden und somit nicht im Zusammenhang mit der Einkunftserzielungsabsicht stehen[344].

Ein hinreichender Veranlassungszusammenhang mit der beruflichen Tätigkeit der I als Restauratorin ist hier allerdings gegeben, so dass die Kosten für die Promotion voll als Betriebsausgaben abziehbar sind bei den Einkünften gemäß § 18 Abs. 1 Nr. 1 EStG.

---

340 Die Vorschriften der AfA gelten auch im Hinblick auf Sonderausgaben gemäß § 10 Abs. 1 Nr. 7 EStG nicht jedoch bei außergewöhnlichen Belastungen – vgl. Kulosa in Schmidt, EStG Komm., 31. Aufl. 2012, § 7, Rn. 4.
341 Plewka/Pott, NJW 2012, S. 661, 662; Lindberg in Frotscher, EStG Komm., Losebl., § 10d, Rn. 38; zum Verhältnis von Verlustfeststellungs- und Einkommensteuerbescheid als Folgebescheid siehe auch BFH/NV 2004, S. 774.
342 BFH/NV 2010, S. 1270.
343 BFH/NV 2004, S. 404 = BStBl II 2004, S. 891; BFH/NV 2004, S. 928; BMF, BStBl I 2010, S. 721, Rn. 26; Greite, Abziehbarkeit von Promotionskosten als Werbungskosten, NWB v. 01.06.2004 – F. 6, S. 4495; Hey in Tipke/Lang, Steuerrecht, 21. Aufl. 2013, § 8, Rn. 266.
344 BFH/NV 2004, S. 1406 – insbesondere die Kosten für einem im Ausland gekauften Doktortitel, um soziales Prestige zu gewinnen, gehört zu den Kosten der privaten Lebensführung nach § 12 Nr. 1 EStG.

Hinweis: § 3 c Abs. 1 HS. 1 EStG würde einer Abziehbarkeit auch nicht entgegenstehen, wenn I später nur im Ausland berufstätig würde (BFH, BStBl II 2012, S. 553).

6   Index-Zertifikat

Zum Erbzeitpunkt entfallen auf A Index-Zertifikate zum Wert von 275.000 €. Dass ihm die Papiere rückwirkend auf den Zeitpunkt des Erbfalls zugeordnet wurden, ist steuerlich anzuerkennen, da die Erbengemeinschaft eine Zufallsgemeinschaft ist, die auf Auseinandersetzung angelegt ist[345].

Index-Zertifikate sind Inhaberschuldverschreibungen mit der Verpflichtung des Emittenten, bei Fälligkeit einen bestimmten Geldbetrag an den Inhaber des Papiers zu zahlen. Dabei sind die Papiere an den Kurswert der gemäß Sachverhalt bezeichneten börsengelisteten Unternehmen gebunden[346]. Die Problematik, dass nach alter Rechtlage vor der Unternehmenssteuerreform 2008 nur die Gewinne steuerbar waren als Kapitalerträge, die sich aufgrund einer garantierten Rückzahlungsverpflichtung ergaben, ist nunmehr gegenstandslos[347].

Bei der Veräußerung dieser Papiere handelt es sich damit nach der neuen Rechtslage aufgrund der Unternehmensteuerreform 2008 um Kapitaleinkünfte gemäß § 20 Abs. 2 Nr. 7 EStG[348]. Der Gewinn berechnet sich hierbei nach § 20 Abs. 4 EStG.

A sind gemäß § 20 Abs. 4 S. 6 EStG entsprechend die Anschaffungskosten des Erblassers anzurechnen[349].

Damit ergibt sich folgende Berechnung:

Anschaffungskosten am 1.7.2010	250.000 €
Verkaufserlös am 5.12.2012	225.000 €
Verlust	25.000 €

Hinsichtlich der Kapitaleinkünfte des § 20 Abs. 2 EStG gilt grundsätzlich für Ehegatten, die die Voraussetzung der Zusammenveranlagung gemäß §§ 26, 26b EStG wie A und I erfüllen der Sparer-Pauschbetrag nach § 20 Abs. 9 EStG in Höhe von 1.602 €.

Es wird aber von der h.M. vertreten, dass spezifische Transaktionskosten nicht § 20 Abs. 9 EStG unterfallen. Dies sind solche Aufwendungen, die im unmittelbaren Zusammenhang mit der Veräußerung stehen[350]. Insofern wären die 1.100 € noch gewinnmindernd im Zuge des § 20 Abs. 4 S. 1 EStG zu berücksichtigen[351].

---

345   BMF, BStBl I 2006, S. 253, Rn. 8.
346   Gabler Wirtschaftslexikon, 17. Aufl. 2010, S. 1464
347   Vgl. zur alten Rechtslage BFH, BStBl II 2008, S. 563; BMF, BStBl I 2008, S. 715.
348   FG Köln, EFG 2012, S. 49; Weber-Grellet in Schmidt, EStG Komm., 31. Aufl. 2012, § 20, Rn. 144; Korn in Korn/Carlé/Stahl/Strahl, EStG Komm., Losebl., Änderungen des EStG durch Steueränderungsgesetze 2008/2009, Rn. 92; Harenberg in Herrmann/Heuer/Raupach, EStG und KStG Komm., Losebl., § 20 EStG, Rn. J 07-18; BMF, BStBl I 2010, S. 1305, Rn. 57.
349   Harmacher Korn/Carlé/Stahl/Strahl, EStG Komm., Losebl., § 20, Rn. 52; BFH, BStBl II 1988, S. 942.
350   Harenberg in Herrmann/Heuer/Raupach, EStG und KStG Komm., Losebl., § 20 EStG, Rn. 562; Dillberger/Fest, Einkommensteuer und Abgabenordnung, 2009 S. 66. Wohl auch BMF, BStBl I 2010, S. 1305, Rn. 93

Somit ergibt sich aus § 20 Abs. 4 S. 1 EStG ein Verlust von 26.100 €.

Bei den Verlusten aus Kapitalvermögen gilt die Verlustverrechnungsbegrenzungsvorschrift des § 20 Abs. 6 S. 2 EStG. Der entsprechende Freistellungsauftrag wird erst nach dieser Verlustverrechnung von der Bank berücksichtigt – § 43a Abs. 3 S. 2 EStG[352]. Das Verbot der Verrechnung von Verlusten aus Wertpapierverkäufen mit Zinsen gemäß § 20 Abs. 6 S. 5 EStG gilt nur bei Aktien (d.h. bei Einkünften gemäß § 20 Abs. 2 S. 1 Nr. 1 S. 1 EStG)[353].

Damit kann der Sparer-Pauschbetrag auch unter Berücksichtigung von § 20 Abs. 9 S. 4 EStG hinsichtlich der Sparbuchzinsen von A in voller Höhe Anwendung finden, so dass die Bank keine Abgeltungsteuer einbehalten wird. Denn den Kapitaleinkünften die Sparbuchzinsen betreffend machen nach Abzug des Sparer-Pauschbetrag 26.100 € aus, so dass eine Verrechnung mit dem Verlust aus der Veräußerung der Index-Zertifikate per Saldo 0 € ergibt.

Mithin wird die Bank dem A die gesamten Sparbuchzinsen in Höhe von 27.702 € gutschreiben.

7   As Aufwendungen für das Theologiestudium

Fraglich ist, ob die Kosten des Theologiestudiums mit dem momentan ausgeübten Beruf des A als Apotheker im Zusammenhang stehen und damit bei den Einkünften gemäß § 15 Abs. 1 Nr. 1 EStG als Betriebsausgaben abgezogen werden können, bzw. einem Berufswechsel dienen sollen.

Das FG Rheinland-Pfalz hat mit Urt. v. 20.6.2012 – 3 K 1240/10 – entschieden, dass ein Arzt keine Kosten für ein Theologiestudium geltend machen könne, weil ein Zusammenhang mit seiner ärztlichen Tätigkeit nicht ersichtlich sei[354]. Entsprechend lässt sich auch bei A kein hinreichender Veranlassungszusammenhang mit seiner derzeitigen beruflichen Tätigkeit erkennen, denn er erstrebt nicht etwa die theologische Ausbildung, um seine Kundenpflege zu intensivieren, sondern um für sich selbst eine Sinnfindung zu erlangen. Dabei sei aber klargestellt, dass die Aufwendungen nicht notwendig oder erforderlich sein müssen für die derzeitige berufliche Tätigkeit – ein Steuerpflichtiger kann frei entscheiden, welche Aufwendungen er zur Erzielung von Einnahmen machen will[355], sie müssen jedoch in einem hinreichenden Kontext zur Berufstätigkeit stehen, der hier fehlt.

---

bzw. BMF, BStBl I 2012, S. 953, Rn 119 b. Depot- und Vermögensverwaltungsgebühren sind hingegen nicht als Werbungskosten abziehbar bzw. unterfallen dem Sparer-Pauschbetrag – vgl. auch Klörgmann, Ratgeber zur Einkommensteuer 2012, Rn. 374.

351   Kreft, Einkommensteuerrecht, 11. Aufl. 2009, Rn. 326.
352   BMF, BStBl I 2010, S. 94, Rn. 230.
353   Weber-Grellet in Schmidt, EStG Komm., 31. Aufl. 2012, § 20, Rn. 207.
354   NWB 2012, S. 2899.
355   BFH/NV 2004, S. 174.

Da A bereits nach seiner allgemeinbildenden Schulausbildung ein Studium als Pharmazeut absolviert hat, stehen dem Abzug der Kosten des Zweitstudiums als vorweggenommene Betriebsausgaben bzw. Werbungskosten das Abzugsverbot des § 12 Nr. 5 EStG nicht entgegen. Jedoch ist wiederum nicht ersichtlich, wie A in seinem Alter noch nach Abschluss des Studiums mit dem hierdurch erworbenen Wissen sich eine Einkunftsquelle verschaffen will. Auch deshalb ist hier kein Veranlassungszusammenhang mit einer zukünftigen beruflichen Tätigkeit gegeben[356].

Auch für den Sonderausgabenabzug nach § 10 Abs. 1 Nr. 7 EStG ist es erforderlich, dass die Ausbildung dazu führen soll, dass der Steuerpflichtige später eine gesicherte Lebensstellung erwirbt, mithin sich die entsprechenden Kenntnisse für seine Beruf aneignet[357]. Bei A stehen aber rein private Erwägungen im Vordergrund, er selbst möchte für sich einen Sinn finden durch die theologische Ausbildung und damit die Bildungslücken schließen, die er aufgrund seines diesbezüglichen Desinteresses als Schüler aufweist, so dass nicht abziehbare Aufwendungen für die Allgemeinbildung vorliegen[358]. Zudem ist auch im Hinblick auf den Sonderausgabenabzug wiederum zu bedenken, dass A allein wegen seines Alters auch kaum mit dem Studieninhalt sich später eine berufliche Existenz wird aufbauen können. Insofern liegt hier eine einkommensteuerlich irrelevante Liebhaberei vor, so dass A die Kosten weder als Betriebsausgaben, noch als vorweggenommene Betriebsausgaben bzw. Werbungskosten und auch nicht als Sonderausgaben geltend machen kann[359].

8   Vermietung des Wohnhauses

Bei der Vermietung des Wohnhauses handelt es sich um Einkünfte aus Vermietung und Verpachtung gemäß § 21 Abs. 1 Nr. 1 EStG.

Grundsätzlich gilt für eine auf Dauer angelegte Vermietung von Wohnraum, dass die Überschusserzielungsabsicht vermutet wird[360]. Bei Ferienwohnungen, die auch eigen genutzt werden, sieht dies anders aus[361]. Hier handelt es sich aber um ein normales Wohnhaus, so dass die Vermutung der Überschusserzielung gilt.

Eine Besonderheit besteht aber bei verbilligter Wohnraumüberlassung gemäß § 21 Abs. 2 EStG. Hier wird die Überschusserzielungsabsicht nur unterstellt, wenn das Entgelt (inklusive umlagefähiger Nebenkosten) mindestens 66 % der entsprechenden ortsüblichen Miete (inklusive umlagefähiger Nebenkosten) beträgt[362].

---

356 BFH/NV 2005, S. 1056 ließ es unbeanstandet, dass die Kosten für ein philosophisches Studium eines 78 Jahre alten Steuerpflichtigen vom FG im Zuge der Tatsachenwürdigung der privaten Lebensführung mangels Feststellbarkeit eines Zusammenhangs mit künftigen steuerbaren Einnahmen zugeordnet wurden.
357 Heinicke in Schmidt, EStG Komm., 31. Aufl. 2012, § 10, Rn. 120; BFH/NV 2005, S. 1056.
358 Heinicke in Schmidt, EStG Komm., 31. Aufl. 2012, § 10, Rn. 123.
359 Gehm, SteuerStud 2008, S. 359, 368.
360 Kulosa in Schmidt, EStG Komm., 31. Aufl. 2012, § 21, Rn. 11f.
361 Kulosa in Schmidt, EStG Komm., 31. Aufl. 2012, § 21, Rn. 20f.
362 Kulosa in Schmidt, EStG Komm., 31. Aufl. 2012, § 21, Rn. 23, 122. Diese Regelung gilt ab 2012 – vgl. Hörster, NWB 2011, S. 3350, 3354; Hilbertz, NWB 2011, S. 4002.

Mit § 21 Abs. 2 EStG ist eine Sonderregelung gegenüber der sonstigen steuerlichen Würdigung von Vertragsverhältnissen zwischen nahen Angehörigen gegeben[363].

Was die Rechtsfolge anbelangt, so wird bei Unterschreitung der Grenze von 66 % nicht etwa das Vertragsverhältnis generell als steuerlich irrelevant behandelt, sondern es werden nur die Werbungskosten entsprechend dem Verhältnis der gezahlten zur ortsüblichen Miete gekürzt und die Einnahmen voll erfasst[364].

Da sich im Fall aber ein Verhältnis von über 69 % ergibt, kann A grundsätzlich seine gesamten Werbungskosten geltend machen.

Hinweis: Sofern A nicht zur Umsatzsteuerpflicht gemäß § 9 Abs. 1 UStG optiert, ist der Umsatz aus seiner Vermietungstätigkeit nach § 4 Nr. 12 lit. a UStG umsatzsteuerbefreit. Damit kann er auch nach § 15 Abs. 2 Nr. 1 UStG keine Vorsteuer ziehen. Insofern wären ggf. die Umsatzsteuer in die AfA-Bemessungsgrundlage gemäß § 9b EStG mit einzubeziehen.

Bei der Dacherneuerung wird kein zusätzlicher Wohnraum geschaffen und somit keine Erweiterung bzw. Standardhebung erreicht bei dem Wohnobjekt. Insofern liegen sofort abziehbare Erhaltungsaufwendungen und nicht nachträgliche Herstellungs- respektive Anschaffungskosten[365] i.S.v. § 255 Abs. 2 S. 1 HGB, die nur die AfA-Bemessungsgrundlage erhöhen würden, vor[366].

§ 35a EStG bezieht sich – wie sich aus dem Gesetzeswortlaut ergibt – nur auf Aufwendung, sofern sie keine Werbungskosten sind, was hier aber hinsichtlich der Handwerkerrechnung der Fall ist. § 6 Abs. 1 Nr. 1a EStG greift nicht, da die Aufwendung außerhalb eines Zeitraums von drei Jahren nach Anschaffung erfolgte.

Fraglich ist, ob eine Verteilung des Erhaltungsaufwandes gemäß § 82b ESDV über zwei bis fünf Jahre möglich. Da das Mietobjekt für „Wohnzwecke" genutzt wird, ist dies möglich[367].

---

363 Kulosa in Schmidt, EStG Komm., 31. Aufl. 2012, § 21, Rn. 122; BFH, BStBl II 1999, S. 826 – § 21 Abs. 2 EStG ist insofern eine vorgehende typisierende Regelung für den Fremdvergleich; FG Thüringen, Urt. v. 3.2.2000 – II 326/98 – Haufe-Index 1285379.
364 Kulosa in Schmidt, EStG Komm., 31. Aufl. 2012, § 21, Rn. 121 und 123.
365 Anschaffungskosten gemäß § 255 Abs. 1 HGB sind diejenigen Aufwendungen, die geleistet werden, um einen Vermögensgegenstand zu erwerben und in einen betriebsbereiten Zustand zu versetzen – vgl. BFH/NV 2011, S. 215 Vgl. auch BFH, Urt. v. 7.12.2010 – IX R 14/10 – NWB 2011, S. 2354 bei Gebäudeteilen in unterschiedlichem Nutzungs- und Funktionszusammenhang.
366 FG München, Urt. v. 10.7.2012 – 13 K 3810/09 – NWB 2012, S. 3290; BMF, BStBl I 2003, S. 386, insbesondere Rn. 20 f., 23; BFH/NV 2010, S. 37; BFH, BStBl II 1985, S. 394; BFH, BStBl II 2004, S. 780; BFH, BStBl II 1992, S. 73; Gehm, JA 2009, S. 723, 727f.
367 Ramb/Schneider, Steuerrecht in Übungsfällen/Klausurentraining, 10. Aufl. 2011, S. 129. Die gilt aber nicht für Ferienwohnungen, die an kurzfristige Mieter überlassen werden – BFH, BStBl II 2002, S. 145; BFH/NV 2001, S. 429.

9 Betriebsprüfung

Grundsätzlich ist nach § 193 Abs. 1 AO beim A als Gewerbetreibender die Außenprüfung zulässig[368]. Zwar ist A als Apotheker Berufsgeheimnisträger i.S.v. § 102 Abs. 1 Nr. 3 c AO, aber es besteht über § 30 AO – dem Steuergeheimnis – mit der Strafbewehrung des § 355 StGB ein hinreichender Schutz für A und seine Kunden, so dass auch A die Außenprüfung zu dulden hat[369]. Für A ergibt sich aus § 200 Abs. 1 AO die Verpflichtung im Zuge der Betriebsprüfung dem Betriebsprüfer seine steuerlichen Aufzeichnungen bzw. für die Besteuerung relevanten Unterlagen vorzulegen. Ggf. kann sich aber aus § 104 Abs. 1 AO ergeben, dass die Finanzverwaltung Unterlagen nur in neutralisierter Form verlangen kann, vorgelegt zu bekommen[370].

Die Außenprüfung ist nach §§ 196f. AO i.V.m. § 5 BpO auch ihrem Umfang nach im Regelfall 4 bis 2 Wochen vorher schriftlich mittels Prüfungsanordnung anzukündigen. Hiergegen kann mittels Einspruchs vorgegangen werden, da es sich bei der Prüfungsanordnung um einen Verwaltungsakt handelt, der die Duldung der Außenprüfung anordnet[371]. Eine rechtswidrige Prüfungsanordnung kann ggf. ein Verwertungsverbot hinsichtlich der durch die Prüfung gewonnenen Erkenntnisse nach sich ziehen[372]. Dabei ist die Festlegung des Prüfungsbeginns ein neben der Prüfungsanordnung stehender eigener mit Einspruch anfechtbarer Verwaltungsakt[373]. Im Fall ist die Vorankündigung terminlich ordnungsgemäß platziert. Gleiches gilt, wenn ein bestimmter Ort für die Prüfung festgelegt wird[374]. Grundsätzlich findet die Außenprüfung nach § 200 Abs. 2 und 3 AO wie hier in den Geschäftsräumen des Steuerpflichtigen statt, so dass auch insofern die Prüfungsanordnung rechtens ist. Auch ist die Auswahlpraxis der Finanzverwaltung bei der Außenprüfung nach § 193 Abs. 1 AO, d.h. bei welchem Steuerpflichtigen diese stattfindet, nicht zu beanstanden[375]. Ebenso verstößt die Prüfungspraxis der deutschen Finanzbehörden nicht gegen Unionsrecht[376]. Ausnahmsweise kann die Prüfungsanordnung aber unter Schikanegesichtspunkten ermessensfehlerhaft sein[377]. Im Fall sind hierfür aber keine Anhaltspunkte ersichtlich. In der Regel umfasst die Außenprüfung einen Zeitraum von drei Jahren (§ 4 Abs. 3 S. 1 BpO), aber auch vier Jahre werden oftmals angeordnet, Letzteres ist bei Großbetrieben im Regelfall ermessensge-

368 Durch das Steuerhinterziehungsbekämpfungsgesetz v. 29.7.2009 (BGBl I 2009, S. 2302) ist die Berechtigung zur Außenprüfung auf gewisse vermögende Steuerpflichtige ausgeweitet worden sowie auf die Fälle, in denen der Steuerpflichtige seiner Verpflichtung nach § 90 Abs. 2 S. 3 AO nicht nachkommt – vgl. Baum, NWB 2010, S. 332; Geuenich, NWB 2010, S. 2300.
369 BFH/NV 1997, S. 274; BFH, BStBl II 2004, S. 502; BStBl II 2009, S. 579 = NJW 2008, S. 2366 mit Anmerk. Bilsdorfer; Göpfert, DB 2006, S. 581; FG Düsseldorf, EFG 2006, S. 1216; Hentschel, NJW 2009, S. 810; Viskorf, DB 2005, S. 1929.
370 BFH, BStBl II 2010, S. 455. A.A. wohl Rüsken in Klein, AO Komm., 11. Aufl. 2012, § 194, Rn. 30 der Steuerpflichtige sei kein Dritter bei der Außenprüfung i.S.d. § 102 AO.
371 Rüsken, in Klein, AO Komm., 11. Aufl. 2012, § 196, Rn. 1, 55ff.
372 BFH, BStBl II 1988, S. 183; BFH, BStBl II 1991, S. 825.
373 BFH, BStBl II 2008, S. 7; Rüsken, in Klein, AO Komm., 11. Aufl. 2012, § 196, Rn. 37
374 Rüsken, in Klein, AO Komm., 11. Aufl. 2012, § 196, Rn. 36.
375 BFH/NV 2005, S. 1005.
376 BFH/NV 2005, S. 1216.
377 BFH, NJW 2012, S. 1166; hierzu Heß, NWB 2012, S. 3316.

recht[378]. Da bei A der Prüfungszeitraum drei Jahre beträgt, ist von einer routinemäßigen Prüfung auszugehen. Regelmäßig hat die Finanzverwaltung die Prüfungsanordnung nicht näher zu begründen, d.h. eine solche nähere Begründung ist gemäß § 121 AO nur in Ausnahmefällen erforderlich[379]. Auch bei Kleinunternehmern ist eine Prüfung ohne nähere Begründung zulässig[380]. Grundsätzlich kann eine Prüfung auch für solche Jahre angesetzt werden, in denen die reguläre Festsetzungsverjährung abgelaufen ist, weil nicht auszuschließen ist, dass aufgrund einer Steuerordnungswidrigkeit bzw. Steuerstraftat eine längere Frist gilt[381]. Gegen die Bestimmung eines bestimmten Betriebsprüfers in der Prüfungsanordnung kann sich der Steuerpflichtige nicht zur Wehr setzen[382]. Wobei zu beachten ist, dass nach § 199 AO der Prüfer die tatsächlichen und rechtlichen Gesichtspunkten zugunsten wie zuungunsten des A zu würdigen hat. Eine Prüfungsanordnung kann hinsichtlich des Zeitraums, der überprüft werden soll, auch nachträglich erweitert werden[383]. Insofern hat ein Vorgehen gegen die Prüfungsanordnung selbst keine Aussicht auf Erfolg.

Werden bei der Außenprüfung Sachverhalte bekannt, die auch für die Besteuerung Dritter von Bedeutung sind, so können gemäß § 194 Abs. 3 AO an das für diese Person zuständige Finanzamt Kontrollmitteilungen versandt werden. Da es sich hierbei um keinen Verwaltungsakt handelt bzw. A auch kein anerkennungsfähiges Rechtsschutzinteresse hat, kann A sich auch hiergegen nicht mit einem Rechtsmittel erfolgreich zur Wehr setzen[384]. Denn grundsätzlich sind Kontrollmitteilungen zulässig, um das Besteuerungsverfahren sicherzustellen[385]. Anders ist dies allerdings, wenn ohne stichhaltigen Anlass Kontrollmitteilungen geschrieben werden[386]. Für letzteres sind jedoch keine Anhaltspunkte gegeben, da gerade solche Provisionen an Ärzte wie im Fall in der Praxis wegen der Furcht vor strafrechtlichen Konsequenzen gerne der Finanzverwaltung verschwiegen werden, so dass A die Kontrollmitteilungen hinnehmen müsste. Jedoch soll eine Verpflichtung der Finanzverwaltung bestehen, den Berufsgeheimnisträger, bei dem die Außenprüfung stattfindet, vor der Fertigung der Kontrollmitteilungen hiervon zu informieren[387]. Indes ist zu beachten, dass das Auskunftsverweigerungsrecht gemäß § 102 Abs. 1 Nr. 3 lit. c AO nur darauf bezieht, was dem A in seiner Eigenschaft als Apotheker anvertraut wurde. Die Zahlung der Prämien ist ein Sachverhalt, der dem A nicht von seinen Kunden anvertraut wurde, sondern den er außerhalb dieses engeren Tätigkeitsbereichs gerade selbst erzeugt hat[388].

Gemäß § 202 AO ergeht von der Betriebsprüfungsstelle ein Prüfungsbericht, diesen hat die Finanzbehörde auf Antrag vor seiner Auswertung durch den Innendienst (Veranlagungsteilbezirk) des Finanzamtes dem Steuerpflichtigen zur Stellungnahme zuzusenden. Der Innendienst ist an die Feststellungen im Prüfungsbericht nicht gebunden[389]. Insofern handelt es

---

378 BFH/NV 2006, S. 486. Zur Zulässigkeit einer Betriebsprüfung im Jahrestakt vgl. Baumann, NWB 2009, S. 3338.
379 BFH/NV 2005, S. 1966; BFH/NV 2005, S. 1967; BFH/NV 2010, S. 595; Ritzrow, StBp 2006, S. 69.
380 BFH/NV 2011, S. 1829.
381 BFH/NV 2007, S. 1624; BFH/NV 2010, S. 600.
382 BFH/NV 2009, S. 1080.
383 BFH, Urt. v. 21.6.2012 – IV R 42/11 – NWB 2012, S. 3438.
384 Rüsken in Klein, AO Komm., 11. Aufl. 2012, § 194, Rn. 33; BFH, BStBl 2009, S. 579.
385 Rüsken in Klein, AO Komm., 11. Aufl. 2012, § 194, Rn. 28a.
386 BFH/NV 1998, S. 424.
387 BFH, BStBl 2009, S. 579; Rätke in Klein, AO Komm., 11. Aufl. 2012, § 102, Rn. 19.
388 Zum Umfang des Auskunftsverweigerungsrechts vgl. Rätke in Klein, AO Komm., 11. Aufl. 2012, § 102, Rn. 20.
389 BFH/NV 2006, S. 1052.

sich um keinen Verwaltungsakt, da er keine Rechtswirkung nach außen entfaltet. Er kann somit nicht mittels Einspruchs oder auf sonstige Weise mit Rechtsbehelf von A angegriffen werden[390]. Soll zuungunsten des Steuerpflichtigen vom Prüfungsbericht abgewichen werden, ist er zuvor nach § 12 Abs. 2 BpO zu hören[391]. Nach § 201 AO findet am Schluss der Außenprüfung mit dem Steuerpflichtigen über die Prüfungsfeststellungen eine Schlussbesprechung statt. Auf deren Durchführung kann vom Steuerpflichtigen auch verzichtet werden. Allerdings nimmt sich A dann die Möglichkeit, noch im Vorfeld der Änderung seiner Steuerbescheide – gemäß § 173 AO bzw. gemäß § 164 AO bei Veranlagung unter dem Vorbehalt der Nachprüfung – seinen Standpunkt der Finanzverwaltung darzulegen.

Die Finanzverwaltung hat die Staatsanwaltschaft nach § 4 Abs. 5 Nr. 10 S. 3 EStG – Durchbrechung des Steuergeheimnisses gemäß § 30 Abs. 4 Nr. 2 AO – über Umstände, die dafür sprechen, dass ein Bestechungsdelikt vorliegt, zu unterrichten[392]. Die Finanzverwaltung ist hierbei ohne eigene Prüfung, ob eine Verurteilung in Betracht kommt, verpflichtet, diese entsprechenden Erkenntnisse an die Strafverfolgungsbehörden weiter zu leiten[393]. Die Staatsanwaltschaft kann das Bestechungsdelikt auch verfolgen, § 393 Abs. 2 AO steht dem nicht entgegen, weil hier die Offenbarung des Bestechungsdelikts nicht in Erfüllung steuerlicher Pflichten erfolgte, vielmehr hätten die Bestechungsgelder bei Erfüllung steuerlicher Pflichten erst gar nicht als Betriebsausgaben geltend gemacht werden dürfen[394]. Allerdings liegt nach der nunmehr eindeutigen Rechtsprechung des GSSt des BGH, wie unter 1.3. dargelegt, kein Bestechungsdelikt vor, so dass die Finanzverwaltung durch das gemäß § 355 StGB strafbewehrte Steuergeheimnis gehindert ist, solch eine Meldung vorzunehmen.

---

390 Rüsken in Klein, AO Komm., 11. Aufl. 2012, § 202, Rn. 2; Eine Feststellungsklage ist insofern auch nicht möglich – vgl. BFH/NV 2009, S. 1959.
391 Wenzig, Außenprüfung/Betriebsprüfung, 9. Aufl. 2004, S. 692, 702.
392 BMF, BStBl I 2002, S. 1031, Tz. 31 ff.
393 BFH, BStBl II 2008, S. 850; Schmidt/Leyh, NWB, F. 13, S. 1199.
394 BGH, NJW 2005, S. 2720.

5. KLAUSUR

Klausur aus der Einkommensteuer

Gewährleistungsrückstellung, Investitionsabzugbetrag, Spekulationsgewinn, Quellentheorie, außergewöhnliche Belastung und Gegenwerttheorie, Kirchensteuer als Mitgliedsteuer, Steuerbarkeit von Steuererstattungen und Erstattungszinsen, Schadensersatzleistungen, Repräsentationsaufwendungen, Parteispenden.

I   Sachverhalt

August Adler (in Folgendem A), unbeschränkt einkommensteuerpflichtig und unverheiratet, ist selbständiger Architekt. Zum Aufgabengebiet des A gehört die Planung und Ausführung von Bauwerken, nicht jedoch die schlüsselfertige Herstellung von Gebäuden. Dabei ist A auf gewerbliche Großprojekte spezialisiert. Den Gewinn ermittelt er gemäß § 4 Abs. 3 EStG. Im Jahr 2012 sind bei ihm folgende Vorgänge einkommensteuerlich zu beurteilen:

1. A bekam im Jahr 2012 den Auftrag, ein Großprojekt (Einkaufszentrum) zu planen und auszuführen, das im gleichen Jahr auch fertig gestellt wurde. Die Baukosten betrugen zehn Millionen €. Das Honorar hatte er hierfür im Jahr 2012 bereits erhalten. Aufgrund von aufgetretenen Baumängeln drohte der Bauherr den A, ihn noch im Jahr 2012 in Regress zu nehmen. A nahm deshalb eine Rückstellung für Gewährleistung gemäß § 249 HGB in Höhe von 1,5 % der Baukosten, mithin 150.000 € vor. Der Prozentsatz beruht auf Erfahrungswerten des A bei vergleichbaren Baumängeln. Zuvor hatte A mit Rechtsanwalt Sven Schlau (in Folgendem S), einem Experten für privates Baurecht, gesprochen, aufgrund dessen zutreffenden Gutachtens davon auszugehen ist, dass der Bauherr bei einer gerichtlichen Auseinandersetzung mit 90 % Wahrscheinlichkeit obsiegen würde. Den Betrag von 150.000 € zog A bei seiner Gewinnermittlung gemäß § 4 Abs. 3 EStG als Betriebsausgabe ab.

2. Im Jahr 2013 beabsichtigt A folgende Anschaffungen zu tätigen:
    -   Kauf einer neuen Planungssoftware für 17.000 €.
    -   Da er mit seinem Büro umziehen will, den Kauf einer komplett neuen Büroeinrichtung (Schreibtische, Stühle, Regale, Beleuchtungskörper, PC-Anlagen ohne Software) für 30.000 €.

    Er ist sich unsicher, ob er hierfür bereits im Jahr 2012, da er ja das Geld hierfür schon frühzeitig zurücklegen muss, eine Art Rücklage bilden kann. Im Februar 2013 schafft A die Gegenstände zu den benannten Preisen an. Sie werden ausschließlich zu betrieblichen Zwecken genutzt. Unterstellen Sie, dass der Gewinn des A am Schluss des Jahres 2012 auch ohne Berücksichtigung der geplanten Rücklage 100.000 € nicht überschreitet, wobei sich A aber bei der beabsichtigten „Rücklagenbildung" unsicher ist, ob er nicht sogar im Jahr 2012 einen Verlust erzielen wird. Weiterhin gehen Sie davon aus, dass A die geplanten Anschaffungen gegenüber dem Finanzamt ihrer Funktion nach benennt und die voraussichtlichen Anschaffungskosten angibt.

3.   A besitzt auch eine Eigentumswohnung, die er an Bruno Batzig (in Folgendem B) in der Vergangenheit zu Wohnzwecken vermietet hatte. Diese Wohnung hält er nicht im Betriebsvermögen seines Architektenunternehmens, sondern im Privatvermögen. Da es mit B, einem Rechtsanwalt mit Tätigkeitsschwerpunkt Mietrecht, in der Vergangenheit nur noch Streit gab, weil dieser jede Gelegenheit nutzte, wegen (vorgeblicher) Mängel der Mietsache den Mietzins zu mindern, will A die Wohnung an B verkaufen. Um Streit über den Wert dieser Wohnung aus dem Wege zu gehen, lässt er ein Wertgutachten von einem Sachverständigen erstellen. Hierfür entstehen ihm im Jahr 2012 Kosten in Höhe von 3.000 €. Der Verkauf scheitert allerdings, weil B das Gutachten anzweifelt, dann aber wegen Verlegung seiner Kanzlei in die 500 km entfernte Stadt M auch das Mietverhältnis mit A kündigt. Die Eigentumswohnung war als Neubau im Jahr 1995 errichtet und von A erworben worden. Sie war stets fremd vermietet.

4.   Da A selbst gehbehindert ist, lässt er in sein ihm gehörendes und von ihm genutztes Wohnhaus einen Treppenlift einbauen. Er will die ihm hierdurch im Jahr 2012 entstandenen Aufwendungen in Höhe von 20.000 € gerne steuerlich geltend machen. Ein ärztliches Gutachten zur Notwendigkeit dieser Maßnahme hat A nicht eingeholt.

5.   Trotz seiner schlechten Erfahrungen mit B beauftragt A den Bauunternehmer Wilhelm Windig (in folgendem W) mit der Errichtung eines weiteren Wohnhauses, das er gerne vermieten will. W verlangt einen Vorschuss von 20.000 €, bevor er tätig wird. Den Vorschuss zahlt A noch im Jahr 2012. Unmittelbar nach der Zahlung des Vorschusses beantragen Gläubiger des W die Eröffnung des Insolvenzverfahrens über das Vermögen des W, woraufhin W unauffindbar in der Südafrikanischen Union untertaucht. Der vorläufige Insolvenzverwalter kommt in seinem Gutachten zu dem zutreffenden Ergebnis, dass keine Masse vorhanden ist. Insofern kann A weder damit rechnen, dass sein Bauvorhaben durch den Insolvenzverwalter durchgeführt wird noch dass er sein Geld zurück erlangt. Er lässt das Bauvorhaben sodann von einem anderen Unternehmen durchführen. Von seinem Steuerberater Daniel Dämlich (in folgendem D) bekommt er die Auskunft, dass er bestenfalls das verlorene Geld als außergewöhnliche Belastung bei seiner Einkommensteuererklärung steuerlich geltend machen könne.

6.   Da sich A über seinen Gemeindepfarrer ärgert, erklärt er im Jahr 2012 gegenüber dem für den Kirchenaustritt zuständigen Standesbeamten, dass er mit sofortiger Wirkung aus seiner Kirche austreten wolle, er hätte sich das alles ganz anders vorgestellt. A war erst vor einigen Jahren der Kirche beigetreten. Der Beamte protokolliert die Austrittserklärung. Die Kirche mit der A gebrochen hat, erhob Kirchensteuer. Gegenüber Bekannten erklärt A, dass er zwar mit der Amtskirche gebrochen habe, sich aber weiterhin als religiöser Mensch fühle. D vertritt die Auffassung, dass A wegen dieser Äußerungen weiterhin Kirchensteuer zahlen müsse.

7.   Aufgrund einer Einkommensteuererstattung 2011 erhält A im Jahr 2012 auch Kirchensteuer erstattet. Die Erstattung übersteigt die Kirchensteuer, die A noch für 2012 zu entrichten hat und auch im Jahr 2012 aufgrund entsprechender Vorauszahlungen entrichtet.

8. Im Jahr 2012 erhält er auch eine Einkommensteuererstattung für das Jahr 2009 und Zinsen aufgrund dieser Erstattung. Da A 2009 noch keiner Kirche angehörte, erhält er jedoch keine Kirchensteuererstattung. Die Zinsen machen insgesamt 500 € aus.
9. D hat aufgrund Fehlberatung dem A bezüglich der Einkommensteuererklärung 2010 einen Steuerschaden in Höhe von 3.000 € verursacht. Im Jahr 2012 zahlt die Haftpflichtversicherung des D dem A diesen Schaden.
10. Zur Verschönerung seines Architekturbüros erwirbt A von privat im Jahr 2012 für 600 € eine historische Bauskizze aus dem 18. Jahrhundert des Mannheimer Schlosses, die sehr repräsentativ im Barockstil gehalten ist. A erhofft, durch eine gute Einrichtung seiner Geschäftsräume bei seinen Kunden einen gediegenen Eindruck zu hinterlassen, was seinem Umsatz zugute kommen soll. Seine durch betriebswirtschaftliche Prognosen gestützte Gewinnerwartung bewegt sich in den nächsten Jahren zwischen 200.000 und 300.000 € bei einem Umsatz von rund 1.000.000 € pro Jahr.
11. Da A sehr bemüht ist, in seiner neuen Gemeinde als Architekt bekannt zu werden, überreicht er bei einer Veranstaltung im Jahr 2012 an die politische Partei X einen Scheck über 2.000 €, worüber die Lokalpresse, wie von A erhofft, berichtet. Der Scheck wird seinem Konto auch im Jahr 2012 belastet.

Bearbeiterhinweis

Bitte gehen Sie auf alle den A betreffenden einkommensteuerlichen Fragestellungen gutachterlich ein.

Hinsichtlich der Spekulationsfrist für Immobilien ist nicht darauf einzugehen, inwiefern eine rückwirkende Verlängerung der Spekulationsfrist verfassungskonform ist.

Sofern Sie zu dem Ergebnis kommen, dass bei Punkt 5. AfA geltend gemacht werden kann, brauchen Sie nicht auf den konkreten AfA-Prozentsatz einzugehen.

Gehen Sie davon aus, dass der Parteispende keine Bestechung zu Grunde liegt. Bei der X-Partei handelt es sich um eine Partei i.S.v. § 2 PartG.

II Vorüberlegungen

Hier handelt es sich wiederum um eine Klausur, die Punkt für Punkt entsprechend dem dargestellten Sachverhalt durchgeprüft werden kann.

Da es auch um Fragen von Abgrenzung der Bilanzierung zur Gewinnermittlung gemäß § 4 Abs. 3 EStG geht, muss genau bestimmt werden, ob A tatsächliche Einkünfte aus selbständiger Tätigkeit gemäß § 18 Abs. 1 Nr. 1 EStG erzielt.

Jedoch ist bei jedem Punkt des Sachverhalts wiederum zu untersuchen, welche Einkunftsart angesprochen ist.

III Lösung

Es könnte sein, dass A als selbständiger Architekt einen Katalogberuf i.S.v. § 18 Abs. 1 Nr. 1 EStG ausübt und damit Einkünfte aus selbständiger Arbeit erzielt. Allein die Berufsbezeichnung ist jedoch nicht ausschlaggebend, sondern es ist auf die tatsächliche Tätigkeit abzustellen. Zu dieser Tätigkeit gehört bei einem Architekten das Planen und Projektieren bzw. die Überwachung der Herstellung von Bauwerken. Nicht zu dieser Tätigkeit zählt jedoch die Veräußerung von schlüsselfertigen Bauten[395]. Da der A jedoch ausschließlich mit der Planung und Ausführung von Bauwerken betraut ist, wird er als Architekt i.S.v. § 18 Aba. 1 Nr. 1 EStG tätig und erzielt deshalb Einkünfte aus selbständiger Arbeit.

Insofern ist A kein Kaufmann gemäß § 1 HGB, so dass für ihn die derivative Buchführungspflicht gemäß § 140 AO i.V.m. §§ 238ff HGB nicht gilt. Weil er auch weder gewerbliche noch Einkünfte aus Land- und Forstwirtschaft erzielt, greift auch die originäre Buchführungspflicht gemäß § 141 AO nicht, so dass A berechtigt ist, seinen Gewinn gemäß § 4 Abs. 3 EStG zu ermitteln.

A könnte allerdings freiwillig bilanzieren.

1 Gewährleistungsrückstellung

Bei der Gewinnermittlung durch Betriebsvermögensvergleich gemäß §§ 4 Abs. 1, 5 Abs. 1 EStG kommt grundsätzlich die Bildung von Gewährleistungsrückstellungen in Betracht[396]. Bei bilanzierenden Unternehmern werden Rückstellungen[397] als Passivposten für Aufwendungen gebildet, die im betreffenden Wirtschaftsjahr verursacht worden bzw. entstanden sind, aber deren Höhe und/oder Fälligkeit noch nicht genau bestimmt werden können. Im Handelsrecht ist zwischen solchen Rückstellungen zu unterscheiden, die gebildet werden müssen (Passivierungspflicht) und solchen, die gebildet werden dürfen (Passivierungswahlrecht). Nach Steuerrecht dürfen grundsätzlich nur solche Rückstellungen nach dem *Maßgeblichkeitsprinzip* (§ 5 Abs. 1 S. 1 EStG) in der Steuerbilanz gebildet werden, für die handelsrechtlich eine Passivierungsverpflichtung besteht. Wichtigste Form der steuerlichen Rückstellungen sind solche für ungewisse Verbindlichkeiten, wozu die Gewährleistungsrückstellung zählt[398]. Desgleichen wäre es grundsätzlich fraglich, ob 1,5 % als *pauschale Garantierückstellung* bei einer Bilanzierung akzeptiert würden. Im Regelfall werden ohne weitere Nachweise nur 0,5 % bzw. 1 % des garantiebehafteten Jahresumsatzes von der Rechtspre-

395 Wacker in Schmidt, EStG Komm., 31. Aufl. 2012, § 18, Rn. 110f.
396 BFHE 86, S. 114; BFH, BStBl II 1993, S. 437; FG Hamburg, BB 2008, S. 2680; FG Sachsen, Urt. v. 16.8.2005 – 3 K 1318/02 – Haufe-Index 1580989.
397 Demgegenüber haben Rücklagen keinen Schuldcharakter sondern sind stets Eigenkapital.
398 Hennrichs in Tipke/Lang, Steuerrecht, 21. Aufl. 2013, § 9, Rn. 551; R 5.7 (1) EStR; H 5.7 (1) – handelsrechtliches Passivierungswahlrecht – EStH; H 5.7 (5) – Garantierückstellung – EStH; BFH, BStBl II 1989, S. 893; Kanitz, Bilanzkunde für Juristen, 2006, Rn. 557ff.

chung anerkannt[399]. A müsste also die Höhe der Rückstellung näher begründen. Da bereits Baumängel bzw. Planungsfolgeschäden aufgetreten sind, ist die Inanspruchnahme bei dem konkreten Bauvorhaben wahrscheinlich, d.h. es müssen mehr Gründe für eine Inanspruchnahme als gegen sie sprechen (51-%-Prognose), wobei hier der Bauherr dem A bereits konkret mit Regressansprüchen gedroht hatte und S ein entsprechendes Gutachten erstellte. Insofern wären die Voraussetzungen für eine Rückstellung gegeben. Damit wäre auch eine *Einzelrückstellung* möglich, bei der A entsprechend der Erfahrungen der Vergangenheit mit der Abwicklung solcher Verpflichtungen die Höhe der Rückstellung gemäß § 6 Abs. 1 Nr. 3 a lit. a EStG zu bewerten hat. Insofern wären also die 1,5 % von ihm belegbar. Insbesondere ist die Wahrscheinlichkeit einer nur teilweisen Inanspruchnahme zu berücksichtigen[400].

Da jedoch bei der Gewinnermittlung gemäß § 4 Abs. 3 EStG im Wesentlichen auf Zahlungsvorgänge abgestellt wird, ist hier eine Rückstellungsbildung nicht möglich[401].

Das unter den Voraussetzungen nach § 4 Abs. 3 S. 1 EStG eingeräumte Wahlrecht, den Gewinn durch Einnahme-Überschuss-Rechnung oder Betriebsvermögensvergleich zu ermitteln, wird dadurch ausgeübt, dass der Steuerpflichtige entweder seine Betriebseinnahmen und -ausgaben aufzeichnet oder zeitnah eine Eröffnungsbilanz aufstellt und eine Buchführung einrichtet und aufgrund von Bestandsaufnahmen einen Abschluss macht, allein die Einrichtung einer Buchführung ohne Erstellung des entsprechenden Abschlusses führt jedoch noch nicht zum Verlust des Wahlrechtes[402]. Da A von Beginn des Jahres 2012 an ordnungsgemäß laut Sachverhalt seinen Gewinn nach § 4 Abs. 3 EStG ermittelt, hat er sich für Einnahme-Überschuss-Rechnung entschieden, an welche er sodann auch für das Jahr 2012 gebunden ist, so dass es ihm nicht mehr freisteht, zur Bilanzierung überzugehen[403] und entsprechend Rückstellungen zu bilden.

A hat insofern seinen Gewinn um 150.000 € zu erhöhen.

---

399 Maus, Rückstellungen in der Handels- und Steuerbilanz, 2. Aufl. 2002, S. 113 ff.; FG Brandenburg, DB 2005, S. 12; FG Sachsen, Urt. v. 16.8.2005, , Urt. v. 16.8.2005 – 3 K 1318/02 – Haufe-Index 1580989; Weber-Grellet in Schmidt, EStG Komm., 31. Aufl. 2012, § 5, Rn. 421.

400 Gehm, BuW 2003, S. 542, 544, 548; Hennrichs in Tipke/Lang, Steuerrecht, 21. Aufl. 2013; § 9, Rn. 180ff.

401 Maus, Rückstellungen in der Handels- und Steuerbilanz, 2. Aufl. 2002, S. 1; Gehm, BuW 2003, S. 542.

402 BFH/NV 2006, S. 276; BFH, BStBl II 2006, S. 509; BFH/NV 2006, S. 1457; BFH, BStBl II 2009, S. 659. Die Aufzeichnung der Einnahmen und Ausgaben aus einer Tätigkeit ohne das Wissen, dass die Tätigkeit steuerlich selbständig i.S.v. § 15 bzw. 18 und 13 EStG zu beurteilen ist, bedeutet keine Ausübung des Wahlrechts nach § 4 Abs. 3 EStG. Dabei ist die Gewinnermittlung durch Betriebsvermögensvergleich die Grundform der Gewinnermittlung. Daher gilt für den Fall, dass der Steuerpflichtige kein Wahl ausgeübt hat, dass der Betriebsvermögensvergleich insbesondere bei einer Gewinnschätzung zu Grunde zu legen ist – BFH/NV 2009, S. 1979.

403 FG Berlin-Brandenburg, EFG 2007, S. 1855. Umgekehrt bindet sich der Steuerpflichtige, wenn er anfängt zu bilanzieren – BFH, BStBl II 2001, S. 102. Nach einem Wechsel der Gewinnermittlungsart ist der Steuerpflichtige hieran grundsätzlich drei Jahre gebunden (H 4.6 – Erneuter Wechsel der Gewinnermittlungsart – EStH; Gunsenheimer, NWB, F. 17, S. 2251, 2253). Wenn sich der Steuerpflichtige für eine Gewinnermittlung nach § 4 Abs. 3 EStG entschieden hat, ist es nicht erforderlich, dass er jedes Jahr neu ausdrücklich dokumentiert, er bei dieser Gewinnermittlungsmethode verbleibt. Es kann vielmehr davon ausgegangen werden, dass der Steuerpflichtige, der Gewinneinkünfte erzielt, so lange bei der einmal gewählten Gewinnermittlungsart verbleibt, bis er Gegenteiliges bekundet – BFH, BStBl II 2009, S. 368.

2   Zukünftige Anschaffungen

Rückstellungen sind gemäß § 5 Abs. 4b EStG nicht für zukünftige Herstellungs- oder Anschaffungskosten möglich[404].

Aus den gleichen Erwägungen wie bei den Rückstellungen sind auch Rücklagen grundsätzlich bei der Gewinnermittlung gemäß § 4 Abs. 3 EStG ohne Belang. Ausnahmen werden allerdings durch § 6c und in gewisser Weise auch § 7g EStG zugelassen. Insofern ist zu prüfen, ob A hinsichtlich der Gegenstände, deren Anschaffung er plant, zulässigerweise eine Investitionsabzugsbetrag nach § 7g EStG bilden kann.

Der Betrieb von A überschreitet nicht das Betriebsgrößenmerkmal des § 7g Abs. 1 Nr. 1 lit. c EStG, da der Gewinn im Jahr des Abzugsbetrages – 2012 – auch nach den entsprechenden Korrekturen ohne Berücksichtigung des Investitionsabzugsbetrages laut Sachverhalt noch unter 100.000 € bei einer Gewinnermittlung gemäß § 4 Abs. 3 EStG liegt[405]. Weiterhin beabsichtigt A, abnutzbare bewegliche Wirtschaftsgüter des Anlagevermögens anzuschaffen.

Jedoch kann für Software § 7g EStG nicht geltend gemacht werden[406]. Damit kann A die Planungssoftware nicht schon im Jahr 2012 berücksichtigen.

Hinsichtlich der anderen Wirtschaftsgüter sind die Voraussetzungen aber insofern erfüllt. Sie sollen auch im Dreijahreszeitraum des § 7g Abs. 1 Nr. 2 lit. a EStG angeschafft und auch gemäß § 7g Abs. 1 Nr. 2 lit. b EStG in einer inländischen Betriebsstätte von A genutzt werden. Auch benennt A die Wirtschaftsgüter in Beachtung von § 7g Abs. 1 Nr. 3 EStG ihren Funktionen nach sowie die Höhe der voraussichtlichen Anschaffungskosten. Dass A einen Verlust bisher im Jahr 2012 zu erzielen glaubte, ist schon gemäß § 7g Abs. 1 S. 3 EStG unerheblich. Die Abzugsgrenze des § 7g Abs. 1 S. 4 EStG von 200.000 € wird auch nicht überschritten. Insofern kann A 40 % der voraussichtlichen Anschaffungskosten für die Wirtschaftsgüter – ohne die Planungssoftware- gewinnmindernd im Jahr 2012 abziehen, mithin also 12.000 €. Im Jahr der Anschaffung – 2013 – ist aber ein Betrag von 40 % der tatsächlich angefallenen Anschaffungskosten, gedeckelt aber auf den tatsächlich zuvor in Anspruch genommenen Abzugsbetrag, wiederum gewinnerhöhend gemäß § 7g Abs. 2 S. 1 EStG zu erfassen[407]. Im Gegenzug können aber nach § 7g Abs. 2 S. 2 EStG die tatsächlichen Anschaffungskosten in Höhe von 40 %, höchstens aber um den hinzugerechneten Abzugsbetrag, gewinnmindernd gegen gerechnet werden[408].

Im Jahr 2013 käme noch ggf. neben der AfA gemäß § 7 Abs. 1 und 2 EStG die zusätzliche Sonderabschreibung gemäß § 7g Abs. 5 und 6 EStG in Höhe von 20 % der tatsächlichen Anschaffungskosten gemindert um den Abzugsbetrag nach § 7 g Abs. 2 S. 2 EStG in Betracht[409].

---

404 Hennrichs in Tipke/Lang, Steuerrecht, 21. Aufl. 2013, § 9, Rn. 171f.
405 Zur zeitlichen Anwendung vgl. § 52 Abs. 23 S. 5 EStG. Siehe zur Problematik auch BFH/NV 2009, S. 2037.
406 BFH, BStBl II 2011, S. 865; vgl. auch Uskenbayeva, NWB 2012, S. 4404.
407 Wird die Investitionsabsicht aufgegeben, so gilt hinsichtlich der Verzinsung § 233a Abs. 2a AO – vgl. FG Niedersachsen, Urt. v. 5.5.2011 – 1 K 266/10 – NWB 2011, S. 2264.
408 Pitzke, NWB 2009, S. 2063; Siegle, NWB 2009, S. 1762; ders., NWB 2009, S. 1854; BMF-Schreiben v. 8.5.2009 – BStBl I 2009, S. 633.
409 Siegle, NWB 2009, S. 1762, S. 1770; Kulose in Schmidt EStG Komm, 31. Aufl. 2012, § 7 g, Rn. 26,45.

Für das Jahr 2012 ist mithin festzustellen, dass A einen Investitionsabzugsbetrag gewinnmindernd in Höhe von 12.000 € geltend machen kann[410].

Erfolgt die Anschaffung der Wirtschaftsgüter nicht, so enthält § 7g Abs. 3 S. 2 EStG eine eigene Korrekturvorschrift[411].

3   Kosten des Wertgutachtens

Bei dem Mietzins, den A von B erhält, handelt es sich um Einnahmen gemäß § 21 Abs. 1 Nr. 1 EStG (Vermietung und Verpachtung), denn mangels Zuordnung zum Betriebsvermögens greift hier die Subsidiaritätsregelung des § 21 Abs. 3 EStG schon nicht.

Grundsätzlich sind auch vergebliche Aufwendungen, die im Zusammenhang mit einer Einkunftsart stehen, steuerlich als Werbungskosten bzw. Betriebsausgaben abziehbar[412].

Fraglich ist indes, ob Kosten für die Veräußerung der Wohnung zu Werbungskosten gemäß § 9 Abs. 1 S. 1 und 2 EStG im Zusammenhang mit den Einkünften aus Vermietung und Verpachtung führen.

Aufwendungen, die der Beendigung einer Überschusseinkunftsart, zu denen die Einkünfte gemäß § 21 EStG gehören – vgl. § 2 Abs. 2 Nr. 2 EStG – dienen, sind nach h.M. nicht als Werbungskosten abziehbar, denn hier gilt die sogenannte Quellentheorie. Einkommensteuerbar ist demnach nur das, was aus der Quelle herrührt, nicht aber die Veräußerung der Quelle selbst[413]. Demgegenüber ist bei Gewinneinkünften im Hinblick auf § 16 EStG bzw. § 18 Abs. 3 resp. § 14 EStG jedoch zu beachten, dass mit der Betriebsaufgabe zusammenhängende Aufwendungen den Aufgabegewinn mindern[414]. Mithin sind die Aufwendungen für das Gutachten nicht als Werbungskosten im Zusammenhang mit den Einkünften gemäß § 21 EStG abziehbar.

Fraglich könnte aber sein, ob hier Werbungskosten bei privaten Veräußerungsgeschäft gemäß §§ 22 Nr. 2, 23 Abs. 1 S. 1 Nr. 1 EStG vorliegen[415].

Werbungskosten können aber nur bei der Einkunftsart abgezogen werden, bei der sie entstanden sind, d.h. in der beabsichtigten Veräußerung müsste ein einkommensteuerbarer Vorgang gegeben sein (§ 9 Abs. 1 S. 2, § 23 Abs. 3 S. 1 EStG). Die Veräußerung würde aber

---

410 Ist ein Betrieb noch in der Gründungsphase kann sich der Steuerpflichtige aller Beweismittel für die Investitionsabsicht bedienen – vgl. BFH/NV 2012, S. 1778; BFH/NV 2012, S. 1701; BFH/NV 2013, S. 351; FG Baden-Württemberg, Urt. v. 6.9.2012 – 13 K 3836/09 – NWB 2012, S. 3594.
411 Kulosa in Schmidt, EStG Komm., 31. Aufl. 2012, § 7g, Rn. 29.
412 BFH, BStBl II 2002, S. 144; Lochte in Frotscher, EStG Komm., Losebl., § 9, Rn. 37ff.
413 BFH, NJW 2012, S. 3536; BFH/NV 2013, S. 24; Loschelder in Schmidt, EStG Komm., 31. Aufl. 2012, § 9, Rn. 16 kritisch.
414 Wacker in Schmidt, EStG Komm., 31. Aufl. 2012, § 16, Rn. 296ff.; Kulosa in Schmidt, EStG Komm., 31. Aufl. 2012, § 14, Rn. 26; Wacker in Schmidt, EStG Komm., 31. Aufl. 2012, § 18, Rn. 264.
415 Zu beachten ist, dass grundsätzlich sonstige Einkünfte hinter alle anderen Einkunftsarten zurück treten – vgl. Weber-Grellet in Schmidt, EStG Komm., 31. Aufl. 2012, § 22, Rn. 3. Insofern ist hier § 21 EStG vor §§ 22 Nr. 2, 23 EStG zu prüfen. Subsidiaritätsregeln enthalten auch § 21 Abs. 3 EStG und § 20 Abs. 8 EStG n.F. bzw. § 20 Abs. 3 EStG a.F. Einkünfte nach § 13 und § 18 EStG gehen solchen nach § 15 EStG vor.

außerhalb der verlängerten Spekulationsfrist des § 23 Abs. 1 S. 1 Nr. 1 S. 1 EStG n.F. von zehn Jahren wie auch außerhalb der zweijährigen Spekulationsfrist von § 23 Abs. 1 S. Nr. 1 lit. a EStG a.F. liegen[416]. Insofern stehen diese Aufwendungen auch nicht mit einem anderen einkommensteuerbaren Vorgang im Zusammenhang, sondern entspringen der insofern irrelevanten privaten Vermögenssphäre[417]. Der BFH geht sogar so weit, generell unabhängig von der Spekulationsfrist Kosten einer gescheiterten Grundstücksveräußerung als Werbungskosten im Hinblick auf §§ 22 Nr. 2, 23 Abs. 1 Nr. 1 EStG zu verneinen, da es zwar vorweggenommene Werbungskosten gäbe, aber es an dem *„die Steuerbarkeit konstituierenden"* Veräußerungsgeschäft fehle[418].

Somit kann A die Aufwendungen für sein Gutachten auch nicht als Werbungskosten bei einem möglichen Spekulationsgewinn geltend machen.

Hinweis: Im Steuerrecht spielt die verfassungsrechtliche Problematik der echten bzw. unechten Rückwirkung i.S.v. Art. 2 Abs. 1, 20 Abs. 3 GG eine große Rolle. Insofern hatte der BFH[419] nach Art. 100 Abs. 1 GG dem BVerfG hinsichtlich der verlängerten Spekulationsfrist für private Grundstücksverkäufe nach §§ 22 Nr. 2, 23 Abs. 1 S. 1 EStG i.V.m. § 52 Abs. 39 S. 1 EStG in der Fassung des Steuerentlastungsgesetzes 1999/2000/2002 die Frage vorgelegt, ob hierin eine verbotene Rückwirkung zu sehen sei. Mit Beschl. v. 7.7.2010 hat das BVerfG[420] nunmehr in dieser Frage entschieden: *„§ 23 Absatz 1 Satz 1 Nummer 1 in Verbindung mit § 52 Absatz 39 Satz 1 Einkommensteuergesetz in der Fassung des Steuerentlastungsgesetzes 1999/2000/2002 vom 24. März 1999 (Bundesgesetzblatt I Seite 402) verstößt gegen die verfassungsrechtlichen Grundsätze des Vertrauensschutzes und ist nichtig, soweit in einem Veräußerungsgewinn Wertsteigerungen steuerlich erfasst werden, die bis zur Verkündung des Steuerentlastungsgesetzes 1999/2000/2002 am 31. März 1999 entstanden sind und nach der zuvor geltenden Rechtslage bis zum Zeitpunkt der Verkündung steuerfrei realisiert worden sind oder steuerfrei hätten realisiert werden können"*[421]. Die Finanzverwaltung hat hierauf mit BMF-Schreiben v. 20.12.2010 (BStBl I 2011, S. 14) reagiert[422]. Das BVerfG[423] vertritt zu diesem Problemfeld die Meinung, dass das GG nicht die bloße Erwartung schütze, das geltende Steuerrecht werde unverändert fortbestehen. Dies gilt auch, wenn der Steuerpflichtige hierauf vertraute und entsprechend disponiert hat.

---

416 Auf eine Eigennutzung i.S.v. § 23 Abs. 1 S. 1 Nr. 1 S. 3 EStG ist insofern nicht mehr einzugehen, die hier auch laut Sachverhalt nicht vorliegt.
417 Generell zur steuerlichen Geltendmachung von Gutachterkosten vgl. BFH/NV 2008, S. 566 mit weiteren Hinweisen zur Rechtsprechung.
418 BFH, BStBl II 2012, S. 781 =. NJW 2012, S. 3536.
419 Vorlagebeschl. Des BFH, BStBl II 2004, S. 28; vgl. auch BFH, NJW 2005, S. 1008 und den Vorlagebeschl. des FG Münster v. 17.8.2009 – 10 K 3918/05 E – NWB 2009, S. 3240 an das BVerfG in Bezug auf die Erfassung noch nicht fertig gestellter Gebäude nach § 23 Abs. 1 Nr. 1 S. 2 EStG
420 BStBl II 2011, S. 76 = NJW 2010, S. 3629; vgl. auch zur Rückwirkung BVerfG, BStBl II 2012, S. 932; BVerfG, NJW 2013, S. 145.
421 Vgl. hierzu Intemann, NWB 2010, S. 3529; Wagner, NWB 2011, S. 881.
422 Hier ergeben sich aber Zweifel, ob die Entscheidung des BVerfG richtig umgesetzt wurde – vgl. BFH/NV 2012, S. 1782.
423 NJW 2011, S. 986. Das Rückwirkungsverbot gilt aber nur für belastende Regelungen.

4 Kosten für den Treppenlift

Da die dem A entstandenen Aufwendungen für den Treppenlift in keinem Veranlassungszusammenhang mit einer Einkunftsart stehen, stellt sich die Frage, ob sie im Zuge des subjektiven Nettoprinzips als außergewöhnliche Belastungen gemäß § 33 EStG steuerlich geltend gemacht werden können.

Ursprünglich wurde gemäß der sogenannten „Gegenwertslehre" eine außergewöhnliche Belastung verneint, wenn der Steuerpflichtige durch eine entsprechende Maßnahme einen Gegenwert erhalten habe, also gar keine Belastung festzustellen sei[424]. Der BFH hat aber sodann klargestellt, dass bei behinderungsbedingten Umbaukosten der Gegenwert wegen der sich aus der Behinderung ergebenden Zwangsläufigkeit regelmäßig in den Hintergrund tritt[425]. Demgegenüber hat aber das FG Münster[426] die Kosten für einen Treppenlift versagt, da dieser auch von gesunden Personen genutzt werden kann. Dem ist der BFH in der Revision jedoch nicht gefolgt[427]. Für einen Treppenlift ist jedoch nach der aktuellen Rechtslage gemäß § 33 Abs. 4 EStG i.V.m. § 64 EStDV nunmehr ein vorheriges amts- oder vertrauensärztliches Attest erforderlich[428]. Da A ein solches nicht vorlegen kann, scheitert die Abziehbarkeit als außergewöhnliche Belastung.

5 Geltendmachung des Vorschusses an W

Geht ein Baukostenvorschuss wegen Insolvenz des ausführenden Bauunternehmers verloren, so geht dieser als vergebliche Aufwendung in die AfA-Bemessungsgrundlage als Teil der Herstellungskosten ein, ist aber keine außergewöhnliche Belastung, vielmehr realisiert sich hier das allgemeine Lebensrisiko einer Leistungsstörung und als Bauherr war A nicht gezwungen, ein Haus zu bauen, so dass auch keine Zwangsläufigkeit gegeben ist[429].

Auch ist zu beachten, dass außer gewöhnliche Belastungen gemäß § 33 Abs. 2 S. 2 EStG nicht in Betracht kommen, wenn es sich um Werbungskosten handelt, was hier im Zusammenhang mit Einkünften gemäß § 21 Abs. 1 Nr. 1 EStG der Fall ist.

Somit können die Aufwendungen als Werbungskosten bei Einkünften gemäß § 21 Abs. 1 Nr. 1 EStG, nicht jedoch als außergewöhnliche Aufwendungen geltend gemacht werden.

---

424 BFH/NV 2007, S. 1081; BFH, BStBl II 2011, S. 1012 ausdrückliche Aufgabe der „Gegenwertlehre".
425 NJW 2011, S. 1902; Geserich, NWB 2011, S. 1526.
426 Urt. v. 19.11.2010 – 14 K 2520/10 E – NWB 2011, S. 1762
427 BFH/NV 2012, S. 39; anders als das FG Münster sah dies auch das FG Baden-Württemberg, Urt. v. 6.4.2011 – 4 K 2647/08 – NWB 2011, S. 2178; Bleschick, NWB 2012, S. 2294.
428 FG Münster, Urt. v. 18.9.2012 – 11 K 3982/11 E – NWB 2012, S. 3675.
429 FG Rheinland-Pfalz, Urt. v. 24.3.2010 – 2 K 1029/09 – NWB 2010, S. 1490.

6   Kirchensteuerpflicht des A

Die Kirchensteuer ist nach den Landeskirchensteuergesetzen eine Mitgliedsteuer. Die Mitgliedschaft richtet sich grundsätzlich nach innerkirchlichem Recht. Mit staatlicher Wirkung – also mit Beendigungswirkung im Hinblick auf die Kirchensteuer – ist aber ein Austritt möglich. Dieser richtet sich nach den entsprechenden landesrechtlichen Bestimmungen. Trotz gültigen Austritts kann aber durch konkludentes Verhalten die Mitgliedschaft und somit die Kirchensteuerpflicht wieder aufleben[430]. Allein aus der Erklärung gegenüber Dritten, ein religiöser Mensch zu sein, kann aber kein Wille hergeleitet werden, der konkreten Kirche weiter angehören zu wollen. Die Austrittserklärung selbst ist auch ordnungsgemäß, insbesondere ist kein Zusatz protokolliert worden, der dahingehend ausgelegt werden könnte, dass A nur aus der Kirchensteuerpflicht austreten aber weiter Mitglied in seiner Kirche bleiben wollte, was unzulässig wäre und mithin zur Unbeachtlichkeit der Austrittserklärung führen würde[431]. Somit hat A wirksam die Kirchensteuerpflicht beendet und bleibt auch weiterhin nicht kirchensteuerpflichtig.

Die Kirchensteuer, welche nicht unter die Abgeltungsteuer im Hinblick auf Kapitalerträge fällt, kann A als Sonderausgaben nach § 10 Abs. 1 Nr. 4 EStG geltend machen, solange er zu ihrer Zahlung verpflichtet ist.

7   Steuererstattungen 2011

7.1   Erstattete Kirchensteuer

Für Sonderausgaben[432] und außergewöhnliche Belastungen gilt das Abflussprinzip des § 11 Abs. 2 EStG, allerdings mit der Einschränkung für außergewöhnliche Belastungen, dass sie ggf. um zu erwartende Ersatzleistungen zu mindern sind[433] bzw. bei Sonderausgaben wird Entsprechendes aus dem Begriff „*Aufwendungen*" in § 10 Abs. 1 EStG abgeleitet[434]. Für die Erstattung von Sonderausgaben gilt jedoch § 11 Abs. 1 EStG herkömmlicher Betrachtung nach nicht, weil hier keine steuerbaren Einnahmen vorliegen[435]. Allerdings ist eine Verrechnung mit der Erstattung gleichartiger Sonderausgaben vorzunehmen[436] bzw. sind ggf. bei Erstattungen in späteren Veranlagungszeiträumen die Bescheide nach § 175 Abs. 1 S. 1 Nr. 2

---

430 Gehm, StuW 1999, S. 243.
431 BVerwG, Urt. v. 26.9.2012 – 6 C 7.12 – BeckRS 2012, 58535 = NVwZ 2013, S. 64 m. Anmerk. Gehm; Gehm, StBW 2013, S. 82.
432 BFH/NV 2011, S. 581.
433 Heinicke in Schmidt, EStG Komm., 31. Aufl. 2012, § 10, Rn. 12; Krüger in Schmidt, EStG Komm., 31. Aufl. 2012, § 11, Rn. 5, Loschelder in Schmidt, EStG Komm., 31. Aufl. 2012, § 33, Rn. 5; BFH, BStBl II 2011, S. 1015.
434 BFH, BStBl II 2002, S. 569.
435 BFH/NV 2009, S. 568.
436 BFH, BStBl II 2010, S. 38.

AO zu ändern[437]. Aufgrund des Steuervereinfachungsgesetzes 2011 wurde § 10 Abs. 4b EStG geschaffen. Danach wird bei Sonderausgaben gemäß § 10 Abs. 1 Nr. 4 EStG ein Erstattungsüberhang ab 2012 im Jahr des Zuflusses erfasst[438]. Damit ist der Erstattungsüberhang in Bezug auf die Kirchensteuer dem Gesamtbetrag der Einkünfte i.S.v. § 2 Abs. 3 EStG hinzuzurechnen.

7.2   Erstattete Einkommensteuer

Die Einkommensteuer gehört zu den nach § 12 Nr. 3 EStG nicht abziehbaren Aufwendungen, die die Privatsphäre betreffen. Demzufolge ist der Erstattungsanspruch nach § 37 Abs. 1 AO als Teil desselben Steuerschuldverhältnisses auch der privaten Vermögenssphäre zuzuordnen und einkommensteuerlich irrelevant[439].

Hinweis: Nach § 37 EStG besteht die Verpflichtung, Einkommensteuervorauszahlungen zu leisten. Die Höhe richtet sich gemäß § 37 Abs. 3 S. 2 EStG grundsätzlich nach der zu zahlenden Einkommensteuer des vorhergehenden Veranlagungszeitraums. Dies gilt, da die Kirchensteuer eine Zuschlagsteuer auf die Einkommensteuer ist, gemäß § 51a Abs. 4 EStG auch für die Kirchensteuer[440].

8   Erstattungszinsen

Die Verzinsung des Erstattungsanspruchs gemäß § 233 a AO[441] ist von der Steuerfreiheit der Einkommensteuererstattung selbst zu unterscheiden.

Nach bisheriger Meinung wurden hierbei Einkünfte aus Kapitalvermögen nach § 20 Abs. 1 Nr. 7 EStG a.F. in Höhe von 500 € gesehen[442].

Allerdings hatte der BFH seine Rechtsprechung geändert[443]. Danach unterliegen die Zinsen gemäß § 233a AO bei Erstattungen an den Steuerpflichtigen nicht der Einkommensteuer,

---

437   BFH, BStBl II 2002, S. 569.
438   Hörster, NWB 2011, S. 3350, 3353; Heinicke in Schmidt, EStG Komm., 31. Aufl. 2012, § 10, Rn. 9.
439   BFH/NV 2011, S. 430; Weber-Grellet in Schmidt, EStG Komm., 31. Aufl. 2012, § 5, Rn. 270 – Steuererstattungsansprüche bzw. Betriebssteuern. Die Einkommensteuer ist nicht ausschließlich oder nicht nahezu ausschließlich beruflich bzw. betrieblich veranlasst wie die Betriebssteuern – vgl. BFH, BStBl II 1998, S. 621. Entsprechendes gilt wegen § 10 Nr. 2 KStG für die Körperschaftsteuer – vgl. BFH, BStBl 1992, S. 686.
440   Giloy/König, Kirchensteuerrecht in der Praxis, 1993, S. 90.
441   Für die Verzinsung sind die Voraussetzungen des § 233a Abs. 3 bzw. 5 AO zu prüfen, § 233 S. 1 AO ist gerade nicht zu entnehmen, dass Ansprüche aus dem Steuerschuldverhältnis stets zu verzinsen sind, sondern nur soweit dies gesetzlich bestimmt ist – BFH, Urt. v. 16.12.2009 – I R 48/09 – NWB 2010, S. 1582. Zur gesetzlichen Neuregelung vgl. Löbe, NWB 2011, S. 2890. Muss der Steuerpflichtige Zinsen gemäß § 233a AO an das Finanzamt zahlen, so kann er diese gemäß § 12 Nr. 3 EStG nicht geltend machen – BFH, Urt. v. 15.6.2010 – VIII R 33/07 – NWB 2010, S. 2932.
442   H 20.2 – Erstattungszinsen nach § 233a AO – EStH.
443   BStBl II 2011, S. 503.

soweit sie auf Steuern entfallen, die gemäß § 12 Nr. 3 EStG nicht abziehbar sind[444]. Da dies – wie ausgeführt – bei der Einkommensteuer der Fall ist, wären nach der neuen Rechtsprechung des BFH diese Zinsen nicht einkommensteuerbar[445]. Um dieser Rechtsprechung entgegenzuwirken wurde im Jahressteuergesetz 2010 in § 20 Abs. 1 Nr. 7 EStG n.F. eigens die Zinsen nach § 233a AO aufgenommen, so dass ab Geltung der neuen Gesetzeslage die Steuerbarkeit (wieder) gegeben ist – beachte nach § 52a Abs. 8 EStG gilt die Regelung rückwirkend für alle noch offenen Steuerfälle[446]. Diese Änderung wird teilweise als verfassungskonform erachtet[447]. Der BFH hat aber Zweifel an der Verfassungsmäßigkeit dieser Rückwirkungsregelung[448].

Selbst wenn man diese Meinung vertritt, dass auf die Zinsen die Neuregelung Anwendung findet, ist jedoch zu beachten, dass hiervon der Sparerpauschbetrag gemäß § 20 Abs. 9 EStG von 801 € bei einzelveranlagten Steuerpflichtigen wie A abgeht. Die tatsächlichen Werbungskosten können damit auch nicht geltend gemacht werden, wenn sie den Sparerpauschbetrag übersteigen. Der Sparerpauschbetrag kann auch nicht zu negativen Einnahmen führen (§ 20 Abs. 9 S. 4 EStG).

Insofern hat A für diese Zinsen keine Einkommensteuer zu zahlen.

9   Schadensersatz durch Ds Haftpflichtversicherung

Hier liegt keine Entschädigung nach § 24 EStG vor[449], denn diese Norm ist nur als Ergänzung zu den in § 2 Abs. 1 EStG abschließend aufgezählten sieben Einkunftsarten gedacht und bildet keine neue achte Einkunftsart. Die Entschädigung steht aber in keinem Zusammenhang mit den freiberuflichen Einkünften des A, sondern mit der Einkommensteuer, welche, wie bereits ausgeführt, nach § 12 Nr. 3 EStG der privaten Sphäre zugeordnet ist. Folglich soll der Schadensersatz in die private Sphäre geleistet werden. Demgegenüber ist unerheblich, ob die Beratungskosten selbst vielleicht als Betriebsausgaben geltend gemacht

---

444 Diese Rechtsprechung ist auf die Körperschaftsteuer nicht übertragbar, da die Kapitalgesellschaft über keine außerbetriebliche Sphäre verfügt – vgl. BFH, BStBl II 2012, S. 697.
445 Umgekehrt hat der BFH entschieden, dass entsprechende Zinsen bei Rückforderungen erhöhter Einkommensteuererstattungen nicht nach § 12 Nr. 3 EStG als Betriebsausgaben abziehbar sind – BFH/NV 2011, S. 430.
446 Siehe auch Löbe, NWB 2010, S. 3262; ders., NWB 2010, S. 4109.
447 FG Münster, Urt. v. 16.12.2010 – 5 K 3262/03 E – NWB 2011, S. 259; FG Schleswig-Holstein, Beschl. v. 1.6.2011 – 2 V 35/11 – NWB 2011, S. 3427; a.A. FG Düsseldorf, Beschl. v. 5.9.2011 – 1 V 2325/11 A(E) – NWB 2011, S. 3259).
448 BFH, BStBl II 2012, S. 243; BFH/NV 2012, S. 575; BFH/NV 2012, S. 575. Das FG Münster – Urt. v. 10.5.2012, 2 K 1947/00 E und 2 K 1950/00 E – NWB 2012, S. 2443 zieht § 12 Nr. 3 EStG als dem § 20 Abs. 1 Nr. 7 S. 3 EStG vorgehende Regelung heran.
449 § 24 Nr. 1 lit. a EStG erfasst nur Leistungen, die an Stelle weggefallener oder entgangener Einnahmen stehen, nicht jedoch jede beliebige Art von Schadensregulierungen – vgl. BFH, BStBl II 2012, S. 286. Insofern sind die Tatbestandsmerkmale des § 24 Nr. 1 EStG für die Tarifermäßigung genau zu prüfen (Görge in Frotscher, EStG Komm., Losebl., § 24, Rn. 5).

wurden oder hätten geltend gemacht werden können[450]. Somit ist die Schadensersatzleistung nicht einkommensteuerbar.

Hinweis: Schadensersatzleistungen müssen immer dann als Betriebseinnahme erfasst werden, wenn der Grund für die Entstehung des Anspruchs beim Entschädigungsempfänger im betrieblichen Bereich liegt, unabhängig von der Behandlung beim Leistenden. Werden Wirtschaftsgüter des Betriebsvermögens während der betrieblichen Nutzung beschädigt oder zerstört und wird hierfür Schadensersatz geleistet, so stellt dieser eine Betriebseinnahme dar, andererseits kann die Vermögensminderung durch den Schadenseintritt bei Anlagevermögen bei 4-III-Rechnern als Betriebsausgabe geltend gemacht werden (Abschreibung nach § 7 Abs. 1 S. 7 EStG). Wird ein Wirtschaftsgut des Betriebsvermögens während seiner Nutzung zu privaten Zwecken des Steuerpflichtigen zerstört, so liegt hinsichtlich des Restbuchwerts eine Nutzungsentnahme vor[451]. Eine Schadensersatzzahlung ist als Betriebseinnahme zu erfassen, wenn und soweit sie über den Restbuchwert hinausgeht[452].

Bei Schadensersatzleistungen eines Steuerberaters oder seiner Haftpflichtversicherung wegen vermeidbar zuviel gezahlter Steuern kommt es darauf an, ob die Entrichtung der Steuer zu einer Betriebsausgabe führt oder in die außerbetriebliche private Sphäre fällt. Die Einkommensteuer ist schon durch § 12 Nr. 3 EStG dem privaten Bereich zugeordnet, wobei diese Vorschrift nur deklaratorische Bedeutung hat, so dass sich diese Rechtsfolge bereits aus §§ 4 Abs. 4 und 9 Abs. 1 S. 1 EStG ergibt. Der Schadensersatz wegen einer zu hohen Körperschaftsteuer ist beim Mandanten allerdings trotz § 10 Nr. 2 KStG Betriebseinnahme, denn erst einmal stellt sie handelsrechtlich und damit auch körperschaftsteuerlich Aufwand dar, der nur nach § 10 Nr. 2 KStG den Gewinn nicht mindern darf, dies führt nicht dazu, dass die gezahlte Körperschaftsteuer dem außerbetrieblichen privaten Bereich der Körperschaft zuzuordnen wäre, eine außerbetriebliche private Sphäre gibt es nämlich bei Körperschaftsteuersubjekten nicht[453].

---

450 BFH, BStBl II 1998, S. 621: „Die Einkommensteuer wird (...) allgemein nicht als Betriebsausgabe oder Werbungskosten angesehen, sondern der Privatsphäre zugeordnet (...). Soweit sie an die Erzielung von Einkünften als Belastungsgrund anknüpft und deshalb durch die Erwerbsphäre in einem weiteren Sinne mitverursacht ist, liegt allenfalls sog. gemischter Aufwand vor, den § 12 Nr. 3 EStG in vollem Umfang dem privaten Bereich zuweist (...)". H 4.7 – Schadensersatz als Betriebseinnahme – EStH.

451 BFH, BStBl II 2007, S. 762.

452 R 4.7 Abs. 1 S. 4-6 EStR; Heinicke in Schmidt, EStG Komm., 31. Aufl. 2012, § 4, Rn. 460 – Abfindungen; Morgenthaler/Frizen/Trottmann, Klausuren aus dem Steuerrecht, 2008, S. 140 f. geht jedoch von Sachentnahme zum Teilwert aus.

453 BFH, BStBl II 1992, S. 686; BFH, BStBl II 2007, S. 961; H 4.7 – Schadensersatz als Betriebseinnahme – EStH; BFH, BStBl II 1998, S. 621.

10   Kosten für die Bauskizze vom Schloss Mannheim

Vom Prinzip her können betrieblich veranlassten Aufwendungen, die grundsätzlich auch die Lebensführung des Steuerpflichtigen oder anderer Personen berühren[454], nach § 4 Abs. 5 Nr. 7 EStG nicht berücksichtigt werden, wenn sie als unangemessen zu betrachten sind[455]. D.h. eine privat veranlasste Interessenüberlagerung wird quasi unter Berücksichtigung des Abzugsverbots von § 12 Abs. 1 Nr. 1 S. 2 EStG angenommen und soll damit insofern einem Betriebsausgabenabzug entgegenstehen, damit wäre nur der angemessene Teil berücksichtigungsfähig[456]. Eine gewisse Repräsentation gegenüber seiner Kundschaft ist jedoch einem Architekten zuzugestehen. Die Aufwendung steht auch nicht außer Verhältnis zu den von A (zukünftig) erzielten (erzielbaren) Umsätzen bzw. zu dem längerfristig erzielbaren Gewinn. Insofern scheitert die steuerliche Geltendmachung dieser Aufwendung nicht an der Unangemessenheit[457].

Da es sich bei dem Gemälde um Anlagevermögen handelt, weil es dazu bestimmt ist, dem Betrieb dauerhaft zu dienen[458], könnte nur die AfA als Betriebsausgabe abgezogen werden – §§ 4 Abs. 3 S. 3, 6 Abs. 1 S. 1 i.V.m. § 7 EStG.

Voraussetzung für die AfA ist jedoch grundsätzlich ein Werteverzehr bzw. eine Abnutzung. Beschränkt sich der körperliche Verschleiß im Wesentlichen auf geringfügige Umwelteinflüsse und vollzieht sich die Abnutzung deshalb in so großen Zeiträumen, die es nicht mehr erlauben, eine betriebsgewöhnliche Nutzungsdauer annähernd zu bestimmen, kommt keine AfA in Betracht. Letzteres ist bei Kunstwerken regelmäßig anzunehmen[459]. Daher liegt mit der Bauskizze kein abnutzbares Wirtschaftsgut des Anlagevermögens vor.

Da die Bauskizze ein nicht abnutzbares Wirtschaftsgut des Anlagevermögens ist, sind nach § 4 Abs. 3 S. 4 EStG die Anschaffungskosten erst im Fall der Veräußerung oder Entnahme als Betriebsausgabe absetzbar. Gemäß § 4 Abs. 3 S. 5 EStG ist das Gemälde zu verzeichnen. A kann somit bei Anschaffung keine Betriebsausgabe geltend machen[460].

---

454 Wäre keine betriebliche Veranlassung gegeben, so wären diese Kosten schon als solche der privaten Lebensführung nach § 12 Nr. 1 EStG nicht abziehbar – vgl. Heinicke in Schmidt, EStG Komm., 31. Aufl. 2012, § 4, Rn. 601.
455 R 4.10 Abs. 12 Nr. 4 EStR; H 4.10 (12) – Angemessenheit – EStH. Zur Unangemessenheit bei Anschaffung eines Pkw vgl. Heinicke in Schmidt, EStG Komm., 31. Aufl. 2012, § 4, Rn. 602 m.w.N. aus der Rspr. In diesem Zusammenhang hat das FG Thüringen, EFG 2006, S. 713 es als unangemessen betrachtet, wenn ein kleiner Unternehmer seinem angestellten Vater einen Mercedes 420 CL für 160.000 DM zur Verfügung stellt und zusätzlich sich noch ein BMW 740 i im Betriebsvermögen befindet. Im Zuge einer Gesamtabwägung kommt das FG Thüringen zu der Einschätzung, dass dies ein ordentlicher und gewissenhafter Unternehmer nicht getan hätte und daher die Unangemessenheit gegeben sei.
456 Heinicke in Schmidt, EStG Komm., 31. Aufl. 2012, § 4, Rn. 601
457 BFH/NV 1987, S. 91.
458 R 6.1 Abs. 1 EStR.
459 BFH, BStBl II 1990, S. 50.A.A. wohl Weber-Grellet, Bilanzsteuerrecht, 11. Aufl. 2011, S. 435, der nach der AfA-Tabelle des Hotel- und Gaststättengewerbes von einem abnutzbaren Gut ausgeht.
460 Sofern keine abnutzbaren Wirtschaftsgüter des Anlagevermögens vorliegen, kommt § 6 Abs. 2 bzw. 2a EStG nicht in Betracht – Hörster, NWB 2010, S. 20ff.

11   Spende an die X Partei

Gemäß § 4 Abs. 6 EStG (bzw. bei Überschusseinkunftsarten nach § 9 Abs. 5 i.V.m. § 4 Abs. 6 EStG) sind zwar Zuwendungen an politische Parteien (Spenden wie Mitgliedsbeiträge) nicht als Betriebsausgaben (resp. Werbungskosten bei Überschusseinkunftsarten) absetzbar. Daran ändert auch der Umstand nichts, dass A sich durch die Spende eine Steigerung seines Bekanntschaftsgrades und damit Kundschaftszulauf für sein Architekturbüro erhofft. Nach § 34g EStG kann er aber von der Spende 50 v.H. höchstens jedoch 825 € (bei zusammenveranlagten Ehegatten 1.650 €) als Steuerermäßigung in Abzug bringen. D.h. im vorliegenden Fall würde sich die festzusetzende Einkommensteuer nach § 34 g EStG um 825 € (bzw. 1.000 € – 50. v.H. bei Spende von 2.000 €) reduzieren, allerdings darf durch die Steuermäßigung im Gegensatz zu einer Steuerminderung keine Steuer unter 0 € entstehen[461]. Der Betrag der Parteispende, welcher den nach § 34g EStG zu berücksichtigenden Betrag überschreitet, könnte des Weiteren nach § 10b Abs. 2 EStG bis zu einer Höhe von 1.650 € (bei zusammenveranlagten Ehegatten 3.300 €) jährlich als Sonderausgabe abgezogen werden und würde die Einkommensteuer somit zusätzlich mindern. Voraussetzung für die dargelegte steuerliche Geltendmachung ist jedoch ein formeller Spendennachweis gemäß § 50 EStDV.

---

461 R 2 Abs. 2 u. R 10b.2 EStR.

6. KLAUSUR

Klausur aus der Einkommensteuer und der Abgabenordnung inklusive Vollstreckungsrecht

Totalgewinnidentität, Forderungserlass, Einlagen und Entnahmen, durchlaufende Posten, Zugang von Steuerbescheiden, Einspruchsverfahren, Verböserung (reformatio in peius), Änderung wegen neuer Tatsachen, Abgrenzung freiberufliche und gewerbliche Tätigkeit, Umzugskosten, Spekulationsgeschäfte, Abfärbetheorie, Vollstreckungsrecht bzw. Insolvenzrecht.

I   Sachverhalt

Albert Arndt (in Folgendem A) ist im Jahr 2011 angestellter Rechtsanwalt bei der Kanzlei Schlau und Partner. Nebenher betreut er, ohne Wissen der Kanzlei Schlau und entgegen der ausdrücklichen Regelung in seinem Arbeitsvertrag, eigenständig Mandate, die nicht über seinen Arbeitgeber laufen.

1. So hatte A seinen Freund Tobias Tauber (in Folgendem T), einem Anlageberater und Immobilienmakler, selbständig im Jahr 2011 vor dem Amtsgericht in einem Strafverfahren wegen Betruges vertreten. Hieraus hatte er eine Honorarforderung von 1.000 € gegenüber T. Da er sich aber T wohl gewogen halten wollte, um von ihm mit weiteren Prozessvertretungen beauftragt zu werden, erlässt er ihm im Jahr 2011 die Honorarforderung.

2. Hinsichtlich seines Skatbruders Ferdinand Freund (in Folgendem F) hatte A noch eine Honorarforderung in Höhe von 800 € aus dem Jahr 2011, als er ihn selbständig vor dem Amtsgericht wegen einer Verkehrsstraftat vertreten hatte. Als F im Jahr 2011 Geburtstag feiert, erlässt er ihm die Forderung als Geschenk, um das gesellige Beisammensein beim Skat nicht zu gefährden.

3. Von Peter Pons (in Folgendem P), den A im Jahr 2011 selbständig vor dem Amtsgericht in einer Mietstreitigkeit als Kläger vertreten hatte, erhielt A für den Gerichtkostenvorschuss 500 €, die er bei Klageeinreichung der Gerichtskasse weiterleitete. A ist sich nicht sicher, ob er insofern diesen Betrag zuerst als Betriebseinnahme und sodann bei Verauslagung als Betriebsausgabe erfassen muss.

4. Am 5. September 2012 – einem Mittwoch – gibt das Finanzamt den Einkommensteuerbescheid 2011 für A datierend vom gleichen Tag mit einfachem Brief zur Post. Am 9.

Oktober 2012 geht beim Finanzamt ein Schreiben des A, datierend vom 8. Oktober 2012, ein, das folgenden Inhalt hat:

„Sehr geehrte Damen und Herren,

hiermit lege ich gegen den Einkommensteuerbescheid 2011, den ich am 6. September 2012 erhalten habe, Widerspruch ein. Anliegend überlasse ich Ihnen eine Quittung aus der hervorgeht, dass ich im Jahr 2011 für den Bezug der Neuen Juristischen Wochenschrift (NJW) Aufwendungen von 300 € hatte. Die Geltendmachung dieses Betrags in meiner Steuererklärung als Betriebsausgabe bzw. Werbungskosten wie auch die Vorlage des Belegs hatte ich vergessen. Ich bitte das Versehen zu entschuldigen.

Mit freundlichen Grüßen

Albert Arndt".

Hintergrund des Bezuges der NJW war unter anderem, dass A am Feierabend sich insbesondere für seine Mandate, die er außerhalb des Angestelltenverhältnisses betreute, auf dem Laufenden der Rechtsprechung halten wollte. Daraufhin erhält A von seinem örtlich zuständigen Finanzamt ein vom 5. November 2012 datierendes Schreiben, bei A am 14. November 2012 eingegangen:

„Sehr geehrter Herr Arndt,

ich mache Sie darauf aufmerksam, dass erhebliche Bedenken hinsichtlich Ihres Rechtsbehelfs bestehen. Zum einen gibt es keinen „Widerspruch" gegen Steuerbescheide, zum anderen sehe ich keine Änderungsmöglichkeit im Hinblick auf den Einkommensteuerbescheid 2011, da Sie ein grobes Verschulden daran trifft, dass Sie erst jetzt diese Aufwendungen für den Bezug der NJW geltend machen bzw. die entsprechende Rechnung erst jetzt vorlegen – vgl. § 173 Abs. 1 Nr. 2 Abgabenordnung.

Der guten Ordnung halber weise ich darauf hin, dass bei nochmaliger Prüfung mir aufgefallen ist, dass nach der Rechtsprechung des BFH bzw. eindeutiger Verwaltungsmeinung es nicht möglich ist, Halbschuhe als Werbungskosten bzw. Betriebsausgaben bei ihrer anwaltlichen Tätigkeit abzuziehen. Die Halbschuhe – Kosten 300 € – hatten Sie damit als Betriebsausgaben begründet, dass Sie als selbständiger Rechtsanwalt bei der Gewinnung von Mandanten auch optisch gut herüberkommen wollten. Dies ist aber unerheblich, da jeder Steuerbürger Schuhe trägt und somit die Aufwendung dem privaten Bereich zuzuordnen ist. Insofern wäre der Einkommensteuerbescheid 2011 gemäß § 173 Abs. 1 Nr. 1 AO zu Ihren Ungunsten zu ändern.

Mit freundlichen Grüßen

Torsten Tröge, Steuerinspektor".

Daraufhin schreibt A dem Finanzamt am 10. November 2012:

„Sehr geehrter Herr Tröge,

zwar bin ich im Steuerrecht nicht so bewandert wie Sie, aber ich finde es nicht in Ordnung, wie Sie mit Bürgern umgehen. Ich hatte Ihnen genau dargelegt, warum ich mir die Halbschuhe angeschafft hatte. Deshalb sehe ich die angedrohte Streichung als bloße Revanche dafür an, dass ich gegen meinen Steuerbescheid vorgegangen bin. Außerdem weise ich nochmals darauf hin, dass ich die Schuhe außerhalb des Berufs nicht trage, sie sind vielleicht elegant, aber sehr unbequem. Dass ich die NJW ursprünglich vergessen hatte anzugeben, ist ja wohl kein schuldhaftes

Fehlverhalten, da ich sehr beruflich eingespannt war zum Zeitpunkt der Erstellung meiner Einkommensteuererklärung. Außerdem habe ich ja sonst gar keine weiteren Betriebsausgaben im Jahr 2011 geltend gemacht, so dass das Verhalten von Ihnen mehr als kleinlich ist. Wenn Sie meinem Anliegen nicht folgen, die NJW anzuerkennen, werden wir uns vor Gericht wieder sehen.

Mit freundlichen Grüßen

Albert Arndt."

5. A glaubt, sich bei seinen Mandaten, die er außerhalb seines Arbeitsverhältnisses abwickelt, hinsichtlich seines Honoraranspruchs absichern zu müssen und lässt sich insofern Steuererstattungsansprüche seiner Mandanten von diesen abtreten. Dies geschieht im Jahr 2011 insgesamt zehn Mal, wofür A spezielle Formulare vorrätig hält. Von T hört er, dass dies nicht zulässig sei. A sagt sich daraufhin, nah wenn schon, Hauptsache Geld.

6. Da sich A mit dem Seniorchef Stefan Schlau (in folgendem S) überwirft, da dieser mitbekommt, dass A privat eigene Mandate bearbeitet, entschließt er sich, sich zum 1. Januar 2012 endgültig und hauptberuflich selbständig zu machen. Da S dem A juristische Schritte androht, wenn er es wagen sollte, Mandanten aus seiner früheren Tätigkeit abzuwerben, entschließt sich A auch für einen örtlichen Wechsel, um einen Schlussstrich zu ziehen und S keinerlei Anlass für Streitigkeiten zu geben. A eröffnet deshalb im Jahr 2012 seine Kanzlei in der rund 100 km von seiner früheren Wirkungsstätte gelegenen Stadt M.

    Da sich A schwer tut, Mandaten in M zu gewinnen, ist er dankbar, als ihm T einen Kontakt zu der Firma Lug und Trug GmbH vermittelt, die obskure Internetdienstleistungen erbringt und für die A Außenstände eintreiben soll. Daraufhin betreibt A massenhaft und vollautomatisiert ein außergerichtliches Inkasso, ohne jedoch die einzelne Forderung überhaupt zuvor rechtlich auf ihren Bestand hin zu prüfen. Im Jahr 2012 versendet A insofern rund 100.000 Mahnungen. Andere Mandate hat er im Jahr 2012 nicht.

7. Von seinem früheren Wohnort aus betrug die einfache Fahrt zu seiner neuen Kanzlei in M rund eine Stunde mit dem Pkw. A entschließt sich, sich im Jahr 2012 in M niederzulassen, wobei der Weg von der neuen Wohnung in M zu seiner Kanzlei nunmehr nur noch zehn Minuten mit dem Pkw ausmacht.

    Für den Umzug entstehen dem A im Jahr 2012 folgende Kosten:

    –   Kosten für die Beförderung des Umzugsguts in Höhe von 3.000 €.
    –   Maklergebühr für die Anmietung seiner Mietwohnung in M in Höhe von 1.200 €.
    –   Ab dem Tag des Bezugs der neuen Wohnung in M fallen bei A monatliche Mietkosten von 600 € an.
    –   Renovierungskosten für die neue Wohnung in M in Höhe von 4.000 €.

8. Bei dem Umzug geht eine Einbauküche des A, die dieser zuvor privat in seiner alten Eigentumswohnung genutzt hatte im Jahr 2012 zu Bruch. A möchte diesen Verlust als Betriebsausgabe bei seiner Kanzlei geltend machen, insofern gibt er gegenüber dem Finanzamt an, diese Küche zur Verpflegung seiner Mandanten mit Kaffee bzw. Snacks bei längeren Besprechungen bzw. seines Personals hätte nutzen zu wollen. Die Küche hatte A selbst in einem von ihm gemieteten Transporter einige Tage nach dem eigentlichen Umzug transportiert. Da er zuvor seine Hausratsversicherung gekündigt hatte, erhält er keine Versicherungsleistungen für den Verlust.

9. A wohnte vor dem Umzug in einer Eigentumswohnung, die er im Jahr 2009 angeschafft hatte und ab dem Tag der Anschaffung selbst zu Wohnzwecken nutzte. Diese kann er nur mit einem Verlust von 10.000 € im Jahr 2012 veräußern.

10. A überlegt sich im Jahr 2013 sich mit einem befreundeten Rechtsanwalt (X) zu einer GbR zusammen zu schließen, er möchte von seinem Steuerberater wissen, ob sie gemeinsam Einkünfte aus freiberuflicher Tätigkeit beziehen, wenn sie zu etwa 20% ihres Umsatzes noch der Inkassotätigkeit nachgingen, ansonsten aber forensisch arbeiteten.

11. Im Jahr 2013 stellt die Lug und Trug GmbH ihre Tätigkeit ein. Da A weiterhin keine anderen Mandanten hat und die Fusion mit X sich zerschlägt, wird schließlich über sein Vermögen das Insolvenzverfahren eröffnet. Das Finanzamt meldet bei Insolvenzverwalter Ernst Emsig (in Folgendem E) eine Steuerforderung das Jahr 2010 betreffend in Höhe von 10.000 € zur Tabelle an. E widerspricht der Forderung. Im zuständigen Finanzamt wird der Rechtsreferendar Günter Genau (in Folgendem G) damit beauftragt, gutachterlich dazu Stellung zu nehmen, wie das Finanzamt seine Forderung zur Tabelle anmelden kann und wie sich vom Verfahrensablauf her betrachtet ggf. eine gerichtliche Auseinandersetzung mit E gestalten würde. Der Vorsteher Wilfried Wichtig (in Folgendem W) beauftragt G auch damit, ihm unabhängig vom Fall des A für die diesjährige Vorstehertagung darzulegen, ob und wie sich ein Steuerschuldner dagegen zur Wehr setzen kann, wenn das Finanzamt einen Insolvenzantrag wegen Steuerschulden stellt. Außerdem ist es W leid, dass auf den Rechtsbehelfslisten sich jede Menge Verfahren finden, die nicht vorankommen, weil zwischenzeitlich Insolvenz eröffnet wurde. Er möchte wissen, wie hier die Rechtslage ist. Gleichzeitig will W von G dargelegt bekommen, ob nach Beendigung eines Insolvenzverfahrens Bescheide noch an den Insolvenzverwalter gehen können.

A ist unbeschränkt einkommensteuerpflichtig und ledig. Seinen Gewinn bei seiner Tätigkeit als selbständiger Rechtsanwalt ermittelt er zulässigerweise sowohl im Jahr 2011 als auch im Jahr 2012 nach § 4 Abs. 3 EStG.

Bearbeiterhinweis

Zu allen einkommensteuerlichen und die Abgabenordnung betreffenden Fragestellungen ist gutachterlich Stellung zu nehmen. Fragen der Umsatzsteuer sind nicht zu behandeln.

Auf das steuerliche Formerfordernis von Abtretungserklärungen ist nicht einzugehen.

Gehen Sie davon aus, dass die Rechtsbehelfsbelehrung beim Einkommensteuerbescheid 2011 ordnungsgemäß war und auch sonst der Einkommensteuerbescheid 2011 den formalen Anforderungen entspricht.

Weiterhin ist das Rechtsgutachten des G zu fertigen. Auf Fragen der insolvenzrechtlichen Anfechtungstatbestände ist hierbei nicht einzugehen.

II   Vorüberlegungen

Klausurtaktisch gedacht, wird sich der Prüfling die Frage zu stellen haben, ob die Tätigkeit des A im Jahr 2011 und 2012 als selbständiger Rechtsanwalt unterschiedlich von der Einkommensart her zu qualifizieren ist. Allein die relativ ausführlichen Sachverhaltsschilderungen im Jahr 2012 geben Anlass dazu, dass die Einordnung 2012 eine andere als 2011 sein wird. Entsprechendes gilt hinsichtlich der zwei Varianten des Erlasses von Honorarforderungen gegenüber T und F, so dass sehr wahrscheinlich eine unterschiedliche steuerliche Auswirkung gegeben sein wird.

Ansonsten ist die Klausur wieder Punkt für Punkt durchzuprüfen.

Bei Punkt 4 muss sich der Bearbeiter mit den vorgetragenen Argumenten auseinandersetzen, denn diese gehören zu den aufgeworfenen Frage, die laut Aufgabenstellung zu behandeln sind.

Bei Punkt 11 kann der Bearbeiter weitgehend losgelöst von einem konkreten Sachverhalt eine Stellungnahme abgeben. Solche Aufgabenstellungen bergen insofern Probleme in sich, da die Erwartungen des Klausurstellers oft nicht abschätzbar sind.

Ansonsten kann die Klausur entsprechende des Ablaufs der Sachverhaltsschilderung durchgeprüft werden.

III   Lösung

A   Einkommensteuer 2011

Als angestellter Rechtsanwalt erzielt A Einkünfte aus nichtselbständiger Arbeit gemäß § 19 Abs. 1 Nr. 1 EStG.

Da er forensisch im Jahr 2011 für F und T sowie P außerhalb des weisungsgebundenen Arbeitsverhältnisses tätig wurde, liegen für diese Zeit freiberufliche Einkünfte gemäß § 18 Abs. 1 Nr. 1 EStG als Rechtsanwalt vor, denn es handelt sich hierbei um eine berufstypische Tätigkeit eines Rechtsanwalts als Katalogberuf. Dass ihm diese Tätigkeit ggf. nach dem Arbeitsvertrag untersagt war, ist steuerlich unerheblich, da gemäß §§ 40, 41 Abs. 1 AO selbst zivilrechtlich unwirksame oder gegen gesetzliche Verbote verstoßende Rechtsgeschäfte steuerlich von Relevanz sind.

1   Forderungserlass

1.1   Forderung gegenüber T

Die Honorarforderung stellt Betriebsvermögen des A bei seiner selbständigen Tätigkeit als Rechtsanwalt gemäß § 18 Abs. 1 Nr. 1 EStG dar, da dem Geschäftsvorfall eine betriebliche Veranlassung (Honoraranspruch aus Mandatsverhältnis) zugrunde lag. Die Forderung hat jedoch bei der Gewinnermittlung nach § 4 Abs. 3 EStG keine Gewinnauswirkung, da die Forderungssumme noch nicht i.S.d. § 11 Abs. 1 EStG zugeflossen ist. Der Erlass, der hier aus dem betrieblichen Grund der Erhaltung eines Mandats erfolgte, mindert aber erhöht auch nicht den Gewinn[462]. Insofern hat der Forderungsverzicht keine Gewinnauswirkung

1.2   Forderung gegenüber F

Auch hier stellt die Forderung Betriebsvermögen dar. Da der Erlass jedoch aus privaten Gründen – Skatbruderschaft – veranlasst ist, wird der Vorgang als Entnahme behandelt. Dabei geht die Rechtsprechung. davon aus, dass auch bei Gewinnermittlung nach § 4 Abs. 3 EStG wegen des Grundsatzes der Totalgewinnidentität wie bei der Gewinnermittlung nach § 4 Abs. 1 EStG Entnahmen gewinnerhöhend zu behandeln sind[463]. Hierbei wird nach § 6 Abs. 1 Nr. 4 S. 1 EStG die Entnahme nach ihrem Teilwert, der regelmäßig dem Nennbetrag – es sei denn die Werthaltigkeit sei eingeschränkt – entspricht, angesetzt[464]. D.h. zum Zeitpunkt der Entnahme – Geburtstag des F – sind 800 € als Betriebseinnahme gewinnerhöhend zu erfassen.

Hinweis: Das eben ausgeführte hinsichtlich der Entnahme gilt nicht für Geld, weil sein Zufluss bereits als Betriebseinnahme erfasst wurde und somit eine Entnahme eine irrelevante Gewinnverwendung darstellt bzw. das Geld ohne Fiktion einer Betriebsausgabe eingelegt wurde[465].

---

462 BFH, BStBl II 1975, S. 526.
463 BFH, BStBl II 1975, S. 526. Indirekt wird der Entnahmebegriff in § 4 Abs. 3 S. 4 EStG erwähnt, für die Gewinnermittlung selbst bleibt er aber in § 4 Abs. 3 S. 1 EStG unerwähnt – Eisgruber/Schallmoser, Einkommensteuerrecht, 2008, Rn. 26.
464 Heinicke in Schmidt, EStG Komm., 31. Aufl. 2012, § 4, Rn. 219 und 350. In umsatzsteuerlicher Hinsicht wäre § 3 Abs. 9a Nr. 2 UStG zu beachten. Insofern würde beim Unternehmer entsprechend Umsatzsteuer ausgelöst, die zusätzlich als Betriebsausgabe Gewinnauswirkung hat. Entsprechend der Aufgabenstellung ist hierauf jedoch nicht einzugehen, abgesehen davon, dass der Sachverhalt keine Angabe enthält, ob die Forderungshöhe nicht schon brutto zu verstehen ist.
465 BFH, BStBl II 1975, S. 526.

2 Gerichtskostenvorschuss des P

Da A seinen Gewinn zulässiger Weise gemäß § 4 Abs. 3 EStG ermittelt, stellt sich die Frage, ob es sich bei dem Gerichtskostenvorschuss um einen durchlaufenden Posten gemäß § 4 Abs. 3 S. 2 EStG handelt. Durchlaufende Posten sind solche Gelder, die im Namen und auf Rechnung eines Dritten verausgabt werden[466]. Da Schuldner des Gerichtskostenvorschusses gegenüber der Justiz nicht der Rechtsanwalt, sondern der von ihm vertretene Kläger, also P ist, werden diese Gelder von A im Namen und auf Rechnung des P gezahlt, so dass es sich um durchlaufende Posten handelt mit der Rechtsfolge, dass der A den Betrag von 500 € bei Erhalt nicht als Betriebseinnahme und bei Verausgabung nicht als Betriebsausgabe bei seinen Einkünften gemäß § 4 Abs. 3 S. 2 EStG erfassen muss, sie sind somit gewinnneutral[467].

3 Rechtsbehelf des A

3.1 Zulässigkeit des Einspruchs

Mit seinem Schreiben vom 8.10.2012 hat A die Schriftform des § 357 Abs. 1 AO gewahrt. Das Schreiben ist auch, da A angibt, durch was er sich i.S.v. § 350 AO beschwert fühlt, nämlich die Nichtberücksichtigung von Kosten für den Bezug der NJW, als Einspruch anzusehen. Dies gilt unabhängig davon, dass der Begriff „Einspruch" als solches nicht von A verwendet wurde (argumentum a majore ad minus aus § 357 Abs. 1 S. 4 EStG), da sich gemäß Auslegung[468] der Wille des A erkennen lässt, ein Rechtsbehelf einlegen zu wollen, zumal er in seinem zweiten Schreiben – v. 10.11.2012 – zusätzlich darlegt, dass er gegen die Entscheidung des Finanzamts auch vor Gericht vorgehen will, dafür ist es jedoch grundsätzlich Voraussetzung, das Einspruchsverfahren als Vorverfahren durchlaufen zu haben.

Eine schlichte Änderung nach § 172 Abs. 1 S. 1 Nr. 2 lit. a AO kommt nicht in Betracht, weil das Finanzamt im Schreiben v. 5.11.2012 gerade nicht erkennen lässt, dass es dem Begehren des A (uneingeschränkt) folgen möchte[469].

Der angefochtene Steuerbescheid war am 5.9.2012 zur Post gegeben worden. Grundsätzlich würde er nach § 122 Abs. 2 Nr. 1 AO am 8.9.2012 als zugegangen gelten, da dies jedoch ein Samstag war, ergibt sich aus § 108 Abs. 3 AO, dass er erst am darauf folgenden Montag, dem

---

466 Heinicke in Schmidt, EStG Komm., 31. Aufl. 2012, § 4, Rn. 388.
467 BFH/NV 1997, S. 290. BFH/NV 2013, S. 32 sieht hierin eine Betriebsein- bzw. -ausgabe, die lediglich keine Gewinnauswirkung habe.
468 Geimer, NWB 2009, S. 1664; Selbiges gilt gemäß § 96 Abs. 1 S. 2 HS. 2 FGO für das Klageverfahren hinsichtlich der Klageart – BFH/NV 2011, S. 991.
469 Grundsätzlich könnte aber der Steuerpflichtige auch einen solchen Antrag konkludent stellen – vgl. FG Köln, EFG 2007, S. 316.

10.9.2012 als zugegangen gilt[470]. Dass A den Bescheid tatsächlich vor der gesetzlichen Drei-tagesfiktion des § 122 Abs. 2 Nr. 1 AO, nämlich am 6.9.2012 erhielt, ist unbeachtlich, dies ergibt sich aus dem Gesetzeswortlaut „... *außer wenn er nicht oder zu einem späteren Zeit-punkt zugegangen ist ...*". Mithin war die Einspruchsfrist von einem Monat nach § 355 Abs. 1 AO gewahrt[471].

Damit liegt ein wirksamer Einspruch des A vor, der auf seine Begründetheit hin zu überprü-fen ist.

3.2 Begründetheit des Einspruchs

Hinsichtlich der formellen Rechtmäßigkeit des Steuerbescheides bestehen laut Sachverhalt keine Bedenken. Damit stellt sich die Frage nach der materiellen Rechtmäßigkeit des ange-griffenen Steuerbescheides sowie der Berechtigung der Finanzverwaltung, sowohl in mate-rieller wie in formeller Hinsicht den Steuerbescheid auch zu Lasten des A zu ändern.

Die Finanzverwaltung hat aufgrund des Einspruchs unabhängig vom Antrag des A nach § 367 Abs. 2 S. 1 AO im vollen Umfang den Fall zu prüfen. D.h. durch den Einspruch ist ein vollkommenes Aufrollen des Steuerfalls in tatsächlicher wie rechtlicher Hinsicht möglich.

Damit kann A unabhängig von der Bestimmung des § 173 Abs. 1 Nr. 2 AO auch die Kosten für die NJW noch geltend machen, bei denen es sich wegen eines mehrfachen Veranlas-sungszusammenhangs grundsätzlich sowohl hinsichtlich seiner Tätigkeit nach § 19 Abs. 1 Nr. 1 EStG um Werbungskosten – Arbeitsmittel gemäß § 9 Abs. 1 S. 3 Nr. 6 EStG – als auch um Betriebsausgaben nach § 4 Abs. 4 EStG bei seinen Einkünften gemäß § 18 Abs. 1 Nr. 1 EStG handelt. Stehen Aufwendungen zu verschiedenen Einkunftsarten des Steuerpflichtigen im Zusammenhang, ist ggf. eine Aufteilung im Schätzungswege vorzunehmen. Die Schät-zung erfolgt nicht nach dem Verhältnis der Höhe der Einnahmen bzw. Betriebseinnahmen, sondern nach objektiven Gesichtspunkten des Veranlassungszusammenhangs. Ist eine solche Schätzung nicht möglich, sind sie bei der Einkunftsart abzuziehen, zu der sie die engere wirtschaftliche Beziehung aufweisen[472]. Den engeren wirtschaftlichen Bezug weist die Auf-

---

470 Der BFH hat unter Aufgabe seiner bisherigen Rspr. durch Urt. v. 14.10.2003 – IX R 68/98, BStBl II 2003, S. 898 – abgeleitet aus der gesetzlichen Regelung des § 108 Abs. 3 AO entschieden, dass sich die Dreitagesfrist zwischen Aufgabe eines Verwaltungsakts zur Post und seiner vermutlichen Bekanntgabe (§ 122 Abs. 2 Nr. 1 AO), wenn das Fristende auf einen Sonntag, gesetzlichen Feiertag oder Sonnabend fällt, bis zum nächstfolgen-den Werktag verlängert (vgl. auch BFH/NV 2011, S. 1845). Wird jedoch ein Steuerbescheid mit der Post übermittelt und wird die betreffende Postsendung später als drei Tage nach Absendung in den Hausbriefkasten des Empfängers eingeworfen, so beginnt die Einspruchsfrist am Tag des Einwurfs. Das gilt auch dann, wenn der Empfänger des Steuerbescheides ein Unternehmen ist, der Einwurf an einem Sonnabend erfolgt und in dem betreffenden Unternehmen sonnabends nicht gearbeitet wird (BFH, NJW 2006, S. 1615; Apitz, StBp 2006, S. 241). Die Zugangsvermutung nach § 122 Abs. 2 Nr. 1 AO ist auch dann widerlegt, wenn ein Rechts-anwalt oder Steuerberater bestreitet, den Steuerbescheid seines Mandanten erhalten zu haben. Dies gilt selbst dann, wenn er kein Fristenkontrollbuch führt (BFH, BStBl II 2005, S. 623; Plewka/Klümpen-Neusel, NJW 2006, S. 882). Bei atypisch langem Postlauf trifft den Empfänger aber die entsprechende Beweislast hierfür (BFH/NV 2011, S. 1845). Hinsichtlich des Adressaten des Steuerbescheides ist nach der Eröffnung des Insol-venzverfahrens der Bescheid nicht mehr an den Schuldner sondern den Insolvenzverwalter zu richten – vgl. § 80 Abs. 1 InsO – FG Berlin, EFG 2005, S. 1362. Für die förmliche Zustellung gilt ansonsten gemäß § 1 Abs. 1 VwZG das Verwaltungszustellungsgesetz des Bundes. Es steht im Ermessen der Finanzverwaltung, die Form zu wählen, wie sie den Bescheid an den Steuerpflichtigen übermittelt (BFH/NV 2007, S. 651).
471 BFH/NV 2002, S. 1409.
472 Loschelder in Schmidt, EStG Komm., 31. Aufl. 2012, § 9, Rn. 80.

wendungen mit den Einkünften gemäß § 18 Abs. 1 Nr. 1 EStG auf, da laut Sachverhalt das Studium der NJW vornehmlich der Bearbeitung seiner Mandate außerhalb des Angestelltenverhältnisses dient.

Mithin sind die 300 € für den Bezug der NJW als Betriebsausgaben bei den Einkünften gemäß § 18 Abs. 1 Nr. 1 EStG zu berücksichtigen.

Hinweis: Bei einer Änderung gemäß § 173 Abs. 1 Nr. 2 AO liegt auch ein grobes Verschulden des Steuerpflichtigen – Vorsatz und grobe Fahrlässigkeit[473] – wenn er bei einem überschaubaren Sachverhalt, hier nur wenige Betriebsausgaben, Angaben unterlässt; eine berufliche Anspannung ist insofern unbeachtlich[474].

Nach H 12.1 – Kleidung und Schuhe – EStH sind nur solche Kleidungsstücke als typische Berufskleidung[475] anzusehen und damit die Aufwendung für ihre Anschaffung als Betriebsausgabe absetzbar, bei denen die private Nutzung quasi ausgeschlossen ist. Dies ist bei uniformartigen Kleidungsstücken der Fall. Gleiches gilt nach der Rechtsprechung hinsichtlich Schuhen. Bei normaler bürgerlicher Kleidung, wie Halbschuhen, die kein Uniformmerkmal aufweisen, ist es unerheblich, dass diese auch oder ausschließlich bei der betrieblichen Tätigkeit getragen werden[476]. Die Kosten für das Tragen von Schuhen ist vielmehr Ausfluss der normalen Kosten für die allgemeine Lebensführung nach § 12 Nr. 1 EStG, zu denen es gehört, sich zu kleiden[477]. Eine Aufteilung nach der Tragezeit während und nach Feierabend verbietet sich schon aus dem Aufteilungsverbot nach § 12 Nr. 1 EStG bzw. aus der gesetzgeberischen Grundentscheidung heraus, dass nur typische Berufskleidung insofern steuerlich berücksichtigungsfähig ist. Damit können die Kosten für die Halbschuhe nicht als Betriebsausgaben nach § 4 Abs. 4 EStG geltend gemacht werden[478].

Fraglich ist, ob die Finanzverwaltung tatsächlich gemäß § 173 Abs. 1 Nr. 1 AO insofern berechtigt wäre, ihre fehlerhafte ursprüngliche rechtliche Beurteilung zu korrigieren. Voraussetzung sind hierfür neue Tatsachen oder Beweismittel. Tatsache im Sinne dieser Vorschrift ist alles, was Merkmal oder Teilstück eines gesetzlichen Steuertatbestandes sein kann, also Zustände, Vorgänge, Beziehungen und Eigenschaften materieller oder immaterieller Art[479]. Beweismittel sind beispielsweise Urkunden, Auskünfte etc[480]. Keine Tatsachen bzw. Beweismittel in diesem Sinne sind Schlussfolgerungen aller Art, insbesondere juristische Subsumtionen[481]. A hatte aber den Sachverhalt selbst in seiner Steuererklärung offen gelegt. Nunmehr hat die Finanzverwaltung lediglich eine andere steuerrechtliche Bewertung vorgenommen. Damit kann der Betriebsausgabenabzug insofern nicht korrigiert werden.

---

473 Rüsken in Klein, AO Komm., 11. Aufl. 2012, § 173, Rn. 112.
474 BFH/NV 1999, S. 743.
475 Bei den Überschusseinkunftsarten enthält § 9 Abs. 1 S. 3 Nr. 6 S. 1 EStG eigens die Erwähnung der Berufskleidung. Dieser Grundgedanke ist auch entsprechend auf die Betriebsausgaben übertragbar.
476 BFH, BStBl II 1991, S. 751; FG Berlin-Brandenburg, Urt. v. 31.5.2011 – 10 K 10202/09 – Haufe-Index 3227805.
477 BFH/NV 2005, S. 1792; BFH, BStBl III 1958, S. 117; BFH, BStBl II 1980, S. 75; BFH GrS, BFH/NV 2010, S. 285; BMF, BStBl I 2010, S. 614, Rn. 4.
478 Vgl. auch die Ausführungen bei Klausur 2. Verfehlt wäre es hier, zu argumentieren, dass es sich um gewillkürtes Betriebsvermögen handle, denn dies entbindet nicht von der Prüfung des § 12 Nr. 1 EStG (BFH, BStBl II 1973, S. 477) – vgl. auch Heinicke in Schmidt, EStG Komm., 31. Aufl. 2012, § 4, Rn. 150 objektiver betrieblicher Zusammenhang muss beweisbar sein.
479 BFH, BStBl II 1993, S. 569.
480 Rüsken in Klein, AO Komm., 11. Aufl. 2012, § 173, Rn. 40.
481 Rüsken in Klein, AO Komm., 11. Aufl. 2012, § 173, Rn. 22; BFH, BStBl II 1993, S. 569.

Der Finanzverwaltung ist jedoch im Zuge des Einspruchverfahrens über § 367 Abs. 2 S. 2 AO auch eine Verböserung möglich. Diese steht wegen des Grundsatzes der Gesetzmäßigkeit der Steuerverwaltung gemäß § 85 AO nicht im Ermessen der Behörde, lediglich ist Voraussetzung dafür, dass A nach § 367 Abs. 2 S. 2 AO unter Angabe von Gründen hierauf hingewiesen und ihm Gelegenheit zur Stellungnahme gegeben wurde[482]. Der Einspruchführer soll damit die Gelegenheit erhalten, den Einspruch zurückzunehmen und hiermit die Verböserung abzuwenden[483]. Nicht erforderlich ist, dass die Finanzbehörde den Einspruchsführer darauf hinweist, dass er durch Einspruchsrücknahme der Verböserung entgeht[484]. Die Finanzbehörde kann dem Einspruchsführer allerdings nicht unter Berufung auf Treu und Glauben eine Rücknahme des Einspruchs versagen in der Absicht, eine Verböserung durchführen zu können[485]. Unterbleibt der vorherige Hinweis, so hat das FG den Steuerpflichtigen von der Belastung durch die Verböserung freizustellen[486].

Da der Einspruch von A nicht zurückgenommen wurde, trotz Ankündigung der Verböserung, kann mithin im Zuge einer Verböserung der ursprünglich gewährte Betriebsausgabenabzug in Höhe von 300 € wieder gestrichen werden.

Damit ergibt sich für A per saldo durch den Einspruch eine steuerliche Auswirkung von 0 €.

4   Abtretung von Steuererstattungsansprüchen

Insbesondere Rechtsanwälten ist es nach § 46 Abs. 4 S. 1 AO nicht gestattet, zur Begleichung ihrer Honorarforderungen sich geschäftsmäßig Steuererstattungsansprüche und Steuervergütungsansprüche ihrer Mandanten abtreten zu lassen. Dies ist Rechtsanwälten auch untersagt, wenn dies nur zur Sicherung ihrer Honorarforderungen geschieht, wobei jedoch vereinzelte Abtretungen nicht ausreichen sollen[487]. Denn Geschäftsmäßigkeit ist ein selbständiges Tätigwerden mit Wiederholungsabsicht[488]. Dies wird stets zu bejahen sein bei gewissen organisatorischen Maßnahmen wie die Verwendung eigens hierfür vorbereiteter Formulare, wie bei A, allerdings müssen solche Vorkehrungen nicht stets vorliegen, um zur Bejahung der Geschäftsmäßigkeit zu gelangen. Selbst ein einzelner Erwerb bei Vorliegen der entsprechenden Absicht der Wiederholung kann genügen, wobei eine Mehrzahl solcher je-

---

482   Unterbleibt die Anhörung, so ist dies unschädlich, wenn auch bei erfolgter Rücknahme des Einspruchs noch
      eine Änderung möglich gewesen wäre – vgl. BFH/NV 2006, S. 1179, Tipke in Tipke/Kruse, AO und FGO
      Komm., Losebl., § 367 AO, Rn. 27. § 367 Abs. 2 S. 2 AO ist jedoch auf Änderungen des angefochtenen
      Steuerbescheides während des Einspruchverfahrens nach § 132 AO i.V.m. § 164 Abs. 2 AO entsprechend an-
      zuwenden, wenn die Änderungsmöglichkeit nur deshalb besteht, weil die Festsetzungsfrist durch den Ein-
      spruch gemäß § 171 Abs. 3a AO in ihrem Ablauf gehemmt ist – BFH, BStBl II 2009, S. 587.
483   BFH/NV 2008, S. 730.
484   Tipke in Tipke/Kruse, AO und FGO Komm., Losebl., § 367 AO, Rn. 30.
485   BFH, Urt. v. 5.11.2009 – IV R 40/07- NWB 2009, S. 408.
486   BFH/NV 2012, S. 1630.
487   BFH/NV 1989, S, 210; Lipsky in Franzen/Gast/Joecks, Steuerstrafrecht, 7. Aufl. 2009, § 383, Rn. 10; Baum
      NWB 2012, S. 3167, 3172.
488   BFH, DB 2005, S. 1257; Webel, SteuerStud, Beilage 3/2006, S. 31.

doch regelmäßig von Bedeutung ist[489]. Da Bei A mithin eine entsprechende Wiederholungsabsicht feststellbar ist, verstößt sein Verhalten gegen § 46 Abs. 4 S. 1 AO. Ein Verstoß gegen
dieses Verbot macht die Abtretung nichtig[490].

Damit hat A gleichzeitig vorsätzlich eine Ordnungswidrigkeit gemäß § 383 AO begangen[491].

Da bei der Gewinnermittlung gemäß § 4 Abs. 3 EStG das Zuflussprinzip des § 11 Abs. 1
EStG gilt, hat jedoch die erfolgte Abtretung allein deshalb schon keine Gewinnauswirkung.

B   Einkommensteuer 2012

1   Einkunftsart

Fraglich ist, ob A mit seiner Inkassotätigkeit einen Katalogberuf i.S.v. § 18 Abs. 1 Nr. 1 EStG
als Rechtsanwalt ausübt. Ob A als Rechtsanwalt zugelassen ist, ist insofern irrelevant, vielmehr kommt es auf seine konkrete Tätigkeit im Veranlagungszeitraum 2012 an. D.h. er muss
eine für einen Rechtsanwalt typische Tätigkeit ausüben. Nach § 3 BRAO ist die Gewährung
rechtlichen Beistands, gleichgültig ob gerichtlich oder außergerichtlich, ausschlaggebend für
die steuerliche Einordnung als Freiberufler. Anwaltsfremde Tätigkeiten sind insofern unschädlich, wenn sie in einem engen Zusammenhang mit der typischen anwaltlichen Tätigkeit
stehen. Tritt die Rechtsberatung und Rechtsvertretung jedoch gänzlich in den Hintergrund, so
ist keine Tätigkeit i.S.v. § 18 Abs. 1 Nr. 1 EStG mehr gegeben. Letzteres ist bei der Tätigkeit
des A der Fall, weil er keine juristische Prüfung der Forderung auf ihren Bestand hin vornimmt. Damit übt A nicht den Katalogberuf eines Rechtsanwalts i.S.v. § 18 Abs. 1 Nr. 1
EStG im Jahr 2012 aus[492].

Da der A auch vollautomatisiert das Mahnverfahren betreibt, verliert seine Dienstleistung das
Merkmal der persönlichen Arbeitsleistung (Stempel der Eigenpersönlichkeit), so dass auch
keine sonstige selbständige Tätigkeit i.S.v. § 18 Abs. 1 Nr. 3 EStG vorliegt[493].

Mithin liegen bei A insofern gewerbliche Einkünfte gemäß § 15 Abs. 1 Nr. 1, Abs. 2 EStG im
Jahr 2012 vor, denn § 15 EStG ist insofern lex generalis gegenüber § 18 EStG.

---

489 Ratschow in Klein, AO Komm, 11. Aufl. 2012, § 46, Rn. 29; Ax/Große/Melchior/Lotz/Ziegler, Abgabenord-
     nung und Finanzgerichtsordnung, 20. Aufl. 2010, Rn. 3049; Lipsky in Franzen/Gast/Joecks, Steuerstrafrecht,
     7. Aufl. 2009, § 383, Rn. 10.
490 BFH/NV 2005, S. 1969.
491 Gehm, Kompendium Steuerstrafrecht, 2012, S. 229ff.
492 BFH/NV 2012, S. 1959.
493 BFH/NV 2012, S. 1959.

2   Umzugskosten

2.1   Beförderungskosten Umzugsgut/Maklergebühr für neue Mietwohnung/Miete der neuen Wohnung in M

Die Umzugskosten könnten gemäß § 4 Abs. 4 EStG im Zusammenhang mit den Einkünften aus Gewerbebetrieb stehen und daher als Betriebsausgaben einkünftemindernd Berücksichtigung finden. Es gelten dabei die Grundsätze wie beim Umzug eines Arbeitnehmers[494]. Grundsätzlich gehören Kosten des Wohnungswechsels zu den nicht abziehbaren Kosten der privaten Lebensführung (§ 12 Nr. 1 EStG)[495]. Kosten einer doppelten Haushaltsführung i.S.v. § 4 Abs. 5 Nr. 6 S. 2 i.V.m. § 9 Abs. 1 S. 3 Nr. 5 EStG liegen wegen der Aufgabe der ursprünglichen Wohnung nicht vor[496]. Die private Veranlassung kann aber nach herkömmlicher Meinung zurücktreten, wenn der Umzug

- aus Anlass eines Arbeitsplatzwechsels erfolgen musste (Arbeitnehmer muss vor Ort wohnen z.B. Hausmeister) – hierfür liegen keine Anhaltspunkte im Sachverhalt vor – oder

- der Zeitaufwand durch den Umzug für die arbeitstägliche Fahrt zwischen Wohnung und Arbeitsstätte erheblich gemindert wird. Letzteres ist bei einer täglichen Zeitersparnis wie hier von mindestens einer Stunde (Hin- und Rückfahrt addiert) gegeben,

wobei als erstattungsfähig die Kosten angesehen werden, welche auch das Bundesumzugskostenrecht berücksichtig[497].

Nach herkömmlicher Meinung wären dies im Fall die Beförderungskosten für das Umzugsgut (§ 6 BUKG) – mithin 3.000 € – und die Maklergebühren für die Mietwohnung (§ 9 BUKG)[498] – mithin weitere 1.200 € – als Betriebsausgaben abzugsfähig. Nicht abziehbar sind die Mietkosten für die neue Wohnung in M (§ 8 Abs. 2 i.V.m. Abs. 3 BUKG greift nicht)[499].

---

494 Heinicke in Schmidt, EStG Komm., 31. Aufl. 2012, § 4, Rn. 520 – Umzugskosten.

495 Hieran hat die Rspr. des GrS des BFH, BStBl II 2010, S. 672 m.E. nichts geändert, da es grundsätzlich an Anknüpfungspunkten für eine schätzungsweise Aufteilung nach einem beruflichen und privat veranlassten Kostenteil fehlt. D.h. das Kriterium der Abgrenzbarkeit ist nicht gegeben – vgl. Fischer, NWB 2010, S. 412. Mittlerweile hat dies der BFH auch in Bezug auf Reisekosten bestätigt – vgl. BFH/NV 2010, S. 880.

496 Loschelder in Schmidt, EStG Komm., 31. Aufl. 2012, § 9, Rn. 141. Auch in Fällen, in denen der Arbeitnehmer zuvor aus privaten Gründen vom Arbeitsort weggezogen ist, dürfen die Kosten der doppelten Haushaltsführung geltend gemacht werden (Wegzugsfälle) – BFH, BStBl II 2009, S. 1012; BFH, BStBl II 2009, S. 1016.

497 BFH, BStBl II 1992, S. 494; BFH, BStBl II 1982, S. 595; BFH/NV 2006, S. 1086; R 9.9 LStR 2008; H 9.9 LStH. Als außergewöhnliche Belastung sind Umzugskosten im Regelfall auch nicht berücksichtigungsfähig – vgl. Loschelder in Schmidt, EStG Komm., 31. Aufl. 2012, § 33, Rn. 35 – Umzug; H 33.1-33.4 – Umzug – EStH.

498 Maklergebühren für die Anschaffung einer Eigentumswohnung wären weder als Werbungskosten noch als außergewöhnliche Belastungen gemäß § 33 EStG abziehbar – vgl. BFH, BStBl II 1995, S. 895; BFH, BStBl II 2000, S. 476.

499 Grundsätzlich könnte aber noch die Pauschale des § 10 BUKG geltend gemacht werden, vgl. BFH/NV 2006, S. 1086. Zur Erhöhung dieses Pauschbetrages siehe BMF, BStBl I 2008, S. 1076. Vgl. auch BMF, BStBl I 2010, S. 767 sowie nunmehr BMF, BStBl I 2011, S. 43 bzw. BMF, BStBl I 2012, S. 262, sowie Finanztest 1/2013, S. 67.

Hinweis: Angemerkt sei aber, dass der BFH[500] bei einem Familiennachzug eine Arbeitnehmers entschieden hat, dass zusätzliche Mietaufwendungen Werbungskosten sein können. Hierbei können für die bisherige Familienwohnung die Mietzahlungen als Werbungskosten ab dem Zeitpunkt des Umzugs geltend gemacht werden – beschränkt bis zum frühestmöglichen Zeitpunkt der ordentlichen Kündigung und die Kosten für die neue Wohnung bis zum Zeitpunkt des Familienumzugs (vgl. auch § 8 BUKG)[501]. Ein solcher Fall des Familienumzugs bei zwei Mietverhältnissen liegt hier aber nicht vor.

Ein Beamter kann auch nicht, wenn ihm gemäß § 8 Abs. 3 BUKG nicht die Kosten für den Leerstand seiner Eigentumswohnung als sog. Mietentschädigung durch den Dienstherren ersetzt werden, diese Kosten als Werbungskosten geltend machen, da kein Abfluss feststellbar ist und allein der Verzicht auf Einnahmen nicht zu Werbungskosten führt[502].

Nicht abzugsfähig wären ebenfalls nach R 9.9 Abs. 2 S. 1 LStR die Maklergebühren beim Kauf einer Eigentumswohnung bzw. Hauses am neuen Wohnort.

2.2   Verlust bei der Veräußerung der Eigentumswohnung

2.2.1   Betriebsausgaben bei Einkünften aus Gewerbebetrieb

Wie bereits ausgeführt, wurden schon nach herkömmlicher Auffassung nicht alle Kosten für einen berufsbedingten Umzug berücksichtigt, sondern das BUKG entsprechend herangezogen. Die Veräußerung der Eigentumswohnung wird demgegenüber grundsätzlich der privaten Vermögenssphäre zugeordnet, so dass hinsichtlich der Einkünfte nach § 15 EStG der gemäß § 4 Abs. 4 EStG erforderliche wirtschaftliche Zusammenhang fehlt[503]. Damit kann der Verlust bei der Veräußerung der Eigentumswohnung nicht bei den gewerblichen Einkünften des A als Betriebsausgabe Berücksichtigung finden.

2.2.2   Berücksichtigungsfähigkeit bei Einkünften nach §§ 22 Nr. 2, 23 EStG

Geschäfte der privaten Vermögenssphäre können ggf. nach §§ 22 Nr. 2, 23 EStG der Einkommensteuer unterliegen. Grundsätzlich liegt hier zwar ein Veräußerungsgeschäft vor, das in die Zehnjahresfrist des § 23 Abs. 1 S. 1 Nr. 1 S. 1 EStG fällt, da jedoch die Eigentumswohnung zwischen Anschaffung und Veräußerung ausschließlich zu eigenen Wohnzwecken genutzt wurde, greift die Ausnahmeregelung des § 23 Abs. 1 S. 1 Nr. 1 S. 3 EStG, so dass es sich diesbezüglich um keinen steuerbaren Vorgang nach § 23 Abs. 1 S. 1 Nr. 1 EStG handelt[504]. Somit liegt kein Verlust i.S.v. § 23 Abs. 3 S. 1 EStG vor, der ggf. steuerlich berücksichtigt werden könnte.

---

500 BFH, BStBl II 2012, S. 104.
501 Vgl. hierzu auch Hilbert, NWB 2011, S. 3676.
502 BFH, Urt. v. 19.4.2012 – VI R 25/10 – BFH/PR 2012, 338; Es wird aber auch vertreten, dass für die alte Wohnung anfallende Heizungs- und Versicherungskosten abziehbar seien – vgl. Finanztest 2012/10, S. 52.
503 BFH, BStBl II 2000, S. 476; BFH/NV 2007, S. 896.
504 Zwangsläufiges Leerstehen vor Veräußerung ist unschädlich – Weber-Grellet in Schmidt, EStG Komm., 31. Aufl. 2012, § 23, Rn. 18; BMF, BStBl I 2000, S. 1383, Rn. 25; Martini/Valta, Fallsammlung zum Steuerrecht, 2011, S. 199f. Die Begünstigung des § 23 Abs. 1 S. 1 Nr. 1 S. 3 EStG soll grade den Begebenheiten

2.3 Renovierungskosten für die neue Wohnung

Die Kosten für die Renovierung der Wohnung stehen in einem unmittelbaren Zusammenhang mit dem Unterhalten einer Wohnung. Hierbei handelt es sich grundsätzlich um Kosten der privaten Lebensführung i.S.v. § 12 Nr. 1 EStG. Selbst wenn der Umzug beruflich veranlasst ist, so greifen bei den Renovierungskosten die beruflichen und privaten Veranlassungsbeiträge derart ineinander, dass auch keine schätzungsweise Aufteilung möglich ist, d.h. eine für eine Schätzung gemäß § 162 AO erforderliche Abgrenzbarkeit ist hier nicht ersichtlich. Insofern können die Kosten für die Renovierung der Wohnung auch nicht teilweise als Betriebsausgaben geltend gemacht werden[505].

Hinweis: Es gibt keinen Grundsatz, dass sich die Steuerverwaltung stets zumindest auf eine Anerkennung von 50 % der Aufwendungen als beruflich veranlasst einlassen müsste, wenn keine objektiven Aufteilungsmaßstäbe ersichtlich sind[506].

2.4 Verlust der Einbauküche

Der Verlust der Küche wäre nur dann der betrieblichen Sphäre des A zuzuordnen, wenn er diese in sein Betriebsvermögen i.S.v. § 4 Abs. 1 S. 5 EStG eingelegt hätte. Einlagen sind grundsätzlich wegen des Grundsatzes der Totalgewinnidentität auch bei Personen möglich, die ihren Gewinn nach § 4 Abs. 3 EStG ermitteln[507], wie dies auch für Entnahmen gilt – bereits unter Punkt A.1. dargelegt. Da es sich hier aber um ein Wirtschaftsgut handelt, das typischer Weise privat genutzt wird, sind an die Einlagehandlung strenge Anforderungen zu stellen. D.h. es muss eine entsprechende Widmung für den betrieblichen Bereich vorliegen, die äußerlich erkennbar und in objektiv nachprüfbarer Weise dokumentiert ist. Eine solche Widmung ist hier nicht erkennbar, so dass der Verlust des Wirtschaftsgutes nicht der betrieblichen Sphäre zuzuordnen ist[508].

Fraglich ist, ob A aber die Wiederbeschaffungskosten für die Küche als außergewöhnliche Belastung nach § 33 EStG geltend machen kann. Hätte A eine Hausratsversicherung besessen, müsste er nunmehr die Wiederbeschaffungskosten nicht selbst tragen. Insofern sind diese Kosten bereits nicht i.S.v. § 33 Abs. 2 EStG zwangsläufig, so dass er sie auch nicht als außergewöhnliche Belastungen steuermindernd geltend machen kann[509].

---

eines Arbeitsplatzwechsels Rechnung tragen. Daher greift die Vorschrift nicht, wenn einzelne Teile des Grund- und Bodens verkauft werden, aber die Wohnung beibehalten wird – vgl. BFH, BStBl II 2011, S. 867.
505 BFH/NV 2012, S. 1956.
506 BFH/NV 2012, S. 1973.
507 BFH, BStBl II 1975, S. 526.
508 BFH/NV 2012, S. 1956.
509 BFH, BStBl II 2004, S. 47. Zur Möglichkeit Aufwendungen für die Wiederbeschaffung bei Verlust oder im Rahmen einer Schadensbeseitigung als außergewöhnliche Belastungen geltend zu machen, vgl. R 33.2 EStR ansonsten geht das BMF aber im Hinblick auf die Hochwasserkatastrophe des Jahres 2002 davon aus, dass eine fehlende Hochwasserversicherung dem Steuerpflichtigen nicht entgegengehalten werden könne – siehe BMF, BStBl I 2002, S. 254, Tz. VI.

3   Gemeinschaftskanzlei mit X

Nach § 15 Abs. 3 Nr. 1 EStG gilt die sog. Abfärbetheorie[510]. Danach wird die mit Einkünfteerzielungsabsicht unternommene Tätigkeit einer Personengesellschaft im vollen Umfang als
Gewerbebetrieb klassifiziert, wenn auch nur ein Teil der Tätigkeit gewerblich i.S.v. § 15 Abs.
1 Nr. 1 EStG bzw. § 15 Abs. 1 Nr. 2 EStG ist[511]. Da dieser gewerbliche Anteil nicht unerheblich mit 20 % des Gesamtumsatzes ist, ist die gesamte Tätigkeit als gewerblich zu betrachten
und löst folglich Gewerbesteuer nach § 2 Abs. 1 S. 2 GewStG aus.

Hinweis: Eine gemischte Tätigkeit (selbständige Arbeit und gewerbliche Einkünfte) ist demgegenüber bei Einzelpersonen grundsätzlich bei Aufteilbarkeit getrennt zu behandeln[512].

---

510 Zur Abfärbetheorie bei Freiberuflern: Söffing, DB 2006, S. 2479.
511 Strahl, NWB, F. 3, S. 13417; BFH/NV 2005, S. 129; BFH/NV 2009, S. 1429. In der Rspr. ist momentan
     strittig, ob auch eine ganz geringe gewerbliche Tätigkeit die Abfärbungswirkung hervorruft oder nicht. BFH,
     BStBl II 1998, S. 254 geht davon aus, dass die Abfärbung unabhängig vom Umfang der gewerblichen Tätig-
     keit eintritt, a.A. BFH, BStBl II 2000, S. 229; BFH/NV 2004, S. 954 siehe in diesem Zusammenhang auch
     BFH, BStBl II 2009, S. 642. H 15.8 (5) – Geringfügige gewerbliche Tätigkeit – EStH geht davon aus, dass bei
     einer Betätigung von 1,25 % der Gesamtumsätze die Umqualifizierung nicht greife. Martini/Valta, Fallsamm-
     lung zum Steuerrecht, 2011, S. 32, Fn. 10 sehen die Bagatellgrenze bei 2-3 % des Umsatzes und absolut Ein-
     nahmen in Höhe des Gewerbesteuerfreibetrags nach § 11 Abs. 1 S. 3 Nr. 1 GewStG. Das FG Schleswig-
     Holstein – Urt. v. 25.8.2011, 5 K 38/08 – NWB 2011, S. 4080 sieht bei einem gewerblichen Umsatz von mehr
     als 5 % keinen geringen Anteil, der gegen das Greifen der Abfärberegelung spräche. Ebenso stelle der gewer-
     besteuerliche Freibetrag nach § 11 Abs. 1 S. 3 Nr. 1 GewStG keine absolute Geringfügigkeitsgrenze in diesem
     Zusammenhang nach Ansicht des FG Schleswig-Holstein dar. Nach BFH, BStBl II 2007, S. 378 greift die Ab-
     färbewirkung nicht, wenn gewerbliche Einkünfte lediglich im Sonderbereich eines Gesellschafters erzielt wer-
     den. Grundsätzlich kann ein Gesellschafter nur mit einer gewerblichen Tätigkeit die Personengesellschaft infi-
     zieren, wenn er diese auf deren Rechnung ausübt (Wacker in Schmidt, EStG Komm., 31. Aufl. 2012, § 15, Rn.
     185). Durch das Jahressteuergesetz 2007 wurde die Abfärbetheorie auf Einkünfte gemäß § 15 Abs. 1 Nr. 2
     EStG erweitert. Inwiefern die gemischte Tätigkeit berufsrechtlich zulässig ist, vgl. BGH, NJW 2008, S. 517.
     Bezüglich dieser Frage für Steuerberater vgl. Gebhardt, NWB 2011, S. 1892.
512 H 15.6 – gemischte Tätigkeit – EStH. Betreuen ein selbständiger Ingenieur und ein bei ihm angestellter Inge-
     nieur jeweils einzelne Aufträge und Projekte eigenverantwortlich und leitend, ist im Schätzungsweg eine Auf-
     teilung der Einkünfte bezüglich solcher nach § 18 EStG vom Ingenieur selbst abgewickelter Aufträge und be-
     züglich der vom Angestellten abgewickelten Projekte nach § 15 EStG vorzunehmen – BFH, NJW 2009,
     S. 462.

4   Rechtsgutachten des G

Steuerforderungen, welche Insolvenzforderungen sind, d.h. deren Rechtsgrund zum Zeitpunkt der Eröffnung des Insolvenzverfahrens gelegt war, sind zur Tabelle beim Insolvenzverwalter anzumelden. Damit hat das Finanzamt die Steuerforderung gegenüber dem A, die
aus der Zeit vor Insolvenzeröffnung herrührt, bei E zur Tabelle anzumelden. Wird diese Forderung nach § 179 InsO vom Insolvenzverwalter oder einem Insolvenzgläubiger bestritten,
so kann die Finanzverwaltung nach § 251 Abs. 3 AO i.V.m. § 185 InsO den Anspruch durch
Feststellungsbescheid feststellen. Gegen diesen Bescheid ist ausschließlich der Finanz-
rechtsweg eröffnet, so dass der E nunmehr am Zug wäre, sich gegen den Bescheid des Finanzamtes zu wehren. Tut er dies nicht, wächst insofern die Feststellung zur Insolvenztabelle
in Bestandskraft. Dem Finanzamt ist es jedoch verwehrt, nach Eröffnung des Insolvenzverfahrens bis zum Prüfungstermin Steuern, die zur Insolvenztabelle anzumelden sind, mittels
Steuerbescheides festzusetzen[513]. Ist eine Eintragung der Steuerforderung zur Insolvenztabelle gemäß § 178 Abs. 3 InsO erfolgt, so hat auch diese die Wirkung einer behördlichen Feststellung und kann nur unter den Voraussetzungen des § 130 AO geändert werden[514].

Masseforderungen – also solche, die gemäß § 53 InsO vorweg aus der Masse zu befriedigen
sind – sind demgegenüber durch Steuerbescheid festzusetzen[515]. Insbesondere sind Masseverbindlichkeiten Steuerforderungen die sich aus Rechtsgeschäften ergeben, die der Insolvenzverwalter E zur Verwertung der Insolvenzmasse tätigt. Der Bescheid muss sich sodann
gegen den Insolvenzverwalter als Partei Kraft Amtes richten[516]. Die Finanzbehörde kann
grundsätzlich wegen Masseforderungen in die Insolvenzmasse vollstrecken. Dies ergibt sich
daraus, dass diese Forderungen gemäß § 53 InsO grundsätzlich vorab aus der Masse befrie-
digt werden müssen, es sei denn der Insolvenzverwalter erklärt Masseunzulänglichkeit nach
§ 208 InsO, denn dann ergibt sich, Vollstreckung gemäß § 210 InsO verboten ist[517]. Steuerforderungen, die ein starker vorläufiger Insolvenzverwalter begründet hat, sind nach § 55
Abs. 2 InsO Masseverbindlichkeiten, selbiges gilt gemäß § 55 Abs. 4 InsO bei durch einen
schwachen vorläufigen Insolvenzverwalter begründete Steuerforderungen (Trottner, NWB
2012, S. 920, 921; Riewe, NWB 2013, S. 135, 140f).

Hinweis: Nach § 14 Abs. 2 Nr. 7 BRAO ist die Rechtsanwaltszulassung bei Vermögensver-
fall zu widerrufen, so dass A diese zu verlieren droht. Selbiges gilt nach § 46 Abs. 2 Nr. 4
StBerG für die Zulassung als Steuerberater[518].

Das Finanzamt kann hinsichtlich rückständiger Steuerforderungen wie jeder Gläubiger bezüglich seiner Forderungen beim Insolvenzgericht die Eröffnung des Insolvenzverfahrens
beantragen. Die Entscheidung stellt zwar nach teilweise vertretener Meinung keinen Verwaltungsakt dar, der Steuerschuldner kann sich jedoch gegen die Weigerung des Finanzamtes auf
Rücknahme des Antrags vor dem FG zur Wehr setzen (mittels Leistungsklage nach teilweise

---

513   BFH, BStBl II 2005, S. 246; Hagen, StBp 2005, S. 87.
514   BFH/NV 2012, S. 711 bzw. BFH, BStBl II 2012, S. 298.
515   BFH/NV 2012, S. 148; BFH, BStBl II 2011, S. 996.
516   Brockmeyer in Klein, AO Komm., 11. Aufl. 2012, § 251, Rn. 22.
517   Brockmeyer in Klein, AO Komm., 11. Aufl. 2012, § 251, Rn. 23.
518   BFH/NV 2005, S. 250; BFH/NV 2006, S. 371; BFH/NV 2006, S. 373; BFH/NV 2006, S. 375; BFH/NV 2006,
      S. 621; BFH/NV 2009, S. 972.

vertretener Ansicht mittels Anfechtungsklage) und die Entscheidung des Finanzamts auf Ermessensfehler hin überprüfen lassen[519]. D.h. stellt das Finanzamt den Insolvenzantrag bezüglich eines Steuerschuldners, so kann dieser – nach teilweise vertretener Meinung als schlichtes hoheitliches Handeln – nur durch die Finanzgerichte nicht aber durch die Insolvenzgerichte überprüft werden[520]. Die Steuerforderung ist hierbei vom Finanzamt glaubhaft zu machen. Dies ist regelmäßig geschehen, wenn eine nicht bestrittene Steuerforderung nicht beglichen wurde[521]. Fehlende Bestandskraft einer Steuerfestsetzung begründet jedoch noch nicht per se einen Ermessensfehler[522].

Nach Eröffnung des Insolvenzverfahrens ist die Feststellung einer vor Insolvenzeröffnung mit dem Einspruch angefochtenen und im Prüfungstermin vom Insolvenzverwalter bestrittenen Steuerforderung gemäß § 180 Abs. 2 i.V.m. § 185 InsO durch Aufnahme des nach § 240 ZPO unterbrochenen Einspruchsverfahrens bzw. bei Anhängigkeit einer Klage durch die Aufnahme des Prozessverfahrens zu betreiben[523].

Die Prozessführungsbefugnis des Insolvenzverwalters endet mit Beendigung des Insolvenzverfahrens. Ein entsprechendes Einspruchsverfahren wird analog § 239 ZPO unterbrochen. Dennoch ergehende Verwaltungsakte bzw. Einspruchsentscheidungen, die an den Insolvenzverwalter als Partei kraft Amtes adressiert sind, sind gemäß § 125 Abs. 1 AO nichtig[524].

---

519 Brockmeyer in Klein, AO Komm., 11. Aufl. 2012, § 251, Rn. 11.
520 BFH/NV 2011, S. 2105.
521 BGH, Beschl. v. 12.7.2012 – IX ZB 264/11 – BFH/NV 2012, S. 1759.
522 BFH/NV 2005, S. 1002.
523 BFH, BStBl II 2005, S. 591; FG Brandenburg, EFG 2005, S. 1664; FG Düsseldorf, EFG 2007, S. 13.
524 BFH/NV 2012, S. 10.

7. KLAUSUR

Klausur aus der Einkommen-, Körperschaft- sowie Gewerbesteuer mit Verfahrensrecht

Verdeckte Gewinnausschüttung, Kapitalertragsteuer, Lohnsteuer, Ausschüttungen zwischen Kapitalgesellschaften, Verlustverrechnung bei Anteilsveräußerung an einer GmbH, Liebhaberei, Scheck-Zahlung, vorläufige Steuerfestsetzung, Steuerfestsetzung unter dem Vorbehalt der Nachprüfung, Änderung wegen neuer Tatsachen, Drei-Objekte-Theorie, Gewerbeertrag, Gewerbesteuermessbescheid, Gewerbesteuerbescheid, Grundlagen- und Folgebescheid, Rechtsbehelfsverfahren.

I   Sachverhalt

1. Aribert Adam (in folgendem A) ist alleiniger Gesellschafter und Geschäftsführer der X-GmbH. Von der X-GmbH bezieht er im Jahr 2012 für seine Geschäftsführertätigkeit eine Vergütung von 200.000 €. In der Branche (Automobilzuliefererbereich), in der die X-GmbH tätig ist, ist ein jährliches Geschäftsführergehalt von 100.000 € angemessen. Ansonsten soll der Anstellungsvertrag des A ordnungsgemäß sein. Die Beteiligung an der X-GmbH hält A in seinem Privatvermögen.

2. Die X-GmbH erhält von der Y-GmbH eine Gewinnausschüttung von 10.000 € im Jahr 2012. Dabei soll es sich um den Bruttobetrag handeln. A möchte von seinem Steuerberater Steffen Schlau (in Folgendem S) wissen, wie es sich hierbei mit der Belastung mit Körperschaftsteuer für die X-GmbH verhält. Ausgaben sind der X-GmbH im Zusammenhang mit der Gewinnausschüttung nicht entstanden.

3. Zum 1.1.2013 überträgt der A 35 % seiner Anteile am Stammkapital an der X-GmbH gegen einen entsprechenden Betrag auf den Clemens Claus (in Folgendem C). Die X-GmbH hat einen Gesamtverlust von 200.000 € zum 31.12.2012. A und C möchten vom Steuerberater S wissen, ob der Verlust von dieser Maßnahme irgendwie betroffen ist.

    Abwandlung: A überträgt 65 % des Stammkapitals an der X-GmbH auf B zum 1.1.2013. Der Verlust zum 31.12.2012 beträgt wiederum 200.000 €.

    Unterstellen Sie, dass sowohl die X- wie die Y-GmbH unbeschränkt körperschaftsteuerpflichtig sind.

    Stille Reserven sind bei der X-GmbH nicht vorhanden. An den jeweiligen Übertragungstag 1.1.2013 ist C auch in der Lage, wirtschaftlich über seinen Anteil zu verfügen.

4. Bettina Adam (in Folgendem B) ist die Ehefrau von A. Sie ist Eigentümerin eines unbebauten Grundstücks in der Gemeinde N, dessen Marktwert bei 200.000 € liegt. A erwirbt

von ihr dieses Grundstück im Namen und für Rechnung der X-GmbH zum Preis von 300.000 € im Jahr 2012, um auf diesem Grundstück eine weitere Fertigungshalle für die X-GmbH zu errichten. Es sind keine kaufmännisch nachvollziehbaren Gründe gegeben, warum der A den überhöhten Kaufpreis zahlt.

5.   B ist als Professorin für Rechtswissenschaften – Fachgebiet Straf- und Strafprozessrecht sowie Kriminologie – an der Universität Z im Beamtenverhältnis (Besoldungsgruppe W 3) tätig. Neben dieser Tätigkeit schreibt sie historische Kriminalromane. Um diese trotz aller für einen Roman typischen Fiktion dennoch möglichst authentisch zu gestalten, unternimmt sie umfangreiche Reisen, um in Archiven über die geschichtlichen Hintergründe zu recherchieren und sich historische Schauplätze anzusehen. Ihr Ehemann A hat wegen der angespannten Situation in der Automobilzuliefererbranche keine Zeit, mit zu reisen und so beschränkt sich B bei den Aufenthalten auf die bloße Recherchearbeit für ihre Romane.

Inzwischen sind bereits zwei Romane erschienen, einer im Jahr 2010 mit dem Titel „Tod des Dogen Marino Faliero – ein historischer Kriminalroman aus dem Venedig des 14. Jahrhunderts" und einer im Jahr 2011 mit dem Titel „Die Halsbandaffäre – ein historischer Kriminalfall am Hof von Ludwig XVI.". Im Jahr 2012 recherchiert B in Sankt Petersburg und Moskau für einen Kriminalroman über den Mord an Grigori Jefimowitsch Rasputin, der den Titel tragen soll: „Blutnacht in Petrograd – der Fall Rasputin". Da der Verlag, den sie für ihre Romane gefunden hat, erst einmal nur in kleiner Auflage ihre Werke druckt, stehen im Jahr 2010 Betriebseinnahmen von 3.000 € Betriebsausgaben von 6.000 € gegenüber, im Jahr 2011 sind es Betriebseinnahmen von 5.000 € und Betriebsausgaben von 5.500 €, im Jahr 2012 sind für die Reisen etc. Betriebsausgaben von 6.000 € angefallen, das neue Buch soll im Laufe des Jahres 2013 erscheinen. Die Kritiken sind bei den bereits erschienenen Büchern durchweg positiv und der Verlag, mit dem B zusammenarbeitet, ist zunehmend bereit, in höherer Auflage die Bücher von B zu verlegen.

Am 31. Dezember 2012 überreicht der Verleger Gustav Gönner (in Folgendem G) auf einer Silvester-Party der B einen Scheck in Höhe von 4.000 € als Vorschuss auf das Buch über den Fall Rasputin mit den Worten: „Hier schon einmal als Abschiedsgruß des Jahres 2012 ein kleines Dankeschön für Ihre Mühen im Fall Rasputin, ich bin gespannt, wie der neue Roman wird". B antwortet dem G, da sie ja den Scheck erst im Jahr 2013 einlösen kann, nämlich am 3. Januar 2013: „Sie meinen wohl als Begrüßung im neuen Jahr, aber ich bin sehr gerührt, dass Sie mir solche Vorschusslorbeer zukommen lassen". Daraufhin entgegnet G lächelnd: „Ich bin Geschäftsmann, wenn das Buch floppen sollte, hole ich mir die 4.000 € natürlich wieder". Im Vertrag, den B mit G geschlossen hatte, war ein Vorschuss nicht ausdrücklich geregelt. Ihr Honorar berechnete sich als fester Prozentsatz am Umsatz bei Verkauf des Romans. Dabei war der Abrechnungszeitpunkt und -zeitraum variabel gehalten.

6.   A und B werden die ganzen Jahre getrennt zur Einkommensteuer veranlagt. Der Einkommensteuerbescheid 2012 der B ergeht im Mai 2013 unter dem Vorbehalt der Nachprüfung und vorläufig. Der Vorbehalt der Nachprüfung wird vom Finanzamt nicht begründet, lediglich die Vorläufigkeit wird wie folgt begründet: „Hinsichtlich Ihrer Einkünfte aus schriftstellerischer Tätigkeit ergeht der Einkommensteuerbescheid 2012 gemäß § 165 Abs. 1 S. 1 AO (Abgabenordnung) vorläufig, da zum derzeitigen Zeitpunkt nicht beurteilt werden kann, ob Sie dieser Tätigkeit mit Gewinnerzielungsabsicht nachgehen".

Die Verluste aus der schriftstellerischen Tätigkeit wurden allerdings bei der Einkommensteuer 2012 berücksichtigt und B erhält demzufolge eine Steuererstattung von 2.200 €. B glaubt, dass insofern die Sache überstanden sei, zumindest werde die Finanzbehörde wohl ggf. nach einiger Zeit wegen Verjährung den Steuerbescheid nicht mehr zu ihrem Nachteil ändern können. Auch denkt sich B, dass sie zumindest zinslos vom Fiskus Geld zur Verfüg gestellt bekäme. Sicherheitshalber geht sie allerdings zu ihrem Kollegen Michael Müller (in folgendem M), der einen Lehrstuhl für Steuerrecht an der Universität Z inne hat, und bitte ihn um Rat. Sie möchte auch wissen, was für Folgen sich ergeben, wenn die Finanzverwaltung bei ihr eine Außenprüfung durchführt. B möchte weiterhin Aufklärung, welche diesbezüglichen Rechtsbehelfsmöglichkeiten gegeben sind. Die Einkommensteuerbescheide 2010 und 2011 waren jeweils unter dem Vorbehalt der Nachprüfung ergangen.

7.   Das Grundstück in N hatte B im Jahr 2010 für 180.000 € erworben. Ebenfalls im Jahr 2010 erwarb die B noch ein Grundstück in der Gemeinde J für 59.000 €, eines in der Gemeinde F für 68.000 € und ein weiteres für 49.000 € im der Gemeinde L. Auch diese veräußert sie, jeweils an verschiedene Verkäufer im Jahr 2012 und zwar dasjenige in J für 60.000 €, das in F für 70.000 € und des in L für 50.000 €. Bei keinem der vier Grundstücke entstehen ihr Veräußerungsaufwendungen bzw. sonstige Kosten im Jahr 2012.

Die B hatte alle Grundstücke in der Absicht erworben, sie bei sich bietender Gelegenheit profitabel zu veräußern.

Den Gewinn ermittelt B bei allen ihren Aktivitäten außerhalb der Professorentätigkeit nach § 4 Abs. 3 EStG.

B ist erstaunt, als sie von dem für sie zuständigen Finanzamt ihren Einkommensteuerbescheid 2012 erhält, in dem die Grundstücksgeschäfte als gewerblich qualifiziert sind. Gleichzeitig erhält sie einen Gewerbesteuermessbescheid vom Finanzamt wegen der benannten Erträge. Das Finanzamt ging dabei von einem steuerlichen Gewinn von 124.000 € aus. B wendet sich wiederum an ihren Kollegen M und bittet ihn um Rat, insbesondere möchte sie wissen, welche Rechtsmittel ihr zur Verfügung stehen, wobei sie die Meinung vertritt, dass sie abwarten könne, bis die zuständige Kommune den Gewerbesteuerbescheid erlässt.

Bearbeiterhinweis

Die aufgeworfenen einkommmensteuerlichen sowie körperschaftsteuerlichen Fragen sind gutachterlich zu erörtern, insbesondere ist dazu Stellung zu nehmen, welche Auskunft der M der B in steuerlicher Hinsicht geben wird.

Ebenso sind angesprochene Fragen der Abgabenordnung zu erläutern.

Eventuelle Verpflichtungen zur Zinszahlung gegenüber dem Fiskus sind nur dem Grunde nach, nicht jedoch der konkreten Höhe nach zu erörtern.

Die Einkünfte der B im Jahr 2012 aus dem Grundstückshandel sind zu bestimmen. Dieser Vorgang ist auch entsprechend der im Sachverhalt aufgeworfenen gewerbesteuerlichen Fragen zu würdigen. Dabei ist auch auf den Rechtsweg einzugehen, den B einschlagen muss, wenn sie verhindern will, Gewerbesteuer bzw. zuviel Gewerbesteuer zahlen zu müssen.

Hinsichtlich der Gewerbesteuer ist auf die Hinzurechnungs- und Kürzungsregel der §§ 8, 9 GewStG nicht einzugehen.

§ 35 EStG ist nicht zu erörtern.

Hinsichtlich der X- und Y-GmbH ist auf Fragen der Gewerbesteuer nicht einzugehen.

Auf Fragen der Schenkungsteuer ist ebenfalls nicht einzugehen.

II   Vorüberlegungen

Bei der Klausur handelt es sich im ersten Teil des Sachverhalts schwerpunktmäßig um eine Prüfung der Fragen der verdeckten Gewinnausschüttung. Insofern ist zwischen der Ebene des Gesellschafters und der Gesellschaft zu trennen. Dies sollte auch bei der Gliederung der Lösung klar zum Ausdruck kommen.

Auf der Ebene der Gesellschaft, einer Kapitalgesellschaft, sind Fragen des Körperschaftsteuerrechts zu behandeln.

Die Beantwortung der verfahrensrechtlichen Fragen hinsichtlich B ist bei der entsprechenden Beantwortung der einkommensteuerlichen Fragestellung – Liebhaberei – zu integrieren.

Zusätzlich zu der Prüfung, die Punkt für Punkt des Sachverhalts durchlaufen kann, ist bei der Grundstücksveräußerung auch ein Zahlenwert verlangt, nämlich die Einkünfte. Dieser Begriff wird in § 2 Abs. 2 Nr. 1 EStG definiert.

III   Lösung

A   Steuerliche Verhältnisse von A

1   Geschäftsführervergütung

Grundsätzlich erzielt ein Geschäftsführer einer GmbH aus seiner Tätigkeit als Angestellter für diese juristische Person Einkünfte aus nichtselbständiger Tätigkeit gemäß § 19 Abs. 1 Nr. 1 EStG. Dies gilt unabhängig davon, ob er Gesellschafter der GmbH ist.

Hinweis: Dies hängt damit zusammen, dass im Verhältnis Kapitalgesellschaft zu Anteilseigner das Trennungsprinzip zwischen Anteilseigner und Körperschaft besteht. Somit verfügen beide über getrennte Vermögenssphären, so dass Leistungsbeziehungen zwischen beiden unter der Voraussetzung der Angemessenheit anerkannt werden. Bei Gesellschaftern einer Personengesellschaft sieht dies anders aus, wie sich aus der Regelung über die Sondervergütung nach § 15 Abs. 1 Nr. 2 S. 1 EStG ergibt. Sondervergütungen sind Vergütungen, die der Gesellschafter für Tätigkeiten, Darlehen und Nutzungsüberlassungen an seine Gesellschaft erhält und welche durch das Gesellschaftsverhältnis veranlasst sind[525], damit wird der Mitunternehmer bzw. im Prinzip auch letztlich die Personengesellschaft gleich dem Einzelunternehmer behandelt[526]. Folglich kann der Gesellschafter einer Personengesellschaft seinen Arbeitslohn – wie auch der Einzelunternehmer – nicht als Betriebsausgabe bei der Gesellschaft abziehen. Bei seinem Gehalt handelt es sich dann auch nicht um Einkünfte nach § 19 EStG, sondern um solche nach § 15 Abs. 1 Nr. 2 EStG.

Der Tätigkeit angemessen ist unter Beobachtung eines Fremdvergleichs[527] laut Sachverhalt allerdings bei der Geschäftsführervergütung nur ein Jahresgehalt von 100.000 €.

Mithin stellt sich die Frage, ob eine verdeckte Gewinnausschüttung (vGA) vorliegt.

Eine solche ist gegeben, wenn sich auf Ebene der Gesellschaft eine Vermögensminderung oder eine verhinderte Vermögensmehrung ergibt, welche durch das Gesellschaftsverhältnis veranlasst ist, sich auf den Gewinn auswirkt und nicht auf einem Gewinnverteilungsbeschluss entsprechenden den gesellschaftsrechtlichen Vorschriften beruht[528].

So verhält es sich hier.

Nach § 20 Abs. 1 Nr. 1 S. 2 EStG zählt dieser Betrag – also die 100.000 €, die von der gezahlten Geschäftsführervergütung über der angemessenen Vergütung liegen – als vGA bei A als (beherrschenden) Gesellschafter nicht zu den Einkünften aus § 19 EStG sondern aus Kapitalvermögen[529].

Die aufgrund der unzutreffenden Behandlung des benannten Betrags von 100.000 € als Arbeitslohn zuviel einbehaltene Lohnsteuer ist ggf. gemäß § 41c Abs. 1 Nr. 2, Abs. 2 EStG zu erstatten. Jedoch ist in zeitlicher Hinsicht die Beschränkung des § 41c Abs. 3 EStG zu beachten. Damit ist grundsätzlich nach Ablauf des Kalenderjahres 2012, wovon im Fall auszugehen ist, der Erstattungsanspruch hinsichtlich der Lohnsteuer bei der Veranlagung des A zur Einkommensteuer geltend zu machen[530].

Darüber hinaus hat A aber den angemessenen Teil der Vergütung in Höhe von 100.000 € als Einkünfte aus nichtselbständiger Arbeit (§ 19 EStG) zu versteuern. § 32a KStG enthält eine

---

525 Es genügt hierbei eine wirtschaftliche Veranlassung durch das Gesellschaftsverhältnis – vgl. Wacker in Schmidt, EStG Komm., 31. Aufl. 2012, § 15, Rn. 562; BFH, BStBl II 1979, S. 763. Warenlieferungen – in nicht unerheblichem Umfang bzw. Wert – fallen jedoch nicht in den Anwendungsbereich dieser Vorschrift (BFH, BStBl II 2000, S. 339).

526 Die Sondervergütungen mindern zwar auf der ersten Stufe den Steuer(bilanz)gewinn der Gesellschaft, werden aber in gleicher Höhe auf der zweiten Stufe beim Gesellschafter (in seiner Sonderbilanz) erfasst und gehen somit in den Gesamtgewinn der Mitunternehmerschaft ein – vgl. Wacker in Schmidt, EStG Komm., 31. Aufl. 2012, § 15, Rn. 560; Jakob/Kobor/Zugmaier, Die Examensklausur im Steuerrecht, 2. Aufl. 2005, S. 66 Fußn. 51.

527 In der Praxis wird hier die Kienbaumstudie herangezogen – vgl. BFH, Beschl. v. 24.10.2006 – I B 138/05 – Haufe-Index 1684075. Zur konkreten Ermittlung der Angemessenheit bzw. zu Spezialproblemen wie Umsatztantieme und Gewinnabsaugung vgl. Weber-Grellet in Schmidt, EStG Komm., 31. Aufl. 2012, § 20, Rn. 51. Bei Wirtschaftsgütern die die Kapitalgesellschaft dem Gesellschafter überlässt, wird regelmäßig vom gemeinen Wert ausgegangen. Ist dieser nicht ermittelbar, werden die Vollkosten der Kapitalgesellschaft zuzüglich eines angemessenen Gewinnaufschlags angesetzt – vgl. BFH/NV 2011, S. 1019.

528 Köllen/Vogl/Wagner, Lehrbuch Körperschaftsteuer, 2. Aufl. 2010, Rn. 391; Birk, Steuerrecht, 15. Aufl. 2012, Rn. 1248; BFH, BStBl II 2011, S. 62.

529 Zur materiellen Korrespondenz im Körperschaftsteuerrecht, um „weiße" Einkünfte zu vermeiden, vgl. insbesondere § 3 Nr. 40 lit. d S. 2 EStG (Horst, NWB 2009, S. 3022).

530 H 41c.1 – Erstattungsantrag – EStH.

eigene Änderungsvorschrift mit separater Ablaufhemmung für den Steuerbescheid des Gesellschafters bei Vorliegen einer vGA[531].

2 Grundstückskauf von B

Bei Gesellschaftern können auch vGAs vorliegen, wenn an diesen nahestehende Personen (Angehörige, Freundin etc.) entsprechende fremdunübliche Vergütungen erfolgen. Dies ist im Hinblick auf die Grundstücksveräußerung von B an die X-GmbH der Fall. Dabei ist der Differenzbetrag zwischen dem angemessen Kaufpreis[532] und dem überhöhten gezahlten Kaufpreis – mithin im Fall 100.000 € – nicht der B, sondern dem A als Einnahme zuzurechnen[533].

Dass A der B diesen Vorteil zukommen ließ, ist bei ihm eine einkommensteuerlich unbeachtliche Einkommensverwendung[534]. Damit kann er also diesen Betrag nicht etwa als Werbungskosten bei seinen Kapitaleinkünften abziehen.

Daraus ergibt sich, dass der A insgesamt im Jahr 2012[535] vGAs in Höhe von 200.000 € zugerechnet bekommt.

Für die vGA gilt grundsätzlich die Abgeltungsteuer gemäß § 32d Abs. 2 Nr. 3 EStG für Kapitalerträge, wobei der A in seiner Einkommensteuererklärung gemäß § 32d Abs. 3 EStG eine Nacherklärung vorzunehmen hat; der Steuersatz ist dann 25 %[536]. Fakultativ kann die Antragsveranlagung mit dem individuellen Einkommensteuersatz des A greifen[537]. Dabei unterliegt die vGA grundsätzlich auch der Kapitalertragsteuer nach § 43 Abs. 1 Nr. 1 EStG[538].

Hinweis: Bei beherrschenden Gesellschaftern kommt noch hinzu, dass regelmäßig in vollem Umfang eine verdeckte Gewinnausschüttung anzunehmen ist, wenn im Fall der Mitarbeit des

---

531 Zur Verfassungsmäßigkeit dieser Vorschrift vgl. BFH, BStBl II 2012, S. 839.

532 Auszugehen ist beim Wertansatz des Grundstücks vom gemeinen Wert, also dem Verkehrs- bzw. Marktwert, um die Höhe der Unangemessenheit zu bestimmen, im Fall also 200.000 €, so dass sich die vGA in Höhe von 100.000 € ergibt – Köllen/Vogl/Wagner, Lehrbuch Körperschaftsteuer, 2. Aufl. 2010, Rn. 394.

533 Zenthöfer/Leben, Körperschaftsteuer und Gewerbesteuer, 15. Aufl. 2010, S. 60; H 20.2 – Verdeckte Gewinnausschüttung an nahestehende Personen – EStH; BFH/NV 2011, S. 449; BFH, BStBl II 2007, S. 830; FG Brandenburg, EFG 2007, S. 1342; Gehm, JA 2009, S. 723.

534 BFH, BStBl II 2007, S. 830; BFH/NV 2005, S. 1266.

535 Zum Zuflusszeitpunkt vgl. Weber-Grellet in Schmidt, EStG Komm., 31. Aufl. 2012, § 20, Rn. 21, 56.

536 Zenthöfer/Leben, Körperschaftsteuer und Gewerbesteuer, 15. Aufl. 2010, S. 58, vgl. zur Abgeltungsteuer auf Kapitalerträge insbesondere im Hinblick auf die Anlage KAP Roning, NWB 2010, S. 16218 bzw. Roning, NWB 2012, S. 835.

537 Beachte aber zusätzlich, sofern nicht durch andere Kapitaleinkünfte schon ausgeschöpft, den Sparerpauschbetrag nach § 20 Abs. 9 EStG. Darüber hinaus gewährt § 32 d Abs. 2 Nr. 3 EStG ggf. die Möglichkeit, zum Teileinkünfteverfahren zu optieren (Nolte, NWB 2009, S. 365, 374; Eisgruber/Schallmoser, Einkommensteuerrecht 2008, Rn. 452). Zum Begriff des Teileinkünfteverfahrens vgl. bei Klausur 3. Kreft, Einkommensteuerrecht, 11. Aufl. 2009, Rn. 313 vertritt jedoch die Ansicht, dass bei einer vGA die Abgeltungsteuer keine Anwendung finden könne, weil zuvor keine Kapitalertragsteuer einbehalten worden sei. Speziell zur Abgeltungsteuer auf vGAs sei auf Horst, NWB 2010, S. 982 hingewiesen.

538 Weber-Grellet in Schmidt, EStG Komm., 31. Aufl. 2012, § 43, Rn. 20. Kapitalertragsteuer wird allerdings regelmäßig bei einer verdeckten Gewinnausschüttung nicht nacherhoben – vgl. Eisgruber/Schallmoser, Einkommensteuerrecht 2008, Rn. 453. Jedoch ist die bereits entrichtete Lohnsteuer zu berücksichtigen.

Gesellschafters oder der Nutzungsüberlassung durch den Gesellschafter nicht von vornherein klar und eindeutig und zivilrechtlich wirksam bestimmt ist, ob und in welcher Höhe ein Entgelt gezahlt werden soll oder wenn nicht einer klaren Vereinbarung gemäß verfahren wird[539].

B   Steuerliche Verhältnisse der X-GmbH

1   Behandlung der vGA

Nach § 8 Abs. 3 S. 2 KStG mindert der Differenzbetrag von 100.000 € der bezahlten Vergütung zur angemessenen Vergütung als vGA den Gewinn der X-GmbH nicht. Er ist deshalb außerbilanziell gewinnerhöhend zu erfassen[540].

Der Betrag des Geschäftsführergehalts, der angemessen ist, ist weiterhin Betriebsausgabe bei der X-GmbH.

Die X-GmbH hat auf die verdeckte Gewinnausschüttung einen Steuersatz von 15 % zu entrichten (§ 23 Abs. 1 KStG), mithin also Körperschaftsteuer von 15.000 €.

Hinweis: Die Steuerlast erhöht sich zusätzlich um die Gewerbesteuer, die sich aus der Gewinnerhöhung ergibt.

2   Gewinnausschüttung von der Y-GmbH

Erträge einer Kapitalgesellschaft aus der Beteiligung an einer anderen Kapitalgesellschaft sind gemäß § 8b Abs. 1 KStG im Endergebnis zu 95 % steuerfrei, da diese Gewinnausschüttungen umgekehrt den körperschaftsteuerlichen Gewinn bei der ausschüttenden Kapitalgesellschaft – Y- GmbH – nicht mindern (§ 8 Abs. 3 KStG) und folglich einer körperschaftsteuerlichen Doppelbelastung des ausgeschütteten Gewinns so begegnet wird[541]. Gegenüber den Regelung beim Teileinkünfteverfahren – dieses ist bei Kapitalgesellschaften nicht anwendbar[542] – oder der Abgeltungsteuer sind von der empfangenden Körperschaft – mithin

---

539 R 36 Abs. 2 KStR; Zenthöfer/Leben, Körperschaftsteuer und Gewerbesteuer, 15. Aufl. 2010, S. 58; Weber-Grellet in Schmidt, EStG Komm., 31. Aufl. 2012, § 20, Rn. 50 – Verstoß gegen übliche Formalien als Indiz; Birk, Steuerrecht, 15. Aufl. 2012, Rn. 1252.

540 BFHE 220, S. 463; Weber-Grellet in Schmidt, EStG Komm., 31. Aufl. 2012, § 20, Rn. 58.

541 Da Deutschland die entsprechende Entlastung nicht uneingeschränkt auch ausländischen Kapitalgesellschaften mit Sitz im EU/EWR-Ausland gewährt, sieht der EuGH die Kapitalverkehrsfreiheit verletzt – EuGH v. 20.10.2011 – C-284/09 – BFH/NV 2011, S. 2219.

542 Heinicke in Schmidt, EStG Komm., 31. Aufl. 2012, § 3c, Rn. 27.

der X-GmbH – Aufwendungen im Zusammenhang mit der Beteiligung als Betriebsausgaben abziehbar, wobei aber pauschal 5 % der steuerfreien Einnahmen als nicht abziehbare Betriebsausgaben gelten (§ 8b Abs. 5 S. 1 und 2 KStG). Damit hat grundsätzlich jede Körperschaft auf ihr zu versteuerndes Einkommen eine endgültige Körperschaftsteuer von 15 % zu entrichten (Definitivbesteuerung) – vgl. aber die Ausnahmeregelung des § 8b Abs. 7 und 8 KStG.

Bei der Berechnung ist von der Bruttogewinnausschüttung auszugehen. Diese ist ggf. wenn Kapitalertragsteuer bereits abgezogen wurde, wieder zurückzurechnen[543].

Unabhängig davon, ob der X-GmbH im Zusammenhang hiermit überhaupt Betriebsausgaben entstanden sind, sind über die rechtliche Fiktion 5 % der Gewinnausschüttung als nicht abziehbare Betriebsausgaben zu behandeln und sind mithin dem Gewinn zuzurechnen. Er errechnet sich das zu versteuernde Einkommen wie folgt:

Gewinnausschüttungserträge		10.000 €
./. steuerfrei nach § 8b Abs. 1 KStG		10.000 €
+ nichtabziehbare Betriebsausgaben nach § 8b Abs. 5 KStG	+	500 €
zu versteuerndes Einkommen		500 €

Da der Körperschaftsteuersatz gemäß § 23 Abs. 1 KStG 15 % beträgt, hat die X-GmbH 75 € Körperschaftsteuer zu zahlen.

Wäre auf die von der Y-GmbH an die X-GmbH ausgeschüttete Gewinnbeteiligung Kapitalertragsteuer abgeführt worden, könnte die X-GmbH gemäß § 8 Abs. 1, 31 Abs. 1 KStG i.V.m. § 36 Abs. 2 Nr. 2 EStG die Kapitalertragsteuer auf die festzusetzende Körperschaftsteuer anrechnen lassen, wenn eine Steuerbescheinigung gemäß § 45a EStG vorliegt[544].

3　Übertragung der Gesellschaftsanteile auf C

3.1　Ausgangsfall

Es stellt sich die Frage, ob der Verlustabzug durch § 8c KStG beschränkt wird.

Die grundsätzlichen Tatbestandsvoraussetzungen sind hierbei in § 8c Abs. 1 S. 1 KStG geregelt:

- § 8c KStG findet nur auf unbeschränkt wie beschränkt steuerpflichtige Körperschaften, Personenvereinigungen und Vermögensmassen i.S.v. § 1 Abs. 1 KStG bzw. § 2 KStG mit Beteiligten wie Aktiengesellschaften oder GmbHs Anwendung[545].
- Bei diesen muss ein Verlust festgestellt bzw. entstanden sein.
- Weiterhin müssen Anteile, Stimmrechte etc. übertragen worden sein.

Alle drei Tatbestandsmerkmale sind im Fall erfüllt.

543 Köllen/Vogl/Wagner, Lehrbuch der Körperschaftsteuer, 2. Aufl. 2010, Rn. 610.
544 Köllen/Vogl/Wagner, Lehrbuch der Körperschaftsteuer, 2. Aufl. 2010, Rn. 611.
545 BMF, BStBl I 2008, S. 736, Rn. 1.

Satz 2 des § 8c Abs. 1 KStG (Übertragung von mehr als 50 % der Anteile etc.) geht als Spezialregelung dem S. 1 dieser Vorschrift vor. Sofern S. 2 nicht greift, ist S. 1 von § 8c Abs. 1 KStG mithin zu prüfen. Greift auch diese Regelung im Zusammenspiel mit Satz 4 des § 8c Abs. 1 KStG nicht, so ist § 8c KStG nicht anwendbar.

Mit Satz 3 des § 8c Abs. 1 KStG wird der Begriff des Erwerbers definiert bzw. erweitert.

Durch Satz 4 des § 8c Abs. 1 KStG wird die Kapitalerhöhung der Anteilsübertragung etc. gleichgestellt. Ein solcher Fall liegt hier nicht vor.

In Satz 5 von § 8c Abs. 1 KStG ist die Konzernklausel enthalten, die hier jedoch nicht greift.

Auch die Verschonungsregel der Sätze 6 bis 9 des § 8c Abs. 1 KStG greift nicht, da keine stillen Reserven vorhanden sind.

Durch § 8c Abs. 1 S. 1 KStG wird bei einem sogenannten schädlichen Beteiligungserwerb innerhalb eines Zeitraums von 5 Jahren durch eine Person bzw. einen Personenkreis ein quotaler Verlustuntergang bewirkt. Was den Fünfjahreszeitpunkt anbelangt, so werden alle Erwerbe durch einen Erwerber bzw. einen entsprechenden Erwerberkreis addiert. Bei § 8c Abs. 1 S. 1 wie bei § 8c Abs. 1 S. 2 KStG kann die Person des Erwerbers eine natürliche, juristische Person oder eine Mitunternehmerschaft i.S.v. § 15 Abs. 1 S. 1 Nr. 2 EStG sein[546]. Ersteres ist im Hinblick auf C der Fall.

Durch § 8c Abs. 1 S. 2 KStG entsteht ein totaler Verlustuntergang. Letztere Regelung geht dem § 8c Abs. 1 S. 1 KStG, wie erwähnt, vor und unterscheidet sich von den Tatbestandsmerkmalen von erster Regelung allein durch die Höhe des Beteiligungserwerbs, und in der Rechtsfolge somit durch die Höhe des Verlustuntergangs.

Bei § 8c Abs. 1 S. 1 KStG geht somit der Verlust nur quotal entsprechender der Anteilsübertragung und bei § 8c Abs. 1 S. 2 KStG total unter:

Höher der Anteilsübertragung	Verlustabzug
bis 25 %	**keine** Auswirkung
über 25 % bis 50%	geht **anteilig** entsprechend der Quote der übertragenen Anteile unter
über 50 %	**gänzlicher** Untergang

Der Begriff des Beteiligungserwerbs setzt immer einen entgeltlichen oder unentgeltlichen Erwerb voraus. Sofern eine natürliche Person aber durch Erbfall die Anteile erhält, greift § 8c Abs. 1 S. 1 und 2 KStG nicht[547]. Auch ein reiner Formwechsel kann nicht zur Anwendbarkeit des § 8c KStG führen[548]. Die Verschmelzung oder Einbringung kann aber zu den entsprechenden Rechtsfolgen führen, wenn sich die Beteiligungsquoten entsprechend verändern[549]. Im Fall liegt ein entgeltlicher Erwerb durch C vor.

Nach Verwaltungsmeinung ist für den Zeitpunkt der Anteilsübertragung der (wirtschaftliche) Eigentumserwerb ausschlaggebend[550]. Dieser ist laut Sachverhalt jeweils der 1.1.2013.

Für die Anwendbarkeit von § 8c Abs. 1 S. 2 KStG, wonach der Verlust gänzlich durch eine Übertragung von Gesellschaftsanteilen untergeht, wäre erforderlich, dass mehr als 50 % des

---

546 BMF, BStBl I 2008, S. 736, Rn. 24.
547 BMF, BStBl I 2008, S. 736, Rn. 4.
548 Frotscher in Frotscher/Maas, KStG Komm., Losebl., § 8c, Rn. 99.
549 BMF, BStBl I 2008, S. 736, Rn. 7.
550 BMF, BStBl I 2008, S. 736, Rn. 6, 13; auf den rein schuldrechtlichen Vertrag ist nicht abzustellen – Frotscher in Frotscher/Maas, KStG Komm., Losebl., § 8c, Rn. 27

Stammkapitals innerhalb eines Fünfjahreszeitraums übertragen werden. Dies ist nicht der Fall. Insofern ist § 8c Abs. 1 S. 1 KStG zu prüfen. Da mehr als 25 % des Stammkapitals übertragen werden, greift die quotale Verlustbeschränkung. Entsprechend des Prozentsatzes des übertragenen Stammkapitals am gesamten Stammkapital verringert sich der steuerlich gemäß § 10d EStG vortragsfähige Gesamtverlust der X-GmbH, d.h. um 35 % von 200.000 € mithin also 70.000 €, so dass nur noch ein Verlust von 130.000 € zur Verfügung steht.

Hinweis: Grundsätzlich wird im Körperschaftsteuerrecht die periodenübergreifende Verlustverrechnung gemäß § 8 Abs. 1 S. KStG i.V.m. § 10d EStG gewährt. § 8c KStG als Ausnahme von diesem Grundsatz ist einmal der Versuch, wie früher nach § 8 Abs. 4 KStG a.F. KStG, Fälle des Mantelkaufs in den Griff zu bekommen, indem die Verlustverrechnung beschnitten beziehungsweise gestrichen wird.

Insofern soll einerseits die Nutzung fremder Verluste und somit ein hieraus sich ergebender ungerechtfertigter Steuervorteil verhindert, auf der anderen Seite aber die Fortführung eines Betriebs durch steuerliche Nutzung der entstandenen Verluste gewährleistet sein.

Der Gesetzgeber geht allerdings über den Missbrauch des Mantelkaufs als solches hinaus, so dass § 8c KStG keine reine Missbrauchsbekämpfungsvorschrift mehr ist[551].

Insofern sieht die Europäische Kommission hierin kein reines Instrumentarium zur Missbrauchsbekämpfung, sondern unter Bezugnahme auf BT-Drs. 16/4841 ein Instrumentarium, die Senkung des Körperschaftsteuersatzes zum 1.1.2008 von 25 % auf 15 % zu finanzieren[552].

3.2 Abwandlung

Nunmehr greift § 8c Abs. 1 S. 2 KStG und der gesamte steuerlich berücksichtigungsfähige Verlust der X-GmbH geht unter.

C   Steuerliche Verhältnisse von B

1   Verfassen von Romanen

1.1   Einkommensteuerliche Behandlung der Tätigkeit

B könnte durch das Verfassen von Romanen Einkünfte aus selbständiger Arbeit gemäß § 18 Abs. 1 Nr. 1 EStG – schriftstellerische Tätigkeit – erzielen. Darüber hinaus könnte ggf. das

---

551 FG Hamburg, BB 2011, S. 1429; FG Münster, BB 2011, S. 2589; BFH, BStBl II 2011, S. 826, Rn. 19; Frotscher in Frotscher/Maas, KStG Komm., Losebl., § 8c, Rn. 4
552 Schreiben v. 24.2.2010 – K (2010)970, Rn. 32.

Verfassen von historischen Romanen auch als künstlerische Tätigkeit i.S.v. § 18 Abs. 1 Nr. 1 EStG gelten[553]. Eine zusätzliche Einordnung als wissenschaftliche Tätigkeit, die die Erarbeitung von Erkenntnissen anhand objektiver Maßstäbe bei Anwendung rationaler Methoden voraussetzt[554], scheidet hier aus, da der historische Bezug bei B's Romanen durch Fiktion überlagert wird.

Voraussetzung dafür, dass einkommensteuerbare Einkünfte vorliegen, ist aber, da insofern § 18 EStG lex spezialis zu den gewerblichen Einkünften ist, dass B mit Gewinnerzielungsabsicht nach § 15 Abs. 2 EStG handelt.

Hinweis: Das subjektive Tatbestandsmerkmale der Einkünfteerzielungsabsicht ist erst zu prüfen, wenn eine auf Einkünfteerzielung gerichtete Tätigkeit, also der objektive Tatbestand einer Einkommensteuerart, bejaht wurde[555].

Die Gewinnerzielungsabsicht fehlt, wenn B über die Jahre der gesamten von ihr ausgeübten schriftstellerischen Tätigkeit hinweg in der Summe nicht in die Gewinnzone gelangt (Totalgewinn). Insofern wird dann regelmäßig von diesen objektiven Tatsachen auf die subjektive Seite, das Fehlen der Gewinnerzielungsabsicht, geschlossen. Auch bei einer nebenberuflichen schriftstellerischen Tätigkeit, die B neben der Tätigkeit als Professorin (Einkünfte gemäß § 19 Abs. 1 Nr. 1 EStG) ausübt, kann nicht einfach unterstellt werden, dass dieser aus rein privater Neigung nachgegangen wird, so dass die Gewinnerzielungsabsicht fehlt. Vielmehr ist eine gewisse Anlaufphase auch hier zu gewähren, bis sich der Schriftsteller am Markt so positioniert hat, dass er in die Gewinnzone gelangt. Ein Zeitraum von sechs Jahren ist dabei noch als angemessen zu betrachten[556]. Insofern ist von der Finanzverwaltung zu beobachten, ob B in Zukunft in die Gewinnzone gelangt.

Bei den Reisekosten der B sind keine privaten Veranlassungsanteile erkennbar, die ggf. durch die Wahrnehmung rein touristischer Elemente begründet wären, so dass diese Kosten unbeschränkt als Betriebsausgaben gemäß § 4 Abs. 4 EStG bei den freiberuflichen Einkünften in Abzug gebracht werden können[557].

1.2   Verfahrensrechtliche Fragen

1.2.1   Vorläufigkeit, Vorbehalt der Nachprüfung, Änderung wegen neuer Tatsachen

§ 165 AO bezieht sich auf Ungewissheiten, die gegenwärtig nicht ausgeräumt werden können, wie die Gewinnerzielungsabsicht, die regelmäßig unter § 165 Abs. 1 S. 1 AO fällt, wenn sich die entsprechende Tätigkeit noch in der Anfangsphase befindet und erst anhand äußerer Merkmale – Totalgewinn – nach einigen Jahren abschließend beurteilt werden kann[558]. Grundsätzlich ist mithin im Fall die Vorläufigkeit der Steuerfestsetzung möglich.

---

553 Vgl. hierzu Klausur 4.
554 Wacker in Schmidt, EStG Komm., 31. Aufl. 2012, § 18, Rn. 62.
555 BFH/NV 2012, S. 1970.
556 BFH/NV 2012, S. 1973.
557 BFH/NV 2012, S. 1973.
558 Rüsken in Klein, AO Komm., 11. Aufl. 2012, § 165, Rn. 6.

Nach § 171 Abs. 8 AO löst die Vorläufigkeit im Unterschied zum Vorbehalt der Nachprüfung eine Ablaufhemmung bei der Festsetzungsverjährung aus[559]. Die Festsetzungsfrist endet in den Fällen des § 165 Abs. 1 S. 1 AO[560] nicht vor Ablauf eines Jahres, nachdem die Ungewissheit beseitigt ist und die Finanzbehörde hiervon positiv Kenntnis hat[561]. Kennenmüssen reicht mithin nicht aus, wobei bei der Frage einer vorliegenden Gewinnerzielungsabsicht auf die Kenntnis um entsprechende Indiztatsachen abzustellen ist[562].

Wie sich aus § 165 Abs. 3 AO ergibt, kann die Vorläufigkeit nach § 165 AO – wie im Fall geschehen – mit dem Vorbehalt der Nachprüfung gemäß § 164 AO verbunden werden.

§ 164 AO betrifft Fälle, die zwar ggf. gegenwärtig aufklärbar wären, deren Aufklärung aber aus verfahrensökonomischen Gründen hinausgeschoben wird, der Amtsermittlungsgrundsatz gemäß § 88 AO wird hierbei quasi suspendiert.

Nach § 165 Abs. 1 S. 3 AO ist die Vorläufigkeit auch hinreichend dargelegt, denn der Einkommensteuerbescheid enthält die Begründung, dass sich die Vorläufigkeit auf die Gewinnerzielungsabsicht bei den Einkünften gemäß § 18 Abs. 1 Nr. 1 EStG bezieht[563]. Hinsichtlich der Frage der Bestimmtheit des Vorläufigkeitsvermerks ist es nicht erforderlich, die betragsmäßige Auswirkung der vorläufigen Festsetzung anzugeben[564].

Hinweis: Eine ohne Angabe des Umfangs der Vorläufigkeit ergangene Vorläufigkeit ist nichtig, so dass eine diesbezügliche Änderung des Steuerbescheides nicht möglich ist[565].

Der Vorbehalt der Nachprüfung bedarf gemäß § 164 S. 1 letzter HS. AO keiner besonderen Begründung. Bis zum Eintritt der Festsetzungsverjährung nach § 169 Abs. 2 Nr. 2 i.V.m. § 164 Abs. 4 AO kann der Fall damit auch außerhalb des Anwendungsbereichs der §§ 172 ff AO steuerlich in tatsächlicher wie rechtlicher Hinsicht vollumfänglich überprüft bzw. korrigiert werden. In vorliegendem Fall könnte damit nach § 164 AO auch überprüft werden, in welcher Höhe bei B Einkünfte aus Gewerbebetrieb bzw. nichtselbständiger Arbeit vorliegen oder ob die Höhe des Verlustes aus der schriftstellerischen Tätigkeit zutreffend erklärt wurde.

Sowohl die Vorläufigkeit als auch der Vorbehalt der Nachprüfung sind damit rechtens.

---

559 Die Ungewissheit i.S.v. § 165 AO i.V.m. § 171 Abs. 8 AO, ob ein Steuerpflichtiger mit Einkünfteerzielungsabsicht tätig geworden ist oder Liebhaberei vorliegt, ist beseitigt, wenn die für die Beurteilung der Einkünfteerzielungsabsicht maßgebenden Hilfstatsachen festgestellt werden können und das Finanzamt hiervon positive Kenntnis hat – BFH, NJW 2009, S. 702, wobei aber BFH/NV 2011, S. 745 es für unerheblich erachtet, ob die Finanzverwaltung sich bereits die vollständige Kenntnis über die Hilfstatsachen verschafft hat; Hilbertz, NWB 2009, S. 849. Das Finanzamt kann eine nach § 165 Abs. 1 AO vorläufige Steuerfestsetzung nach Ablauf der Frist des § 171 Abs. 8 AO nach § 175 Abs. 1 S. 1 Nr. 2 AO ändern, wenn das die Ungewissheit beseitigende Ereignis (§ 165 Abs. 2 AO) zugleich steuerlich rückwirkt – BFH, BStBl II 2007, S. 807.

560 Im Gegensatz zu § 164 AO ist bei § 165 Abs. 1 S. 1 AO erforderlich, dass die Finanzbehörde ihrer Ermittlungspflicht gemäß § 88 AO voll nachgekommen ist (BFH/NV 2010, S. 168). Wegen einer zweifelhaften Gesetzeslage ist aber außerhalb der Fälle von § 165 Abs. 1 S. 2 Nr. 1-4 AO keine Vorläufigkeit möglich. Auch darf der Sachverhalt nicht endgültig unaufklärbar sein, hier käme dann die Darlegungslastverteilung zum Zuge (Tipke in Tipke/Kruse, AO und FGO Komm., Losebl., § 165 AO, Rn. 7f.).

561 Hilbertz, NWB 2009, S. 849; BFH, BStBl II 2009, S. 335; unerheblich ist in diesem Zusammenhang aufgrund welcher Umstände das Finanzamt die Kenntnis erlangt – vgl. BFH/NV 2010, S. 2234.

562 Rüsken in Klein, AO Komm., 11. Aufl. 2012, § 164, Rn. 91.

563 Vgl. FG Düsseldorf, EFG 2006, S. 4: „Bei den nach § 165 Abs. 1 Satz 3 AO erforderlichen Angaben zum Umfang der Vorläufigkeit handelt es sich nicht nur um eine bloße Begründung, deren Fehlen regelmäßig heilbar ist (§ 126 Abs. 1 Nr. 2 AO)"; im Nachgang hierzu BFH, BStBl II 2008, S. 2.

564 FG Mecklenburg-Vorpommern, EFG 2007, S. 10; BFH, BStBl II 2011, S. 11; Baum/Szymczak, NWB 2011, S. 1772.

565 BFH, BStBl II 2008, S. 2.

Zu den Tatsachen i.S. des § 173 Abs. 1 Satz 1 Nr. 1 AO gehören auch sog. innere Tatsachen wie die Absicht, Einkünfte zu erzielen, die nur anhand äußerer Merkmale (Hilfstatsachen) festgestellt werden können. Würden nachträglich Hilfstatsachen bekannt, die den sicheren Schluss auf die zum Zeitpunkt der Steuerfestsetzung bestehende Haupttatsache (Gewinnerzielungsabsicht) zuließen, wäre eine Änderung nach § 173 AO möglich[566].

Sofern bei B eine steuerliche Außenprüfung statt fände, was gemäß § 193 Abs. 1 AO zulässig wäre, gilt Folgendes:

Der Vorbehalt der Nachprüfung wäre aufgrund der Außenprüfung, auch wenn keine Änderung erfolgen würde, regelmäßig nach § 164 Abs. 3 S. 3 AO aufzuheben. Die Vorläufigkeit bliebe jedoch noch bestehen, wenn die Ungewissheit hinsichtlich der Liebhaberei noch andauert. Nach erfolgter Außenprüfung gilt die Änderungssperre des § 173 Abs. 2 AO, so dass nach dieser Vorschrift keine Änderung mehr möglich wäre.

Hinweis: Ist eine Vorläufigkeit abgelehnt worden, so kann dies bei Gericht angegriffen werden, wenn eine Ermessensreduzierung auf null vorliegt, was die vorläufige Steuerfestsetzung anbelangt[567]. Dies wäre beispielsweise im Fall für B von Interesse, wenn die Finanzverwaltung in den Vorjahren ihre Verluste nicht anerkannt hätte, aber diesbezüglich den Einkommensteuerbescheid nicht vorläufig erlassen hätte. Demgegenüber soll es keinen Rechtsanspruch geben, dass ein Steuerbescheid unter dem Vorbehalt der Nachprüfung ergeht, denn diese Vorschrift dient nicht den Interessen des Steuerpflichtigen[568].

Nach § 164 Abs. 2 S. 1 AO kann, solange der Vorbehalt wirksam ist, der Steuerbescheid vollumfänglich geändert werden, mithin also auch vorläufig nach § 165 AO gestellt werden[569], sofern die weiteren Voraussetzungen des § 165 AO gegeben sind, was in vorliegendem Fall hinsichtlich des längeren Zeitraums, der von Nöten ist, um bei schriftstellerischen Tätigkeiten abschließend entscheiden zu können, ob von normalen Anlaufverlusten oder Liebhaberei auszugehen ist, als gegeben zu betrachten ist – Frage der andauernden Ungewissheit. D.h. die Finanzverwaltung könnte solange noch keine Festsetzungsverjährung eingetreten ist, ggf. auch die Einkommensteuerbescheide 2010 und 2011 mit einem Vorläufigkeitsvermerk versehen, wie dies beim Einkommensteuerbescheid 2012 der Fall ist. Einer Vorläufigkeitsstellung würde auch nicht eine durchgeführte Außenprüfung entgegenstehen, da die Änderungssperre des § 173 Abs. 2 AO sich nur auf Änderungen nach § 173 Abs. 1 AO bezieht[570]. Eine einmal ausgebrachte Vorläufigkeit bleibt auch so lange bestehen, bis sie durch eine ausdrückliche Erklärung nach § 165 Abs. 2 AO beseitigt wird[571].

Hinweis: Nachdem ein Steuerbescheid bestandskräftig geworden ist, ohne dass er unter dem Vorbehalt der Nachprüfung gestellt war, kann, sofern keine Änderungsvorschrift nach §§ 172 ff. AO greift, auch grundsätzlich keine Vorläufigkeit festgesetzt werden[572]. Nach teilweise vertretener Meinung kann generell im Nachhinein auch im Anwendungsbereich des § 173

---

566 BFH, BStBl II 1995, S. 192; Loose in Tipke/Kruse, AO/FGO Komm., Losebl., § 173 AO, Rn. 2.
567 BFH/NV 2002, S. 747.
568 Hessisches FG, EFG 2001, S. 798; Rüsken in Klein, AO Komm., 11. Aufl. 2012, § 164, Rn. 16 – auch keinen Anspruch auf ermessenfehlerfreie Entscheidung.
569 FG Berlin, EFG 2001, S. 1170; die Revision blieb insofern ohne Erfolg: BFH/NV 2005, S. 322.
570 BFH/NV 2005, S. 322.
571 BFH/NV 2005, S. 322; bzw. im Fall des § 165 Abs. 1 S. 2 Nr. 4 AO bis durch Erlass einer Allgemeinverfügung nach § 367 Abs. 2b AO oder Veröffentlichung der Entscheidung im BStBl II die Finanzverwaltung zu erkennen gegeben hat, sich über den Einzelfall an der Rechtsauffassung des BFH auszurichten.
572 So BFH, BStBl II 2003, S. 888 unter Bezugnahme auf BFH, BStBl II 1994, S. 380.

AO keine Vorläufigkeit oder Vorbehalt der Nachprüfung (ohne Zustimmung des Steuerpflichtigen) angeordnet werden[573].

Da der Vorläufigkeitsvermerk eine unselbständige Nebenbestimmung des Steuerbescheides
i.S.v. § 120 Abs. 1 AO ist, kann nur die Steuerfestsetzung im Bescheid angefochten werden
und nicht separat die Vorläufigkeit, im Einspruch bzw. der Klage kann aber vorgebracht
werden, dass die Voraussetzungen für eine Vorläufigkeit nicht vorlagen[574]. Liegen die entsprechenden Indiztatsachen vor, die auf die Gewinnerzielungsabsicht schließen lassen, ist der
Vorbehalt gemäß § 165 Abs. 2 S. 2 AO aufzuheben[575]. Dies kann die B beantragen und bei
Ablehnung gegen diese Entscheidung mit Einspruch vorgehen und sodann Verpflichtungs-
klage erheben[576].

Entsprechendes gilt hinsichtlich des Vorbehalts der Nachprüfung, wobei aber ein Einspruch
mit der Begründung, dass dieser rechtwidrig sei, regelmäßig und auch im Fall der B wenig
Aussicht auf Erfolg hat, da die Voraussetzung für den Vorbehalt der Nachprüfung sehr weit
sind[577]. Unabhängig hiervon könnte B auch gemäß § 164 Abs. 3 AO die Aufhebung des Vorbehalts der Nachprüfung beim Finanzamt verlangen und gegen ein entsprechende Ablehnung
mit Einspruch vorgehen, die Erfolgsaussichten wären aber aus den bereits ausgeführten
Gründen gering[578].

1.2.2   Verzinsung

§ 233a AO regelt die Verzinsung von Steuernachforderungen. Der Zinssatz beträgt gemäß
§ 238 AO 0,5 % pro vollem Monat. Wie sich aus § 233a Abs. 5 AO ergibt, ist auch eine Verzinsung vorzunehmen, wenn ein Steuerbescheid gemäß §§ 172ff, 164 Abs. 2 oder § 165 Abs.
2 AO geändert wird, gleiches gilt bei Änderung des Steuerbetrages aufgrund von Rechtsbehelfen. Dabei bemisst sich die Verzinsung nach dem Unterschiedsbetrag zwischen der neu
festgesetzten Steuer und der bisher festgesetzten Steuer[579]. Damit hat B, wenn die Finanzverwaltung zu dem Ergebnis gelangen sollte, dass bei ihrer schriftstellerischen Tätigkeit von
Liebhaberei auszugehen ist, zu befürchten, dass sie, sofern eine Änderung möglich ist, nicht
nur den Erstattungsbetrag zurückzuzahlen hat, sondern diesen auch noch verzinsen muss.

1.3   Scheckzahlung

Da laut Sachverhalt B ihren Gewinn nach § 4 Abs. 3 EStG – Einnahmenüberschussrechner –
ermittelt, gilt hier das Zuflussprinzip des § 11 Abs, 1 EStG. Bei einem gedeckten Scheck gilt
der Zufluss bei Aushändigung von diesem erfolgt[580], denn grundsätzlich ist auf die Verschaffung der wirtschaftlichen Verfügungsmacht abzustellen, diese ist regelmäßig zu dem Zeit-

---

573   Loose in Tipke/Kruse, AO/FGO Komm., Losebl., § 173 AO, Rn. 111 unter Bezugnahme auf BFH, BStBl II
      1981, S. 150; Rüsken in Klein, AO Komm., 11. Aufl. 2012, § 164, Rn. 15
574   Rüsken in Klein, AO Komm., 11. Aufl. 2012, § 165, Rn. 55a.
575   Rüsken in Klein, AO Komm., 11. Aufl. 2012, § 165, Rn. 47.
576   Rüsken in Klein, AO Komm., 11. Aufl. 2012, § 165, Rn. 57.
577   Rüsken in Klein, AO Komm., 11. Aufl. 2012, § 164, Rn. 53ff.
578   Rüsken in Klein, AO Komm., 11. Aufl. 2012, § 164, Rn. 55a.
579   Rüsken in Klein, AO Komm., 11. Aufl. 2012, § 233a, Rn. 41ff; AEAO zu § 233a Nr. 41ff, 52.
580   BFH, BStBl II 2001, S. 482; H 11 – Scheck, Scheckkarte – EStH.

punkt erlangt, zudem der Leistungserfolg eingetreten ist oder die Möglichkeit verschafft wurde, diesen herbeizuführen[581]. Mithin war die Summe von 4.000 € im Fall am 31.12.2012 zugeflossen und ist deshalb noch im Jahr 2012 steuerlich zu erfassen. Die Einlösung des Schecks am 3.1.2013 ist demgegenüber ohne Belang, da der Scheck im Rechtsverkehr einem Zahlungsmittel gleichsteht. Die sich auf § 11 Abs. 1 S. 2 EStG ergebende Zehntagesfrist, ist nur bei regelmäßig wiederkehrenden Einnahmen von Belang[582]. Wiederkehrend sind Einnahmen, bei denen ihrer Natur nach auf Grund eines bestimmten Rechtsverhältnisses die Wiederholung in gewissen Zeitabständen von Anfang an feststeht[583]. Regelmäßig wiederkehrend sind Zahlungen, die nach dem zugrunde liegenden Rechtsverhältnis grundsätzlich am Beginn oder am Ende des Kalenderjahres zahlbar sind, zu dem sie wirtschaftlich gehören[584]. Beide Tatbestandsvoraussetzungen sind hier nicht erfüllt, da die Honorarabrechnung laut Sachverhalt nicht zeitlich festgelegt ist und zudem ein außervertraglicher Vorschuss erfolgt, sodass die Regelung des § 11 Abs. 1 S. 2 EStG hier von vornherein leer läuft. Einem Zufluss steht auch nicht entgegen, dass G ggf. einen Rückforderungsanspruch gegenüber B geltend macht, wenn die Umsatzzahlen sich nicht dementsprechend entwickeln. Denn der Zufluss wird durch die Rückzahlung auch nicht nach § 175 Abs. 1 S. 1 Nr. 2 AO mit Rückwirkung beseitigt. D.h. das Merkmal des Zuflusses bedeutet allein die Verschaffung der wirtschaftlichen Verfügungsmacht, beinhaltet jedoch nicht als zusätzliches Merkmal ein „Behaltendürfen"[585].

2   Grundstücksveräußerung

2.1   Einkommensteuerliche Behandlung

Es stellt sich die Frage, ob bei der Veräußerung der Grundstücke ein Spekulationsgeschäft i.S.v. §§ 22 Nr. 2, 23 EStG vorliegt, oder gewerblicher Grundstückshandel gemäß § 15 Abs. 1 Nr. 1, Abs. 2 EStG.

Die Abgrenzung bestimmt sich dabei nach der Drei-Objekte-Theorie. Danach ist es ein starkes Indiz für einen gewerblichen Grundstückshandel, wenn mehr als drei Objekte innerhalb eines Zeitraums von fünf Jahren nach Anschaffung veräußert werden[586]. Dabei sind auch unbebaute Grundstücke Objekte im Sinne dieser Theorie, etwas anderes gilt nur, wenn ein Grundstück parzelliert wird, was hier aber nicht der Fall ist[587]. Die B hat auch die Grundstücke in Veräußerungsabsicht erworben[588].

---

581 H 11 – Allgemeines – EStH.
582 H 11 – Allgemeines/Kurze Zeit – EStH.
583 Krüger in Schmidt, EStG Komm., 31. Aufl. 2012, § 11, Rn. 25.
584 Krüger in Schmidt, EStG Komm., 31. Aufl. 2012, § 11, Rn. 25.
585 BFH/NV 2008, S. 1679; H 11 – Allgemeines – EStH.
586 BMF, BStBl I 2004, S. 434, Rn. 5; Wacker in Schmidt, EStG Komm., 31. Aufl. 2012, § 15, Rn. 48ff.
587 BMF, BStBl I 2004, S. 434, Rn. 3.
588 BMF, BStBl I 2004, S. 434, Rn. 26, 30.

B verkauft die Grundstücke auch an verschiedene Käufer, so dass eine Teilnahme am allgemeinen wirtschaftlichen Verkehr i.S.v. § 15 Abs. 2 EStG vorliegt[589]. Auch handelt sie mit Gewinnerzielungsabsicht, selbständig und mit Wiederholungsabsicht (Nachhaltigkeit), so dass auch die weiteren Voraussetzungen des § 15 Abs. 2 EStG erfüllt sind[590].

Da laut Sachverhalt davon auszugehen ist, dass B zulässigerweise ihren Gewinn gemäß § 4 Abs. 3 EStG ermittelt, ist der Veräußerungsgewinn durch Gegenüberstellung von Anschaffungskosten mit Veräußerungspreis zu ermitteln[591].

Damit stellt sich der Veräußerungsgewinn folgendermaßen dar:

Grundstück in N

Veräußerungspreis:	300.000 €
Anschaffungskosten:	180.000 €
Überschuss:	120.000 €

Allerdings ist bei einer verdeckten Gewinnausschüttung an eine nahestehende Person zu berücksichtigen, dass diese stets dem Gesellschafter, also A, als Einnahme zuzurechnen ist[592], wie in der vorhergehenden Prüfung dargelegt. Somit ist der Veräußerungspreis auf den unter Drittvergleichsgesichtspunkten angemessen Preis von 200.000 € zu korrigieren, so dass sich ein Veräußerungsgewinn für B beim Grundstück in N von 20.000 € ergibt.

Grundstück in J

Veräußerungspreis:	60.000 €
Anschaffungskosten:	59.000 €
Überschuss:	1.000 €

Grundstück in F

Veräußerungspreis:	70.000 €
Anschaffungskosten:	68.000 €
Überschuss:	2.000 €

Grundstück in L

Veräußerungspreis:	50.000 €
Anschaffungskosten:	49.000 €
Überschuss:	1.000 €

Mithin ergeben sich aus dem Grundstückshandel gewerbliche Einkünfte in Höhe von 24.000 € für B.

---

589 BMF, BStBl I 2004, S. 434, Rn. 4.
590 Wacker in Schmidt, EStG Komm., 31. Aufl. 2012, § 15, Rn. 10ff.
591 BMF, BStBl I 2004, S. 434, Rn. 33, 34.
592 H 20.2 – Verdeckte Gewinnausschüttung an nahestehende Personen – EStH; BFH/NV 2011, S. 449; BFH, BStBl II 2007, S. 830; Gehm, JA 2009, S. 723.

2.2 Gewerbesteuerliche Behandlung

Für die Gewerbesteuer ist gemäß § 2 Abs. 1 GewStG die einkommensteuerliche Qualifizierung der Einkünfte der B als gewerblicher Grundstückshandel ausschlaggebend.

Der Gewerbeertrag nach § 7 GewStG wird aus dem Gewinn nach EStG abgeleitet, wobei die Hinzurechnungs- und Kürzungsvorschriften der §§ 8,9 GewStG zu berücksichtigen sind. Laut Aufgabenstellung sollen diese jedoch unbeachtet bleiben.

Dabei ist jedoch der Freibetrag gemäß § 11 Abs. 1 Nr. 1 GewStG in Höhe von 24.500 € zu berücksichtigen, so dass der Gewerbesteuermessbetrag im Fall 0 € beträgt.

Die Steuerberechnung setzt sich mithin aus zwei Faktoren zusammen, die sich auch verfahrensrechtlich niederschlagen. Zum einen ist der Gewerbesteuermessbetrag vom Finanzamt zu bestimmen. Wie sich aus § 184 Abs. 1 AO ergibt, wird mit dem Gewerbesteuermessbescheid über die sachliche und persönliche Steuerpflicht entschieden. Sodann kann unter Multiplizierung mit dem von der jeweiligen Gemeinde festgelegten Hebesatz die konkrete Gewerbesteuerzahllast bestimmt werden. Vom Verfahren her erlässt mithin das zuständige Finanzamt nach § 184 AO den Gewerbesteuermessbescheid, der lediglich den Messbetrag für die Gewerbesteuer ausweist und aufbauend hierauf die jeweilige Gemeinde unter Anwendung des Hebesatzes den konkreten Gewerbesteuerbescheid, sofern ihr aufgrund von Landesgesetz die diesbezügliche Verwaltungskompetenz eingeräumt wurde[593]. Der Hebesatz wird durch kommunale Satzung festgelegt[594]. Der Steuermessbescheid ist Grundlagenbescheid (§ 171 Abs. 10 AO) für den Gewerbesteuerbescheid und mithin für diesen nach §§ 184 Abs. 1, 182 Abs. 1 AO bindend[595] und daher nach § 351 Abs. 2 AO gesondert anzufechten[596]. Der Einkommensteuerbescheid selbst ist hinsichtlich der Qualifizierung der Einkunftsart allerdings kein Grundlagenbescheid in Bezug auf den Gewerbesteuermessbescheid[597].

Auch wenn die B den Einkommensteuerbescheid 2012 anfechten muss, um zu verhindern, dass ihr ein um 100.000 € zu hoher Gewinn hinsichtlich ihrer Grundstücksveräußerungen zugerechnet wird, hat sie auf den ersten Blick betrachtet, hiermit bezüglich der Gewerbesteuer selbst nichts gewonnen. Aus Gründen der Verfahrensvereinfachung ist hierbei aber die Regelung des § 35b GewStG zu beachten. Insoweit würde eine Herabsetzung des Gewinns aus Gewerbebetrieb im Einkommensteuerbescheid auch eine Änderung des Gewerbesteuermessbescheides herbeiführen[598].

Die B kann aber auch parallel innerhalb der einmonatigen Einspruchsfrist des § 355 AO den Gewerbesteuermessbescheid anfechten. Dies ist insbesondere nötig in Fällen, in welchen sich bei der Einkommensteuer keine Beschwer ergibt, der Einspruch mithin unzulässig wäre, weil nur die Gewerbesteuer zu mindern ist[599]. Auf keinen Fall darf sie jedoch ohne Einlegung

---

593 R 1.2 Abs. 1, 7.1 Abs. 2 GewStR.
594 Besteht keine entsprechende kommunale Satzung, soll automatisch wegen der Einführung des Mindesthebesatzes eine Gewerbesteuer mit Hebesatz v. 200 % gemäß § 16 Abs. 4 S. 2 GewStG anfallen (Martini/Valta, Fallsammlung zum Steuerrecht, 2011, S. 143).
595 Birk, Steuerrecht, 15. Aufl. 2012, Rn. 1421.
596 BFH/NV 1997, S. 114; BFH, BStBl II 1973, S. 854.
597 Schnitter in Frotscher, GewStG Komm., Losebl., § 35b, Rn. 4f. – vgl. insoweit § 35b GewStG, der insofern eine eigene Regelung enthält; Zenthöfer/Leben, Körperschaftsteuer und Gewerbesteuer, 15. Auflage, 2010, S. 165 f.
598 Tipke/Lang, Steuerrecht, 21. Aufl. 2013, § 12, Rn. 40; BFH, BStBl II 2004, S. 901; BFH, BStBl II, 2005, S. 184.
599 Schnitter in Frotscher, GewStG Komm., Losebl., § 35b, Rn. 6.

von Rechtsbehelfen auf den Erlass des Gewerbesteuerbescheids warten, ansonsten erwächst erster Bescheid in Bestandskraft und B wäre mit ihrem Vorbringen unter Berücksichtigung von § 351 Abs. 2 AO hinsichtlich des unrichtig berechneten Gewerbeertrags präkludiert, respektive ihr Einspruch wäre unbegründet. Mit einer Anfechtung des Gewerbesteuerbescheides selbst – Widerspruch nach §§ 68ff. VwGO – kann demzufolge regelmäßig nur die unrichtige Anwendung des Hebesatzes gerügt werden[600].

Hinsichtlich des Gewerbesteuermessbescheides ist vor dem FG das Finanzamt zu verklagen und hinsichtlich des Gewerbesteuerbescheides die Gemeinde vor dem VG (vgl. auch § 1 Abs. 2 AO)[601].

---

600 Birk, Steuerrecht, 15. Aufl. 2012, Rn. 1424.
601 Gemäß § 357 Abs. 2 S. 2 AO kann jedoch fristwahrend der Einspruch gegen den Gewerbesteuermessbescheid auch bei der Gemeinde eingelegt werden – vgl. Jochum, Steuerrecht I, 2010, Rn. 470.

8. KLAUSUR

Klausur aus dem Bilanzsteuerrecht (Abgrenzung zur Gewinnermittlung gemäß § 4 Abs. 3 EStG) sowie dem Verfahrensrecht

Realisationsprinzip, Entnahme, Maßgeblichkeitsgrundsatz, Rückstellungen, Rücklagen, Rechnungsabgrenzungsposten, Zuflussprinzip, Anlagevermögen, Umlaufvermögen, geringwertige Wirtschaftsgüter, Absetzung für Abnutzung, Zwangsgeldandrohung, Zwangsgeldfestsetzung, Verspätungszuschlag, Auswahl- und Entschließungsermessen.

I   Sachverhalt

Teil I

1. Der Kaufmann August Adler (in Folgendem A) erwirbt am 7.12.2012 eine Ware für 20.000 € zuzüglich 19 % USt (Umsatzsteuer) vom Kaufmann Bertold Brecht (in folgendem B), die er sofort in bar dem B bezahlt. A verkauft diese Ware sodann am 15.12.2012 gegen Barzahlung für 35.700 € an den Kunden Clemens Clever (in Folgendem C). Am 10.1.2013 reicht er die Umsatzsteuervoranmeldung gemäß § 18 Abs. 1 UStG beim Finanzamt ein und überweist auch am gleichen Tag den errechneten Umsatzsteuerbetrag von 1.900 €. Wie sieht der Gewinn aus, wenn A bilanzierender Unternehmer ist und wie, wenn er Einnahme-Überschuss-Rechner ist?

2. A liefert am 19.6.2012 eine Ware an C. Dem C erteilt der A die Rechnung über 10.000 € zuzüglich 19 % USt am 21.6.2012. Am 26.6.2012 erfolgt auf A's Geschäftskonto die Gutschrift der Kaufpreisforderung von 11.900 €. Wie müsste A als bilanzierender Unternehmen buchen und wie müsste er verfahren, wenn er seinen Gewinn nach § 4 Abs. 3 EStG ermittelt – unterstellen Sie in letzterem Fall, dass dies bei A möglich wäre?

    Abwandlung: Wie verhielte es sich steuerlich, wenn A seine Forderung gegenüber dem C nicht realisieren könnte? Bitte differenzieren Sie wiederum zwischen einer Bilanzierung und einer Gewinnermittlung gemäß § 4 Abs. 3 EStG.

3. Rechtsanwalt Rudi Radlos (in Folgendem R) – Kleinunternehmer i.S.v. § 19 UStG – berät seinen Freund X in einer Rechtsfrage. Die ihm hieraus zustehenden Gebühren in Höhe von 500 € erlässt er diesem später anlässlich dessen Geburtstags. Wie hätte R als Bilanzierender und wie als Gewinnermittler nach § 4 Abs. 3 EStG zu verfahren?

4. R nimmt ein Bankdarlehen von 20.000 € auf, um seine Kanzlei einzurichten. Wie hat er mit dem Darlehen zu verfahren, wenn er seinen Gewinn nach § 4 Abs. 3 EStG ermittelt und wie als bilanzierender Unternehmer?

5. Der angestellte Rechtsanwalt Friedrich Flau (in folgendem F) stellt fest, dass seine Januarbezüge – der Lohnzahlungszeitraum umfasst jeweils die Zeitspanne vom ersten bis zum letzten eines Monats – für 2013 bereits am 18.12.2012 auf sein Konto eingegangen sind. Sind diese damit im Jahr 2012 zu versteuern?

6. Was versteht man unter Rückstellungen in der Steuerbilanz?

7. Was versteht man unter Rechnungsabgrenzungsposten in der Bilanz? Bitte erläutern Sie dies näher an folgendem Beispiel: Am 3.12.2012 werden Mieten Januar bis Februar 2013 für ein umsatzsteuerfrei gemietetes Geschäftsgebäude in Höhe von 12.000 € von dem bilanzierenden Unternehmer Ulrich Ungeduld (in folgendem U) im Voraus überwiesen.

8. Rechtsanwalt Stefan Schmidt (in Folgendem S) erwirbt am 17.12.2012 einen Stuhl für seine Kanzlei. Die Nutzungsdauer beträgt 4 Jahre. Die Anschaffungskosten machen 100 € zuzüglich 19 % Umsatzsteuer, mithin 119 € aus. Am 10.1.2013 bezahlt S den Stuhl. Die Vorsteuer ist gemäß § 15 Abs. 1 Nr. 1 UStG abziehbar. Wie kann S die Anschaffungskosten steuerlich geltend machen? S ermittelt dabei seinen Gewinn zulässigerweise nach § 4 Abs. 3 EStG.

9. Der Transportunternehmer Theo Tamm (in folgendem T), welcher seinen Gewinn zulässigerweise nach § 4 Abs. 3 EStG ermittelt, schafft am 5.11.2012 einen zu 100 % betrieblich genutzten Lkw an. Die Anschaffungskosten betragen 100.000 € zuzüglich 19 % Umsatzsteuer in Höhe von 19.000 €. Die Bezahlung des Lkw erfolgt am 3.1.2013. Die Vorsteuer ist gemäß § 15 Abs. 1 Nr. 1 UStG abziehbar. Die Nutzungsdauer des Lkw beträgt 6 Jahre. Wie kann T die Aufwendungen für die Anschaffung des Lkw steuerlich geltend machen?

10. T hatte im Jahr 2008 ein Grundstück für 20.000 € angeschafft, auf dem er seine Lkws abstellte. Das Grundstück wurde mit Darlehen finanziert, wobei die Zinsen die Jahre über als Betriebsausgaben geltend gemacht wurden. Da das Gelände für einen Straßenbau vom Land Y benötigt wurde, der T jedoch nicht mit einem freihändigen Verkauf einverstanden war, wurde von der zuständigen Enteignungsbehörde ein Enteignungsbescheid am 2.5.2012 erlassen. In dem sich anschließenden gerichtlichen Verfahren einigten sich die Parteien schließlich am 17.9.2012, dass T einem Betrag von 50.000 € für das Grundstück erhält. Den Betrag erhält T sodann absprachegemäß am 1.10.2012 gleichzeitig geht das Eigentum auf das Land Y über.

Teil II

T ist bei seinem Finanzamt bisher als gewissenhafter Steuerpflichtiger bekannt. Da er seinen Steuerberater Horst Hummer (in folgendem H) noch aus dem Jahr 2010 Honoraransprüche schuldig ist, weigert dieser sich, dem T die Einkommensteuererklärung 2011 zu machen. Der T befindet sich wegen des Ausfalls von mehreren Lkws in einer sehr angespannten finanziel-

len Lage, weshalb er H nicht bezahlen kann. Als auch nach dem 1.3.2013 noch keine Einkommensteuererklärung des T das Jahr 2011 betreffend beim Finanzamt eingegangen ist,
wird dem T vom Finanzamt eine Frist zur Abgabe auf den 3.4.2013 unter gleichzeitiger Androhung eines Zwangsgeldes von 500 € bei Nichtbefolgung gesetzt. Als diese Frist auch
verstrichen ist, ohne dass T eine Steuererklärung eingereicht hat, wird das Zwangsgeld wie
angedroht festgesetzt. Noch bevor das Zwangsgeld von T bezahlt wird respektive vom Finanzamt beigetrieben werden kann, reicht T seine Einkommensteuererklärung 2011 beim
Finanzamt ein. Mit der Einkommensteuerfestsetzung 2011, die unter dem Vorbehalt der
Nachprüfung erfolgt, wird dann ein Verspätungszuschlag festgesetzt. Die Steuer wird dabei
auf 15.000 € festgesetzt, wobei aufgrund von Einkommensteuervorauszahlungen sich für T
noch ein Zahlbetrag von 2.000 € ergibt. Der festgesetzte Verspätungszuschlag beträgt
1.500 €. Wie ist die Rechtslage?

Bearbeiterhinweis

Hinsichtlich Teil I. sind alle aufgeworfenen einkommensteuerlichen respektive bilanzsteuer-
lichen Fragen zu beantworten und die entsprechenden Buchungssätze zu bilden.

Bei Teil II. sind die sich stellenden Fragen der Abgabenordnung zu beantworten.

Alle Personen sind unbeschränkt einkommensteuerpflichtig.

II   Vorüberlegungen

Bei der Klausur kann Teil I, da es sich um weitgehend voneinander unabhängige Sachfragen
handelt, Punkt für Punkt durchgeprüft werden.

Teil II ist letztlich losgelöst vom Teil I zu betrachten und der Prüfung von Verfahrensfragen
gewidmet.

Insofern ist es letztlich egal, welche Reihenfolge der Prüfung man wählt, so dass man auch
mit Teil II beginnen könnte.

III   Lösung

Teil I

1. Bei der Gewinnermittlung durch Betriebsvermögensvergleich gemäß §§ 4 Abs. 1, 5 Abs. 1 EStG wäre zu buchen[602]:

1.Wareneinkauf[603] (Gewinn ./. 20.000 €)	20.000 €[604]	an	Kasse	23.800 €[605]
Vorsteuer	3.800 €			
2. Kasse	35.700 €	an	Warenverkauf[606] (Gewinn + 30.000 €)[607]	30.000 €
			USt	5.700 €
3. USt	1.900 €	an	Bank (im Januar 2013)	1.900 €

Hinweis: Ein Buchungssatz ist die Anweisung auf welchem Konto, wo (Kontenseite), wie viel (€-Betrag) zu buchen ist. Zuerst wird immer die Sollseite – bisweilen auch über das Wort „per" – und dann über das Wort „an" die Habenseite angesprochen. Eine Einlageleistung kann also wie folgt gebucht werden: Per Betriebsvermögen (z.B. Grundstück) an Einlage. Die Entnahme wird gebucht: per Entnahme an Betriebsvermögen.

Mithin ergibt sich ein Gewinn von insgesamt 10.000 € (30.000 € ./. 20.000 €) im Jahr 2012. Für die Umsatzsteuer- und Vorsteuerbeträge sind getrennte Bestandskonten einzurichten, auf denen derartige Beträge erfolgsneutral zu erfassen sind. Der Betrag von 1.900 € als Zahllast bei der USt ergibt sich aus der Differenz von 5.700 € USt aus der Veräußerung an C zu 3.800 € Vorsteuer aus dem Erwerb von B.

In der doppelten Buchführung (= Bilanzierung) werden die einzelnen Geschäftsvorfälle nach sachlichen Gesichtspunkten in den sogenannte Sachkonten gebucht. Hinsichtlich der Konten ist zu beachten, dass die Sachkonten in Bestands- und Erfolgskonten aufgeteilt werden. Bestandskonto ist beispielsweise das Kassenkonto. Auf dieser Art Konto wird der Zu- und Ab-

---

602 Sikorski/Wüstenhöfer, Rechnungswesen, 6. Aufl. 2002, Rn. 914.
603 Insofern sind Elemente von Aufwandskonto vorhanden.
604 Soll-Seite
605 Haben-Seite. Der Einkauf der Ware als solches betrachtet, ist jedoch ein erfolgsneutraler Aktivtausch (Geld gegen Ware).
606 Insofern sind Elemente von Ertragskonto vorhanden. Das Warenkonto in seiner Gesamtheit betrachtet, ist ein gemischtes Konto, was Ertrags- und Aufwandsbestandteile aber auch erfolgsneutrale Elemente in Form vom Warenbestand enthält – vgl. Förschle/Scheffels, Buchführung, 2. Aufl. 1993, S. 45.
607 Durch den Weiterverkauf der Waren unter Aufschlag, der zu einem Wertsprung führt, liegt ein erfolgswirksamer Geschäftsvorfall mit Eigenkapitalmehrung vor. Würde die Ware unter Einstandspreis veräußert werden müssen, läge auch ein erfolgswirksamer Vorgang vor, allerdings ein solcher, der zur Eigenkapitalminderung führt.

gang eines Bestandes mit gleichem Wertansatz eingetragen. Innere Wertänderungen kommen hier nicht zur Geltung[608]. Erfolgskonten haben (direkte) Auswirkung auf das Betriebsvermögen und mithin den Gewinn. Erfolgskonten sind folglich Ertrags- und Aufwandskonten.

Bei der Einnahme-Überschuss-Rechnung wäre aufzuzeichnen[609]:

1. Betriebsausgabe[610] gezahlter Wareneinkauf   23.800 € (Gewinn ./. 23.800 €)
2. Betriebseinnahmen Zahlung des Kunden   35.700 € (Gewinn + 35.700 €)
3. Betriebsausgabe (Zahlung an das FA)   1.900 € (Gewinn ./. 1.900 €)

Die Umsatzsteuer- und Vorsteuerbeträge gehören jedoch nicht zu den durchlaufenden Posten i.S.v. § 4 Abs. 3 S. 2 EStG, da sie im eigenen Namen und auf eigene Rechnung abgewickelt werden, denn der Unternehmer ist nach §§ 13 a Abs. 1 Nr. 1, 1 Abs. 1 Nr. 1 UStG selbst Steuerschuldner[611].

Auch hierbei ergäbe sich ein Totalgewinn von 10.000 €, der sich jedoch auf den ersten Blick mit + 11.900 € im Jahr 2012 und ./. 1.900 € im Jahr 2013 niederschlägt. Jedoch ist zu beachten, dass die Umsatzsteuervorauszahlungen und Umsatzsteuererstattungen regelmäßig wiederkehrenden Ausgaben bzw. Einnahmen i.S.v. § 11 Abs. 1 S. 2, Abs. 2 S. 2 EStG sind[612], so dass auch bei der Gewinnermittlung gemäß § 4 Abs. 3 EStG sich im Fall das gleiche Ergebnis für das Jahr 2012 ergibt, denn die Zahlung erfolgte noch kurze Zeit nach der Jahreswende, also im Korridor von zehn Tagen[613]. Hätte A die Umsatzsteuerzahllast außerhalb des 10-Tagesrahmens von § 11 Abs. 2 S. 2 EStG geleistet, sähe das Ergebnis anders aus.

2. Beim bilanzierenden Unternehmer[614] entsteht die Forderung in dem Zeitpunkt, in dem die Lieferung oder sonstige Leistung erbracht wird (Realisationsprinzip – § 252 Abs. 1 Nr. 4 HGB bzw. Prinzip der wirtschaftlichen Verursachung gemäß § 252 Abs. 1 Nr. 5 HGB)[615]; somit erfolgt sogleich die Gewinnrealisierung. Dabei kommt es nicht auf den Zeitpunkt der Rechnungserteilung an. A hat somit im Zeitpunkt der Lieferung am 19.6.2012 gewinnerhöhend zu buchen (vgl. auch § 13 Abs. 1 Nr. 1 a UStG):

---

608 Mosena/Roberts/Winter, Gabler Wirtschaftslexikon, 17. Aufl. 2010, S. 406.
609 Sikorski/Wüstenhöfer, Rechnungswesen, 6. Aufl. 2002, Rn. 914.
610 Im Fall der Bilanzierung wird trotz der Formulierung der § 4 Abs. 1 S. 8, 5 Abs. 6 EStG nicht von Betriebseinnahmen sondern Erträgen und nicht von Betriebsausgaben sondern Aufwendungen gesprochen – vgl. Weber-Grellet, Bilanzsteuerrecht, 11. Aufl. 2011, Rn. 28; Eisgruber/Schallmoser, Einkommensteuerrecht, 2008, Rn. 188.
611 Sikorski/Wüstenhöfer, Rechnungswesen, 6. Aufl. 2002, Rn. 933: Heinicke in Schmidt, EStG Komm., 31. Aufl. 2012, § 4, Rn. 388; Krüger in Schmidt, EStG Komm., 31. Aufl. 2012, § 11, Rn. 50 – Umsatzsteuer/Vorsteuer.
612 BFH, BStBl II 2008, S. 282; Krüger in Schmidt, EStG Komm., 31. Aufl. 2012, § 11, Rn. 50 – Umsatzsteuer/Vorsteuer.
613 H 11 – Allgemeines/Kurze Zeit – EStH.
614 Sofern A Kaufmann i.S.v. §§ 1ff. HGB ist, würde ihn gemäß § 5 Abs. 1 EStG i.V.m. § 140 AO, §§ 238ff. HGB die Verpflichtung zur Führung von Büchern (abgeleitete Buchführungsverpflichtung) treffen. Beachte aber, dass Scheinkaufleute nicht nach §§ 238ff. HGB buchführungspflichtig sind (Dellner/Gross/Ramb/Weinfurtner, Steuerrecht für Anwälte, 2004, S. 192).
615 Umgekehrt ergibt sich daraus, dass eine Forderung bei beiderseits noch nicht erfüllten Geschäften nicht aktiviert werden darf (Aktivierungsverbot bei schwebenden Geschäften) – vgl. Martini/Valta, Fallsammlung zum Steuerrecht, 2011, S. 36.

Forderung	11.900 €	an	Warenverkauf	10.000 €
			(Gewinn + 10.000 €)	
			USt	1.900 €[616]

Sofern A seinen Gewinn nach § 4 Abs. 3 EStG ermittelt, tritt eine Gewinnrealisierung gemäß § 11 Abs. 1 S. 1 EStG erst mit Zufluss und somit Bezahlung durch den Kunden – Gutschrift auf A´s Geschäftskonto[617] – am 26.6.2012 ein.

Abwandlung: Forderungen sind nach § 6 Abs. 1 Nr. 2 S. 1 EStG mit den Anschaffungskosten und somit regelmäßig mit dem Nennwert zu bewerten. Bei Forderungsausfall hat der bilanzierende Unternehmer eine Wertberichtigung auf 0 € vorzunehmen (§ 6 Abs. 1 Nr. 2 S. 2 EStG – Teilwertabschreibung). Die USt ist nach § 17 UStG zu berichtigen.

Aufwand aus Forderungsverlust	10.000 €	an	Forderung	11.900 €
USt	1.900 €			

Für denjenigen, der nach § 4 Abs. 3 EStG seinen Gewinn ermittelt, ist nichts zu veranlassen, denn Mangels Zuflusses ist noch keine Gewinnrealisierung eingetreten, die es zu korrigieren gilt.

3. Bei der Gewinnermittlung nach § 4 Abs. 3 EStG ist die aus privaten Gründen erlassene Forderung als Entnahme mit ihrem Nennwert (500 €) als Betriebseinnahme bei R zu erfassen[618]. Wird allerdings für eine erbrachte Leistung von vornherein aus privaten Gründen auf ein Honorar verzichtet (z.B. Durchführen einer betrieblichen Tätigkeit für einen Angehörigen oder Freund), tritt keine Gewinnrealisierung ein und es liegt auch keine Betriebseinnahme vor[619].

Beim bilanzierenden Unternehmer erfolgt keine Gewinnberichtigung. Hier wird lediglich gebucht:

Forderung	500 €	an	Beratungsleistung	500 €
Privatentnahme	500 €	an	Forderung	500 €

4. Darlehensaufnahmen oder Darlehensgewährungen respektive Darlehenstilgungen sind keine Betriebseinnahmen bzw. Betriebsausgaben[620]. Sie sind daher gewinnneutral bei der Gewinnermittlung nach § 4 Abs. 3 EStG zu behandeln. Allerdings sind Schuldzinsen als Betriebsausgaben zu erfassen, hier greift unter Umständen § 11 Abs. 2 S. 2 EStG[621]. Beim bilanzierenden Unternehmer ist die Darlehensaufnahme selbst ebenso gewinnneutral wie folgt zu verbuchen[622]:

---

616 Vgl. Sikorski/Wüstenhöfer, Rechnungswesen, 6. Aufl. 2002, Rn. 734
617 Krüger in Schmidt, EStG Komm., 31. Aufl. 2012, § 11, Rn. 50 – Überweisungen.
618 BFH, BStBl II 1975, S. 526.
619 Horschitz/Groß/Weidner, Bilanzsteuerrecht und Buchführung, 9. Aufl. 2002, S. 79.
620 H 4.5 (2) – Darlehen – EStH.
621 Ramb/Schneider, Die Einnahme-Überschussrechnung von A-Z, 2. Aufl. 2003, S. 225f.
622 Zur Bewertung vgl. § 6 Abs. 1 Nr. 3, Abs. 2 EStG.

Bank	20.000 €	an	Darlehensschulden	20.000 €

Bei der Darlehensrückzahlung wäre der spiegelbildliche Buchungssatz, ebenso erfolgsneutral, zu bilden:

Darlehensschulden	20.000 €	an	Bank	20.000 €

Hinweis: Wären für das Darlehen Zinsen in Höhe von 1.000 € zu entrichten, würde der Buchungssatz lauten:

Zinsaufwand	1.000 €	an	Bank	1.000 €

Würde die Zinsverbindlichkeit im November 2012 entstehen aber erst im Februar 2013 beglichen werden, lauteten die Buchungssätze:

Buchung im November 2012:

Zinsaufwand	1.000 €	an	sonstige Verbindlichkeiten	1.000 €

Buchung im Februar 2013:

sonstige Verbindlichkeiten	1.000 €	an	Bank	1.000 €

Die Zahlung ändert somit den Gewinn im Februar 2013 nicht mehr, vielmehr ist die Gewinnänderung schon bei der Buchung im November 2012 erfolgt.

5. Bei Einkünften nach § 19 Abs. 1 Nr. 1 EStG handelt es sich um Überschusseinkünfte i.S.v. § 2 Abs. 2 Nr. 2 EStG, so dass grundsätzlich § 11 EStG Anwendung findet. Das Zuflussprinzip erfährt aber durch § 11 Abs. 1 S. 4 i.V.m. § 38a Abs. 1 S. 2 EStG eine Ausnahme dahingehend, dass die Bezüge für Januar 2013, bei denen es sich um laufende Bezüge handelt[623], auch erst im Jahr 2013 als zugeflossen gelten, da der Lohnzahlungszeitraum im Jahr 2013 endet.
    Hinweis: Bei einem 13. Monatsgehalt würde es sich aber um keinen laufenden Bezug handeln[624], so dass § 38 a Abs. 1 S. 2 EStG insofern nicht greifen würde – vgl. § 38a Abs. 1 S. 3 EStG. Beachte aber, dass nach strittiger Meinung die Frist von drei Wochen nach § 39b Abs. 5 S. 2 EStG bei den laufenden Arbeitslohnzahlungen analog angewendet wird[625]. Würde mithin im Fall der Januarlohn 2013 bereits am 1.12.2012 zufließen, müsste die Besteuerung bereits im Jahr 2012 erfolgen[626].
6. Bei bilanzierenden Unternehmern werden Rückstellungen[627] als Passivposten für Aufwendungen gebildet, die im betreffenden Wirtschaftsjahr verursacht worden (entstanden) sind, aber deren Höhe und/oder Fälligkeit noch nicht genau bestimmt werden kann. Im Handelsrecht ist zwischen solchen Rückstellungen zu unterscheiden, die gebildet werden müssen (Passivierungspflicht) und solchen, die gebildet werden dürfen (Passivierungswahlrecht). Nach Steuerrecht dürfen grundsätzlich nur solche Rückstellungen nach dem

---

623 R 39b.2 Abs. 1 Nr. 1 LStR.
624 R 39b.2 Abs. 2 LStR.
625 R 39b.2 Abs. 2 Nr. 8 LStR.
626 Zur Gestaltungsmöglichkeit im Hinblick auf § 11 EStG bei Abfindungszahlungen durch den Arbeitgeber vgl. BFH, Urt. v. 11.11.2009 – IX R 1/09 – NJW-aktuell 2010/5, S. 10 bzw. BFH, BStBl II 2010, S. 746 sowie BFH/NV 2010, S. 1089. Zum Problem sei auch auf Plewka, NJW 2010, S. 2554 verwiesen.
627 Demgegenüber haben Rücklagen keinen Schuldcharakter sondern sind stets Eigenkapital.

Maßgeblichkeitsprinzip (§ 5 Abs. 1 S. 1 EStG)[628] in der Steuerbilanz gebildet werden, für die handelsrechtlich eine Passivierungsverpflichtung besteht[629]. Wichtigste Form der steuerlichen Rückstellungen sind solche für ungewisse Verbindlichkeiten (z.B. für Schulden).

7. Rechnungsabgrenzungsposten (RAP) werden gemäß § 5 Abs. 5 EStG gebildet, wenn im Voraus Zahlungen auf Vorgänge erbracht werden, die erst in späteren Wirtschaftsjahren als Aufwand oder Ertrag entstehen. Sie dienen als Verrechnungsposten zur periodengerechten Gewinnermittlung dazu, Einnahmen und Ausgaben als Ertrag oder Aufwand dem Wirtschaftsjahr zuzuordnen, zu dem sie wirtschaftlich gehören (§ 252 Abs. 1 Nr. 5 HGB).

Die Mietzinsen sind erst im Jahr 2013 Aufwand. Demzufolge muss U wie folgt buchen:

3.12.2012 Aktive RAP	12.000 €	an	Bank	12.000 € (= Gewinn + ./. 0)
Im Jahr 2013 Mietaufwendungen	12.000 €	an	Aktive RAP	12.000 €
				(= Gewinn ./. 12.000 €)[630]

Aktive RAP dürfen nur angesetzt werden für Ausgaben vor dem Abschlussstichtag, soweit sie Aufwand für eine bestimmte Zeit nach diesem Tag darstellen (§§ 250 Abs. 1 S. 1 HGB, 5 Abs. 1 S. 1 Nr. 1 EStG)[631].

Passive RAP dürfen nur angesetzt werden für Einnahmen vor dem Abschlussstichtag, soweit sie Ertrag für eine bestimmte Zeit nach diesem Tag darstellen (§§ 250 Abs. 2 HGB, 5 Abs. 5 S. 1 Nr. 2 EStG)[632].

8. Der Stuhl gehört zum abnutzbaren beweglichen Anlagevermögen des S. Er ist selbständig nutzungsfähig[633]. Da die Anschaffungskosten netto 100 € betragen, ist er ein geringwertiges Wirtschaftsgut (= GwG) i.S.d. § 6 Abs. 2 EStG. Ob die Umsatzsteuer tatsächlich als Vorsteuer abziehbar ist, ist demgegenüber unerheblich[634]. Der S hat somit ein Wahlrecht zur Aktivierung und Abschreibung gemäß § 7 Abs. 1 EStG bzw. zur sofortigen gänzlichen Geltendmachung[635]. Entscheidet er sich für letzteres, sind die Anschaffungskosten im Jahr der Anschaffung – 2012 – als Durchbrechung des Abflussprinzips

628 Ausdrücklich gilt der Maßgeblichkeitsgrundsatz nur innerhalb des § 5 EStG. Für die gemäß § 4 Abs. 1 EStG bilanzierenden Steuerpflichtigen gelten jedoch nach § 141 AO viele diesbezügliche Vorschriften des HGB sinngemäß, so dass auch im Rahmen des § 4 Abs. 1 EStG die Regeln kaufmännischer Buchführung zu beachten sind und mithin die Unterschiede zwischen § 4 Abs. 1 und § 5 Abs. 1 EStG weitgehend vernachlässigt werden können – Drysch/Weber, Einkommensteuerrecht, 2003, S. 15f.

629 Zur Änderung hinsichtlich des Maßgeblichkeitsprinzips der Handels- für die Steuerbilanz durch das Bilanzrechtsmodernisierungsgesetz vgl. Dettmeier, NWB 2009, S. 3484.

630 Sikorski/Wüstenhöfer, Rechnungswesen, 6. Aufl. 2002, Rn. 430.

631 Vgl. auch bei der Gewinnermittlung nach § 4 Abs. 3 EStG bzw. den Überschusseinkunftsarten § 11 Abs. 2 S. 3 EStG – zur Anwendung dieser neuen Regelung vgl. BFH, Urt. v. 7.12.2010 – IX R 48/07 – NWB 2011, S. 338!

632 Bei Gewinnermittlung nach § 4 Abs. 3 EStG bzw. Überschusseinkunftsarten i.S.v. § 2 Abs. 2 Nr. 2 EStG enthält § 11 Abs. 1 S. 3 bzw. Abs. 2 S. 3 EStG eine Regelung, die vom selben gesetzgeberischen Grundgedanken getragen ist.

633 Es kommt dabei auf die konkrete Zweckbestimmung im jeweiligen Betrieb an – vgl. BFH/NV 2012, S. 1433.

634 R 9 b (2) S. 2 EStR. Auch bei den Überschusseinkünften gilt für § 9 Abs. 1 Nr. 7 S. 2 EStG n.F., dass bei der Bestimmung der Grenze von 410 € die Umsatzsteuer herauszurechnen ist – vgl. R 9.12 Abs. 1 S. 1 LStR 2008! Für die Überschusseinkünfte verbleibt es dabei, dass § 9 Abs. 1 Nr. 7 EStG n.F. ein Wahlrecht einräumt aber keine Verpflichtung begründet. § 6 Abs. 2 EStG n.F. beinhaltet demgegenüber von 2008 bis 2009 eine Verpflichtung zum sofortigen Abzug. Ab 2010 gilt insoweit aber wieder die alte Regelung, die bis 2007 galt.

635 Kulosa in Schmidt, EStG Komm., 31. Aufl. 2012, § 6, Rn. 592.

abzusetzen (§ 9a EStDV)[636]. Allerdings ist die Umsatzsteuer i.H.v. 19 € gemäß § 9 b Abs. 1 S. 1 EStG erst mit Zahlung am 10.1.2013 als Betriebsausgabe abziehbar. Nach § 6 Abs. 2a EStG kann zusätzlich ein Wahlrecht ausgeübt werden, für alle Wirtschaftsgüter mit einem Wert über 150 € aber unter 1.000 € ein Sammelposten zu bilden, der gleichmäßig über fünf Jahre aufzulösen ist, wobei auf Nettoanschaffungskosten abzustellen ist[637]. Wirtschaftsgüter unter 150 € sind sofort abzugsfähig, wobei gemäß § 6 Abs. 2a S. 5 EStG die Wahl dann in einem Wirtschaftsjahr einheitlich auszuüben ist für alle Wirtschaftsgüter, d.h. also bei einem Vorgehen nach § 6 Abs. 2a EStG kann nicht für einzelne Wirtschaftsgüter nach § 6 Abs. 2 EStG vorgegangen werden[638].

Durch die auf Grund des Jahressteuergesetzes 2008 erfolgte Neufassung des § 4 Abs. 3 S. 3 EStG ist klargestellt, dass § 6 Abs. 2 und Abs. 2a EStG auch für die Gewinnermittlung nach § 4 Abs. 3 EStG gilt[639].

S hat ein Verzeichnis für die Wirtschaftsgüter zu führen, die den Wert von 150 € übersteigen (§ 6 Abs. 2 S. 4 EStG).

9. Der Lkw ist, da er ausschließlich für betriebliche Zwecke genutzt wird, notwendiges Betriebsvermögen[640]. Weiterhin ist er ein bewegliches Wirtschaftsgut des abnutzbaren Anlagevermögens, da er dazu bestimmt ist, auf Dauer dem Betrieb zu dienen[641].

Hinweis: Umlaufvermögen sind demgegenüber Wirtschaftsgüter, die zur Veräußerung, Verarbeitung oder zum Verbrauch angeschafft oder hergestellt worden sind und deren Anschaffungskosten im Zeitpunkt der Zahlung als Betriebsausgaben abziehbar sind[642].

Damit sind nach § 4 Abs. 3 S. 3 EStG die Vorschriften über die AfA (Absetzung für Abnutzung) zu beachten, die eine Durchbrechung des Abflussprinzips darstellen. Dabei sind die Anschaffungskosten i.S.v. § 255 Abs. 1 HGB[643] als Betriebsausgaben gemäß § 7 Abs. 1 EStG, § 253 Abs. 3 S. 1 und 2 HGB auf die gewöhnliche Nutzungsdauer zu verteilen[644]. Die abzugsfähige Vorsteuer gehört gemäß § 9 b Abs. 1 S. 1 EStG nicht zu den Anschaffungskosten. Damit ist die Umsatzsteuer i.H.v. 19.000 € im Zeitpunkt der Zahlung am 3.1.2013 als Betriebsausgabe abziehbar (§ 11 Abs. 2 S. 1 EStG)[645]. Die Anschaffungskosten, die die Bemessungsgrundlage für die AfA bilden, betragen mithin 100.000 €[646]. Die AfA beginnt mit der Anschaffung am 5.11.2012 (§ 9 a EStDV)[647].

T kann lineare AfA nach § 7 Abs. 1 EStG geltend zu machen. Dabei ist zu beachten, dass T für das Jahr 2012 die Jahres-AfA nur zeitanteilig geltend machen kann (§ 7 Abs. 1 S. 4 EStG) Die lineare AfA beträgt 16,67 %. Hiervon kann T im Jahr 2012 2/12 geltend machen.

10. Von der Einkommensteuer als Ertragsteuer wird grundsätzlich jeder wirtschaftliche Vorteil erfasst, der im Zuge eines Veranlassungszusammenhangs mit einer Erwerbstätig-

---

636 R 6.13 Abs. 4 S. 1 EStR.
637 Kulosa in Schmidt, EStG Komm., 31. Aufl. 2012, § 6, Rn. 592, 604
638 Hörster, NWB 2010, S. 20; Kulosa in Schmidt, EStG Komm., 31. Aufl. 2012, § 6, Rn. 592, 604; BMF, BStBl I 2010, S. 755.
639 Knebel/Spahn/Plenker, DB 2007, S. 2733.
640 R 4.2 Abs. 1 S. 1 EStR.
641 R 6.1 Abs. 1 S. 1 u. 5 sowie R 7.1 Abs. 2 EStR.
642 R 6.1 Abs. 2 EStR.
643 H 6.2 – Anschaffungskosten – EStH.
644 R 4.5 Abs. 3 S. 2 EStR.
645 H 9b EStH.
646 R 7.3 Abs. 1 EStR.
647 Auf den Zeitpunkt der Bezahlung oder tatsächlichen Nutzung ist nicht abzustellen – Kulosa in Schmidt, EStG Komm., 31. Aufl. 2012, § 7, Rn. 90; R 7.4 Abs. 1 EStR; H 7.4 – Lieferung – EStH.

keit im Zusammenhang steht, die mit Einkünfteerzielungsabsicht ausgeübt wird. Insbesondere ist gleichgültig, unter welcher Bezeichnung oder in welcher Form dieser gewährt wird, wenn auf Grund einer Erwerbstätigkeit der wirtschaftliche Vorteil erlangt wird[648]. Das Grundstück wird ausschließlich und unmittelbar für eigenbetriebliche Zwecke des T genutzt, es gehört daher zum notwendigen Betriebsvermögen[649]. Insofern ist zu prüfen, ob T einen Veräußerungsgewinn- bzw. -verlust durch die Veräußerung aufgrund gerichtlichen Vergleichs hierdurch erzielt hat. Bei der Gewinnermittlung nach § 4 Abs. 3 EStG sind die Anschaffungskosten von nichtabnutzbaren Wirtschaftsgüter des Anlagevermögens[650] im Jahr der Anschaffung ohne steuerliche Auswirkung und sind in ein gesondertes Verzeichnis gemäß § 4 Abs. 3 S. 5 EStG aufzunehmen. Um den aufgezeichneten Buchwert wird dann im Jahr der Veräußerung der Veräußerungserlös gekürzt. Nach § 4 Abs. 3 S. 4 EStG ist der positive Differenzbetrag als Gewinn aus Gewerbebetrieb zu versteuern (Aufdeckung stiller Reserven)[651].

Es ergibt sich also hier folgender Überschuss:

Entschädigung	50.000 €
Anschaffungskosten	./. 20.000 €
Gewinn	30.000 €

Hinweis: Abschließend sei zum näheren Verständnis der Bilanzierung ein sog. „Bilanzkreuz" dargestellt.

Auf der Aktivseite der Bilanz sind gemäß § 266 HGB u.a. die positiven Wirtschaftsgüter des Betriebes bzw. die Forderungen, die der Betrieb gegenüber anderen hat, aufgelistet. Auf der Aktivseite ist mithin aufgelistet, was im Betrieb an Vermögenswerten vorhanden ist (bzw. die Mittelverwendung).

Auf der Passivseite sind nach § 266 HGB u.a. die negativen Wirtschaftsgüter (Schulden) des Betriebes dargestellt. Hier wird also die Finanzierungsstruktur (bzw. Mittelherkunft) des Betriebes dargestellt. Soweit exakt alle positiven Wirtschaftsgüter durch Fremdkapital abgedeckt sind, hat es mit dieser Gegenüberstellung sein Bewenden. Sofern die positiven Wirtschaftsgüter die Schulden übersteigen, ist auf der Passivseite ein Ausgleichsposten zu bilden, das Eigenkapital, welcher das Reinvermögen bzw. Betriebsvermögen i.S.v. §§ 4 Abs. 1, 5 Abs. 1 EStG darstellt. Sofern die Schulden die positiven Wirtschaftsgüter übersteigen, ist gemäß § 268 Abs. 3 HGB auf der Aktiva-Seite der Posten „Nicht durch Eigenkapital gedeckter Fehlbetrag" anzusetzen.

Veranschaulicht werden soll dies an folgenden zwei Beispielen[652]:

648 Hey in Tipke/Lang, Steuerrecht, 21. Aufl. 2013, § 8, Rn. 229; FG München, EFG 2005, S. 586; Hessisches FG, EFG 2009, S. 109; Niedersächsisches FG, EFG 2007, S. 1866; BFH, BStBl II 1973, S. 445; dies ergibt sich auch aus § 24 Nr. 3 EStG – vgl. Klörgmann, Ratgeber zur Einkommensteuer 2011, Rn. 405; Wacker in Schmid, EStG Komm., 31. Aufl. 2012, § 24, Rn. 81.
649 R 4.2 Abs. 7 EStR.
650 Zum Anlagevermögen gehören Wirtschaftsgüter, die bestimmt sind, dauernd dem Betrieb zu dienen (R 6.1 EStR, H 6.1 EStH).
651 Stille Reserve ist der Unterschiedsbetrag zwischen Buchwert und höherem gemeinem Wert (Verkehrswert) – vgl. Hennrichs in Tipke/Lang, Steuerrecht, 21. Aufl. 2013, § 9, Rn. 420.
652 Vgl. Drysch/Weber, Einkommensteuerrecht, 2003, S. 14.

Aktiva		Passiva	
Grundstücke	100.000 €	Eigenkapital	100.000 €
Anlagevermögen	100.000 €	Verbindlichkeiten[653]	150.000 €
Umlaufvermögen	50.000 €		
	250.000 €		250.000 €

Aktiva		Passiva	
Grundstücke	100.000 €	Verbindlichkeiten	400.000 €
Anlagevermögen	100.000 €		
Umlaufvermögen	100.000 €		
Nicht durch Eigenkapital gedeckter Fehlbetrag	100.000 €		
	400.000 €		400.000 €

Bei der doppelten Buchführung ist neben der Bilanz eine Gewinn- und Verlust-Rechnung (GuV-Rechnung) gemäß § 60 Abs. 1 S. 2 EStDV bzw. § 242 Abs. 2 HGB zu erstellen[654]. Diese nimmt alle während des Wirtschaftsjahrs anfallenden betrieblich veranlassten erfolgswirksamen Geschäftsvorfälle – also alle Erträge und den gesamten Aufwand – fortlaufend auf. Die Differenz von Aufwand und Ertrag führt logisch zwingend systembedingt zu dem selbem Ergebnis wie der Betriebsvermögensvergleich, da jede erfolgswirksame Betriebsvermögensmehrung in der GuV-Rechnung gegengebucht wird[655]. Insofern hat daher ein bloser Aktivtausch – vgl. bei der Lösung von Aufgabe 1 – keine Auswirkung auf den Gewinn und berührt daher die GuV-Rechnung nicht. Ein Gewinn erscheint auf der Passivseite der Schlussbilanz und der Sollseite der GuV, während ein Verlust auf der Aktivseite der Schlussbilanz und der Habenseite der GuV erscheint[656]. Zur Gliederung der GuV-Rechnung siehe § 275 HGB!

---

653 Nach § 6 Abs. 1 Nr. 3 EStG sind unverzinsliche Verbindlichkeiten, deren Laufzeit zum Bilanzstichtag zwölf und mehr Monate beträgt abzuzinsen. Eine Verbindlichkeit ist unabhängig von ihrer Fälligkeit am Bilanzstichtag zu passivieren – vgl. Weber-Grellet, Bilanzsteuerrecht, 11. Aufl. 2011, Rn. 180.
654 Vgl. die neue Regelung des § 5b EStG zur elektronischen Übermittlung von Bilanzen sowie Gewinn- und Verlustrechnung.
655 Weber-Grellet, Bilanzsteuerrecht, 11. Aufl. 2011, Rn. 26.
656 Sikorski/Wüstenhöfer, Rechnungswesen, 6. Aufl. 2002, Rn. 296.

Teil II

1   Zwangsgeld

Die Zwangsgeldandrohung gemäß § 332 AO wie auch die Zwangsgeldfestsetzung nach § 333 AO stellen jeweils selbständig anfechtbaren Verwaltungsakte dar[657].

Voraussetzung für die Rechtmäßigkeit der Zwangsgeldfestsetzung ist, dass eine Verpflichtung innerhalb der durch die Androhung bestimmten Frist nicht erfüllt wurde. Das Zwangsgeld selbst ist keine Strafe, sondern ein Beugemittel[658]. Da das Zwangsgeld ein Beugemittel und keine Strafe ist, ist es grundsätzlich unabhängig vom Verschulden des T[659]. Nicht Voraussetzung ist für die Rechtmäßigkeit der Festsetzung des Zwangsgeldes, dass die Androhung als solches rechtmäßig ist, weil die Zwangsgeldfestsetzung insofern einen hiervon unabhängigen Verwaltungsakt darstellt, was sich auch im Rechtsgedanken des § 256 AO widerspiegelt[660]. Da T innerhalb der gesetzten Frist seiner Verpflichtung zur Abgabe der Steuererklärung nicht nachkam, war die Zwangsgeldfestsetzung zunächst rechtmäßig. Hier ist aber zu berücksichtigen, dass vor Vollzug des Zwangsgeldes die Einkommensteuererklärung des T beim Finanzamt eingereicht wurde, mithin ist das Zwangsgeldverfahren nach § 335 AO einzustellen.

2   Verspätungszuschlag

Ein Verspätungszuschlag kann nach § 152 Abs. 1 S. 1 AO gegen denjenigen festgesetzt werden, der seiner Verpflichtung zur Abgabe einer Steuererklärung nicht fristgerecht nachkommt. Der Verspätungszuschlag ist gemäß § 152 Abs. 3 AO regelmäßig mit der Steuerfestsetzung zusammen festzusetzen[661]. Unerheblich ist hierbei, dass diese unter dem Vorbehalt der Nachprüfung nach § 164 AO steht. Demzufolge wird der Verspätungszuschlag auch nicht automatisch herabgesetzt, wenn die Steuer später gemindert wird[662].

Gegen die Rechtmäßigkeit des Verspätungszuschlags könnte sprechen, dass bereits Zwangsgeld nach §§ 328ff AO festgesetzt wurde. Allerdings sind Zwangsgelder und Verspätungszuschläge unterschiedlicher rechtlicher Natur. Bei beiden handelt es sich auch um keine Strafen

---

657 BFH/NV 2000, S. 549. Dabei soll nach strittiger Meinung die Zwangsgeldfestsetzung keine Ermessensentscheidung sein – Brockmeyer, in Klein, AO Komm., 11. Auflage 2012, S. 333, Rn. 1.
658 BFH/NV 2010, S. 385.
659 BFH/NV 2008, S. 1872; BFH, BStBl II 1981, S. 110.
660 Kruse in Tipke/Kruse, AO und FGO Komm., Losebl., § 333 AO, Rn. 6.
661 Dieser Umstand ändert jedoch nichts daran, dass es sich weiterhin um einen selbständig anfechtbaren Verwaltungsakt handelt. In Ausnahmefällen kann von der Festsetzung bereits im Steuerbescheid jedoch abgesehen werden – BFH, BStBl II 2010, S. 815.
662 Tipke in Tipke/Kruse, AO/FGO Komm. Losebl., § 152, Rn. 32, 53.

nach Art. 103 Abs. 3 GG. Es handelt sich beim Zwangsgeld um ein Mittel, die konkrete Handlung herbeizuführen, während mit dem Verspätungszuschlag auch die künftige fristgerechte Abgabe der Steuererklärungen sichergestellt werden soll[663].

Der Festsetzung des Verspätungszuschlags könnte jedoch entgegenstehen, dass die Versäumnis im vorliegenden Fall entschuldbar i.S.v. § 152 Abs. 1 S. 2 AO ist. Dies ist als Richtmaß für das behördliche Tätigwerden eigens gesetzlich geregelt[664]. Fraglich ist, ob sich T mit der Verzögerung durch den Steuerberater exculpieren kann.

Nach § 7 StBGebV bzw. § 7 StBVV wird die Vergütung des Steuerberaters erst nach Auftragserledigung fällig. Insofern würde zwar T nicht direkt ein Verschulden treffen, aber ein solches würde seinen Steuerberater zukommen, welches wiederum T nach § 152 Abs. 1 S. 3 AO zugerechnet würde[665].

Wenn man sich demgegenüber auf den Standpunkt stellt, der Steuerberater könne einen Vorschuss nach § 8 StBGebV bzw. § 8 StBVV verlangen, dann würde T unmittelbar ein eigenes Verschulden i.S.v. § 152 Abs. 1 S. 2 AO treffen, weil er bei seinen finanziellen Verhältnissen nicht auf ein Tätigwerden des Beraters vertrauen konnte, sondern selbst hätte handeln müssen.

Somit musste allein wegen Nichtvorliegens eines Verschuldens von der Festsetzung nicht abgesehen werden. Allerdings kommt der Finanzbehörde auch weiterhin ein Ermessen gemäß § 5 AO in Form eines Entschließungs- (ob sie überhaupt einen Verspätungszuschlag festsetzt) und Auswahlermessens (in welcher Höhe sie diesen festsetzt) zu[666].

Was das Entschließungsermessen anbelangt, so ist der Verspätungszuschlag auch ermessensgerecht, wenn damit eine erstmalige Verspätung belegt wird[667]. Fraglich könnte hier aber das Auswahlermessen hinsichtlich der Höhe des festgesetzten Verspätungszuschlages sein. Das Finanzamt hat 10 v.H. der festgesetzten Steuer als Verspätungszuschlag festgesetzt. Nach § 152 Abs. 2 S. 1 AO darf der Verspätungszuschlag diese Grenze bzw. maximal aber 25.000 € nicht überschreiten. Zutreffend ist das Finanzamt davon ausgegangen, dass sich bei einer Abschlusszahlung unter Anrechnung von Vorauszahlungen oder Steuerabzug wegen Quellensteuer der Verspätungszuschlag nicht an der Abschlusszahlung sondern der festgesetzten Jahressteuer ausrichtet[668]. Insofern ist die Ermessensgrenze nicht von vornherein überschritten[669]. Die Finanzverwaltung selbst hat sich weiterhin durch Verwaltungsanweisung über Art. 3 Abs. 1 GG gebunden, als regelmäßig der Verspätungszuschlag nicht mehr als 5.000 € betragen soll (AEAO zu § 152, Nr. 6). Diese Grenze ist hier nicht überschritten. Danach hat sich die Höhe des Verspätungszuschlags an dem Zweck, den Steuerpflichtigen zur rechtzeitigen Abgabe der Steuererklärung anzuhalten, auszurichten. Grundsätzlich kommt aber ein Verspätungszuschlag auch in Erstattungsfällen in Betracht[670]. Weitere Ermessenskriterien

663 BFH/NV 2007, S. 1450; BFH, Urt. v. 29.3.2007 – IX R 9/05 – NWB, F. 1, S. 247.
664 Tipke in Tipke/Kruse, AO/FGO Komm. Losebl., § 152 AO, Rn. 19
665 Auch bei der Frage der Wiedereinsetzung gemäß § 110 AO muss sich der Steuerpflichtige zurechnen lassen, wenn sein Steuerberater die (weitere) Mandatsausführung ablehnt – BFH/NV 2010, S. 1300.
666 BFH, BStBl II 2001, S. 60; Tipke in Tipke/Kruse, AO/FGO Komm., Losebl., § 152 AO, Rn. 19ff
667 Tipke in Tipke/Kruse, AO/FGO Komm., Losebl., § 152 AO, Rn. 20.
668 Rätke in Klein, AO Komm., 11. Aufl. 2012, § 152, Rn. 15; Der Verspätungszuschlag muss nicht in einem prozentualen Verhältnis zur Abschlusszahlung festgesetzt werden – vgl. BFH, Beschl. v. 14.4.2011 – V B 100/10 – NWB 2011, S. 2356.
669 Tipke in Tipke/Kruse, AO/FGO, Losebl., § 152 AO, Rn. 32.
670 Kritisch Hollatz, NWB 2011, S. 1862.

sind gemäß § 152 Abs. 2 S. 2 AO, die im Zuge einer Gesamtabwägung[671] gewichtet werden müssen:

- Dauer der Fristüberschreitung,
- Höhe des Zahlungsanspruchs,
- gezogene Vorteile aus der Verspätung,
- Grad des Verschuldens,
- wirtschaftliche Leistungsfähigkeit[672].

Hier ist der Grad des Verschuldens nicht sehr hoch, da der T durch seine mangelnde wirtschaftliche Leistungsfähigkeit sich nicht der Mithilfe eines Steuerberaters bedienen konnte. Wobei der T früher stets pünktlich seine Steuererklärungen abgegeben hatte, was beim Grad des Verschuldens mit zu berücksichtigen ist[673] . Wie bereits dargestellt, geht auch die Finanzverwaltung davon aus, dass der maximale Verspätungszuschlag nur in Ausnahmefällen festgesetzt werden darf[674]. Ein solcher außergewöhnlicher Fall ist hier nicht ersichtlich, weshalb der Verspätungszuschlag der Höhe nach ermessensfehlerhaft und rechtwidrig ist.

---

671 Den Anforderungen an die Ermessensausübung wird die Finanzverwaltung nicht gerecht, wenn die Bemessung des Verspätungszuschlags sich primär auf ein Kriterium bezieht, zulässig ist es aber im Zuge der Gesamtabwägung, wenn ein Kriterium stärker als ein anderes hervortritt – vgl. BFH/NV 2007, S. 1076. D. h. die in § 152 Abs. 2 S. 2 AO gesetzlich niedergelegten Beurteilungsmerkmale sind bei Festsetzung des Verspätungszuschlags im Zuge einer Gesamtabwägung zu würdigen, dabei kann ein Merkmal auch ausnahmsweise ganz ohne Auswirkung auf die Bemessung des Verspätungszuschlags bleiben. Die Finanzbehörde darf auch das Verhalten des Steuerpflichtigen in den Vorjahren berücksichtigen (BFH/NV 2008, S. 1642). Die in § 152 Abs. 2 S. 2 AO niedergelegten Kriterien werden aber grundsätzlich als gleichwertig erachtet – vgl. BFH/NV 2012, S. 170.
672 AEAO zu § 152 Nr. 7; Tipke in Tipke/Kruse, AO/FGO Komm., Losebl., § 152 AO, Rn. 24.
673 Tipke in Tipke/Kruse, AO/FGO Komm., Losebl., § 152 AO, Rn. 27.
674 Tipke in Tipke/Kruse, AO/FGO Komm., Losebl., § 152 AO, Rn. 30.

9. KLAUSUR

Klausur aus dem Umsatzsteuerrecht, Erbschaftsteuerrecht und Verfahrensrecht

Einheitstheorie, Besteuerung nach vereinbarten und vereinnahmten Entgelten, Geschäftsveräußerung, Ort der Leistungserbringung, Berichtigung des Vorsteuerabzugs, umgekehrte Steuerschuldnerschaft, durchlaufende Posten, Vorsteuer, Entgelt, Schadensersatz, offener Ausweis der Umsatzsteuer, Änderung des Umsatzsteuerregelsatzes, Option zur Umsatzsteuer, innergemeinschaftliche Lieferung, Aufrechnung, Zahlungsverjährung, Fälligkeit von Steuern, Entstehen des Steueranspruchs, Festsetzungsverjährung, Abrechnungsbescheid, Gelegenheitsgeschenke, Unentgeltlichkeit, Meldepflichten von Notaren.

I   Sachverhalt

Teil I

Achim Abel (in Folgendem A) ist selbständiger Rechtsanwalt mit Kanzlei in der deutschen Stadt M. Die Kleinunternehmerregelung (§ 19 UStG) findet auf ihn keine Anwendung. Folgende Vorgänge (1 bis 13) sind in umsatzsteuerrechtlicher Hinsicht zu würdigen:

1. A ist sich unsicher, zu welchem Zeitpunkt er verpflichtet ist, die Umsatzsteuer, die sich aufgrund seiner Tätigkeit als Rechtsanwalt ergibt, gegenüber dem Finanzamt anzumelden bzw. an dieses abzuführen. Da viele Mandanten sich Zeit lassen, die Rechnungen zu begleichen, möchte er möglichst erst nach Eingang der Rechnungsbeträge die Umsatzsteuer entrichten. Neben der forensischen Tätigkeit als Rechtsanwalt ist A auch als Insolvenzverwalter tätig bzw. veröffentlicht Beiträge in juristischen Fachzeitschriften.

2. A ist zum Insolvenzverwalter über das Vermögen der X-GmbH bestellt. Nach Insolvenzeröffnung verkauft er im Jahr 2012 das Betriebsgrundstück (Anlagevermögen) der X-GmbH umsatzsteuerfrei an die B-GmbH. Die beweglichen Gegenstände des Anlagevermögens der X-GmbH behält A zurück. Das Grundstück war zwei Jahre zuvor unter Option zur Umsatzsteuer gemäß § 4 Nr. 9a i.V.m. § 9 Abs. 1 UStG von der X-GmbH erworben und dementsprechend Vorsteuer hieraus gezogen worden. Für die Betriebsfortführung wäre das zurückbehaltene Anlagevermögen unverzichtbar. Das zuständige Finanzamt Y verlangt von A Vorsteuer zurück. Ist dies rechtens? Prüfen Sie bitte nur dem Grunde nach die Forderung des Finanzamtes Y, nicht auch der Höhe nach.

3. A beauftragt Rechtsanwalt Berna Bonnard (in folgendem B) in Frankreich im Jahr 2012 mit der Wahrnehmung einer Rechtsangelegenheit im Zuge eines grenzüberschreitenden Mandats, das A erhalten hatte. Hierfür werden dem A von B auch im Jahr 2012 netto 1.000 € in Rechnung gestellt und der A von B auf dessen Steuerschuldnerschaft hingewiesen.

4. A ist sich unsicher, wie er folgende drei Vorfälle, die sich im Jahr 2012 ereigneten, zu behandeln hat:

   a) A stellt einem Mandanten 300 € Gerichtskosten in Rechnung, die er für diesen verauslagt hatte.

   b) A stellt einem Mandanten die Kosten, die ihm für die Fahrt zum Gericht entstanden sind, in Rechnung.

   c) A stellt einem Mandanten die gerichtliche Aktenversendepauschale in Rechnung, die er im Gerichtsverfahren für den Mandanten verauslagt hatte, um Gerichtsakten einsehen zu können.

5. A erwirbt für seine Rechtsanwaltskanzlei eine Lithographie von Honoré Daumier mit Gerichtsszenen, die er in das Wartezimmer hängt. Erworben hat er dieses Bild von dem Privatmann Clemens Clever (in folgendem C). Dieser ist nicht unternehmerisch tätig, gleichwohl stellt er dem A eine Rechnung aus, in der auch Umsatzsteuer offen ausgewiesen ist. A will die Umsatzsteuer gerne als Vorsteuer ziehen. Er ist sich nicht bewusst, dass C kein Unternehmer ist. Zumindest meint A, werde es einen diesbezüglichen Gutglaubenschutz geben.

6. Was für Folgen ergeben sich für C aus dem Umstand, dass er die Umsatzsteuer in der Rechnung offen ausgewiesen hatte?

7. Der A hatte am 1.12.2006 mit dem PC-Fachhändler Sven Schlau (in Folgendem S) einen Vertrag über die Lieferung eines PCs für seine Rechtsanwaltskanzlei geschlossen. Da der Hersteller nicht rechtzeitig S beliefert, kann dieser seinerseits den PC erst im Januar 2007 an A ausliefern. Die Rechnung des S datiert vom 2.12.2006. S ist der Meinung, dass noch der alte Regelsteuersatz von 16 % für diese Lieferung gelten würde.

8. Der Mandant Klaus Klein (in folgendem K) hatte im Dezember 2006 dem A angekündigt, dass sich demnächst die Notwendigkeit einer gerichtlichen Vertretung ergeben könnte, weil er befürchtet, von seinem Arbeitgeber gekündigt zu bekommen. Als im Januar 2007 die Kündigung erfolgt, reicht A umgehend Kündigungsschutzklage beim Arbeitsgericht für K ein. A ist sich unsicher, welcher Umsatzsteuersatz hinsichtlich seiner Rechnung für die arbeitsgerichtliche Vertretung gilt.

9. Als A zu einem Gerichtstermin im Jahr 2012 unterwegs ist, wird ihm von Z die Vorfahrt genommen. As PKW erleidet einen Schaden in Höhe von 3.000 €, den Zs Versicherung A im Jahr 2012 ersetzt.

10. A erhält von dem Büroausstatter Daniel Dittrich (in folgendem D) eine Rechnung bezüglich eines Schreibtischs für seine Kanzlei. In der Rechnung steht folgendes: „Schreibtisch Marke Xera Modell Prächtig XXL 1.900 €, enthalten sind 19 % Mehrwertsteuer". A ist sich nicht sicher, ob er aus dieser Rechnung Vorsteuer ziehen kann.

11. Der Mandant Tobias Tamm (in Folgendem T) hat mehrere Mietshäuser zum Zweck der Wohnungsvermietung. Im Jahr 2012 möchte er ein Grundstück für 1.000.000 € vom Unternehmer Ullrich Ungut (in Folgendem U) erwerben. Aus Gründen der Vorsteuer möchte T gern, dass zur Umsatzsteuer bei diesem Vorgang optiert wird. Er bittet A um Rat.

12. A überlegt sich, sich der Rechtsanwalts-GbR Karl und Frieda Frisch (in Folgendem F-GbR) im Jahr 2013 anzuschließen. Die Mandatsverhältnisse würden dabei immer mit der F-GbR bestehen. A ist sich unsicher, wie es sich hinsichtlich der Umsatzsteuer, die sich aus den Honoraransprüchen ergibt, verhält. Ihm ist nämlich nicht klar, wer Unternehmer bzw. Schuldner der Umsatzsteuer ist und ob er ggf. bei Nichtentrichtung der Umsatzsteuer hierfür persönlich einzustehen hat.

13. Im Jahr 2012 erscheint der Mandant Egon Edel (in folgendem E) bei A in der Kanzlei. E ist Händler für Nobellimousinen. Im Jahr 2012 veräußerte er einen Maybach für 300.000 € umsatzsteuerfrei an den Mario Mafioso (in folgendem M) in Italien. M ist ebenfalls Autohändler. Durch entsprechende Manipulation, bei denen E mitwirkte, vermied M jedoch in Italien die Versteuerung des innergemeinschaftlichen Erwerbs. Dies war dem E auch bekannt. Aufgrund eines Steuerfahndungsberichts verlangt das zuständige Finanzamt von E für die Lieferung des Maybach nunmehr 57.000 € Umsatzsteuer. Auf die steuerstrafrechtliche Seite ist nicht einzugehen. Unterstellen Sie, dass Änderungsvorschriften ordnungsgemäß angewandt wurden.

14. Am 10.12.2012 erscheint in der Kanzlei des A der Mandant Lorenz Lasch (in Folgendem L). Er bittet den A um rechtlichen Rat. Hintergrund ist Folgendes: Der L hatte sich noch im Januar des Jahres 2005 mit einem Taxiunternehmen versucht. Seine Umsatzsteuervoranmeldung für Januar 2005 hatte er ordnungsgemäß im Februar 2005 eingereicht – Voranmeldungszeitraum war für L der Kalendermonat (§ 18 Abs. 2 S. 2 UStG). Es ergab sich hierbei eine Umsatzsteuerzahllast von 1.000 €. Da L jedoch aufgrund von Alkoholproblemen seinen Führerschein verlor, musste er noch Ende Januar 2005 seine Tätigkeit aufgeben. Die Steuer konnte er damals nicht bezahlen. Am 3. Mai 2005 versuchte die Finanzverwaltung bei ihm vergeblich eine Sachpfändung. Der zuständige Sachgebietsleiter der Vollstreckungsstelle beim Finanzamt notierte daraufhin in den Vollstreckungsakten: „Die Steuerforderung wird wegen Vermögenslosigkeit des Steuerschuldners L niedergeschlagen". Zu der Abgabe einer Umsatzsteuerjahreserklärung 2005 kam es nicht mehr. Nach langer Arbeitslosigkeit hat L im Jahr 2011 wieder eine Arbeit gefunden. Seine Einkommensteuererklärung für 2011 hat er ordnungsgemäß beim Finanzamt abgegeben. Am 5.12.2012 bekam er nun den Einkommensteuerbescheid 2011 in dem sich für ihn eine Steuererstattung in Höhe von ebenfalls 1.500 € ergab. Das Finanzamt erklärte aber gleichzeitig die Aufrechnung mit der Umsatzsteuerforderung von 2005. Wie ist die Rechtslage? Auf Zinsansprüche und Säumniszuschläge ist nicht einzugehen. Das Verhalten des L soll keine strafrechtliche bzw. bußgeldrechtliche Relevanz haben.

Teil II

Folgende erbschaft- bzw. schenkungsteuerliche Fragen sind zu beantworten:

1. A hat einen Sohn Günther (in Folgendem G). Dieser ist sein einziges Kind. Die Kanzlei von A wirft jährlich einen Gewinn nach Steuern von ca. 1.000.000 € ab. A hofft, dass sein Sohn, der auch Jura studiert hat, in die Kanzlei einsteigt. G hatte jedoch das Erste

Juristische Staatsexamen erst im dritten Anlauf mit 4,0 Punkten bestanden. A verspricht daher G, wenn er sich ins Zeug lege und das Zweite Juristische Staatsexamen auf Anhieb bestünde, einen gebrauchten Audi A 3, der bei einem Händler für 10.000 € steht. Der Fall tritt ein, G besteht das Examen mit 4,0 Punkten und bekommt das Auto.

2.   Da A eine gute Allgemeinbildung besitzt, nimmt er einmalig an einer Quizshow teil und gewinnt aufgrund seiner richtigen Antworten 50.000 €.

3.   Im Jahr 2013 hat A die Zulassung als Notar erhalten. Im Mai 2013 hat A eine Schenkung gemäß § 518 Abs. 1 BGB beurkundet. A ist sich unsicher, ob er das Finanzamt hiervon zu unterrichten hat. Insbesondere fürchtet er Zwangsmittel, wenn er eine Verpflichtung gegenüber den Finanzbehörden nicht erfüllt.

Bearbeitervermerk

Nehmen sie bitte entsprechend den konkreten Fragestellung gutachterlich zu den aufgeworfenen Problemen Stellung.

II   Vorüberlegungen

Es handelt sich hier wiederum um eine Klausur, die Punkt für Punkt abgearbeitet werden kann. Dabei ist der erste Teil schwerpunktmäßig der Umsatzsteuer gewidmet und der zweite Teil der Erbschaftsteuer.

III   Lösung

Teil I

1. A erbringt sonstige Leistungen gemäß §§ 1 Abs, 1 Nr. 1, 3 Abs. 9 UStG. Er ist auch bei
    Ausführung seiner Umsätze Unternehmer i.S.v. § 2 Abs. 1 und 2 UStG. Gemäß § 2 Abs.
    1 S. 1 UStG ist Unternehmer, wer eine gewerbliche oder berufliche Tätigkeit selbständig
    ausübt. Da nicht auf die Gewerblichkeit der Tätigkeit abgestellt wird, fallen auch Freibe-
    rufler wie Rechtsanwälte unter § 2 Abs. 1 S. 1 UStG. Es ist dabei immer auf die konkrete
    Tätigkeit abzustellen, so kann z.B. eine natürliche Person durchaus bei der einen Tätig-
    keit Arbeitnehmer und folglich Nichtunternehmer[675], aber hinsichtlich gewisser anderer
    Umsätze als Unternehmer einzustufen sein[676]. Die unternehmerischen Tätigkeiten des
    Unternehmers – also sein Unternehmen – bilden jedoch, wie sich aus § 2 Abs. 1 S. 2
    UStG ergibt, eine Einheit (*Einheitstheorie*).

Es stellt sich die Frage, wann die Umsatzsteuer entsteht. Dies richtet sich nach § 13 UStG.
Die entstandene Umsatzsteuer hat A als Unternehmer gemäß § 18 UStG anzumelden und ans
Finanzamt abzuführen.

Hinsichtlich des Entstehungszeitpunkt der Umsatzsteuer ist zwischen Soll- und Istbesteuerung zu unterscheiden:

Bei der *Sollbesteuerung* (§ 13 Abs. 1 Nr. 1 lit. a UStG) entsteht die Steuer mit Ablauf des
Voranmeldungszeitraums, in welchem die Leistung ausgeführt wurde (Steuer nach vereinbarten Entgelten) bzw. auch ausnahmsweise mit Ablauf des Voranmeldungszeitraums, in welchem vor Leistungsausführung das Entgelt vereinnahmt wurde. Auf die Erteilung der Rechnung kommt es mithin nicht an. Die Sollbesteuerung ist nach § 16 Abs. 1 S. 1 UStG der
gesetzliche *Regelfall*.

Bei der *Istbesteuerung* (§ 13 Abs. 1 Nr. 1 lit. b UStG), die nach § 20 UStG nur *auf Antrag* –
abhängig u.a. von Umsatzgrößen bzw. Ausübung einer Tätigkeit i.S.v. § 18 Abs. 1 Nr. 1 EStG
wie Rechtsanwalt[677] – gewährt wird, entsteht die Steuer stets erst mit Ablauf des Voranmeldungszeitraums, in welchem die Vereinnahmung des Entgelts erfolgte (Besteuerung nach
vereinnahmten Entgelten).

Hinweis: Der Vorsteuerabzug ist von der Beanspruchung der Istbesteuerung nicht betroffen.
Für die Berechtigung zur Geltendmachung der Vorsteuer kommt es nach § 15 Abs. 1 Nr. 1
UStG entweder auf Berechnung und Ausführung der Leistung oder Erstellung der Rechnung

---

675 Vgl. zur Abgrenzung Hessisches FG, EFG 2005, S. 573.
676 Abschn. 17 Abs. 4 UStR, Abschn. 2.2 Abs. 4 UStAE.
677 Wird diese Tätigkeit in einer Rechts- bzw. Steuerberatungs-GmbH ausgeübt, ist wegen der Rechtsform eine
     Ist-Besteuerung nicht möglich – vgl. BFH, Urt. v. 22.7.2010 – V R 4/09 – NWB 2010, S. 3774.

und Zahlung vor Ausführung der Leistung an. Für die Vorsteuer gilt quasi spiegelbildlich zur Sollbesteuerung stets ein Soll-Prinzip weiter[678].

Ein Insolvenzverwalter kann jedoch nur nach § 18 Abs. 1 Nr. 3 EStG hinsichtlich der Ausübung seines Amtes als Insolvenzverwalter freiberuflich tätig sein, selbst wenn er Rechtsanwalt ist und damit einen Katalogberuf nach § 18 Abs. 1 Nr. 1 EStG hat. Er kann in die gewerbliche Tätigkeit nach § 15 Abs. 1 Nr. 1 EStG gelangen, wenn er sich im größeren Umfang anderer Personen bedient (Vervielfältigungstheorie) – und damit gewerbesteuerpflichtig werden[679]. Damit kann A, da er zumindest einer Tätigkeit nach § 18 Abs. 1 Nr. 3 EStG und nicht gemäß § 18 Abs. 1 Nr. 1 EStG nachgeht, für diese Umsätze nicht die Istbesteuerung in Anspruch nehmen[680].

Auch die Veröffentlichungstätigkeit bildet im Zuge der Einheitstheorie eine Einheit mit den anderen selbständigen beruflichen Aktivitäten des A. Jedoch liegen bei dieser Beschäftigung schriftstellerische bzw. wissenschaftliche Tätigkeiten vor, die auch unter § 18 Abs. 1 Nr. 1 EStG fallen, so dass insoweit der A die Istbesteuerung geltend machen kann[681].

Hinweis: Gemäß § 12 Abs. 2 Nr. 7 c UStG beträgt der Umsatzsteuersatz für die schriftstellerische Tätigkeit 7 %. Der Vorsteuerabzug ist losgelöst von den Folgeumsätzen des Unternehmers – sofern dieser nur umsatzsteuerpflichtig ist – so dass ein unterschiedlicher Steuersatz zwischen Vorumsatz und Folgeumsatz keine Rolle spielt. A kann mithin die volle Vorsteuer, auch wenn diese 19 % beträgt, geltend machen für Waren (beispielsweise Büromaterial), die er im Zusammenhang mit seiner schriftstellerischen Tätigkeit bezieht.

Der A kann somit nur für die Tätigkeit als Rechtsanwalt und Schriftsteller die Istbesteuerung nicht aber für die als Insolvenzverwalter geltend machen. Für letztere Umsätze gilt die Sollbesteuerung, so dass er beide berufliche Sparten insofern für die Umsatzsteuer getrennt zu handhaben hat[682].

2.   Das Finanzamt Y kann grundsätzlich nach § 55 Abs. 1 Nr. 1 InsO als Masseverbindlichkeit gemäß § 15a Abs. 1 u. 8 UStG Vorsteuer von A zurückfordern, da nunmehr ein Umsatz ausgeführt wurde, der für den Vorsteuerabzug nach § 15 Abs. 2 Nr. 1 UStG schädlich ist[683]. Hier könnte A der Zahlungsverpflichtung nach § 15a UStG nur entgehen, wenn eine Geschäftsveräußerung im Ganzen nach § 1 Abs. 1a UStG vorliegt, weil dabei die B-GmbH in die Rechtsstellung der X-GmbH nach § 1 Abs. 1a S. 3 UStG eintreten würde[684]. Da jedoch das für eine Betriebsfortführung unverzichtbare Anlagevermögen

---

678 Radeisen in Vogel/Schwarz, UStG Komm., Losebl., § 20, Rn. 7.
679 BFH, BStBl II 2002, S. 20; FG Düsseldorf, Urt. v. 21.1.2010 – 14 K 575/08 G – NWB 2010, S. 1035; BFH/NV 2011, S. 895 geht allerdings von der (strengen) Vervielfältigungstheorie ab, indem auch bei § 18 Abs. 1 Nr. 3 EStG auf das Kriterium der leitenden und eigenverantwortlichen Tätigkeit abgestellt wird; Olbing, Stbg 2005, S. 315. Siehe auch BFH/NV 2011, S. 1303; BFH/NV 2011, S. 1306; BFH/NV 2011, S. 1309; BFH/NV 2011, S. 1314.
680 Radeisen in Vogel/Schwarz, UStG Komm., Losebl., § 20, Rn. 79.
681 Radeisen in Vogel/Schwarz, UStG Komm., Losebl., § 20, Rn. 78.
682 Radeisen in Vogel/Schwarz, UStG Komm., Losebl., § 20, Rn. 81.
683 BFH, BStBl II 2012, S. 466; BFH, BStBl II 1987, S. 527; Abschn. 217 Abs. 1 UStR, Abschn. 15a.4 Abs. 1 UStAE zum Berichtigungszeitpunkt; BFH, BStBl II 2011, S. 1000 die Geltendmachung erfolgt mittels Steuerbescheides. Bei entsprechenden Verhaltensweisen des vorläufigen Insolvenzverwalters ist § 55 Abs. 4 InsO heranzuziehen – vgl. BMF, BStBl I 2012, S. 120, Rn. 15.
684 Abschn. 215 Abs. 3 UStR,. Abschn. 15a.2 Abs. 3 UStAE; BFH, DStZ 2007, S. 716. Für die B-GmbH würde sich sodann aber hinsichtlich des Berichtigungszeitraums die Regelung des § 15a Abs. 10 UStG ergeben, so dass der Zeitraum von Zehn Jahren nicht neu zu laufen beginnt, sondern sie in diese laufende Frist quasi eintritt – vgl. Bülow in Vogel/Schwarz, UStG Komm., Losebl., § 15a, Rn. 166.

nicht verkauft wurde, ist von einer Geschäftsveräußerung im Ganzen nicht auszuge-hen[685]. Der Berichtigungszeitraum beträgt für Grundstücke gemäß § 15a Abs. 1 S. 2 UStG zehn Jahre, wobei der Zeitraum ab der ersten betrieblichen Verwendung des Grundstücks zu laufen beginnt. Sodann ist eine quotale Berichtigung nach § 15a Abs. 5 UStG vorzunehmen.

Hätte der A die Umsatzsteuer (ordnungsgemäß) ausgewiesen, hätte die B-GmbH als Erwer-berin diese als Vorsteuer ziehen können und wäre letztlich nicht mit Umsatzsteuer belastet gewesen. Für A wäre die Umsatzsteuer im Ergebnis betrachtet gewinnneutral an das Finanz-amt Y abzuführen gewesen und er hätte den Nettopreis der Masse zuführen können. Zivil-rechtlich kann A von der B-GmbH die Umsatzsteuer nicht nachverlangen[686]. So aber wird die Masse aufgrund des falschen Verhaltens des A um die nach § 15a UStG abzuführende Um-satzsteuer geschmälert, d.h. der Nettopreis wird zusätzlich durch die sich aus § 15a UStG ergebende Umsatzsteuerschuld geschmälert[687]. Insofern kommt auf A die Haftung nach § 60 InsO zu.

Hinweis: Ausdrücklich als nicht steuerbar ist in § 1 Abs. 1a UStG die Geschäftsveräußerung geregelt (z.B. die Veräußerung einer Rechtsanwaltskanzlei an einen Nachfolger)[688].

3. Gemäß § 3a Abs. 2 S. 1 UStG ist Ort der Leistungserbringung dort, wo A sein Unter-nehmen betreibt. Mithin unterliegt der Vorgang der deutschen Umsatzbesteuerung. Nach § 13b Abs. 1 S. 1 Nr. 1 UStG muss der A die Umsatzsteuer in Höhe von 190 € an den deutschen Fiskus abführen. In gleicher Höhe steht ihm aber ein Vorsteuerabzug zu. Würde man zu dem Schluss kommen, dass die Tätigkeit des B wissenschaftlicher Art ist – z.B. ein entsprechendes ausführliches wissenschaftliches Gutachten – so wäre zu dis-kutieren, ob § 3a Abs. 3 Nr. 3 lit. a UStG eingreifen würde mit der Folge, dass die Leis-tung in Frankreich erbracht ist. Das Besteuerungsrecht stünde mithin Frankreich zu, so dass § 13b Abs. 1 Nr. 1 UStG mangels Steuerpflicht der Leistung im Inland nicht greifen würde[689]. M.E. umfasst aber die Tätigkeit eines Rechtsanwalts gerade auch die Erstel-lung von Rechtsgutachten[690], so dass es dabei verbleibt, dass der Vorgang in Deutsch-land steuerpflichtig ist.

---

685 Eine Geschäftsveräußerung liegt nach dieser Vorschrift u.a. vor, wenn ein Unternehmen im Ganzen übereignet wird. Das setzt die Übertragung der wesentlichen Betriebsgrundlagen des Unternehmens voraus, wobei ggf. auch deren langfristige Überlassung zur Nutzung ausreichen kann. Was die wesentlichen Betriebsgrundlagen des Unternehmens sind, richtet sich im Einzelfall nach der Art und dem Wirtschaftszweig des Unternehmens – vgl. BFH, BStBl II 2007, S. 61. Die Übertragung aller wesentlichen Betriebsgrundlagen und die Möglichkeit zur Unternehmensfortführung ohne großen finanziellen Aufwand ist jedoch keine eigenständige Vorausset-zung für die Nichtsteuerbarkeit, sondern im Rahmen einer Gesamtwürdigung zu berücksichtigen (BFH/NV 2008, S. 316). Siehe auch in diesem Zusammenhang FG Brandenburg, EFG 2007, S. 66 und FG Köln, EFG 2007, S. 456.
686 Gehm, Jura 2007, S. 40, 42.
687 BFH/NV 1990, S. 741; Gehm, Jura 2007, S. 40, 49f.
688 Hättich/Renz, NWB 2010, S. 2614; Sikorski, NWB, F. 7, S. 5279. Zum Vorsteuerabzug nach Geschäftsveräu-ßerung vgl. aber EuGH, Urt. v. 3.3.2005 – C-32/03 – Anmerk. Drasdo, NJW-Spezial 2005, S. 339; Hät-tich/Renz, NWB 2011, S. 268Es genügt nicht die Übertragung des Kundenstammes – vgl. BFH/NV 2010, S. 479. Vgl. auch den Vorlagebeschluss des BFH v. 14.7.2010 – XI R 27/08 – an den EuGH, ob die Vorschrift auch greift, wenn das Ladenlokal lediglich an den Erwerber verpachtet wird. Der EuGH hat die Steuerfreiheit bejaht (EuGH, BStBl II 2012, S. 848). Im Nachgang hierzu siehe BFH, BStBl II 2012, S. 842 sowie hierzu BMF, BStBl I 2012, S. 1086.
689 Demuth, Anwaltsstrategien Steuern und Bilanzen, Teil I, 2007, Rn. 97.
690 Vgl. auch die eigene Erwähnung der rechtsanwaltlichen Tätigkeit in § 3a Abs. 4 Nr. 3 UStG. Abschn. 3a.9 Abs. 10 UStAE stellt klar, dass unter § 3a Abs. 4 Nr. 3 UStG alle berufstypischen Leistungen fallen, wobei

4. Der Umsatzsteuer unterliegen keine so genannten durchlaufenden Posten i.S.v. § 10 Abs. 1 S. 6 UStG. Diese setzen die Vereinnahmung oder Verausgabung für fremde Rechnung voraus. Ein solcher durchlaufender Posten ist nur bei a) gegeben, weil der Mandant selbst Kostenschuldner gegenüber der Gerichtskasse ist und nicht etwa A. Bei b) und c) ist dies nicht der Fall, insbesondere bei c) ist zu beachten, dass der Mandant nicht selbst Gerichtsakten einsehen darf, so dass Kostenschuldner der Aktenversendungspauschale nach Nr. 9003 GKG-KostVerz. hier A ist[691].

5. Der Vorsteuerabzug scheitert für A daran, dass C kein Unternehmer i.S.v. § 15 Abs. 1 Nr. 1 UStG ist. Einen Gutglaubensschutz hinsichtlich der Unternehmereigenschaft des C gemäß § 2 Abs. 1 und 2 UStG gibt es nicht[692].

6. Neben dem unter Punkt I.5. dargelegtem Umstand, dass A als Leistungsempfänger aus der Rechnung keine Vorsteuer ziehen kann, hat derjenige, der unberechtigt die Umsatzsteuer ausweist – also C – gemäß § 14c Abs. 2 UStG für die ausgewiesene Umsatzsteuer gegenüber dem Finanzamt aufzukommen[693]. Bei Beseitigung der durch die unkorrekte Rechnungsausstellung geschaffenen Gefährdung des Steueraufkommens nach § 14c Abs. 2 S. 3-5 UStG i.V.m. § 17 Abs. 1 UStG kann noch eine Korrektur dieser Situation herbeigeführt werden. Diese Korrektur hat das Finanzamt ggf. durch Kontrollmitteilungen zu gewährleisten[694]. Für das Greifen der Berichtigung nach § 14c i.V.m. § 17 UStG ist ein guter Glauben bei Rechnungserstellung grundsätzlich nicht Voraussetzung, so dass es unerheblich ist, ob C bei Rechnungserteilung wusste, dass er zum Ausweis der Umsatzsteuer nicht berechtigt war[695].

Hinweis: Nachzahlungszinsen nach § 233a AO in diesem Zusammenhang, sind auch nicht gemäß § 227 AO erlassbar[696].

7. In steuerlicher Hinsicht ist der Umsatzsteuersteuersatz ausschlaggebend, welcher zum Zeitpunkt gilt, zu welchem der Umsatz ausgeführt wird, auf den Zeitpunkt der Entgeltvereinbarung oder Rechnungsstellung kommt es demgegenüber nicht an, da die Liefe-

---

§ 3a Abs. 4 Nr. 3 UStG auch Sachverständigenleistungen aufzählt, so dass Abschn. 3a.9 Abs. 12 S. 2 UStAE auch rechtliche Gutachten erwähnt.

691 Sterzinger, NJW 2008, S. 1254. Siehe aber Schneider, NJW-Spezial 2008, S. 347 und mit abweichender Meinung auch Heinrich, NJW-aktuell v. 27.6.2008, S. XIV. Wie hier AG Dortmund, Beschl. v. 7.1.2009 – 736 Ds-212 Js 2312/07-336/08 (BeckRS 2009, S. 08635), AG Neustadt (BeckRS 2008, S. 10551) sowie AG Lahr (BeckRS 2008, S. 06218) und OVG Lüneburg (NJW 2010, S. 1392) jedoch wiederum entgegengesetzt AG Stuttgart (AGS 2008, S. 337) – vgl. bei Schneider, NJW-Spezial 2009, S. 220f. Der BGH hat mit Urt. v. 6.4.2011 – IV ZR 232/08 – NJW 2011, S. 3041 entschieden, dass Schuldner nach § 28 Abs. 2 GKG, § 107 Abs. 5 OWiG allein der ist, der mit seiner Antragserklärung gegenüber der aktenführenden Stelle die Aktenversendung unmittelbar veranlasst. Damit geht nach letzterer Meinung die Aktenversendepauschale in die Bemessungsgrundlage gemäß § 10 Abs. 1 UStG ein und unterliegt der Umsatzsteuer, sie ist mithin kein durchlaufender Posten nach § 10 Abs. 1 S. 6 UStG.

692 BFH/NV 2001, S. 941; FG Niedersachsen, EFG 2002, S. 1558; Abschn. 192 Abs. 15 S. 8 UStR, Abschn. 15.2 Abs. 15 S. 9 UStAE; FG Baden-Württemberg, EFG 2007, S. 1202; FG Köln, EFG 2007, S. 1734 mit Anmerk. Meyer; a.A. wohl FG Köln, EFG 2007, S. 631 dort aber nur hinsichtlich Gutglaubensschutz bezüglich der Anschrift gemäß §§ 15 Abs. 1 Nr. 1, 14 Abs. 4 Nr. 1 UStG entschieden.

693 Hinsichtlich dieser Einstandspflicht ist nicht erforderlich, dass die Rechnung alle in § 14 Abs. 4 UStG aufgezählten Pflichtangaben beinhaltet – BFH/NV 2011, S. 1259.

694 Hartmann/Metzenmacher/Scharpenberg, UStG Komm., Losebl., § 14c, Rn. 116.

695 Hartmann/Metzenmacher/Scharpenberg, UStG Komm., Losebl., § 14c, Rn. 120f Abschn. 190d Abs. 3 S. 3 UStR, Abschn. 14c.2 Abs. 3 S. 5 UStAE.

696 BFH/NV 2012, S. 1941.

rung an A erst im Jahr 2007 erfolgte, gilt mithin der höhere Umsatzsteuerregelsatz von 19 % gemäß § 12 Abs. 1 UStG[697].

Hinweis: Über § 29 UStG kann sich hinsichtlich Altverträgen ein zivilrechtlicher Ausgleichsanspruch für den Unternehmer gegenüber dem Leistungsempfänger ergeben, wenn sich die Umsatzsteuer ab 1.1.2007 auf 19 v.H. erhöht[698].

8. Für die Honorarforderungen von Rechtsanwälten gilt, dass unabhängig vom Zeitpunkt der vertraglichen Vereinbarung für die nach dem 31.12.2006 ausgeführten Leistungen die Umsatzsteuer nach dem Umsatzsteuersatz von 19 % dem Entgelt zuzurechnen ist[699].

9. Fraglich ist, ob die von der Versicherung des Z gezahlte Summe ein Entgelt i.S.v. § 10 UStG für eine Leistung des A darstellt. Hier liegt mangels Leistungsaustauschs – A hatte ja gegenüber dem Z oder dessen Versicherung keine Leistung erbracht, für die die 3.000 € die Gegenleistung darstellen – ein echter Schadensersatz vor, der nicht der Umsatzsteuer unterliegt[700].

10. Nach § 15 Abs. 1 Nr. 1 i.V.m. § 14 Abs. 4 S. 1 Nr. 8 UStG muss der auf das Entgelt nach § 10 Abs. 1 S. 2 UStG (1.000 €) entfallende Steuerbetrag (190 €) in einer Rechnung (§§ 14, 14 a UStG) offen ausgewiesen sein[701]. Diesem Erfordernis genügt die Rechnung nicht. Um in den Genuss des Vorsteuerbetrages kommen zu können, müsste A die Rechnung von D korrigieren lassen (§ 14 Abs. 6 Nr. 5 UStG i.V.m. § 31 Abs. 5 UStDV)[702].

11. Nach § 4 Nr. 9a UStG ist die Veräußerung des Grundstücks grundsätzlich von der Umsatzsteuer befreit, weil insofern die Grunderwerbsteuer die greifende Verkehrsteuer ist. Allerdings kann, wie hier im Fall, bei Lieferung an einen anderen Unternehmer für dessen Unternehmen zur Umsatzsteuer gemäß § 9 Abs. 1 UStG optiert werden. Die Option müsste nach § 9 Abs. 3 S. 2 UStG im notariellen Kaufvertrag erfolgen[703]. Zusätzlich ist zu beachten, dass gemäß § 13b Abs. 1 S. 1 Nr. 3 und Abs. 2 UStG der Erwerber, sofern er die Unternehmereigenschaft besitzt bzw. juristische Person des öffentlichen Rechts ist, Steuerschuldner der Umsatzsteuer ist. Die Unternehmereigenschaft ist bei T laut Sachverhalt gegeben. Sodann darf nach § 14a Abs. 5 UStG die Umsatzsteuer nicht in der Rechnung offen ausgewiesen werden, sondern es ist allein auf die Steuerschuldnerschaft des Leistungsempfängers T nach § 13b Abs. 2 UStG in der Rechnung hinzuweisen. Wird die Umsatzsteuer dennoch offen ausgewiesen, so schuldet der leistende Unternehmer U sie nach § 14c Abs. 1 UStG[704].

Hinweis: Die Option zur Umsatzsteuer bei Grundstücksveräußerungen ändert nichts daran, dass hier auch noch Grunderwerbsteuer anfällt[705].

12. Unternehmer und damit Steuerschuldner im Hinblick auf die Umsatzsteuer ist nach § 13a Abs. 1 Nr. 1 UStG die Personengesellschaft selbst, also die F-GbR[706].

---

697 Abschn. 160 Abs. 2 S. 1 und Abs. 3 UStR, Abschn. 12.1 Abs. 2 S. 1 und Abs. 3 UStAE bzw. BMF, BStBl I 2006, S. 477, Rn. 4; Winter/Höink, DB 2006, S. 968; Huschens, NWB, F. 7, S. 6735, 6737.
698 Wittmann/Zugmaier, NJW 2006, S. 2150; Huschens, NWB, F. 7, S. 6735, 6741.
699 Abschn. 283 Abs. 5 UStR, Abschn. 29.1 Abs. 5 UStAE; v. Seltmann, NJW-Spezial 2006, S. 525.
700 Abschn. 3 Abs. 1 UStR, Abschn. 1.3 Abs. 1 UStAE.
701 Abschn. 192 Abs. 7 S. 3 UStR, Abschn. 15.2 Abs. 7 S. 3 UStAE.
702 Abschn. 188a UStR, Abschn. 14.11 UStAE.
703 Abschn. 148a Abs. 9 UStR, Abschn. 9.2 Abs. 9 UStAE.
704 Abschn. 182 a Abs. 38 und 40 UStR, Abschn. 13b.1 Abs. 40 und Abs. 42 UStAE.
705 Abschn. 149 Abs. 7 S. 5 u. 6, Abschn. 10.1 Abs. 7 S. 6 u. 7 UStAE.
706 Radeisen in Vogel/Schwarz, UStG Komm., Losebl., § 2, Rn. 38.

Würde die Umsatzsteuer von der F-GbR nicht ordnungsgemäß entrichtet werden, könnte A als Gesellschafter mittels Haftungsbescheides nach § 191 AO i.V.m. §§ 714, 421, 427, 431 BGB bzw. nach neuerer Ansicht, die von einer Teilrechtsfähigkeit der GbR ausgeht, i.V.m. § 128 HGB analog[707] für die Steuerschuld der F-GbR in Anspruch genommen werden. Die Haftung hängt nicht von einem Verschulden des A als Gesellschafters oder der Höhe seiner Beteiligung an der F-GbR ab[708].

Des Weiteren haften Gesellschafter einer GbR entsprechend § 130 HGB[709] auch für Altschulden der Gesellschaft, die vor ihrem Eintreten entstanden sind[710] – insofern können sie sich nicht auf eine Analogie nach § 8 Abs. 2 PartGG berufen. Diese Haftung soll jedoch nach teilweise vertretener Meinung erst ab der Entscheidung des BGH v. 7.4.2003[711] gelten[712]. Für A greift jedenfalls mithin die Haftung auch für Altschulden.

Entgegen dem Zivilrecht ist diese Haftung nicht über § 714 BGB (analog) bzw. nach nunmehr h.M. durch ausdrückliche Vereinbarung mit den Gläubigern der Gesellschaft beschränkbar[713].

Auch wenn A wieder aus der F-GbR austritt, haftet er weiterhin für die Umsatzsteuerschulden der F-GbR, die zum Austrittszeitpunkt begründet waren, die Steuerschulden müssen grundsätzlich – was im Hinblick auf die Umsatzsteuer unproblematisch ist – innerhalb von fünf Jahren nach dem Ausscheiden fällig werden (§§ 159, 160 HGB)[714].

Die Haftung des A würde sich auf sein gesamtes Privatvermögen beziehen und auch für steuerliche Nebenleistungen i.S.v. § 3 Abs. 4 AO gelten[715].

Hinweis: In diesem Zusammenhang sei darauf hingewiesen, dass der BFH mit Urt. v. 9.5.2006 – VII R 50/05[716] – im Anschluss an den BGH entschieden hat, dass Gesellschafter einer GbR für die Steuerschulden ihrer Gesellschaft entsprechend § 128 S. 1 HGB i.V.m. §

---

707 BFH/NV 2011, S. 1105; BGH, NJW 2001, S. 1056; BGH, NJW 2007, S. 2490; BFH/NV 2002, S. 158; ebenso im Ergebnis auch FG Brandenburg, EFG 2002, S. 1069; Halaczinsky, Die Haftung im Steuerrecht, 3. Aufl. 2004, Rn. 546; offen gelassen BFH/NV 2005, S. 827; Borgmann, NJW 2008, S. 412, 414; Nacke, Die Haftung für Steuerschulden, 3. Aufl. 2012, Rn. 229.
708 BFH/NV 2008, S. 733.
709 Sommer/Treptow/Dietlmeier, NJW 2011, S. 1551, 1554.
710 FG Münster, Urt. v. 19.1.2011 – 12 K 4470/08 F – Haufe-Index 2638294. Dies gilt nicht, wenn erst durch die Aufnahme eines Gesellschafters eine GbR entsteht – OLG Schleswig, Urt. v. 11.3.2011 – 17 U 38/10 – NWB 2011, S. 3919; BGH, NJW – RR 2012, S. 239, wobei bei Rechtsanwälten § 28 Abs. 1 HBG keine Anwendung findet; Grunewald, NJW 2012, S. 3622.
711 NJW 2003, S. 1803.
712 Nacke, Die Haftung für Steuerschulden, 3. Aufl. 2012, Rn. 237; LG Frankenthal/Pfalz, NJW 2004, S. 3190; a.A. OLG Düsseldorf, Urt. v. 20.12.2001 – 23 U 49/01 – SIS 02 06 78 – wonach mangels Kaufmannseigenschaft unter Beachtung von § 28 HGB bei einer GbR § 130 HGB auch analog keine Anwendung finden könne; ähnlich wie LG Frankenthal/Pfalz Halaczinsky, Die Haftung im Steuerrecht, 3. Aufl. 2004, Rn. 547 der die Haftung allerdings schon ab 1.7.2002 einsetzen lässt; das LG Hamburg, NJW 2004, S. 3492 lässt diese Haftung bereits für Fälle ab 29.1.2001 gelten, dem Entscheidungsdatum von BGH, NJW 2001, S. 1056, da ab diesem Datum mit der Annäherung der Haftung von Gesellschaftern einer GbR an die Rechtslage für Gesellschafter einer OHG zu rechnen war. Anzumerken ist, dass diese Auffassung nicht unumstritten ist, BGH, NJW 2004, S. 836 sieht dies anders. Mit Urt. v. 12.12.2005 – II ZR 283/03 – DB 2006, S. 151 mit Anmerk. Hoger – hat der BGH klargestellt, dass bei Altverbindlichkeiten nicht generell ein Vertrauensschutz dahingehend bestünde, dass vor der Entscheidung v. 7.4.2003 nicht gehaftet würde (Simon/Leuering, NJW-Spezial 2006, S. 78; Segna, NJW 2006, S. 1566). Vgl. auch BVerfG, NJW 2013, S. 523.
713 BFH/NV 2005, S. 827; BFH/NV 2008, S. 733; Halaczinsky, Die Haftung im Steuerrecht, 3. Aufl. 2004, Rn. 549; Nacke, Die Haftung für Steuerschulden, 3. Aufl. 2012, Rn. 233.
714 Nacke, Die Haftung für Steuerschulden, 3. Aufl. 2012, Rn. 234.
715 Nacke, Die Haftung für Steuerschulden, 3. Aufl. 2012, Rn. 232.
716 BStBl II 2007, S. 600; Nacke, Die Haftung für Steuerschulden, 3. Aufl. 2012, Rn. 231.

191 HGB haften. Wer gegenüber dem Finanzamt den Rechtsschein erweckt, Gesellschafter einer GbR zu sein, haftet für die Steuerschulden der (Schein-)GbR, wenn das Finanzamt nach Treu und Glauben auf den gesetzten Rechtsschein vertrauen durfte. Das ist jedoch nicht der Fall, wenn das aktive Handeln des in Anspruch Genommenen weder unmittelbar gegenüber dem Finanzamt noch zur Erfüllung steuerlicher Pflichten oder zur Verwirklichung steuerlicher Sachverhalte veranlasst war und ihm im Übrigen bloß passives Verhalten gegenüber dem Finanzamt vorzuhalten ist[717]. Für die Haftung nach § 191 Abs. 1 AO i.V.m. § 128 HGB bei einer OHG ist über die Rechtsstellung als Gesellschafter hinaus keine Mitwirkung an den Geschäften der Gesellschaft i.S. einer Mitunternehmerschaft erforderlich[718].

13. Bei dem Geschäft mit M handelt es sich um eine Lieferung i.S.v. § 1 Abs. 1 Nr. 1 UStG. Dieser Vorgang wäre jedoch von der Umsatzsteuer befreit, wenn eine innergemeinschaftliche Lieferung vorläge (§§ 4 Nr. 1 lit. b, 6a UStG).
Wie sich aus § 6a Abs. 1 Nr. 3 UStG ergibt, ist jedoch unter anderem erforderlich, dass „*der Erwerb des Gegenstandes der Lieferung (...) beim Abnehmer in einem anderen Mitgliedstaat*" – also bei M – „*den Vorschriften der Umsatzbesteuerung unterliegt*". Der BGH[719] legt diese Vorschrift so aus, dass der Erwerber, also M tatsächlich der Umsatzbesteuerung in Italien unterworfen sein muss, damit der E von der deutschen Umsatzsteuer befreit ist. Der EuGH[720] und das BVerfG[721] haben diese Gesetzesauslegung gestützt. Der BFH[722] geht allerdings davon aus, das es nach der benannten Entscheidung des EuGH nicht möglich wäre, die Steuerfreiheit für die innergemeinschaftliche Lieferung zu versagen, wenn der die innergemeinschaftliche Lieferung erbringende Unternehmer über die Identität des Abnehmers nicht täuscht, selbst wenn ihm bekannt ist, dass der Abnehmer im Bestimmungsland seine steuerlichen Verpflichtungen nicht erfüllt. Laut Sachverhalt hat E auch bei der Täuschung aktiv mitgewirkt. Da M nicht in Italien besteuert worden, liegt keine steuerfreie innergemeinschaftliche Lieferung für E vor und der Vorgang wird als ganz normale Lieferung i.S.v. § 1 Abs. 1 Nr. 1 UStG der deutschen Umsatzsteuer unterworfen. Dabei bilden die 300.000 € das Entgelt i.S.v. § 10 Abs. 1 UStG, so dass das Finanzamt dem Betrag von 57.000 € zu Recht von E einfordert[723].

14. Gemäß § 226 AO ist die Aufrechnung die aufgrund Aufrechnungserklärung bewirkte wechselseitige Tilgung zweier sich gegenüberstehenden Forderungen durch Verrechnung. Sie wirkt auf den Zeitpunkt zurück, in welchem die beiden Forderungen erstmals aufrechenbar gegenüberstanden. Danach müssen folgende Voraussetzungen gegeben sein:

- Gleichartigkeit der Forderung (bei Geldforderungen hier unproblematisch gegeben),
- Gegenseitigkeit der Forderung,
- Fälligkeit und Vorhandensein der Gegenforderung,
- Erfüllbarkeit der Hauptforderung.

---

717 FG Berlin, EFG 2005, S. 1781; BFH/NV 2006, S. 1898; Nacke, Die Haftung für Steuerschulden, 3. Aufl. 2012, Rn. 234.
718 BFH/NV 2011, S. 1473.
719 NZWiSt 2012, S. 150 mit Anmerk. Jope; ebenso bereits BGH, wistra 2009, S. 159.
720 NJW 2011, S. 203.
721 BVerfG, BeckRS 2011, 53032.
722 BStBl II 2011, S. 769; BStBl II 2012, S. 151; BStBl II 2012, S. 156.
723 Gehm, NJW 2012, S. 1257; Gehm, NWB 2012, S. 3214 zur steuerstrafrechtlichen Seite vgl. auch Gehm, NZWiSt 2013, S. 53

Aus § 226 Abs. 4 AO ergibt sich, dass die Körperschaft, welche die Steuer verwaltet, als aufrechnungsberechtigt gilt. Dies ist im Fall unproblematisch.

Allerdings kann wegen Eintritts der Zahlungsverjährung (§ 228 S. 1, 37 Abs. 1 AO) der Umsatzsteueranspruch aus dem Jahr 2005 nicht mehr offen i.S.v. §§ 47, 226 Abs. 2 AO sein.

Die Zahlungsverjährung beginnt mit Ablauf des Kalenderjahres, in welchem der Anspruch aus dem Steuerschuldverhältnis erstmals fällig geworden ist – mithin würde sich im Fall der Umsatzsteuervoranmeldung Januar 2005 als Beginn mit Ablauf des Jahres 2005 ergeben (§§ 229 Abs. 1 S. 1, 220 Abs. 1 AO, 18 Abs. 1 S. 4 UStG). Hier ist jedoch die Ausnahmeregel des § 229 Abs. 1 S. 2 AO zu beachten[724]. Danach ist bei Fälligkeitssteuern wie der Umsatzsteuer darauf abzustellen, wann die Festsetzung wirksam wurde. Nach §§ 150 Abs. 1 S. 3, 168 S. 1 AO steht die Steueranmeldung einer Steuerfestsetzung unter dem Vorbehalt der Nachprüfung gleich. Damit lag mit der erfolgten Voranmeldung der Umsatzsteuer Januar 2005 eine wirksame Steuerfestsetzung vor, so dass für die Zahlungsverjährung der Termin der erfolgten Voranmeldung ausschlaggebend ist[725]. Folglich begann die Zahlungsverjährung für die Umsatzsteuervoranmeldungszahlungslast Januar 2005 tatsächlich mit Ablauf des Jahres 2005.

Fraglich ist, ob die Umsatzsteuerjahresschuld 2005 eine eigene Zahlungsverjährung auslöst. Bei dem Umsatzsteuervoranmeldeverfahren und der Umsatzsteuerjahreserklärung handelt es sich nämlich um selbständige Verfahren. Dabei entbindet die Abgabe zutreffender Voranmeldungen nicht von der Pflicht, auch noch die Jahreserklärung abzugeben[726].

Wie sich aus § 18 Abs. 4 S. 3 UStG ergibt, würde auch die Umsatzsteuerjahreserklärung 2005 an der Fälligkeit der Umsatzsteuervoranmeldung Januar 2005 nichts ändern[727]. Da eine solche Jahreserklärung mit abweichender Steuerberechnung nicht von L abgegeben wurde und auch keine entsprechende abweichende Steuerfestsetzung durch das Finanzamt erfolgte, ergaben sich darüber hinaus gemäß § 18 Abs. 4 S. 1 und 2 UStG im Fall keine abweichenden Fälligkeiten. Jedoch ist ja, wie eben dargelegt, bei den Fälligkeitssteuern der Beginn der Zahlungsverjährung grundsätzlich von der Fälligkeit abgekoppelt. Insofern führt dieser Gedanke nicht weiter.

Es wird jedoch vertreten, dass für die Abschlusszahlungen aufgrund der Jahresumsatzsteuer § 229 Abs. 1 S. 2 AO nicht greift, deren Fälligkeit sei vielmehr stets vom Eingang der Umsatzsteuerjahreserklärung bzw. der Steuerfestsetzung durch das Finanzamt abhängig, so dass § 229 Abs. 1 S. 1 AO Anwendung finden würde[728]. Indes hätte dies dann die Folge, dass solange L die Umsatzsteuerjahreserklärung 2005 noch nicht abgegeben hätte, keine Zahlungsverjährung eintritt. Spätestens, wenn aber Festsetzungsverjährung gemäß §§ 169 Abs. 2

---

724 Als Ausnahme von dieser Regel bestimmt § 229 Abs. 1 S. 2 AO für die Fälle, in denen der Erlass eines Steuerbescheides Voraussetzung für die Durchsetzbarkeit des betreffenden Anspruchs ist, dass die Verjährung auch bei früherer Fälligkeit erst mit Ablauf des Jahres beginnt, in dem die Steuerfestsetzung , die Aufhebung oder Änderung der Steuerfestsetzung oder die Steueranmeldung wirksam geworden ist. Die Regelung hat bei den sog. Fälligkeitssteuern wie der Umsatzsteuer Bedeutung, da hier die Steuer unabhängig von einer Anmeldung oder Festsetzung zu einem festen Zeitpunkt fällig wird – § 18 Abs. 1 S. 3 UStG – die Steueranmeldung oder Steuerfestsetzung aber erst die Voraussetzung für die Durchsetzung des Anspruchs schafft. Dem Steuerpflichtigen wird damit verwehrt, auf die Zahlungsverjährung durch entsprechende zu späte Steueranmeldung Einfluss zu nehmen – vgl. Rüsken in Klein, AO Komm., 11. Aufl. 2012, § 229, Rn. 1.
725 Rüsken in Klein, AO Komm., 11. Aufl. 2012, § 229, Rn. 4.
726 BGH, NJW 2009, S. 1979.
727 Raudszus in Vogel/Schwarz, UStG Komm., Losebl., § 18, Rn. 97.
728 Frotscher in Schwarz, AO Komm., Losebl., § 229, Rn. 5.

Nr. 2, 170 Abs. 2 Nr. 1 AO für die Umsatzjahressteuer eingetreten wäre, wäre eine Änderung der Umsatzsteuer 2005 nicht mehr möglich, so dass sich die Frage nach der Zahlungsverjährung für die Umsatzsteuerjahresschuld sodann nicht mehr stellt. Die Festsetzungsverjährung der Umsatzsteuervoranmeldung ist dabei nicht identisch mit der der Umsatzsteuerjahreserklärung[729]. Im Fall würde die vierjährige Festsetzungsverjährung – laut Sachverhalt greift eine verlängerte Festsetzungsfrist gemäß § 169 Abs. 2 S. 2 AO mangels strafrechtlicher- bzw. ordnungswidrigkeitsrechtlicher Relevanz nicht – für die Umsatzjahressteuer mit Ablauf des Jahres 2008 beginnen, da die Jahreserklärung nicht abgegeben wurde (drei Jahre nach Entstehung der Steuer i.S.v. § 13 UStG) und mit Ablauf des Jahres 2012 enden. M.E. kann allerdings im konkreten Fall die Umsatzsteuerjahresschuld 2005 unabhängig von der Festsetzungsverjährung keinen neuen Beginn der Zahlungsverjährung auslösen, weil die Festsetzung des Anspruchs aus dem Steuerschuldverhältnis bereits in Form der tatsächlich erfolgten Voranmeldung für Januar 2005 in der zutreffenden Höhe wirksam geworden war, so dass gar nicht die Voraussetzungen für eine Abschlusszahlung mit separater Zahlungsverjährung vorliegen und folglich es dabei verbleibt, dass die Zahlungsverjährung mit Ablauf des Jahres 2005 begann.

Die Zahlungsverjährung beträgt nach § 228 S. 2 AO 5 Jahre. Eine die Frist von vorne wieder beginnen lassende Unterbrechung (§ 231 Abs. 3 AO) ist mit der Niederschlagung (rein verwaltungsinternes Handeln)[730] gemäß § 261 AO nicht gegeben[731] – die Unterbrechungstatbestände sind nämlich in § 231 Abs. 1 AO abschließend aufgezählt[732], sie führen dazu, dass mit Ende des Jahres, in dem die Unterbrechungsmaßnahme greift, die Verjährung wieder von neuem zu laufen beginnt. Mithin trat mit Ablauf des Jahres 2010 Zahlungsverjährung ein. Der Anspruch ist deshalb ab diesem Zeitpunkt erloschen (§§ 47, 232 AO). Eine fällige Gegenforderung besteht also nicht mehr.

Damit ist die Aufrechnung rechtswidrig.

Die Aufrechnung selbst ist kein Verwaltungsakt[733]. Daher müsste der L bzw. für ihn A einen Abrechnungsbescheid gemäß § 218 Abs. 2 AO beim Finanzamt beantragen. Würde die Finanzverwaltung im Abrechnungsbescheid an der Aufrechnung festhalten, wäre gegen diesen Bescheid mit Rechtmittel vorzugehen[734].

---

729 Kruse in Tipke/Kruse, AO/FGO Komm., Losebl. § 170, Rn. 14.
730 Brockmeyer in Klein, AO Komm., 11. Aufl. 2012, § 261, Rn. 2f.
731 Der Vollstreckungsversuch, der die Unterbrechung gemäß § 231 Abs. 1 S. 1 AO herbeigeführt hat, war bereits am 3.5.2005.
732 Die entsprechende behördliche Maßnahme unterbricht die Zahlungsverjährung auch dann, wenn sie rechtswidrig oder nichtig ist (BFH, BStBl II 2011, S. 331).
733 Die Rechtsprechung sieht in der Aufrechnung ggf. einen Vertrag – vgl. BFH, BStBl II 2010, S. 839. Im Regelfall ist die Aufrechnung eine einseitige öffentlich-rechtliche Willenserklärung und die Geltendmachung eines Gestaltungsrechtes, jedoch kein Verwaltungsakt – vgl. BFH, BStBl II 1987, S. 536; BFH/NV 1990, S. 344; Rüsken in Klein, AO Komm., 11. Aufl. 2012, § 226, Rn. 62, 65. Teilweise wird auch eine rein rechtsgeschäftliche Erklärung hierin gesehen, mit der ein schuldrechtliches Gestaltungsrecht ausgeübt wird. Einer Bekanntgabe bedarf es gemäß § 122 AO – da kein Verwaltungsakt– nicht, die Erklärung wird vielmehr mit ihrem Zugang wirksam (BFH/NV 2013, S. 508).
734 Rüsken in Klein, AO Komm., 11. Aufl. 2012, § 226, Rn. 71.

Teil II

1. Hier liegt grundsätzlich ein nach § 1 Abs. 1 Nr. 2 ErbStG steuerbarer Vorgang vor. Dieser könnte aber nach § 13 Abs. 1 Nr. 14 ErbStG steuerbefreit sein. Dies ist der Fall, da auf den Anlass der Schenkung und die Leistungsfähigkeit des Schenkers A abzustellen ist, liegt hier ein steuerbefreites übliches Gelegenheitsgeschenk nach § 13 Abs. 1 Nr. 14 ErbStG vor[735]. Neben der Verpflichtung zur Abgabe einer Steuererklärung gemäß § 31 ErbStG besteht auch bei jedem steuerpflichtigem Erwerb i.S.v. § 1 ErbStG eine Anzeigepflicht des Bereicherten bzw. Schenkers gegenüber der Finanzverwaltung (§ 30 ErbStG). Letztere Norm ist jedoch einengend dahingehend auszulegen, dass eindeutig nach § 13 ErbStG steuerbefreite Vermögensanfälle nicht angezeigt werden müssen[736].

2. Einkommensteuerlich wird hier zwar regelmäßig kein Leistungsaustausch angenommen, so dass § 22 Nr. 3 EStG nicht greift[737], im Sinn der Schenkungsteuer liegt jedoch ein Verhalten des A vor, das als Voraussetzung für die Zuwendung zu sehen ist, so dass eine Unentgeltlichkeit i.S.v. §§ 1 Abs. 1 Nr. 2, 7 ErbStG ausscheidet und keine Schenkungsteuer für A anfällt[738].

3. Der A hat nach den näheren Bestimmungen des § 34 Abs. 1 und Abs. 2 Nr. 3 ErbStG i.V.m. § 8 ErbStDV der Finanzverwaltung i.S.v. § 35 ErbStG über den Vorgang Mitteilung zu machen[739]. Bei Verletzung dieser Pflicht kann, da A als Notar behördliche Aufgaben wahrnimmt, nicht von der Finanzverwaltung mit Zwangsmitteln vorgegangen werden (§ 255 Abs. 1 AO)[740].

---

735 Hessisches FG, EFG 2005, S. 1146.
736 Gehm, JuS 2007, S. 630, 721.
737 Weber-Grellet in Schmidt, EStG Komm., 31. Aufl. 2012, § 22, Rn. 150 – Spielgewinne.
738 Gehm, JuS 2007, S. 630.
739 Pahlke in Fischer/Jüptner/Pahlke/Wachter, ErbStG, Komm., Losebl., § 34, Rn. 21.
740 Pahlke in Fischer/Jüptner/Pahlke/Wachter, ErbStG, Komm., Losebl., § 34, Rn. 20.

10. KLAUSUR

Klausur aus der Einkommensteuer nebst Verfahrensrecht und Antragstellung beim Finanzgericht

Notwendiges Betriebsvermögen, Fahrtenbuch- und 1-%-Regelung (Bruttolistenpreismethode), Entschädigung, Tarifermäßigung, Gesamtrechtsnachfolge, Verpachtung von Gewerbebetrieb, Teilnahme an Fachkongressen, Grundfreiheiten der EU, Benennungsverlangen, Säumniszuschläge, Aussetzungszinsen, Aussetzung der Vollziehung, Streitwert, Gerichtsgebühren, Verfassung von Anträgen an das Finanzgericht, Änderung wegen offenbarer Unrichtigkeit.

I   Sachverhalt

In Ihrer Rechtsanwalts- und Steuerberaterkanzlei erscheint Dr. Andreas Amman (in Folgendem A). A ist seit Juni 2011 selbständiger Humanmediziner (Allergologe). Er erzählt ihnen Folgendes:

1. A hatte am 5. Januar 2012 einen Audi A 6 geliefert bekommen. Der Bruttolistenpreis betrug zum Tag der Erstzulassung 36.820 € (der Nettolistenpreis somit 30.941,18 €). Den Kaufvertrag hatte A am 1. August 2011 unterzeichnet und die Bezahlung erfolgte am 20. Dezember 2011. Dabei hatte A einen Kaufpreisnachlass von brutto 820 € erhalten, mithin betrug der Bruttopreis 36.000 € (netto 30.252,10 €). Die Umsatzsteuer machte mithin bei einem Steuersatz von 19 % 5.747,90 € aus. Sonderausstattung hatte das Fahrzeug nicht. Überführungskosten fielen zusätzlich in Höhe von 600 € an. Den Pkw hat A in sein Anlageverzeichnis eingetragen. Die Nutzungsdauer beträgt dabei sechs Jahre. Im Jahr 2012 sind an Benzin-, Inspektions- sowie Versicherungskosten insgesamt 6.000 € angefallen. Das Fahrzeug benutzt A regelmäßig für Hausbesuche seiner Patienten. Wie sich aus dem von A ordnungsgemäß geführten Fahrtenbuch ergibt, beträgt die berufliche Nutzung hierbei 70 %. Zu 30 % wird das Fahrzeug von A privat genutzt. A wohnt in einem Anwesen direkt neben seiner Praxis.

2. Am 6. Dezember 2012 ist der Vater von A verstorben. A ist Alleinerbe. A´s Vater betrieb bis zu seinem Tod eine Schreinerei. A ist sich noch unschlüssig, was er mit dem Handwerksbetrieb machen soll. Zumindest will er erst einmal verhindern, dass stille Reserven aufzudecken sind. Er bittet Sie in einkommensteuerlicher Hinsicht um Rat. Insbesondere möchte er wissen, wie es sich verhält, wenn er den Betrieb seines Vaters verpachtet. Da-

bei kann sich A, da handwerklich begabt, durchaus auch vorstellen, diesen irgendwann einmal selbst zu führen und seine Tätigkeit als Arzt zu beenden.

3. A war vor seiner Selbständigkeit als angestellter Arzt in der Pharmaindustrie (X-AG) tätig. Hier entwickelte er ein Arzneimittel gegen bestimmte Formen der Allergien, das im Jahr 2009 zum Patent angemeldet wurde. Sein Arbeitgeber erarbeitete zusammen mit ihm für die Erfindung ein Konzept zur Abrechnung der Erfindervergütung, die jeweils jährlich bis zum Ende der Laufzeit des Patents bezahlt werden sollte. Im Jahr 2011 wäre die Vergütung noch über rund fünf Jahre zu zahlen gewesen.

    Als A im Jahr 2011 mit Wirkung zum 1. Juni kündigte, löste A und die X-AG die zwischen ihnen bestehende Vereinbarung über die Erfindervergütung mit Vertrag vom Mai 2011 auf. Als Ausgleich für den Verlust zurückliegender und zukünftiger Ansprüche auf Arbeitnehmererfindervergütung erhielt A eine einmalige Abfindung in Höhe von 10.000 € im Mai 2011 ausgezahlt. Hintergrund dieser Vereinbarung war, dass die X-AG auf A Druck ausübte, weil sie bei Beendigung des Arbeitsverhältnisses keine Veranlassung mehr für weitere jährliche Zahlungen sah. Dem A selbst wären solche Zahlungen lieber gewesen. Zum Zeitpunkt der Abfindungszahlung – im Jahr 2011 – war A 46 Jahre alt.

4. Im Jahr 2011 nahm A an einem dreitägigen Fachkongress, der von seiner örtlichen Ärztekammer organisiert wurde, teil. Die Teilnehmer bestanden ausschließlich aus Kollegen/innen, die auf dem Gebiet der Allergologie tätig sind. Ort der Veranstaltung war Salzburg, Arbeitstitel „Neue Behandlungsmethoden gegen Allergien". Der Kongress begann am Tag der Anreise, dem 1.10.2011 um 11.00 Uhr nach einer kurzen Begrüßung durch den Vorsitzenden der Ärztekammer mit dem ersten Fachvortrag. Er endete an diesem Tag um 18.00 Uhr. Die nächsten beiden Tage begann der Kongress jeweils um 9.00 Uhr und endete bis auf den Tag der Abreise jeweils um 18.00 Uhr. Beim Tag der Abreise war Vortragsende 16.00 Uhr. Lediglich zur Mittagszeit war eine Pause von rund 90 Minuten vorgesehen.

    A legt Ihnen das von der Ärztekammer als Veranstalter erstellte Programm mit dem Ablauf der Veranstaltung bzw. dem Titel der einzelnen Vorträgen sowie den Namen und beruflichen Tätigkeit der Referenten (Professoren der Universität Salzburg) und ein Teilnahmetestat des Veranstalters, dass er laut Anwesenheitsliste an den gesamten Veranstaltungen teilgenommen hat, vor. Gleichzeitig ergibt sich aus der Bescheinigung, dass der Teilnehmerkreis nur aus Ärzten/innen bestand.

    Allein die Kursgebühr betrug 1.000 €. Für das Hotel fielen 390 € und als Reisekosten mit der Bahn weitere 200 € an. Der A legt Ihnen den Fahrausweis der Bahn vor, aus dem sich aufgrund der Entwertungen ergibt, dass er unmittelbar zum Kongress an- und direkt danach wieder abreiste. Bestritten wurden die Vorträge von namhaften Wissenschaftlern der Universität Salzburg, die als die Kapazitäten auf dem Gebiet der Allergieforschung gelten.

5. Mit Rechnung v. 3.9.2011 hat der A über ein Internetforum ein im Buchfachhandel vergriffenes mehrbändiges Fachwerk mit dem Titel „Heilung von Allergien" erworben (Kosten 300 €). Die Rechnung war von ihm bereits bei Bestellung – ebenfalls 3.9.2011 – durch Kreditkartenbelastung bezahlt worden. Rechnungsaussteller war die Z-Ltd. Als Sitz des Lieferanten war in der Rechnung London angegeben. Bei Bestellung ergab sich für A kein Hinweis, dass mit dem Lieferanten etwas nicht stimmen könnte. Zu seiner Verwunderung erhielt A drei Wochen nach Einreichung der Einkommensteuererklärung 2011 eine formell ordnungsgemäße Aufforderung des Finanzamtes Y, den wahren Empfänger der Zahlung mit Anschrift zu benennen, da es sich nach Auskunft der Bundeszen-

tralamt für Steuern Informationszentrale Ausland (IZA)[741] bei der Z-Ltd. um eine Briefkastenfirma handle. Falls er innerhalb der ihm hierfür vom Finanzamt gesetzten Frist
von vier Wochen diese Angaben nicht mache, werde der Betriebsausgabenabzug insofern gemäß § 160 AO gestrichen. Dazu sah sich A außer Stande.

Das zuständige Finanzamt Y versagte dem A bei der Veranlagung zur Einkommensteuer 2011
sowohl die gesamten Kosten, die ihm im Zusammenhang mit dem Kongress in Salzburg
entstanden waren, als auch den Betriebsausgabenabzug für das Fachbuch in Höhe von 300 €.

Der ansonsten formell einwandfrei mit zutreffender Rechtsbehelfsbelehrung versehene Einkommensteuerbescheid 2011 enthält insofern folgende Begründung:

„Die Kosten für den Besuch des Kongresses in Salzburg – „Neue Behandlungsmethoden
gegen Allergien" – konnten steuerlich nicht als Betriebsausgaben berücksichtigt werden.
Insbesondere bei Kursen im Ausland bzw. an Orten, die normalerweise nur von Touristen
besucht werden, ist regelmäßig eine solch private Veranlassung anzunehmen, dass Kosten
der allgemeinen Lebensführung i.S.v. § 12 Nr. 1 EStG (Einkommensteuergesetz) vorliegen.
Denn es ist nicht ersichtlich, warum der Kongress nicht am Sitz Ihrer örtlichen Ärztekammer
abgehalten wurde.

Die Aufwendungen für das von Ihnen geltend gemachte Fachbuch „Heilung von Allergien"
kann ebenfalls keine Berücksichtigung als Betriebsausgabe finden, da Sie trotz meiner diesbezüglichen Aufforderung, den Empfänger der Zahlung nicht benannt haben. Die von Ihnen
eingereichte Rechnung der Z-Ltd enthält nicht die Angabe des wahren Verkäufers. Bei der Z-
Ltd. handelt es sich vielmehr um eine Briefkastenfirma, hinter der ein in Deutschland ansäs-
siger den deutschen Steuerbehörden namentlich bekannter Geschäftsmann steht, der bereits
seit Jahren seinen steuerlichen Verpflichtungen nicht nachkommt und entsprechende Vollstreckungsversuche der Finanzverwaltung an seinem Wohnsitz erfolglos verliefen. Daher ist
Ihnen der Betriebsausgabenabzug gemäß § 160 AO (Abgabenordnung) zu versagen".

A hatte sich mit einem Steuerprogramm zutreffend errechnet, dass sich für ihn aufgrund
entsprechender Investitionen im Jahr 2011 eine Einkommensteuerzahllast von 0 € ergibt.
Aufgrund der gestrichenen Betriebsausgaben ergab sich allerdings nun eine Einkommensteuer von 400 €, zu deren Zahlung der A vom Finanzamt aufgefordert wurde.

A legt Ihnen folgendes Schreiben vor, das er mit Einschreiben und Rückschein daraufhin an
das Finanzamt gesandt hatte. Aus dem Empfangsbekenntnis ergibt sich, dass das Schreiben
innerhalb der Einspruchsfrist beim Finanzamt Y eingegangen ist:

„Sehr geehrte Damen und Herren,

*mit der im Einkommensteuerbescheid 2011 v. (...), Steuer-Nr. (...) festgesetzten Ein-
kommensteuer bin ich nicht einverstanden. Daher lege ich Einspruch ein.*

*Der Kongress war notwendig für meine Arbeit als Mediziner (Schwerpunkt Behand-
lung von Allergien). Der Ort Salzburg wurde allein gewählt, weil sonst viele Referen-
ten von der Universität Salzburg nicht bereit gewesen wären, entsprechende Fachvor-
träge zu übernehmen.*

*Dass Sie die nachgewiesenen Kosten für das Fachbuch „Heilung von Allergien" nicht
als Betriebsausgaben anerkennen, kann ich nicht nachvollziehen. Es ist doch nicht
mein, sondern Ihr Problem, wenn der Lieferant seine Steuern nicht bezahlt.*

---

741 Vgl. IZA-Erlass – BMF, BStBl I 2012, S. 241.

Ich beantrage auch, dass ich die Steuerschuld von 400 €, solange die Sache nicht – ggf. gerichtlich – entschieden ist, nicht zu zahlen brauche.

Mit freundlichen Grüßen

Dr. Andreas Amman"

Weiter legt Ihnen A ein Schreiben des Finanzamtes Y vor – mit zutreffender Rechtsbehelfsbelehrung versehen – in dem dieses folgendermaßen Stellung zum vorausgegangen Schreiben des A nimmt:

„Sehr geehrter Herr Dr. Amman,

Ihr Einspruch ist hier eingegangen und wird unter der Rechtsbehelfs-Nr (...) zurzeit bearbeitet. Nach derzeitigem Stand der Prüfung sehe ich keine Veranlassung, Ihrem Antrag auf Aussetzung der Vollziehung gemäß § 361 AO (Abgabenordnung) zu entsprechen.

Dies begründet sich darin, dass keine ernstlichen Zweifel an der Rechtmäßigkeit der Einkommensteuerfestsetzung 2011 bestehen. Um Wiederholungen zu vermeiden, nehme ich Bezug auf die Begründung im Einkommensteuerbescheid.

Unbillige Härten, die eine Vollziehung auslösen könnte, sind angesichts Ihrer Vermögensverhältnisse und der geringen Höhe der Steuernachforderung nicht ersichtlich.

Gleichzeitig weise ich Sie darauf hin, dass sich nach nochmaliger Prüfung der Einkommensteuerveranlagung 2011 aber Zweifel auftun, ob Sie hinsichtlich der Entschädigungszahlung im Zusammenhang mit Ihrem Patent tatsächlich einen ermäßigten Steuersatz beanspruchen können.

(...)"

A weist Sie darauf hin, dass es sich schon bei früheren Einkommensteuerveranlagungen so verhalten habe, dass der zuständige Steuerbeamte bei Einspruch zwar Verbösenungen angedroht hätte, aber dann den Einspruch bis zu einem halben Jahr lang nicht bearbeitet und die angedrohte Verbösenung auch nicht umgesetzt hätte. Insofern will A diesmal zügig eine gerichtliche Entscheidung, um zumindest auch für die Zukunft Sicherheit zu haben, wie er entsprechende Vorgänge steuerlich zu behandeln hat.

A ist alleinstehend und unbeschränkt einkommensteuerpflichtig. Er gehört keiner Kirchensteuer erhebenden Religionsgemeinschaft an.

6. A möchte von Ihnen wissen, ob es zulässig ist, dass die Finanzverwaltung, wie in der Vergangenheit bei ihm geschehen, unter Berufung auf § 129 AO einen Einkommensteuerbescheid korrigiert, weil dem Sachbearbeiter beim Finanzamt Y ein Zahlendreher bei der Übernahme der von A angegebenen Einnahmen unterlaufen ist (56.000 € statt 65.000 €).

Bearbeiterhinweis

Bitte nehmen Sie zu den aufgeworfenen einkommensteuerlichen und verfahrensrechtlichen Frage gutachterlich Stellung. Auf Fragen der Erbschaftsteuer ist nicht einzugehen.

Auf den Verpflegungsaufwand ist bei der Reise des A nach Salzburg ebenfalls nicht einzugehen.

Formulieren Sie den Antrag gegenüber dem Finanzgericht, den Sie am sachdienlichsten betrachten, um dem Anliegen des A zu entsprechen. Dabei ist zu beachten, dass dem A nicht nur an einer schnellen sondern auch im Fall des Unterliegens möglichst kostengünstigen Entscheidung des Finanzgerichts gelegen ist. Auf Fragen des Gerichtskostenvorschusses ist in diesem Zusammenhang ebenso wenig wie auf die Höhe Ihres Gebührenanspruchs einzugehen. Auf den Solidaritätszuschlag ist in dem zu stellenden Antrag nicht einzugehen.

Zuständiges Finanzgericht ist X.

II Vorüberlegungen

Hier wird dem Prüfling nicht nur die materiellrechtliche steuerliche Würdigung bzw. die Beantwortung von verfahrensrechtlichen Fragen abverlangt, die er als erstes gutachterlich vorzunehmen hat, sondern auch die Formulierung eines Antrags beim Finanzgericht. Auf dem Weg zu diesem Antrag muss der Prüfling auch eruieren, wie er dem Anliegen des A als Mandanten am besten gerecht wird.

Es versteht sich von selbst, dass der Antrag erst nach Abarbeiten der gutachterlichen Stellungnahme zu den Sachfragen und der taktischen Erwägungen erfolgen kann.

III Lösung

A Einkommensteuer 2012

Als selbständiger Arzt erzielt der A Einkünfte aus einem Katalogberuf i.S.v. § 18 Abs. 1 Nr. 1 EStG. Diese Einkunftsart gehört zu den Gewinneinkunftsarten nach § 2 Abs. 2 Nr. 1 EStG. Insofern besteht hier für A die Möglichkeit Betriebsvermögen zu besitzen.

1 Pkw-Kosten

Bei dem Pkw handelt es sich aufgrund der Nutzung von 70 % zu betrieblichen Zwecken um notwendiges Betriebsvermögen des Anlagevermögens[742]. Die AfA richtet sich nach den tatsächlichen Anschaffungskosten, wobei die Umsatzsteuer mitzählt, da A nicht berechtigt ist,

---

742 R 4.2 Abs. 1 EStR

Vorsteuer gemäß § 15 Abs. 2 Nr. 1 UStG zu ziehen, denn er führt selbst als Humanmediziner nach § 4 Nr. 14 lit. a UStG steuerbefreite Umsätze aus. Die Anschaffungskosten betragen mithin 36.820 € – 820 € (Preisnachlass) + 600 € Überführungskosten = 36.600 €. Die AfA beginnt ab Anschaffung zu laufen, mithin ab 5.1.2012, so dass grundsätzlich 6.100 € im Jahr 2012 geltend gemacht werden können – für Pkws kann von einer betriebsgewöhnlichen Nutzungsdauer von sechs Jahren ausgegangen werden[743]. Wie sich aus § 7 Abs. 1 S. 4 EStG ergibt, zählt der Januar 2012 voll bei der AfA mit.

Zusätzlich fallen 6.000 € laufende Kosten im Jahr 2012 an.

Fraglich ist indes, inwiefern die private Nutzung des Pkw den Betriebsausgabenabzug des A mindern.

Da der Pkw zu mehr als 50 % betrieblich von A genutzt wird, kann A bezüglich der privaten Nutzungsentnahme zwischen der Fahrtenbuch-[744] und der 1-%-Regelung (auch Bruttolistenpreismethode genannt) gemäß § 6 Abs 1 Nr.4 S. 2 EStG und somit bei der Ermittlung der steuerlich berücksichtigungsfähigen Pkw-Kosten wählen.

Bei der 1-%-Regelung wird pauschal als Bemessungsgrundlage ohne Beachtung von Preisnachlässen[745] inklusive Umsatzsteuer[746] vom Bruttolistenpreis zuzüglich Kosten für Sonderausstattung zum Tag der Erstzulassung ausgegangen[747]. Die Überführungskosten erhöhen den Bruttolistenpreis nicht[748] – mithin ist hier von 36.800 € auszugehen[749]. Da diese Regelung nur für volle Monate nicht gilt, die das Fahrzeug nicht zur Verfügung stand, ist der Monat Januar 2012 auch nach der 1-%-Regelung zu behandeln[750]. Damit sind im Jahr 2012 zwölf Monate zu berücksichtigen und somit 4.416 € nach der Bruttolistenpreismethode nicht abziehbare Kosten der privaten Nutzungsentnahme. Da A in unmittelbarer Nähe zu ihrer Praxis wohnt, ist nicht noch zusätzlich § 4 Abs. 5 Nr. 6 EStG anzuwenden[751].

743 BMF, BStBl I 2000, S. 1532; Geserich, NWB 2011, S. 1247, 1252. Zur Behandlung von mehreren Fahrzeugen im Betriebsvermögen vgl. BMF, BStBl I 2012, S. 1099.
744 Zu den Anforderungen an ein ordnungsgemäßes Fahrtenbuch vgl. BMF, BStBl I 2002, S. 148, Rn. 19ff.; BFH/NV 2012, S. 949; BFH, BStBl II 2012, S. 505; BFH/NV 2007, S. 1302; BFH, NJW 2006, S. 2142; BFH/NV 2009, S. 770, BFH, NJW 2006, S. 2143; BFH/NV 2009, S. 1422; BFH/NV 2011, S. 1863 sowie Plewka/Klümpen-Neusel, NJW 2006, S. 2893, 2894. Kleine Mängel des Fahrtenbuchs sollen aber nicht zwangsläufig zur Anwendung der 1-%-Methode führen – vgl. FG Köln, EFG 2006, S. 1664 (Rev. unter VI R 38/06 beim BFH eingelegt, der BFH ist der Rechtansicht des FG Köln gefolgt – NJW 2008, S. 2671). Hinsichtlich der Erforderlichkeit einer zeitnahen Führung sei auf FG Schleswig-Holstein, EFG 2007, S. 20 hingewiesen. Insbesondere darf das Fahrtenbuch nicht nachträglich abänderbar sein, ohne dass diese Änderung dokumentiert ist, BMF, BStBl I 2009, S. 1326, Rn. 23 ff. – insofern bei MS-Excel-Programm Ordnungsgemäßheit verneint BFH, Beschl. v. 8.8.2007 – VI B 8/07 – Haufe-Index 1809839, BFH, Beschl. v. 12.7.2011 – VI B 12/11 – NWB 2011, S. 3338 sowie BFH, BStBl II 2006, S. 410. Was die Mindestanforderungen an ein Fahrtenbuch im Hinblick darauf, dass dieses nicht nachträglich ergänzungsfähig ist, anbelangt, sei auf Schneider, NWB 2012, S. 1892 verwiesen.
745 Kulosa in Schmidt, EStG Komm., 31. Aufl. 2012, § 6, Rn. 518.
746 Dies gilt unabhängig davon, ob eine konkrete Berechtigung zum Vorsteuerabzug besteht – vgl. Herrmann in Frotscher, EStG Komm., Losebl. § 6, Rn. 398.
747 Kulosa in Schmidt, EStG Komm., 31. Aufl. 2012, § 6, Rn. 518; BMF, BStBl I 2009, S. 1326, Rn. 10. Ggf. kann eine rein betriebliche Nutzung vom Steuerpflichtigen glaubhaft gemacht werden, vgl. BMF, BStBl I 2012, S. 1099.
748 FG Köln, EFG 2003, S. 295; im Nachgang BFH/NV 2004, S. 639.
749 Es erfolgt eine Abrundung auf volle 100-€-Beträge – vgl. BMF, BStBl I 2009, S. 1326, Rn. 10. Zur Unangemessenheit bei Anschaffung eines Pkw i.S.v. § 4 Abs. 5 Nr. 7 EStG vgl. Heinicke in Schmidt, EStG Komm., 31. Aufl. 2012, § 4, Rn. 602 m.w.N.
750 Kulosa in Schmidt, EStG Komm., 31. Aufl. 2012, § 6, Rn. 517; BMF, BStBl I 2009, S. 1326, Rn. 15.
751 Vgl. hierzu Herrmann in Frotscher, EStG Komm., Losebl. § 6, Rn. 397.

Nach der Fahrtenbuchmethode sind von der Jahres-AfA 30 % (1.830 €) und von den laufenden Kosten ebenfalls 30 % (1.800 €) nicht abziehbar. Mithin also 3.630 €.

Damit ist die Fahrtenbuch-Methode für A günstiger.

Somit kann A insgesamt für seinen Pkw im Jahr 2012 8.470 € als Betriebsausgaben geltend machen.

2   Erbschaft

Durch den Tod von A´s Vater tritt A als Alleinerbe in die Rechtsbeziehung des Erblassers zum Fiskus nach § 45 AO i.V.m. § 1922 BGB ein.

Hinweis: Bei Miterben sind diese gegenüber dem Fiskus für Steuerschulden – mit Ausnahme von Zwangsgeldern – Gesamtschuldner nach § 44 AO[752].

A´s Vater übte eine Tätigkeit als Gewerbetreibender gemäß § 15 Abs. 1 Nr. 1 EStG aus. Der Tod von A´s Vater führt nicht automatisch zu einer Betriebsaufgabe[753]. A würde sodann die Buchwerte des Erblassers gemäß § 6 Abs. 3 EStG weiterführen[754].

Auch die vorübergehende Verpachtung des Handwerksbetriebs führt unter Beachtung der näheren Voraussetzungen des § 16 Abs. 3b EStG nicht zur Betriebsaufgabe mit der Folge, dass stille Reserven aufzudecken und zu versteuern wären[755]. Eine Verpachtung ohne Betriebsaufgabe führt dazu, dass der Pachtzins zu Einkünften gemäß § 15 Abs. 1 Nr. 1 EStG führt[756].

Ansonsten kann die Verpachtung des Handwerksbetriebs zu einer Betriebsaufgabe mit den angesprochenen Folgen der Versteuerung der stillen Reserven bei Aufdeckung führen. Die Einkünfte aus der Verpachtung sind dann solche aus § 21 Abs. 1 Nr. 1 und 2 EStG.

Für die Aufgabe des Betriebes ist nach § 16 Abs. 3b Nr. 1 EStG eine ausdrückliche Aufgabeerklärung gegenüber dem Finanzamt erforderlich[757]. Sofern entsprechend schon eine Zerschlagung des Betriebes erfolgt ist, kann aber allein wegen unterbliebener Erklärung nicht eine Fortführung angenommen werden, dies ergibt sich aus § 16 Abs. 3b Nr. 2 EStG[758].

Die Aufgabe des Betriebes ist innerhalb einer Dreimonatsfrist gegenüber dem Finanzamt zu erklären (§ 16 Abs. 3b S. 2 und 3 EStG).

Würden sich im Fall A für eine Betriebsaufgabe entscheiden, so könnten grundsätzlich die Tarifermäßigung nach § 34 Abs. 1 und Abs. 2 Nr. 1 EStG in Anspruch genommen werden. Der Freibetrag nach § 16 Abs. 4 EStG kann A angesichts seines Alters allerdings nicht geltend machen, insofern ist auf die Person des Erben und nicht die des Erblassers abzustel-

---

752 Ratschow in Klein, AO Komm., 11. Aufl. 2012, § 45, Rn. 5f.
753 Wacker in Schmidt, EStG Komm., 31. Aufl. 2012, § 15, Rn. 590.
754 Wacker in Schmidt, EStG Komm., 31. Aufl. 2012, § 15, Rn. 590.
755 BFH, BStBl II 1994, S. 36.
756 Wacker in Schmidt, EStG Komm, 31. Aufl. 2012, § 16, Rn. 709.
757 Wacker in Schmidt, EStG Komm, 31. Aufl. 2012, § 16, Rn. 711f.
758 Wacker in Schmidt, EStG Komm, 31. Aufl. 2012, § 16, Rn. 714.

len[759]. Aus letzterem Grund greift auch nicht die Tarifermäßigung gemäß § 34 Abs. 3 EStG. Beide Vergünstigungen werden überdies nur auf Antrag und nur einmal im Leben des Steuerpflichtigen gewährt. Nach Betriebsaufgabe liegen in den Pachtzinsen – wie bereits ausgeführt – Einkünfte nach § 21 Abs. 1 Nr. 1 und 2 EStG vor.

Hinweis: Verfahrensrechtlich gilt, dass bis zum Todestag von As Vater dem Erblasser der Gewinn einkommensteuerlich zuzurechnen ist. Für die Erbengemeinschaft ist eine einheitliche und gesonderte Gewinnfeststellung gemäß §§ 179, 180 Abs. 1 Nr. 2 lit. a AO durchzuführen. Letzteres gilt auch für die Einkünfte aus Vermietung und Verpachtung[760].

B   Einkommensteuer 2011

1   Verfahrensrechtliche Fragen

A hat mit seinem Schreiben an das Finanzamt wirksam innerhalb der Einspruchsfrist gemäß §§ 355, 357 AO Einspruch eingelegt. Es ist vom Grundsatz her zutreffend, dass das Finanzamt im Einspruchsverfahren auch eine Verböserung vornehmen kann (§ 367 Abs. 2 S. 2 AO). Durch eine Rücknahme des Einspruchs gemäß § 362 AO könnte A die Verböserung vermeiden. Indes ist fraglich, ob die Rechtsansicht des Finanzamts hinsichtlich der Abfindung überhaupt zutreffend ist und somit eine Verböserung greift.

Da laut Sachverhalt die Frist von sechs Monaten gemäß § 46 Abs. 1 S. 2 FGO noch nicht abgelaufen ist, wird eine Untätigkeitsklage nicht der richtige Weg sein, die Entscheidung des Finanzgerichts zügig herbeizuführen.

Weil weder die Erhebung einer Klage (§ 69 Abs. 1 FGO), noch die Einlegung eines Einspruchs (§ 361 Abs. 1 AO) Suspensiveffekt haben, gibt es die Möglichkeit, Aussetzung der Vollziehung (AdV) entweder beim Finanzamt oder dem FG zu beantragen. Dabei regelt § 361 AO die AdV durch die Finanzbehörde während des außergerichtlichen Rechtsbehelfsverfahrens. Daneben gilt § 69 FGO.

Der Einkommensteuerbescheid 2011 ist auch ein aussetzungsfähiger vollziehbarer Verwaltungsakt[761].

Was den Antrag des A auf Aussetzung der Vollziehung gemäß § 361 AO anbelangt, so ist die Entscheidung des Finanzamts hierüber ein Verwaltungsakt. Hiergegen kann A mit Einspruch vorgehen bzw. Antrag auf Aussetzung der Vollziehung beim FG stellen. Es soll in diesem Zusammenhang zweigleisig vorgegangen werden können, indem ein Einspruch gegen die Ablehnung der AdV durch die Finanzbehörde eingelegt und gleichzeitig der Antrag nach §

---

759 Klörgmann, Ratgeber zur Einkommensteuer 2012, Rn. 345
760 Ratschow in Klein, AO Komm., 11. Aufl. 2012, § 180, Rn. 11.
761 Stahl-Sura in Alvermann/Beckert u.a., Formularbuch Recht und Steuern, 7. Aufl. 2011, Erläuterungen zu D. 2.04., Rn. 9f.

69 FGO bei Gericht gestellt wird[762]. Klage gegen die Einspruchsentscheidung ist nicht möglich, insofern schließt dies § 361 Abs. 5 AO und § 69 Abs. 7 FGO aus[763].

Die Ablehnung des Antrags beim Finanzamt ist gemäß § 69 Abs. 4 S. 1 FGO Zugangsvoraussetzung und muss zum Zeitpunkt der Antragstellung beim FG vorliegen. Heilung ist nicht möglich durch nachträgliche Antragstellung[764]. Diesem Zugangserfordernis ist im Fall Genüge geleistet.

Hinweis: Verkennt der Rechtsanwalt bzw. Steuerberater dies, entsteht ein Haftungsanspruch des Mandanten[765].

Gemäß § 69 Abs. 3 S. 2 FGO kann bereits vor Erhebung der Klage Antrag beim FG auf AdV gestellt werden[766]. Insofern kann bereits vor Ergehen der Einspruchsentscheidung der Antrag gestellt werden. Allerdings muss das Rechtsbehelfsverfahren anhängig sein[767]. Dies ist hier auch der Fall. Wenn das Finanzamt eine Einspruchsentscheidung erlässt, kann hiergegen ggf. Anfechtungsklage erhoben und ein neuer Antrag auf AdV bis zur Rechtskraft der gerichtlichen Entscheidung gestellt werden (vgl. § 69 Abs. 6 FGO)[768].

Als Aussetzungsgründe sind in § 69 Abs. 2 S. 2 FGO alternativ geregelt, d.h einer von beiden muss vorliegen, sie können natürlich auch kumulativ vorliegen:

1. Ernstliche Zweifel an der Rechtmäßigkeit der Behördenentscheidung (ggf. auch bei Zweifeln an der Verfassungsmäßigkeit der der Behördenentscheidung zugrundeliegenden Norm[769] bzw. Vereinbarkeit dieser Norm mit Unionsrecht respektive der entsprechenden Vereinbarung der Behördenentscheidung mit Unionsrecht oder Verfassungsrecht). Ernstliche Zweifel bestehen, wenn eine summarische Prüfung ergibt, dass neben für die Rechtmäßigkeit sprechende Umstände gewichtige gegen die Rechtmäßigkeit sprechende Gründe zutage treten, die Unentschiedenheit oder Unsicherheit in der Beurteilung der Rechts- oder Tatfrage auslösen. Dies kann sich auch daraus ergeben, dass noch keine höchstrichterliche Rechtsprechung zu dem Problem vorliegt. Der Erfolg des Rechtsbehelfs bzw. Antrags braucht jedoch nicht wahrscheinlicher als der Misserfolg zu sein[770].

2. Die Vollziehung hätte eine unbillige, nicht durch überwiegende öffentliche Interessen gebotene Härte zur Folge. Ist die Behördenentscheidung ersichtlich rechtmäßig, kann

---

762 Brockmeyer in Klein, AO Komm., 11. Aufl. 2012, § 361, Rn. 40.
763 Seer in Tipke/Kruse, AO/FGO Komm., Losebl., § 361 AO, Rn. 16.
764 BFH, BStBl II 2000, S. 536; BFH/NV 2004, S. 650; BFH, DB 2007, S. 1737; FG Hamburg, EFG 2006, S. 513; Stahl-Sura in Alvermann/Beckert u.a., Formularbuch Recht und Steuern, 7. Aufl. 2011, Erläuterungen zu D. 2.04., Rn. 13ff.
765 Alvermann, Stbg 2006, S. 483.
766 Stahl-Sura in Alvermann/Beckert u.a., Formularbuch Recht und Steuern, 7. Aufl. 2011, Erläuterungen zu D. 2.04., Rn. 2.
767 Sauer/Schwarz, Wie führe ich einen Finanzgerichtsprozess? 6. Aufl. 2006, Rn. 545.
768 Vgl. auch vgl. Dumke in Schwarz in FGO Komm., Losebl., § 69, Rn. 89ff.
769 Das BVerfG ist der Rspr. des BFH nicht entgegengetreten, wonach ernstliche Zweifel an der Verfassungsmäßigkeit einer Steuernorm keinen AdV-Antrag begründen können, wenn dem Einzelinteresse des Antragstellers nicht ein Vorrang vor dem öffentlichen Interesse am Vollzug des Gesetzes zukommt – NJW 2012, S. 372. Im Einzelfall kann aber dem Einzelinteresse am Gesetzesvollzug den Vorrang vor Zweifeln an der Verfassungsmäßigkeit zukommen, so dass keine AdV zu gewähren ist – vgl. BFH, BStBl II 2012, S. 418.
770 Nacke, NWB 2011, S. 3954, 3955; Stahl-Sura in Alvermann/Beckert u.a., Formularbuch Recht und Steuern, 7. Aufl. 2011, D. 2.04 sowie Erläuterungen zu D. 2.04, Rn. 20f

auch keine unbillige Härte durch ihre Vollziehung begründet sein – insofern ist eine Wechselwirkung hinsichtlich der beiden Aussetzungsgründe gegeben[771].

Da die Steuerforderung nicht hoch ist und es sich bei A um einen gut situierten Steuerpflichtigen handelt, wird eine Argumentation mit unbilliger Härte nicht durchdringen[772]. So wird man sich, je nach Ergebnis der noch vorzunehmenden einkommensteuerlichen Prüfung, auf die Zweifel an der Rechtmäßigkeit im AdV-Antrag beziehen müssen.

Ab der Gewährung von AdV fallen keine Säumniszuschläge (§ 240 AO) mehr an. Wenn das Hauptsacheverfahren keinen Erfolg hat, fallen aber nach §§ 237, 238 AO Aussetzungszinsen an[773]. Zu bedenken ist, dass die Säumniszuschläge ein Prozent pro angefangene Monat (§ 240 Abs. 1 S. 1 AO) demgegenüber die Zinsen nach § 237 AO nur 0,5 Prozent pro vollem Monat (§ 238 Abs. 1 S. 1 und 2 AO) betragen.

Ggf. ist die AdV gegen Sicherheitsleistung zu gewähren (§ 69 Abs. 2 S. 3, Abs. 3 S. 1 HS. 1 FGO).

Neben der zeitlichen Komponente kann es sich aus Kostengründen anbieten, um einen Streitpunkt zu klären, ein AdV-Verfahren vor dem FG zu führen. Denn einmal beträgt der Streitwertes nur 10 v.H. desjenigen des Hauptsachverfahren[774], zum andern fällt nach § 34 GKG Position 6210 Kostenverzeichnis nur ein reduzierter Gebührensatz von 2,0 gegenüber einem solchen von 4,0 bei der Durchführung des Hauptverfahrens im ersten Rechtszug an[775].

Was den Streitwert anbelangt, so ist zu bedenken, dass gemäß § 52 Abs. 4 GKG ein Mindeststreitwert von 1.000 € besteht, dieser gilt aber nicht im AdV-Verfahren[776]. Insofern ist das AdV-Verfahren nicht nur kostengünstiger, sondern auch im Regelfall schneller. Im Fall beträgt mithin die Gerichtsgebühr für den AdV-Antrag 70 € und für das Hauptsacheverfahren 220 €. A kann insbesondere so schnell erfahren, was er ggf. in Zukunft bei Teilnahme an Fachkongressen bzw. beim Bezug von Waren aus dem Internethandel in steuerlicher Hinsicht zu beachten hat.

Hinweis: Ist der entsprechende Verwaltungsakt bereits vollzogen, muss Antrag auf Aufhebung der Vollziehung gemäß § 69 Abs. 3 S. 3 FGO bzw. § 361 Abs. 2 S. 3 AO gestellt werden[777].

Da es sich beim AdV-Verfahren um ein summarisches Verfahren handelt, müssen dem FG im Zuge der Glaubhaftmachung alle streiterheblichen Unterlagen bzw. präsenten Beweismittel i.S.v. § 155 FGO i.V.m. § 294 Abs. 1 ZPO umgehend also nach Möglichkeit mit Antragstellung präsentiert werden[778]. Insbesondere ist zu bedenken, dass gemäß § 90 Abs. 1 S. 2 FGO

---

771 BFH/NV 2004, S. 988; BFH/NV 2012, S. 583.
772 Brockmeyer in Klein, AO Komm., 11. Aufl. 2012, § 361, Rn. 17.
773 Stahl-Sura in Alvermann/Beckert u.a., Formularbuch Recht und Steuern, 7. Aufl. 2011, Erläuterungen zu D. 2.04., Rn. 1.
774 BFH, BStBl II 2008, S. 199; BFH/NV 2013, S. 211, wobei die Streitwerthöchstgrenze des § 39 Abs. 2 GKG gilt; FG Baden-Württemberg, EFG 2006, S. 767; Nacke, NWB 2011, S. 3954, 3968; a.A. FG Hamburg, EFG 2008, S. 488 mit Anmerk Hollatz: Streitwert 25 % des Hauptsachestreitwertes.
775 Nacke, NWB 2011, S. 3954, 3957; Hollatz, NWB, F. 2, S. 8677ff.
776 Nacke, NWB 2011, S. 3954, 3957, 3968.
777 BFH/NV 2012, S. 1328; Stahl-Sura in Alvermann/Beckert u.a., Formularbuch Recht und Steuern, 7. Aufl. 2011, Erläuterungen zu D. 2.04., Rn. 5.
778 Sauer/Schwarz, Wie führe ich einen Finanzgerichtsprozess? 6. Aufl. 2006, Rn. 546, 575; Nacke, NWB 2011, S. 3954, 3957.

regelmäßig ohne mündliche Verhandlung entschieden wird[779], so dass keine Möglichkeit besteht, in der mündlichen Verhandlung noch Beweismittel dem Gericht vorzulegen.

2   Einkommensteuerliche Fragen

2.1   Abfindung für Erfindung

Ursprünglich war die Arbeitnehmererfindervergütung im Zusammenhang mit der Tätigkeit des A als Arbeitnehmer zu sehen, so dass sie den Einkünften nach § 19 EStG zuzuordnen ist[780]. Dies gilt auch für die Abfindung, denn der Zusammenhang zum Arbeitsverhältnis ist selbst dann noch gegeben, wenn diese nach Beendigung dieses Verhältnisses gezahlt werden sollte[781]. Es stellt sich die Frage, ob in der einmaligen Abfindung eine Entschädigung i.S.v. § 24 Nr. 1 lit. a EStG zu sehen ist. Eine Entschädigung setzt immer eine Zwangssituation voraus. Auch wenn die Entschädigung einer Vereinbarung zwischen A und der X-AG entstammte, ist zu berücksichtigen, dass A nur unter einer Drucksituation sich auf die Vereinbarung einließ, somit ist eine Entschädigung hier zu bejahen[782].

Somit stellt sich als nächstes die Frage, ob A die Tarifvergünstigung nach § 34 EStG in Anspruch nehmen kann. Eine Tarifermäßigung gemäß § 34 EStG setzt eine Zusammenballung von Einkünften voraus. D.h., dass bei normalem Lauf der Dinge die Einkünfte über mehrere Veranlagungszeiträume gezahlt worden wären. Hintergrund ist, dass die Tarifermäßigung nach § 34 EStG dazu dienen soll, die steuerlichen Nachteile für den Steuerpflichtigen zu beseitigen, die daher rühren, dass eine Entlohnung für eine mehrjährige Tätigkeit erfolgt. Eine solche Zusammenballung liegt im Fall vor. Damit kann A die Tarifvergünstigung gemäß § 34 Abs. 1, Abs. 2 Nr. 2 EStG beantragen[783].

Neben dem Umstand, dass A die Altersgrenze von 55 Jahren noch nicht überschritten hat, kann er auch mangels selbständiger Einkünfte (§§ 15 bzw. 18 EStG) nicht die Tarifvergünstigung des § 34 Abs. 3 EStG oder den Freibetrag nach §§ 16 Abs. 4, 18 Abs. 3 S. 2 EStG in Anspruch nehmen.

Hinweis: Läge bei A nicht die dargelegte Zwangssituation vor, könnte er auch nicht die Tarifvergünstigung nach § 34 Abs. 2 Nr. 2 EStG geltend machen[784].

---

779 Sauer/Schwarz, Wie führe ich einen Finanzgerichtsprozess? 6. Aufl. 2006, Rn. 577.
780 Krüger in Schmidt, EStG Komm., 31. Aufl. 2012, § 19, Rn. 50 – Erfindervergütung; Haase, Geistiges Eigentum, 2012, Rn. 4.6ff.
781 BFH, BStBl II 2012, S. 493.
782 BFH, BStBl II 2012, S. 569.
783 BFH, BStBl II 2012, S. 569.
784 BFH/NV 2012, S. 2022, vgl. auch Gehm, Mitt. 2013, S. 150f.

2.2   Fachkongress

Fraglich ist, ob die Interpretation der Betriebskosten gemäß § 4 Abs. 4 EStG, wie sie die Finanzverwaltung vorgenommen hat, nicht schon gegen das Recht der EU verstößt. Das deutsche Einkommensteuerrecht ist, auch wenn die EU grundsätzlich keine Regelungskompetenz für die deutsche Einkommensteuer hat, im Lichte des Art. 56 AEUV (freier Dienstleistungsverkehr) auszulegen. Dienstleistungen, die von Staatsangehörigen eines Mitgliedstaates in einem anderen Mitgliedstaat erbracht werden, fallen in den Geltungsbereich des Art. 56 AEUV ebenso wie die Freiheit des Dienstleistungsempfängers zur Inanspruchnahme einer Dienstleistung sich in einen anderen Mitgliedstaat zu begeben. Auch die Grenzüberschreitung der Dienstleistung allein eröffnet den Anwendungsbereich dieser Grundfreiheit. Demnach liegt ein Verstoß gegen Art. 56 AEUV vor, wenn das nationale Recht derart ausgelegt würde, dass ein steuerlicher Abzug für die Teilnahme an einer Fortbildungsveranstaltung im EU-Ausland gegenüber einer solchen im Inland erschwert würde. Mithin ist die Begründung des Finanzamtes nicht tragfähig[785].

Bei Studienreisen sprechen nach herkömmlicher Meinung folgende Kriterien für die berufliche Veranlassung und somit für einen Betriebskostenabzug bei A:

*   Homogener Teilnehmerkreis,
*   straffe, lehrgangsmäßige Organisation, die wenig Raum für Privatinteressen gibt,
*   ein Programm, das auf die beruflichen Bedürfnisse und Gegebenheiten der Teilnehmer zugeschnitten ist,
*   die Gewährung von Dienstbefreiung oder Sonderurlaub,
*   Zuschüsse des Arbeitgebers.

Gegen eine berufsbedingte Veranlassung sprechen folgende Kriterien:

*   Besuch bevorzugter Ziele des Tourismus,
*   häufiger Ortswechsel,
*   die Einbeziehung vieler Sonn- und Feiertage, die zur freien Verfügung stehen,
*   Mitnahme von Ehegatten oder anderer naher Angehöriger,
*   Verbindung mit einem Privataufenthalt,
*   entspannende und kostspielige Beförderung wie beispielsweise eine Schiffsreise[786].

Der GrS des BFH hat insbesondere zu Reisekosten entschieden und somit eine Änderung der Rechtsprechung bei Mischaufwendungen vorgenommen[787]. Danach kommt bei Reiseaufwendungen grundsätzlich eine Aufteilung nach dem beruflich veranlasstem und dem privat veranlassten Zeitanteil in Betracht. Wenn die privaten Zeitanteile weniger als 10 % ausmachen, sind die gesamten Aufwendungen abziehbar.

Es stellt sich somit die Frage, ob im Fall die Aufwendungen nur anteilig geltend gemacht werden können.

---

785 BFH, BStBl II 2003, S. 765; BFH/NV 2005, S. 1544.
786 Klörgmann, Einkommen- und Lohnsteuer-ABC 2012 für Arbeitnehmer, – Studienreise; Finanztest 8/2012, S. 60.
787 BFH/NV 2010, S. 285. Der BFH vertritt darüber hinaus insbesondere bei Delegationsreisen die Auffassung, dass die Anbahnung von Kontakten zu Politikern und Unternehmern in den besuchten Ländern durchaus eine betriebliche bzw. berufliche Veranlassung haben kann (BFH, Urt. v. 9.3.2010 – VIII R 32/07 – NJW 2010, S. 2687).

Bei der Aufteilung sind die An- und Abreisetage nur zu berücksichtigen, wenn sie zumindest teilweise für berufliche oder touristische Aktivitäten zur Verfügung standen. Ansonsten sind diese Tage bei der Aufteilung als neutral zu behandeln[788].

Eine anteilige Geltendmachung würde ausscheiden, wenn man sich wie das Finanzamt auf den Standpunkt stellt, dass die private Veranlassung das berufliche Element derart überlagert, so dass insgesamt eine steuerliche Geltendmachung ausscheidet. Eine unbedeutende berufliche Veranlassung – weniger als 10 % der Zeitanteile – eröffnet demzufolge grundsätzlich nicht die anteilige Abzugsmöglichkeit, ebenso, wenn keine Abgrenzungskriterien feststellbar sind[789].

Aus dem Kriterium der Abgrenzbarkeit leitet das BMF aber ab, dass innerhalb eines schwerpunktmäßig privat veranlassten Komplexes dennoch einzelne Aufwendungen beruflich veranlasst sein können (z.B. Seminargebühren innerhalb einer sonst als Urlaubsreise zu qualifizierenden Veranstaltung)[790]. Damit wären die 1.000 € Kursgebühr im Fall stets abziehbar.

Teilweise wird im Hinblick auf die Entscheidung des GrS des BFH die Meinung vertreten, dass generell für Fortbildungsreisen nunmehr eine schätzungsweise Aufteilung zu erfolgen habe, wobei die Finanzverwaltung wahrscheinlich Streitigkeiten um den Aufteilungsmaßstab aus dem Wege gehen werde[791].

Der BFH hat im Nachgang zur Entscheidung des GrS entschieden, dass wie nach der bisherigen Meinung bei Auslandsgruppenreisen darauf abzustellen ist[792]:

- ob eine fachliche Organisation vorliegt
- ob das Programm auf die besonderen beruflichen Bedürfnisse der Teilnehmer abgestellt ist,
- der Teilnehmerkreis homogen ist.

Bei entsprechender beruflicher Veranlassung sind als Reisespesen grundsätzlich absetzbar:

- Fahrtkosten,
- Unterkunftskosten,
- Mehraufwendungen für Verpflegung gemäß § 4 Abs. 5 S. 1 Nr. 5 EStG ggf. i.V.m. § 9 Abs. 5 EStG,
- Nebenkosten wie Telefonkosten, Gepäckaufbewahrungskosten etc.[793].

Der Steuerpflichtige ist darlegungs- und nachweispflichtig, dass das auslösende Moment für die Reise beruflich bedingt ist. Ob die gewonnenen Kenntnisse auch privat genutzt werden (können) ist irrelevant. Allein mit dem Argument, dass der Beruf des Steuerpflichtigen Aufwendungen bedingt, die bei anderen Steuerpflichtigen der privaten Sphäre zuzuordnen sind, kann die berufliche Veranlassung auch nicht verneint werden[794]. Somit ist das Argument des

---

788 Geserich, NWB 2011, S. 2452, 2459. BMF, BStBl I 2010, S. 614, Rn. 12 und 15 geht davon aus, wenn das berufliche Element das auslösende war, die Kosten für Hin- und Rückreise voll abziehbar seien, auch wenn anschließend oder zuvor ein Privataufenthalt geschaltet wird.
789 BFH/NV 2010, S. 880; BFH/NV 2010, S. 1248; BMF, BStBl I 2010, S. 614, Rn. 18.
790 BMF, BStBl I 2010, S. 614, Rn. 11 und 9.
791 Streck, NJW 2010, S. 896.
792 BFH/NV 2010, S. 1349 = NWB 2010, S. 1800 mit Anmerk. Kanzler. Mit Urt. v. 19.1.2012 – VI R 3/11 – BStBl II 2012, S. 416 = NWB 2012, S. 1286 mit Anmerk. Geserich wurde diese Rspr. bestärkt.
793 Vgl. Klörgmann, Ratgeber zur Einkommensteuer 2012, Rn. 109 mit Ausführung zur pauschalen Kürzung der Hotelrechnung, wenn keine Aufsplittung von Unterbringungs- und Verpflegungskosten erfolgt – insofern sei auch auf R 9.4 bis R 9.8 LStR verwiesen.
794 BFH/NV 2010, S. 1347; BFH/NV 2008, S. 1837.

Finanzamtes, dass keine berufliche Veranlassung vorliege, weil normalerweise der Veranstaltungsort nur von Touristen besucht würde, nicht tragfähig – insbesondere da die Veranstaltung nur in Salzburg abgehalten werden konnte, um die Dozenten zu gewinnen.

Bei den Reisespesen ist darauf hinzuweisen, dass Tankbeleg oder Fahrkarten grundsätzlich von der Finanzverwaltung und der Rechtsprechung als Nachweis akzeptiert werden[795]. Für den Nachweis des Besuches der beruflichen Vorträge ist ein entsprechendes Teilnahmetestat zwar grundsätzlich nicht erforderlich – es können z.B. auch Mitschriften der Vorträge präsentiert werden[796] – aber dem Steuerpflichtigen dringend anzuraten, um diesbezügliche Streitigkeiten mit der Finanzverwaltung zu vermeiden. Insofern kann A sein Testat als Beweis vorlegen.

Was die Organisation des Kurses durch die Ärztekammer und das Programm bzw. die Teilnehmer anbelangt, so ist die berufliche Veranlassung gegeben. Insbesondere ist der Kurs streng beruflich vom ersten bis zum letzten Veranstaltungstag organisiert. Dies kann A auch durch Vorlage des Veranstaltungsprogramms beweisen. Da auch die An- und Abreisetage rein beruflich genutzt wurden, sind sie bei der Bildung des Aufteilungsmaßstabes grundsätzlich mit zu berücksichtigen. Da hier das berufliche Element als auslösendes Element aber auch von den Zeitanteilen (stets Vor- und Nachmittagsvorträge und ganztägige Fortbildungsveranstaltung) alles überwiegt – von rein privaten Aktivitäten ist laut Sachverhalt während des Aufenthalts in Salzburg nicht die Rede – sind die Hotelkosten und die Reisespesen voll abziehbar, eine Quotelung muss mithin nicht erfolgen[797]. Durch den Fahrausweis kann A überdies beweisen, dass er nur wegen des Kongresses nach Salzburg gefahren ist.

Wären in den Hotelkosten neben Übernachtungskosten auch solche der Verpflegung enthalten, könnte A nur den Verpflegungsmehraufwand gemäß § 4 Abs. 5 Nr. 5 EStG geltend machen und aus der Gesamtrechnung des Hotels wären die Kosten für die Verköstigung pauschal herauszurechnen[798].

Hinweis: In diesem Zusammenhang sei aber erwähnt, dass hinsichtlich eines Sprachkurses, der im Ausland besucht wird, der BFH[799] davon ausgeht, dass eine Abziehbarkeit der Kursgebühren in Betracht kommt, wenn entsprechende Sprachkenntnisse, ggf. auch Grundkenntnisse, für den Beruf erforderlich sind. Bei den Reisekosten ist jedoch zu differenzieren. Grundsätzlich kann nach privat und beruflich veranlassten Zeitanteilen aufgeteilt werden, dies setzt jedoch eine entsprechende zeitliche Reihenfolge dieser Elemente voraus (*„die maßstabsbildenden, unterschiedlich eindeutig zuzuordnenden Veranlassungsbeiträge"* müssen *„nacheinander verwirklicht werden"*). Überlappen diese, so ist ein anderer Maßstab zu bemühen. Demnach ist eine Gesamtwürdigung vorzunehmen, bei der auch ausschlaggebend sein kann, dass man im entsprechenden Land die Sprache auch von der Betonung her richtig erlernen möchte. Allein, dass der Kurs im Ausland stattfindet, darf dem Steuerpflichtigen aber unter Beachtung von BFH/NV 2006, S. 934 nicht entgegengehalten werden. Sind jedoch starke touristische Elemente gegeben – im Fall eine Reise nach Südafrika um Englisch zu lernen – überwiegt das private Element. Sollte sich kein anderer Aufteilungsmaßstab er-

---

795 FG München, Urt. v. 10.10.2006 – 10 K 2121/05 – Haufe-Index 1718173; FG München, Urt. v. 26.2.2010 – 14 K 4676/06 – Haufe-Index 2349144.
796 BFH/NV 2008, S. 1837; Geserich, NWB 2011, S. 2452, 2463 auch Zeugen kommen in Betracht.
797 FG München, EFG 2007, S. 835.
798 Da der Aufenthalt im Ausland stattfand, ist hier § 4 Abs. 5 Nr. 5 S. 4 EStG zu berücksichtigen – Heinicke in Schmidt, EStG Komm., 31. Aufl. 2012, § 4, Rn. 575.
799 Urt. v. 24.2.2011 – VI R 12/10 – NJW 2011, S. 2543 = NWB 2011, S. 1760 mit Anmerk. Geserich.

mitteln lassen ist ggf. von einer beruflichen Veranlassung der Reisekosten in Höhe von 50 % auszugehen. Die Aufteilung mit 50 % ist jedoch keine allgemeine Regel, die stets gilt[800].

2.3 Fachbuch

Zweifellos handelt es sich bei dem Fachbuch um Betriebsausgaben gemäß § 4 Abs. 4 EStG. Fraglich ist indes, ob die Finanzverwaltung § 160 AO richtig angewandt hat. Die Benennung des Gläubigers bzw. Empfängers von Zahlungen soll sicherstellen, dass Schulden bzw. Ausgaben, die beim Steuerpflichtigen steuermindernd berücksichtigt werden, beim Gläubiger bzw. Empfänger steuerlich als Einnahmen/Betriebseinnahmen erfasst werden können (Korrespondenzprinzip)[801]. Dazu wird der Steuerpflichtige vergleichbar einem Haftenden (Art Gefährdungshaftung) – wobei kein Verschulden auf seiner Seite erforderlich ist – in Anspruch genommen, indem der Betriebsausgabenabzug etc. versagt wird.

Die Prüfung der Rechtmäßigkeit der Anwendbarkeit des § 160 AO vollzieht sich in zwei Stufen[802]. Auf der ersten Stufe ist zu prüfen, ob das Benennungsverlangen als solches rechtmäßig ist, also die Aufforderung an den A, den Zahlungsempfänger zu benennen. Auf der zweiten Stufe ist zu prüfen, ob bei nicht ordnungsgemäßer Empfängerbenennung die vom Finanzamt gezogen steuerliche Folge rechtmäßig ist, also die (gänzliche) Streichung des Betriebsausgabenabzugs bei A[803].

Der Steuerpflichtige muss im Zuge des Benennungsverlangens Name und Anschrift des Zahlungsempfängers nennen, so dass es der Finanzbehörde ohne großen eigenen Ermittlungsaufwand möglich ist, dem Empfänger zu identifizieren[804]. Darüber hinaus wird auch verlangt, dass die Höhe und der Zeitpunkt der Zahlung angegeben werden[805]. Teilweise wird auch die Angabe der Art der Lieferung bzw. Leistung gefordert[806].

Das Finanzamt entscheidet bei § 160 AO nach pflichtgemäßem Ermessen gemäß § 5 AO, ob das Benennungsverlangen geboten ist (Ermessensausübung auf 1. Stufe). Hierbei sind folgende Gesichtspunkte zu beachten:

- Grundsätzlich ist ein Benennungsverlangen gerechtfertigt, wenn die Vermutung nahe liegt, dass der Zahlungsempfänger den Bezug zu Unrecht nicht versteuert hat. Bei Domizilgesellschaften verfährt die Praxis bzw. Rechtsprechung sehr großzügig hinsichtlich der Bejahung dieser Frage. Die IZA-Auskunft genügt für die Annahme einer Domizilgesellschaft[807]. Denn wenn eine Domizilgesellschaft eingeschaltet wurde, ist/sind Empfän-

---

800 BFH/NV 2012, S. 1973, vgl. entsprechend für Spanischkurs in Südamerika BFH/NV 2013, S. 552.
801 BFH/NV 2009, S. 1398; BFH/NV 2011, S. 198; FG Hamburg, Urt. v. 7.9.2010 – 3 K 13/09 – NWB 2010, S. 3094. Das Benennungsverlangen selbst ist als Vorbereitungsmaßnahme zur Steuerfestsetzung kein Verwaltungsakt, der Steuerpflichtige kann mithin sich nur gegen die hierauf beruhende Steuerfestsetzung wenden, vgl. BFH, BStBl II 1988, S. 987; BFH, BStBl II 1986, S. 537.
802 BFH/NV 2011, S. 198; BFH, BStBl II 2007, S. 855.
803 BFH/NV 2006, S. 1618.
804 BFH/NV 2011, S. 198.
805 Frotscher in Schwarz, AO Komm., Losebl., § 160, Rn. 15.
806 Rüsken in Klein, AO Komm., 11. Aufl. 2012, § 160, Rn. 9.
807 FG Baden-Württemberg, Beschl. v. 8.2.2011 – 2 V 1263/10 – Haufe-Index 2673480 (vgl. hierzu Rübenstahl/Debus, PStR 2012, S. 7).

ger der Zahlung die dahinterstehende(n) Person(en)[808]. Ist der Zahlungsempfänger mit
an Sicherheit grenzender Wahrscheinlichkeit im Inland nicht steuerpflichtig, wäre das
Benennungsverlangen jedoch ermessensfehlerhaft[809]. Der Zahlungsempfänger ist laut
Sachverhalt aber Steuerinländer. Unter diesem Aspekt ist das Benennungsverlangen mithin rechtmäßig.

- Für den Leistungsempfänger muss das Verlangen erfüllbar sein, wobei ihn allerdings
  eine Pflicht zur Beweisvorsorge trifft. Der Leistungsempfänger hat sich ggf. durch Vorlage von Ausweispapieren über die Identität der handelnden Personen auf Seiten der
  Leistungserbringer Gewissheit zu verschaffen[810]. Dies hat A nicht gemacht.

- Es darf keine Unzumutbarkeit (Frage der Verhältnismäßigkeit) vorliegen – die Zumutbarkeit wird im Regelfall unterstellt. Es kann unzumutbar sein, sich über die Identität
  des Empfängers genauere Kenntnis zu verschaffen, wenn nur marginale Steuernachho-
  lungen im Raum stehen[811]. Auch liegt eine Unzumutbarkeit vor, wenn der Steuerpflichtige selbst Opfer einer Täuschung ist und keinen Zweifel an der Identität seines Ver-
  tragspartners haben musste[812]. Bei der Frage der Zumutbarkeit der Verschaffung von näheren Kenntnissen über die wahre Identität des Leistungserbringers ist auf den Zeitpunkt
  abzustellen, in dem die Betriebsausgabe getätigt wird[813]. Hier spricht einiges für eine
  Unzumutbarkeit, da ja nur geringe Betriebsausgaben entstanden sind bzw. beim Internethandel gar keine Möglichkeit besteht, sich über die Identität des Veräußerers näher zu
  informieren.

- Des Weiteren muss das Verlangen notwendig sein. Dies ist nicht der Fall, wenn das Finanzamt sich leichter als der Steuerpflichtige die notwendigen Informationen über den
  Zahlungsempfänger verschaffen könnte. In diesem Zusammenhang hat das FG Brandenburg[814] entschieden, dass ein Benennungsverlangen nicht erforderlich ist, wenn die
  Identität der hinter dem leistenden Unternehmer stehenden Gesellschafter bekannt ist
  und die Zahlung, für die der Betriebsausgabenabzug geltend gemacht wird, auf ein in-
  ländisches Bankkonto erfolgte. Wenn die hinter der Gesellschaft stehende Person dem
  Finanzamt bekannt ist oder bekannt sein muss, bleibt das Benennungsverlangen auch
  dann ermessensfehlerhaft, wenn die Steuern gegenüber dieser Person nicht festgesetzt
  werden können, denn § 160 AO räumt dem Finanzamt kein „Wahlrecht" ein, statt einer
  schwierigen Inanspruchnahme der Hintermänner bei einer Domizilgesellschaft den
  leichteren Weg der Versagung des Betriebsausgabenabzugs beim Zahlenden zu gehen[815].
  Im Fall hatte das Finanzamt aber über die Identität des Hintermannes genaue Kenntnisse, so dass allein Vollstreckungsschwierigkeiten nicht das Benennungsverlangen rechtfertigen.

---

808 BFH/NV 2010, S. 3; BFH/NV 2011, S. 198. BFH, BStBl II 2007, S. 855; BFH/NV 2002, S. 312; BFH/NV
     2009, S. 1398; FG Köln, EFG 2006, S. 621; FG München, EFG 2007, S. 1843.
809 BFH/NV 2004, S. 919; FG Düsseldorf, Urt. v. 11.2.2009 – 2 K 508/08 F – NWB 2009, S. 3626.
810 BFH, BStBl II 1999, S. 434.
811 BFH, BStBl II 1999, S. 434; FG Baden-Württemberg, Beschl. v. 8.2.2011 – 2 V 1263/10 – Haufe-Index
     2673480.
812 Von der Rspr. wird hier auf die subjektive Sicht des Leistungsempfängers abgestellt – vgl. FG Düsseldorf,
     EFG 2001, S. 1340 – „ob für ihn persönlich zum Zeitpunkt der Zahlung die Vermutung nahe gelegen hat, dass
     der Zahlungsempfänger den Bezug zu Unrecht nicht versteuern werde (BFH-Urteil vom 10. März 1999 XI R
     10/98, BStBl II 1999, 434)"; FG Düsseldorf, EFG 2004, S. 1019.
813 BFH, BStBl II 2004, S. 583; BFH/NV 2004, S. 1209; BFH/NV 2005, S. 1739.
814 EFG 2004, S. 1277.
815 FG des Saarlandes, EFG 2005, S. 1578.

Das Benennungsverlangen ist mithin rechtswidrig, da das Finanzamt die Identität des wahren Zahlungsempfängers kennt, allein Vollstreckungsschwierigkeiten rechtfertigen dieses nicht.

Da die Erste Stufe der Ermessensausübung fehlerhaft ist, ist bereits die Versagung des Betriebsausgabenabzugs bei A rechtswidrig.

Hinweis: Das FG Berlin hatte darüber hinaus entschieden, dass es bei der Ermessensausübung 2. Stufe nicht sachgerecht sei, den Betriebsausgabenabzug zu versagen, wenn der Steuerpflichtige die Adressen der für eine Domizilgesellschaft handelnden bzw. auftretenden Personen dem Finanzamt benenne. Das Finanzamt könne sich insbesondere nicht darauf berufen, dass ein Vorgehen gegen solche Personen schwierig sei, weil sich diese im Ausland aufhalten[816].

C   Antragstellung beim Finanzgericht

Da in materieller Hinsicht A keine Verböserung hinsichtlich seiner Abfindung zu befürchten hat und auch ansonsten die Rechtsansicht des Finanzamtes nicht zutreffend ist, sollte, um eine schnelle und kostengünstige Entscheidung herbeizuführen, ein Antrag auf AdV beim FG gestellt werden mit folgendem Inhalt[817]:

„Steuerberater und Rechtsanwalt[818]   (…), den (…)
(…)
An das Finanzgericht X[819]   Aktenzeichen: **Neue Sache!**
Antrag auf Aussetzung der Vollziehung
In der Finanzstreitsache
Dr. Andreas Amman   – Antragsteller – [820]
(…)
Prozessbevollmächtigter: (…)

---

816 EFG 2001, S. 1255.
817 Vgl. ausführlich Gehm, JA 2004, S. 921, 927; Stahl-Sura in Alvermann/Beckert u.a., Formularbuch Recht und Steuern, 7. Aufl. 2011, D. 2.04.
818 Entsprechend § 64 Abs. 1 FGO ist der Antrag schriftlich oder zur Niederschrift des Urkundsbeamten der Geschäftsstelle des FG zu stellen – Stahl-Sura in Alvermann/Beckert u.a., Formularbuch Recht und Steuern, 7. Aufl. 2011, Erläuterungen zu D. 2.04., Rn. 6.
819 Nach § 69 Abs. 3 S. 1 FGO ist das Gericht der Hauptsache zuständig.
820 Die Bezeichnung „Antragsteller" bzw. „Antragsgegner" kann auch wegbleiben, ggf. kann auch nur die Titulierung als Antragsgegner erscheinen, da sich ja aus dem Verfahrenshergang klar ergibt, wer Antragssteller und Antragsgegner ist bzw. aus der Vollmacht für wenn der Rechtsanwalt/Steuerberater tätig wird. Regelmäßig wird aber wegen § 65 Abs. 1 FGO auch die Bezeichnung aufgenommen – Tipke in Tipke/Kruse, FA/FGO Komm., Losebl., § 65, Rn. 10 Ermittlung durch Auslegung genügt ggf. Wegen des Erfordernisses, dass an den Antragsteller und Antragsgegner Schriftstücke zugestellt werden müssen, soll die genaue Anschrift angegeben werden.

(…)

gegen

Finanzamt Y   – Antragsgegner –

(…)

vertreten durch seinen Vorsteher

wegen

Bescheid für 2011 über Einkommensteuer[821]

Steuernummer: (…)[822]

Rechtsbehelfsnummer: (…)[823]

Namens und im Auftrag des Antragstellers beantrage ich[824] unter Vollmachtsvorlage[825]:

1. Die Vollziehung des Bescheides 2011 über Einkommensteuer v. (…) wird ab Fälligkeit bis einen Monat nach Bekanntgabe der aufgrund des gegen den vorgenannten Bescheides eingelegten Einspruchs ergangenen Einspruchsentscheidung[826] ohne Sicherheitsleistung[827] in voller Höhe[828] ausgesetzt.
2. Hilfsweise dem Antrag unter 1) gegen Sicherheitsleistung zu entsprechen.
3. Hilfsweise die Beschwerde zuzulassen[829].
4. Dem Antragsgegner die Kosten des Verfahrens aufzuerlegen[830].

Zur

Begründung

erlaube ich mir, unter Vorlage der ablehnenden Entscheidung des Antragsgegners vom (…) über die Aussetzung der Vollziehung wie folgt vorzutragen:

1. Hinsichtlich der Zulässigkeit des Antrags ist auszuführen:

Ausweislich der beigefügten Entscheidung des Antragsgegners v. (…) wurde der Antrag auf Aussetzung der Vollziehung abgelehnt (§ 69 Abs. 3 und Abs. 4 FGO).

Über den mit Schreiben des Antragstellers v. (…) eingelegten Einspruch wurde bisher nicht entschieden.

2. An der Rechtmäßigkeit der benannten Entscheidung bestehen gemäß § 69 Abs. 2 S. 2, Abs. 3 S. 1 HS. 2 FGO ernstliche Zweifel:

---

821 Der angegriffene Verwaltungsakt ist zu bezeichnen – Stahl-Sura in Alvermann/Beckert u.a., Formularbuch Recht und Steuern, 7. Aufl. 2011, Erläuterungen zu D. 2.04., Rn. 8.
822 Diese Angabe dient der Identifizierung des Streitgegenstandes.
823 Hiermit wird klargestellt, dass als Antragsvoraussetzung der Steuerbescheid angegriffen ist.
824 Wegen der Eilbedürftigkeit bzw. des Umstandes, dass regelmäßig ohne mündliche Verhandlung entschieden wird, ist der Antrag direkt zu stellen und nicht nur anzukündigen.
825 Nach § 62 Abs. 6 FGO ist die Originalvollmacht vorzulegen – vgl. Dumke in Schwarz in FGO Komm., Losebl., § 62, Rn. 63.
826 Das FG kann nur bis zum Ergehen der Einspruchsentscheidung AdV gewähren. Das Säumniszuschläge ab Fälligkeit kraft Gesetzes anfallen, sollte die Entscheidung des FG auf den Fälligkeitszeitpunkt zurückwirken, um ggf. die nur geringeren Zinsen gemäß § 237 AO auszulösen – Stahl-Sura in Alvermann/Beckert u.a., Formularbuch Recht und Steuern, 7. Aufl. 2011, Erläuterungen zu D. 2.04., Rn. 28.
827 Vgl. § 69 Abs. 2 S. 3 sowie Abs. Abs. 3 S. 1, HS. 2 FGO.
828 Vgl. § 69 Abs. 3 S. 1 HS. 1 FGO, der Antragsumfang muss dargelegt werden.
829 Darüber wird ohnedies gemäß §§ 128 Abs. 3, 115 Abs. 2 FGO von Amtswegen entschieden.
830 Eigentlich wegen § 143 Abs. 1 FGO nicht nötig, aber üblich.

Ernstliche Zweifel bestehen, wenn eine summarische Prüfung ergibt, dass neben für die Rechtmäßigkeit sprechende Umstände gewichtige gegen die Rechtmäßigkeit sprechende Gründe zutage treten, die Unentschiedenheit oder Unsicherheit in der Beurteilung der Rechts- oder Tatfrage auslösen. Der Erfolg braucht jedoch nicht wahrscheinlicher als der Misserfolg zu sein.

Der Antragsteller ist seit Juni 2011 unstreitig als selbständiger Humanmediziner in eigener Praxis tätig.

2.1 Fachkongress für Allergologie in Salzburg vom 1.10 bis 3.10.2011
Der Antragsgegner geht ausweislich seiner Begründung im Einkommensteuerbescheid v. (…) davon aus, dass allein wegen des Tagungsortes im Ausland eine private Veranlassung gegeben sei. Diese Begründung verstößt schon für sich gegen Art. 56 AEUV (freier Dienstleistungsverkehr). Darüber hinaus verkennt der Antragsgegner, dass der Antragsteller als Arzt auf dem Gebiet der Allergologie tätig ist. Für ihn war es gerade von zentraler Bedeutung, von Speziallisten auf diesem Gebiet der Universität Salzburg die neuesten wissenschaftlichen Erkenntnisse vermittelt zu bekommen.

Ausweislich des beigefügten Teilnahmetestats sowie des ebenfalls beigefügten Programms des Veranstalter (Ärztekammer ….) bildeten die Teilnehmer – ausschließlich Kollegen/innen des Antragstellers, also Ärzte mit Tätigkeitsschwerpunkt Allergologie – einen homogenen Teilnehmerkreis. Darüber hinaus war der Kongress straff und lehrgangsmäßig organisiert. Raum für die Wahrnehmung von touristischen Aktivitäten war nicht geboten, da die Vorträge von morgens 9.00 bis abends 18.00 Uhr bei einer nur anderthalbstündigen Mittagspause stattfanden. Lediglich am Tag der Anreise war Kursbeginn 11.00 Uhr und am Tag der Abreise Kursende 16.00 Uhr. Sowohl der Tag der Anreise, wie der Abreise wurden vom Antragsteller, wie die Bahnfahrkarte anhand der Abstemplungen belegt, nicht zu privaten Aktivitäten in Salzburg genutzt. Vielmehr begann der Kurs direkt nach Ankunft des Antragstellers am 1.10.2011 und er begab sich direkt nach Kursende am 3.10.2011 wieder auf die Heimreise.

Dem Antragsteller sind nachweislich folgende Kosten im Zusammenhang mit dem Kongress entstanden:

Übernachtungskosten:	390 €
Reisekosten:	200 €
Kursgebühren:	1.000 €
	1.590 €

2.2 Fachbuch „Heilung von Allergien"
Ausweislich der Begründung im Einkommensteuerbescheid 2011 ist dem Antragsgegner der tatsächliche Zahlungsempfänger sogar mit Anschrift bekannt, anders ist es nicht zu erklären, dass am Wohnsitz von diesem Vollstreckungsversuche unternommen wurden. Insofern ist es ermessensfehlerhaft und mithin nicht zulässig, nur weil der Antragsgegner Probleme mit der Realisierung von Steueransprüchen hat, dem Antragsteller den Betriebsausgabenabzug insofern nach § 160 AO zu versagen.

Dem Antragsteller sind Kosten für den Bezug des Buches in Höhe von 300 € entstanden.

Bei Anerkennung der hier geltend gemachten Betriebsausgaben, würde sich eine Einkommensteuer von 0 € ergeben, so dass der Einkommensteuerbescheid 2011 in voller Höhe in der Vollziehung auszusetzen ist.

Da aufgrund der Vermögensverhältnisse des Antragsstellers der Steueranspruch nicht gefährdet ist, bitte ich von der Anordnung von Sicherheitsleistungen abzusehen. Insofern wird auf den Inhalt der Einkommensteuerakte verwiesen, aus dem sich die Einkommensverhältnisse des Antragstellers ergeben.

Wegen der geänderten Rechtsprechung des BFH GrS, Beschl. v. 21.9.2009 – GrS 1/06 – BStBl II 2010, S. 672 zu Mischaufwendungen ist die aufgeworfene Rechtsfrage zu der Geltendmachung von Kosten für Fachkongresse von grundsätzlicher Bedeutung, da hiervon eine Vielzahl von Fällen betroffen sind, so dass dem Bundesfinanzhof Gelegenheit zu geben ist, sich nach der allgemeinen Entscheidung des GrS zu dieser speziellen Frage klar zu positionieren (§ 115 Abs. 2 S. 1 FGO), so dass die Beschwerde zuzulassen ist.

Entsprechendes gilt für die Frage, ob beim Internethandel es zulässig ist, den Betriebsausgabenabzug gemäß § 160 AO zu versagen. Insofern hat sich der BFH noch nicht eindeutig positioniert.

Das zuvor Ausgeführte wird folgendermaßen nach § 155 FGO i.V.m. §§ 920 Abs. 2, 294 Abs. 2 ZPO glaubhaft gemacht:

Zu 1.:

Schreiben des Antragsgegners v. (…) mit Ablehnung des Antrags auf Aussetzung der Vollziehung.

Antrag des Antragstellers v. (…) auf Aussetzung der Vollziehung sowie gleichzeitig Einlegung des Einspruchs gegen Einkommensteuerbescheid 2011 v. (…) nebst Rückschein.

Zu 2.1.:

Einkommensteuerbescheid 2011 v. (…)

Teilnahmetestat v. (…)

Programm des Veranstalters (…)

Bahnfahrkarte v. (…)

Hotelabrechnung v. (…)

Abrechnung Kursgebühr v. (…)

Zu 2.2.:

Einkommensteuerbescheid 2011 v. (…)

Kreditkartenabrechnung v (…)

Rechnung des Veräußerers des Buches v. (…)

Gemäß § 65 Abs. 1 S. 4 FGO füge ich demzufolge den angegriffenen Einkommensteuerbescheid 2011 vom (…) sowie – wie bereits erwähnt – die Ablehnung der Aussetzung der Vollziehung vom (…) in Abschrift bei.

Ebenso füge ich beglaubigte Abschriften meines Antrags für die Beteiligten gemäß § 64 Abs. 2 FGO bei.

Unterschrift".

D   Berichtigung nach § 129 AO

Gemäß § 129 AO ist eine Korrektur eines Steuerverwaltungsaktes wegen offensichtlicher Unrichtigkeit erlaubt[831]. Anders als bei § 42 VwVfG stellt die Vorschrift nicht darauf ab, dass die Unrichtigkeit im Verwaltungsakt enthalten ist, sondern darauf, dass sie beim Erlass eines Verwaltungsakts unterlaufen ist[832]. Es muss sich um einen rein mechanischen Fehler handeln (Ablese- oder Übertragungsfehler)[833] Besteht auch nur die Möglichkeit eines Rechtsirrtums, scheidet § 129 AO aus. Die Unrichtigkeit muss dabei nicht unbedingt für den Bescheidadressaten offenbar sein, sondern es genügt, dass sich dies aus den Akten oder internen Dienst- und Arbeitsanweisungen ergibt[834]. *„Ein Fehler ist dann ‚offenbar' i.S. des § 129 AO, wenn er auf der Hand liegt, durchschaubar, eindeutig oder augenfällig ist"*[835]. § 129 AO gilt nur für Versehen der Finanzverwaltung, mithin gilt § 129 AO nicht für ein offensichtliches Versehen des Steuerpflichtigen oder einer sonst am Besteuerungsverfahren beteiligten dritten Person. Anders ist dies jedoch, wenn die Finanzverwaltung eine in der Steuererklärung enthaltene offensichtliche Unrichtigkeit als eigene im Verwaltungsakt übernimmt[836]. Bei Selbstberechnung der Steuer, wie dies bei der Umsatzsteuer der Fall ist, greift somit § 129 AO, wenn die Finanzverwaltung sich einen Fehler des Steuerpflichtigen zu eigen macht[837]. Allerdings müssen es hierbei wiederum Schreib-, Rechenfehler oder sonstige offensichtliche Unrichtigkeiten sein[838]. Aber auch bei Einkommensteuerbescheiden kann § 129 AO greifen, wenn eine offenbar fehlerhafte Angabe des Steuerpflichtigen vom Finanzamt übernommen wird[839]. Die Frage des Verschuldens der Finanzbehörde ist im Hinblick auf § 129 AO unerheblich[840]. Bei einem Zahlendreher liegt eine solche offenbare Unrichtigkeit vor, so dass das Finanzamt grundsätzlich zur Änderung des Steuerbescheides berechtigt ist[841].

Hinweis: Entsprechende Änderungen sind nur solange zulässig, als nicht Festsetzungsverjährung eingetreten ist. Beachte im Hinblick auf § 129 AO auch die Ablaufhemmung nach § 171 Abs. 2 AO.

---

831 Siehe zu § 129 AO Kahler, NWB 2011, S. 2464.
832 BFH, BStBl II 2003, S. 867.
833 BFH/NV 2005, S. 2158; BFH, NJW 2008, S. 1183; FG Münster, EFG 2006, S. 7; FG München, EFG 2006, S. 387; FG Düsseldorf, EFG 2006, S. 465.
834 BFH/NV 2010, S. 2004.
835 BFH/NV 2012, S. 694.
836 BFH, BStBl II 2009, S. 946. BFH/NV 2013, S. 1. Der zuständige Finanzbeamte muss dabei die Unrichtigkeit ohne weitere Prüfung erkennen können.
837 FG Köln, EFG 2007, S. 813; BFH/NV 2009, S. 2016. FG Berlin-Brandenburg, Urt. v. 8.9.2010 – 14 K 14074/09 – NWB 2011, S. 2766.
838 FG Berlin-Brandenburg, Urt. v. 8.9.2010 – 14 K 14074/09 – NWB 2011, S. 2766.
839 BFH/NV 2007, S. 2056.
840 BFH/NV 2010, S. 1410.
841 Hessisches FG, EFG 2012, S. 243. Die Änderung ist regelmäßig auch ermessensgerecht – vgl. Brockmeyer/Ratschow in Klein, AO Komm; 11. Aufl. 2012, § 129, Rn. 16.

Stichwortverzeichnis

www.ingramcontent.com/pod-product-compliance
Lightning Source LLC
Chambersburg PA
CBHW061811210326
41599CB00034B/6966